MENSCHEN ZEITEN RÄUME

Arbeitsbuch für Gesellschaftslehre in Hessen

Band 2
(7./8. Schuljahr)

Herausgegeben von
Heiner Beddies und
Dr. Thomas Berger-v. d. Heide

Mit Beiträgen von
Dr. Thomas Berger-v. d. Heide
Claudia Bernert
Prof. Dr. Wilhelm Bernert
Angela Drescher
Werner Grabl
Hans-Günter Hagen
Karl-Heinz Müller
Dr. Harald Neifeind
Prof. Dr. Hans-Gert Oomen
Geert Platner
Matthias Rohde
Inga Rogg
Dr. Cornelius Schley
Karsten Tetzner

Cornelsen

Redaktion: Karl-Heinz Holstein, Alzenau
Technische Umsetzung: László Szirmai

1. Auflage ✔
Druck 4 3 2 1   Jahr 02 01 2000 99

Alle Drucke dieser Auflage können im Unterricht
nebeneinander verwendet werden.

Druck: CS-Druck Cornelsen Stürtz, Berlin

ISBN 3-464-64045-0

Bestellnummer 640450

 gedruckt auf säurefreiem Papier, umweltschonend
hergestellt aus chlorfrei gebleichten Faserstoffen

Liebe Schülerinnen und Schüler

Wir wollen euch am Anfang dieses Buches seine wichtigsten Elemente kurz vorstellen, damit ihr euch besser zurechtfindet.

Auftaktseiten

Jedes Thema wird mit einer Auftaktseite eröffnet. Die Materialien der Auftaktseiten sollen neugierig machen und laden dazu ein, selbst Fragen zum Thema zu formulieren. Ein Einleitungstext auf den Auftaktseiten gibt euch Hinweise zur Arbeit mit den Materialien der folgenden Seiten.

Arbeitsangebot der Doppelseiten

Jede Doppelseite bietet ein vielfältiges Angebot, um einen konkreten Sachverhalt des im jeweiligen Kapitel behandelten Themas zu bearbeiten. Mit Hilfe von Texten, Bildern, Grafiken und Karten wird jedes Teilthema so dargestellt, dass ihr selbst damit arbeiten könnt.

Farbig unterlegte Texte zu Beginn eines Kapitels erläutern thematische Schwerpunkte, stellen Zusammenhänge her und nennen Leitfragen.

Die Überschriften der Doppelseiten benennen das jeweilige Teilthema um das es geht. Großbuchstaben in der Überschrift einer Seite zeigen an, dass ein neues Unterkapitel beginnt.

Die Texte und Materialien der Doppelseiten sind durch Zwischenüberschriften gegliedert. Auf jeder Doppelseite findet ihr Texte der Autorinnen und Autoren, die einen Sachverhalt erläutern und erklären. Sie haben dabei versucht die oft komplizierten Aussagen der Forschung so zu vereinfachen, dass ihr sie verstehen könnt.

Schriftliche Quellen

Bei den Themen, die sich mit der Vergangenheit befassen, sind die Berichte der damals lebenden Menschen, die so genannten Quellen, mit einem **Q** und mit einem Farbbalken am Rand gekennzeichnet.

Materialien

Andere Themen enthalten Arbeitsmaterialien, wie Berichte oder Auszüge aus Zeitungen, mit denen ihr arbeiten könnt. Materialien sind mit einem **M** und einem Farbbalken gekennzeichnet.

Arbeitsaufgaben

In den Arbeitsaufgaben werdet ihr angeleitet aus den Texten, Quellen, Materialien, Bildern und Karten Informationen zu entnehmen und einen Sachverhalt zu erarbeiten. Ziel der Aufgaben ist es vor allem euch bei eurer Meinungsbildung zu helfen.

Methodenseite

Diese Seiten stellen euch jeweils eine wichtige Arbeitsmethode vor. An einem Beispiel lernt ihr die jeweilige Methode kennen und anzuwenden. Die gelernte Arbeitsweise könnt ihr dann auch auf Sachverhalte anderer Kapitel übertragen.

Werkstatt

Auf den Werkstattseiten findet ihr Vorschläge zum Weiterarbeiten in anderen Formen, zum Spielen, Basteln und für eigene Nachforschungen.

Zum Weiterlesen

Die Seiten zum Weiterlesen enthalten Ausschnitte aus Jugendbüchern.

Worterklärungen

Ein Verzeichnis schwieriger Begriffe steht am Ende des Buches. Die dort aufgeführten Begriffe sind im Text mit einem * gekennzeichnet.

Register

Am Ende des Buches gibt es ein Stichwortverzeichnis. Damit könnt ihr herausfinden, auf welchen Seiten des Buches ein bestimmter Sachverhalt behandelt wird.

Inhaltsverzeichnis

Inhaltsverzeichnis

1 LEBEN IM ANTIKEN GRIECHENLAND

Der Stadtstaat Athen im alten Griechenland gilt als die Geburtsstätte unserer heutigen Staatsform, der Demokratie.

In diesem Kapitel könnt ihr erarbeiten, wie die Griechen am Beginn ihrer Geschichte ihr Leben gestalteten und wie sich in einem Teil ihres Landes die Staatsform der Demokratie entwickelte. Ihr könnt weiter untersuchen, wer an der Demokratie in Athen teilnehmen durfte und wer davon ausgeschlossen war. Danach lassen sich Vergleiche anstellen mit der Handhabung der Demokratie bei uns.

800 600 400 200 Chr. Geb. 200 400 600 800 1000 1200 2000

1 Das antike Griechenland.

1 Die Karte zeigt euch den Siedlungsraum der Griechen im 7. Jahrhundert v. Chr. Stellt mithilfe eures Atlas fest, welche heutigen Staaten ganz oder teilweise dazu gehören.
2 Vergleicht das antike mit dem modernen Griechenland. Was stellt ihr fest?
3 Beschreibt anhand der beiden Abbildungen die Landschaft Griechenlands.

4 Seht in einem Atlas nach, wie viele Kilometer die griechischen Städte höchstens vom Meer entfernt liegen.
5 Überlegt mithilfe der Karte, warum die Griechen bei langen Reisen die Fahrt über das Meer einer Landreise vorgezogen haben.

2 Griechische
Landschaft.

Viele Stadtstaaten – ein Griechenland

Wer mit dem Flugzeug nach Griechenland kommt,
der sieht als erstes zahlreiche Gebirge. Der größte
Teil der griechischen Landschaft besteht aus vielen
kleineren oder größeren Bergen und Gebirgszügen.
Im Altertum haben sie den Verkehr zwischen den
verschiedenen Gebieten Griechenlands stark behindert, denn es gab keine gut ausgebauten Straßen. Eine Reise zum nächsten Ort jenseits der Berge war
mühsam und wurde daher nur selten unternommen.
Nachrichten drangen nur mit großer Verspätung von
einer Stadt zur anderen durch. So lebten die Menschen in den einzelnen von Bergen umschlossenen
Gebieten weitgehend für sich. Auch viele der zahllosen Inseln vor dem griechischen Festland waren besiedelt.
Anders als in Ägypten (vgl. Bd. 1, Kap. 8) entstand
daher in Griechenland auch kein großes Reich mit
einer Hauptstadt. Jede griechische Stadt bildete mit
dem umliegenden Land vielmehr einen Staat für sich
mit einer eigenen Regierung. Die Griechen nannten

einen solchen Staat Polis, wir sprechen heute von
Stadtstaaten. Wenn damals ein Grieche gefragt wurde, woher er komme, dann antwortete er nicht „Ich
bin ein Grieche", sondern „Ich bin ein Athener" oder
„Ich bin ein Spartaner" usw.
Obwohl Griechenland also politisch in viele
verschiedene Stadtstaaten aufgesplittert war, gab es
dennoch wichtige Gemeinsamkeiten, die alle Griechen miteinander verbanden:
• Durch die gemeinsame Sprache und Schrift unterschied man sich von allen Nicht-Griechen. Wer nicht
griechisch sprach, der wurde von den Griechen als
„Barbar" bezeichnet, d.h. als Stammler, den man
kaum verstehen konnte.
• Alle Griechen beteten zu den gleichen Göttern. Einige Heiligtümer und Tempel zogen Pilger aus ganz
Griechenland an. Zu Ehren der Götter wurden an
verschiedenen Orten (z.B. in Olympia) Feste gefeiert, an denen Menschen aus ganz Griechenland teilnahmen.

1   Athenische Triere. Kriegsschiff mit 87 Rudern in drei Reihen auf jeder Seite. Rekonstruktion.

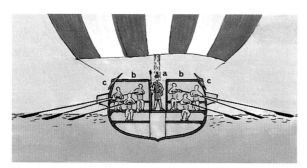

2   Querschnitt einer Triere. Im versenkten Gang (a) des Schiffes standen die Krieger während des Rammstoßes, auf der Brücke (b) standen sie während des Nahkampfes. Die zwischen die Brückenstützen gehängten Schilde (c) schützten die Ruderer.

3   Rekonstruktion eines griechischen Handelsschiffes.

1   *Vergleicht die beiden Schiffstypen miteinander. Welche Unterschiede fallen euch auf? Versucht diese Unterschiede zu erklären.*

Das Meer – die wichtigste Straße Griechenlands

Die einzelnen griechischen Stadtstaaten waren zwar durch Gebirgszüge mehr oder weniger voneinander getrennt, sie besaßen jedoch fast alle einen Zugang zum Meer. Außerdem gab es an den zerklüfteten Küsten zahlreiche Stellen, die sich gut als Ankerplätze eigneten.

So ist es nicht verwunderlich, dass die Griechen schon sehr früh das Meer als den einfachsten Verkehrs- und Handelsweg zwischen den einzelnen Teilen Greichenlands benutzten. Die Griechen wurden ein Volk von Seefahrern, das im Laufe der Zeit fast das gesamte Mittelmeergebiet mit seinen Kriegs- und Handelsschiffen befuhr.

Die griechische Kolonisation

2   *Seht euch die Ergebnisse der Ausgrabungen in der Abb. 5 von S. 11 an. Welche Schlüsse kann man daraus im Hinblick auf die Bevölkerungsentwicklung in Athen ziehen?*

3   *Überlegt, welche Probleme in einem Stadtstaat auftreten konnten, wenn die Bevölkerung stark zunahm.*

4   *Erklärt mithilfe der Karte (Abb. 4), wie die Probleme gelöst werden konnten. Überlegt euch auch noch andere Möglichkeiten.*

5   *Stellt anhand der Karte eine Liste der heutigen Länder auf, in denen es griechische Siedlungen gab.*

6   *Könnt ihr auf der Karte griechische Kolonien entdecken, die noch heute ihren griechischen Namen tragen?*

Griechenland bietet wegen des trockenen Klimas und der kargen Böden nur sehr begrenzt Möglichkeiten zum Ackerbau. Als die Bevölkerung anstieg, blieb daher vielen Griechen nichts anderes übrig, als auszuwandern.

Der griechische Schriftsteller Herodot berichtet um 450 v. Chr. über die Ereignisse, die sich im 7. Jahrhundert auf der Insel Thera abspielten:

> **Q**   Als durch mehrere Missernten infolge jahrelanger Trockenheit auf der Insel Thera die Hungersnot drohte, fragte der König das Orakel von Delphi um Rat. Die weissagende Priesterin gab ihnen zur Antwort: „Apollo sendet euch nach Libyen. Dieses Land ist reich an Schafen. Dort sollt ihr eine Kolonie* gründen".
>
> Die Bewohner Theras waren über diesen Spruch wenig erfreut. Dennoch berief der König die Ver-

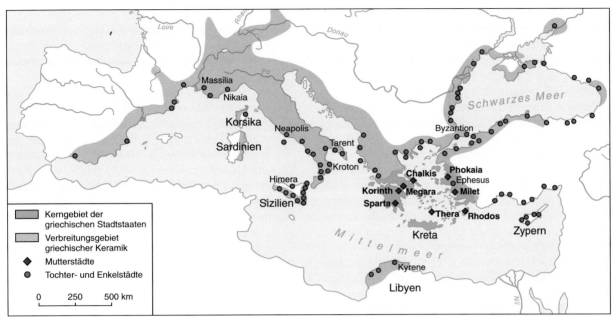

4 Die Welt der Griechen um 750–550 v. Chr.

sammlung aller Bürger zusammen und diese fasste folgenden Beschluss: Wenn eine Familie zwei Söhne hat, dann soll das Los entscheiden, wer von den beiden auswandern muss. König und Führer der Auswanderer soll Battos sein. Sollte das Unternehmen scheitern, dürfen die Auswanderer nach Thera zurückkehren, doch frühestens nach fünf Jahren.

So fuhren etwa 200 Auswanderer auf zwei Schiffen mit je 50 Ruderern ab. Nach langer Fahrt landeten sie auf einer kargen Insel vor der Kyrenaika. Da sie aber keinen geeigneten Siedlungsplatz fanden, kehrten sie nach Thera zurück. Die Theräer aber ließen sie nicht an Land, sondern befahlen ihnen, wieder umzukehren.

7 *Überlegt, warum die Auswanderer frühestens nach 5 Jahren zurückkehren durften.*

8 *Welche Eigenschaften musste eurer Meinung nach ein Anführer wie Battos haben?*

9 *Stellt eine Liste der Dinge zusammen, die die Auswanderer eurer Meinung nach mit auf das Schiff nehmen sollten.*

Zwischen 800 und 500 v. Chr. breiteten sich die Griechen im Mittelmeergebiet und an den Küsten des Schwarzen Meeres aus. Sie gründeten Kolonien, d.h. griechische Niederlassungen außerhalb Griechen-

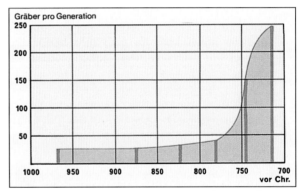

5 Datierte Gräber pro Generation im Stadtstaat Athen, etwa 1000–700 v. Chr.

lands. Diese Kolonien lebten entweder vom Ackerbau oder vom Handel. Die Kolonien waren von ihren „Mutterstädten" unabhängig, blieben aber in engem Kontakt zu den griechischen Stadtstaaten.

So entstand im Verlauf von dreihundert Jahren ein Netz von griechischen Städten rund ums Mittelmeer. Viele von ihnen bestehen bis heute, so z.B. Istanbul (Byzantion), Nizza (Nikaia), Marseille (Massilia) oder Neapel (Neapolis).

10 *Erklärt den Satz des athenischen Gelehrten Sokrates (469–399 v. Chr.): „Wir sitzen um unser Meer wie Frösche um einen Teich."*

11

Griechische Helden

Auch wenn die Griechen rund um das Mittelmeer zerstreut siedelten, das Gefühl der Zusammengehörigkeit blieb bestehen. Man sprach die gleiche Sprache, feierte gemeinsam die Olympischen Spiele, verehrte die gleichen Götter und ließ sich überall von fahrenden Sängern die Taten der griechischen Helden erzählen. Eine der wichtigsten griechischen Heldensagen handelt von der Eroberung Trojas.

In einer heutigen Nacherzählung heißt es:

M ... Es war Abend geworden und die Dunkelheit kam sehr schnell. Am Himmel stand ein schmaler Mond, die Sterne leuchteten wie silberne Fische und vom Meer her strich ein sanfter Wind über die Stadt ... über die Häuser der Armen und den Palast des Königs.

Der König hieß Aristeus. Er wusste, dass seine Frau und alle Leute bei Hofe nichts Schöneres kannten als Geschichten von fernen Ländern, von Abenteuern und Wundern zu hören. Deshalb hatte er einen Sänger zu sich gerufen, einen jener Geschichtenerzähler, die damals durch die Lande zogen um den Menschen eine Probe ihrer Kunst zu geben. Alle hörten, wie der Sänger langsam näher kam. Er ging sehr bedächtig, denn er war blind und zwei Knaben mussten ihn führen.

„Hört", so begann der Sänger, „die Geschichten, die ich euch erzähle. Sie berichten vom Kampf um Troja und von den Abenteuern des Odysseus; es sind Sagen von einem großen unseligen Krieg, von Helena, der schönsten Frau, und von Paris, mit dem das Unheil begann.

Paris war der Sohn des Königs von Troja. Eines Tages, als er im Schatten einer Tanne lag, begegnete ihm eine seltsame Gestalt: ein schlanker Jüngling mit Filzhut und Jagdtasche und sehr merkwürdigen Schuhen, die wie Schnäbel aussahen, aber in Wirklichkeit Flügel waren. Als Paris diese Schuhe sah, erschrak er, denn er wusste, dass der Götterbote Hermes vor ihm stand. ‚Du brauchst nicht zu erschrecken', sagte der Gott, ‚sei vielmehr getrost, denn die Unsterblichen brauchen deinen Rat.' Als er diese Worte sprach, traten drei Frauen aus dem Wald. Die eine war sehr stolz, aber auch groß und von leuchtender Schönheit.

Sie ging auf Paris zu und sagte: ‚Ich bin Hera, siehst du den goldenen Apfel in meiner Rechten?

Nimm ihn und betrachte ihn genau. Wenn du mich für schöner als meine zwei Gefährtinnen hältst, gib ihn mir zurück. Zur Belohnung werde ich dir alle Macht der Welt schenken.'

‚Ich heiße Athene', sagte die Zweite, die nicht geringer an Schönheit schien. ‚Wenn du mir den Preis der Schönheit zuerkennst, wirst du den größten Ruhm durch Tapferkeit und Weisheit gewinnen.' Die Dritte aber nannte sich Aphrodite und sie war so anmutig und lieblich, dass Paris ihr sofort den Apfel übergab. Dafür versprach sie ihm die schönste Frau der Welt. Die anderen beiden jedoch, Hera und Athene, wurden zornig und schworen dem Paris und seiner Vaterstadt grimmige Rache. ...

Der Sage nach besuchte Paris bald darauf Menelaos, den König von Sparta. Paris verliebte sich in dessen Frau Helena und entführte sie nach Troja. Sofort rief Menelaos andere griechische Städte zu Hilfe und ein großes griechisches Heer zog gegen Troja. Zehn Jahre belagerten die Griechen die Stadt. Erst durch eine List gelang ihnen die Eroberung.

Das Trojanische Pferd

Die Angreifer taten, als träten sie den Rückzug an. Sie ließen nur ein riesiges hölzernes Pferd zurück, in dem sich die tapfersten Griechen verbargen. Neugierig holten die Trojaner das Pferd in die Stadt. Nachts verließen die Griechen ihr Versteck und öffneten ihren Kameraden die Tore.

Die Sage vom Trojanischen Krieg, „Ilias" genannt, stammt ursprünglich von dem Dichter Homer, der sie im 8. Jahrhundert v. Chr. verfasst hatte. Seine Erzählungen wurden in ganz Griechenland gelesen, sie förderten so das Zusammengehörigkeitsgefühl aller Griechen untereinander.

1 *Sucht auf der Karte S. 8 die Orte Sparta und Troja. Messt nach, wie groß die Entfernung zwischen diesen beiden Städten ist.*

2 *Überlegt, worin nach der Sage die Rache der beiden Göttinnen bestand.*

**Ein Bild des Trojanischen
Pferdes auf einem Gefäß.**
Um 675 v. Chr.

3 *Erzählt mithilfe der Abbildung die Geschichte
des Trojanischen Pferdes. Welche Situation ist auf
dem Gefäß dargestellt?*

Schliemann sucht Troja
Wissenschaftler hielten die Sagen Homers für Erfindungen. Heinrich Schliemann (1822–1890), ein deutscher Kaufmann aus Neubuckow in Mecklenburg,
war hingegen überzeugt, dass diese Sagen wahre Aussagen enthielten. Schon als Kind hatten die Märchen
und Sagen seines Dorfes seine Fantasie beschäftigt.
Sein Vater erzählte ihm außerdem oft von den Kämpfen um Troja. Schliemann beschloss dieses Troja zu
finden. Nachdem er als Kaufmann viel Geld verdient
hatte, reiste er 1868 in die heutige Türkei, in jene
Landschaft, die den Namen Trojas trägt. Allein aufgrund der Angaben in den Sagen Homers entdeckte
er unter einem großen Hügel die Reste einer zerstör-
ten Stadt.

Der Schatz des Priamos
Schliemann ließ zahlreiche Arbeiter rund um die Uhr
graben. Weitere Siedlungsschichten wurden entdeckt, insgesamt 7 Siedlungen übereinander. In der
zweiten Schicht fand er zahlreiche Gegenstände aus
Gold: Armbänder, Schüsseln, Ohrringe aus Godl
und Pokale. Das musste der Schatz des Priamos sein,
des sagenhaften Königs von Troja. Schliemann war
sich sicher: Troja war gefunden – Homer hatte
Recht.
Heute weiß man, dass Troja einer anderen Schicht
zugehörte. Aufgrund der übereilten Grabung wurden damals außerdem zahlreiche Funde zerstört;
dennoch hat Schliemann Bedeutendes geleistet: Ohne ihn wäre Troja vielleicht noch heute unbekannt.
4 *Erkundigt euch, welche Sagen es über euren
Heimatraum gibt. – Berichten sie von historischen
Ereignissen?*
5 *Fasst zusammen, warum wir heute etwas über
das alte Troja wissen.*
6 *Überlegt, warum an der Stelle des alten Troja
immer wieder eine neue Stadt erbaut wurde.*

1 Zeus. **2** Hades. **3** Poseidon.

Die Götter – eine große Familie

In allen griechischen Staaten gab es prächtige Tempel und heilige Stätten, an denen man die Göttinnen und Götter verehrte. Für die Griechen lebten die Götter auf dem hohen, meist von Wolken umgebenen Gipfel des Olymp*. Hier wohnten sie als große Familie zusammen, ganz wie die Menschen, nur mit mehr Luxus, mächtiger und unsterblich. Vom Leben und Handeln der Götter berichten griechische Sagen:

Q1 … Zeus wollte wieder einmal seine Kinder und Geschwister beim Göttermahl vereint sehen. Daher ließ er Hermes, den Götterboten, zu sich kommen und befahl ihm: Ziehe deine Flügelschuhe an und rufe mir deine Brüder und Schwestern herbei. Ich will mit Hera, meiner Frau, ein Göttermahl geben .

Hermes flog zuerst zu Hephaistos, dem Gott des Feuers. Der schmiedete großartige Waffen. Seine Frau war die schöne Aphrodite. Sie warf noch einen Blick in ihren Spiegel und machte sich dann auf den Weg zum Olymp. Ihr hinkender Mann konnte mit ihr nicht Schritt halten.

Athene, die Lieblingstochter des Zeus, traf Hermes in jener Stadt an, deren Einwohner sie zur Schutzgöttin erwählt hatten. Sie nahm Lanze und Schild und eilte zu ihrem Vater.

Zuletzt fand Hermes den Gott des Krieges, Ares. Wie er ihn antraf – mit Schild und Lanze – so brachte ihn Hermes zu seinen Geschwistern auf den Olymp.

Auch die Brüder des Zeus waren gekommen: Poseidon, der Gott des Meeres, und Hades, der Gott der Unterwelt. Er verließ seinen Richterstuhl um der Einladung zu folgen. Kerberos, den mehrköpfigen Hund, ließ er als Wächter der Unterwelt zurück.

Am Kopf des Tisches hatten neben Zeus und Hera die beiden Brüder Poseidon und Hades Platz genommen. Bei Nektar und Ambrosia unterhielten sich die Götter und teilten Zeus ihre Sorgen und Nöte mit. …

1 *Zeigt den Olymp auf der Karte Seite 8.*
2 *Beschreibt mithilfe der Abbildungen 1–3 die griechische Götterfamilie.*
3 *Die Götter handelten und fühlten, so die Vorstellung der Griechen, ähnlich wie die Menschen. Sucht für die Behauptung Beweise in der Sage.*

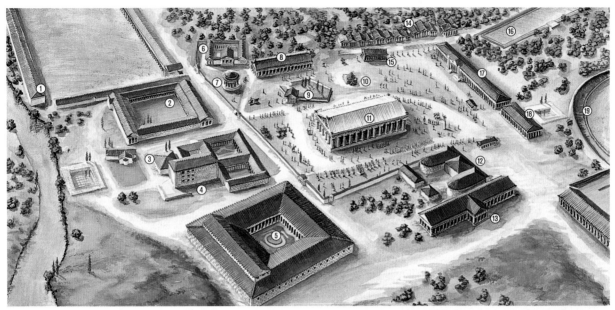

4 Die Anlage von Olympia im 5. Jahrhundert v. Chr. Rekonstruktionszeichnung. 1 Gymnasion, 2 Ringerschule, 3 Amtssitz der Olympischen Priester, 4 Werkstatt des Bildhauers Phidias, 5 Gästehaus, 6 Amtssitz hoher Verwaltungsbeamter, 7 Grab des Königs Philipp, 8 Hera-Tempel, 9 Grab des Königs Phelops, 10 Zeus-Altar, 11 Zeus-Tempel, 12 Buleuterion (hier wurde der olympische Eid abgelegt), 13 Süd-Stoa, 14 Schatzhäuser, 15 Tempel der Kybele, 16 Stadion, 17 Echohalle, 18 Ost-Bäder, 19 Pferderennbahn.

Tempel und Orakelstätten*

Die Griechen brachten Opfer und Gaben dar, damit die Götter sie vor Krankheiten bewahrten oder ihnen gute Ernten bescherten.

Vor den Tempeln stand der Altar. Auf ihn legte man seine Opfergaben nieder wie z. B. die Erstlingsfrüchte der Felder oder Tiere, die man zu Ehren der Gottheit geschlachtet hatte.

Im Innern der Tempel befand sich das Standbild des Gottes oder der Göttin, die man verehrte.

Heilige Orte waren auch die Orakelstätten. Hier konnte man den Rat und die Vorhersagung der Götter einholen. Aus Schriften wissen wir, welche Fragen die Menschen stellten, z. B.: „Soll ich Fischer werden?" „Soll ich das Geschäft abschließen?" „Soll ich heiraten?"

Griechische Städte schickten bei Rechtsstreitigkeiten oder vor Kriegserklärungen ihre Boten zu den Orakelstätten. Ein Priester oder eine Priesterin waren das Sprachrohr der Götter. Gegen eine Gebühr erteilten sie die Weissagungen der Götter.

Religiöse Feiern und Wettkämpfe

Bei allen großen religiösen Feiern fanden sportliche Wettkämpfe statt. In Olympia auf der Peloponnes wurden alle vier Jahre sportliche Wettkämpfe zu Ehren des Göttervaters Zeus abgehalten. An den Wettkämpfen nahmen Sportler aus allen griechischen Stadtstaaten teil. Über den Sinn der Spiele schrieb ein Athener:

> **Q2** ... Wir versammeln uns alle an einem Ort, nachdem wir alle Feindseligkeiten eingestellt haben. Während des Festes bringen wir gemeinsam unsere Opfer dar, verrichten gemeinsam Gebete und werden uns dabei unseres gemeinsamen Ursprungs bewusst. Alte Freundschaften werden erneuert, neue Freundschaften werden geschlossen. So lernen wir uns gegenseitig besser zu verstehen ...

4 *Menschen haben sich schon immer um ihre Zukunft Sorgen gemacht und sich „Orakeln" zugewandt. Benennt Beispiele dafür, die aus unserer Gegenwart stammen.*

5 *Gebt in eigenen Worten wieder, welche Bedeutung die Olympischen Spiele nach Meinung des athenischen Bürgers hatten.*

15

1 Wagenrennen. Der Wagenlenker gehört zu den wenigen Athleten, die bekleidet sind.

2 Weitsprung aus dem Stand. Zwischen 1,5 und 4,5 kg schwere Gewichte aus Stein, Blei oder Eisen verstärken den Vorwärtsschwung.

3 Langstreckenlauf. (Die Bilder auf dieser Seite sind Vasenmalereien aus dem 4. und 5. Jahrhundert v. Chr.)

Die olympischen Wettkämpfe

Die ersten Olympischen Spiele*, von denen wir sicher wissen, fanden im Jahr 776 v. Chr. statt. In einer heutigen Darstellung heißt es:

M … Im Frühling eines olympischen Jahres machten sich drei heilige Boten auf den Weg und suchten jeden Winkel von Griechenland auf um die bevorstehenden Spiele anzukündigen. Man forderte die Teilnehmer auf, mindestens einen Monat vorher zu erscheinen um unter der Aufsicht der Kampfrichter zu trainieren.

Andere kamen zu Zehntausenden, wann und wie es ihnen beliebte – Zuschauer, Lebensmittel- und Getränkehändler, Abgesandte vieler griechischer Städte, Bettler, Blumenhändler und die Sänger, Tänzer und Redner, die das „Rahmenprogramm" bestritten – kurz, der ganze bunte Haufen, der sich überall bei großen Rennen und auf Jahrmärkten einfindet …

Zwischen 30000 und 40000 Zuschauer waren zugegen, wenn die Wettkämpfe durchgeführt wurden. Sie dauerten fünf Tage:

1. Tag: Feierliche Eröffnung, die der Grieche Pausanias noch im Jahr 175 n. Chr. folgendermaßen beschrieb:

Q1 … Die Zeusstatue im Rathaus hat den Beinamen „Schwurgott" und hält in jeder Hand einen Blitz. Bei ihr müssen die Athleten und ihre Väter und Brüder und auch die Lehrer schwören, dass sie sich keinen Verstoß gegen die olympischen Wettkämpfe zu Schulden kommen lassen werden …

Die Athleten leisten dazu noch den Schwur, dass sie sich insgesamt zehn Monate nacheinander der sorgfältigsten Übung hingegeben hätten.

2. Tag: Wettstreit der Trompeter vor der Echohalle. Wagenrennen, Fünfkampf: Diskus, Weitsprung, Speerwurf, Ringen und Stadionlauf (192 m).

3. Tag: Festprozession zum heiligen Bezirk. Am Altar vor dem Zeustempel: Opferung, Gesänge, Flötenspiel und Gebete. Abends: Opferschmaus.

4. Tag: Schwerathletische Kämpfe: Ringen, Faustkampf und Waffenlauf über 400 m.

5. Tag: Siegerehrung im Tempel mit Dankopfern zu Ehren des Zeus. Festessen der Sieger im Rathaus von Olympia. Abends: Die Sieger laden ihre Freunde zu einem festlichen Mahl bei Gesang und Musik ein.

3 Zielfoto vom 100-m-Lauf der Männer. Seoul 1988.

4 Cathy Freeman. Erste Ureinwohnerin Australiens, die eine Olympiamedalle (Silber über 400 m) gewann. Atlanta 1996.

Auszeichnungen und Ehrungen

Die Athleten wollten bei den Wettkämpfen keine Rekorde aufstellen. Sie wollten Erste sein, besser sein als alle anderen. Zweite oder dritte Plätze gab es nicht. Es gab nur Sieger oder Verlierer. Dabei war es völlig gleichgültig, ob man mit einem schlechten Wurf oder in einer schlechten Zeit gewonnen hatte. Von den Siegern wurden Standbilder angefertigt, die man in Olympia aufstellte. In ihrer Heimatgemeinde erhielten sie ein Leben lang kostenlose Verpflegung und Befreiung von den Steuern.

Auszeichnungen und Ehrungen führten seit dem 4. Jahrhundert v. Chr. dazu, dass immer mehr Berufssportler an den Olympischen Spielen teilnahmen; es kam auch zu Bestechungsversuchen um den Sieg zu erkaufen.

Auch Kritik an den Wettkämpfen blieb im Altertum nicht aus.

So meinte Xenophanes (ca. 565–470 v. Chr.):

> **Q2** Die Wettkämpfe haben keinen Sinn. Auch wenn es im Volk jemanden gibt, der tüchtig ist im Faustkampf, der etwas leistet im Fünfkampf, Ringen oder Schnelllauf, dies nützt dem Staat nichts.

Insgesamt 293 mal – von 776 v. Chr. bis 393 n. Chr. – wurden die Olympischen Spiele in ununterbrochener Reihenfolge abgehalten. Dann wurden sie vom christlichen römischen Kaiser Theodosius I. verboten, kurze Zeit später wurden die Tempel zerstört.

Erst im Jahre 1896 wurden die Olympischen Spiele von dem Franzosen Pierre de Coubertin erneut ins Leben gerufen. Zur Ehre Griechenlands darf die griechische Mannschaft bei allen Olympischen Spielen als erste in Stadion einmarschieren.

1 *Vergleicht die Bilder auf Seite 16 und 17 im Hinblick auf Teilnehmer, Art und Zahl der Wettkämpfe, Dauer der Spiele und Form der Siegerehrung.*

2 *Erkundigt euch, wie die Olympischen Spiele heute ablaufen und fertigt dann eine Tabelle an:*

Die Olympischen Spiele	
damals	**heute**
. . .	. . .
. . .	. . .

1 Das Wagenrennen. Rekonstruktion.

Sportliche Wettkämpfe

„Die griechischen Stadtstaaten legen großen Wert darauf, dass sich bereits die Kinder in den verschiedenen Sportarten üben. Sportliche Wettkämpfe, zu denen die Besucher in Scharen herbeiströmen, finden in den Städten und in den großen Heiligtümern statt, dem des Zeus in Olympia und dem des Apollon in Delphi. Der bekannteste Sport ist der Ringkampf, der vom zehnten Lebensjahr an ausgeübt wird. Eine besondere Form des Ringkampfes ist das Pankration: Hier ist alles erlaubt, nur nicht dem Gegner die Augen auszukratzen! Die Kämpfer wälzen sich im Schlamm (die frisch umgepflügte Erde wird vorher mit Wasser besprengt) und verdrehen einander brutal die Glieder. Der Kampf ist beendet, wenn einer der beiden erschöpft den Arm hebt. Auch das Boxen ist eine beliebte Sportart bei den Griechen; man wickelt sich dazu Lederriemen um die Hände. Die Kinder lernen Weitsprung, indem sie Hanteln aus Stein oder Metall in den Händen halten, die die Kontrolle über die Armbewegungen erleichtern. Eine beliebte Disziplin ist auch das Diskuswerfen. Der Diskus kann bis zu vier Kilogramm wiegen. Auch der Speerwurf gehört zu den von den Griechen ausgeübten Sport-

arten. Doch am beliebtesten ist der Wettlauf im Stadion, der über unterschiedliche Strecken, meist über 200 Meter, geht. Das Fest von Olympia – die Olympischen Spiele – findet alle vier Jahre beim Heiligtum des Zeus auf der Peloponnes statt. Hier sind sogar Sklaven als Zuschauer zugelassen, nicht aber Frauen. Dieses Fest zieht alle berühmten Sportler Griechenlands an, darüber hinaus aber auch Wetter, die vor allem die Pferderennen sehen wollen. Reiche Griechen wie Alkibiades besitzen Reitställe und können dadurch viele der großen Wagenrennen gewinnen. Im Jahre 416 v. Chr. lässt Alkibiades in Olympia neun Quadrigen (Vierspänner) starten, mit denen er den ersten, zweiten und vierten Platz gewinnt. Die Olympiade dauert sieben Tage und endet mit einer feierlichen Prozession, einem großen Festmahl und der Bekanntgabe der Resultate durch den Herold. Die Sieger, Olympioniken genannt, werden in ganz Griechenland berühmt und wie Helden verehrt.“

Weitere interessante Informationen über das Leben der Griechen finden sich in dem Band von Pierre Miquel: So lebten sie im alten Griechenland. Tessloff Verlag, Hamburg 1982.

Die ersten sechs Läufer sind soeben zum Wettlauf gestartet. Die Griechen kennen noch keinen Tiefstart mit einem Knie auf der Erde, sondern warten das Startsignal stehend ab, die Füße nah beieinander und den Körper vorgebeugt. Der Sportler vorn im Bild, der einen Kranz aus Ölbaumzweigen trägt, freut sich, weil er gerade den Sieg im 400-Meter-Lauf errungen hat. Dieser Wettbewerb geht zweimal über die Länge des Stadions.

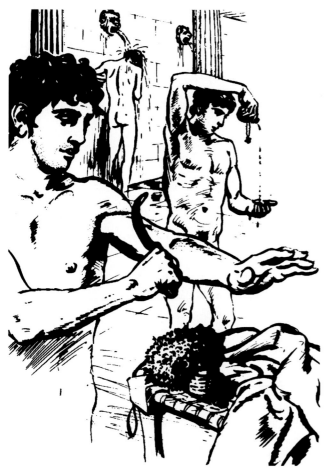

Diese beiden Boxer kämpfen erbarmungslos miteinander. Der Kampfrichter überwacht die Einhaltung der Regeln. Hände und Unterarme der Boxer sind mit Lederriemen umwickelt, in die auch Bleistücke eingearbeitet sein können. Jeder Schlag ist gefährlich für den Gegner und der Kampf ist erst beendet, wenn einer der beiden aufgibt oder erschöpft zur Erde fällt.

Zur Ausrüstung der Sportler gehören ein Schwamm zum Waschen und ein Kännchen mit Öl zum Einreiben des Körpers. Nach dem Wettkampf wird der Staub, der sich fest auf die eingeölte Haut gelegt hat, mit einem Bronzeschaber abgekratzt.

Um bessere Weiten zu erzielen trainieren die Weitspringer mit Hanteln, die bis zu 5 Kilogramm wiegen können. Der Athlet Phayllos von Kroton soll mithilfe solcher Hanteln 16 Meter weit gesprungen sein!

19

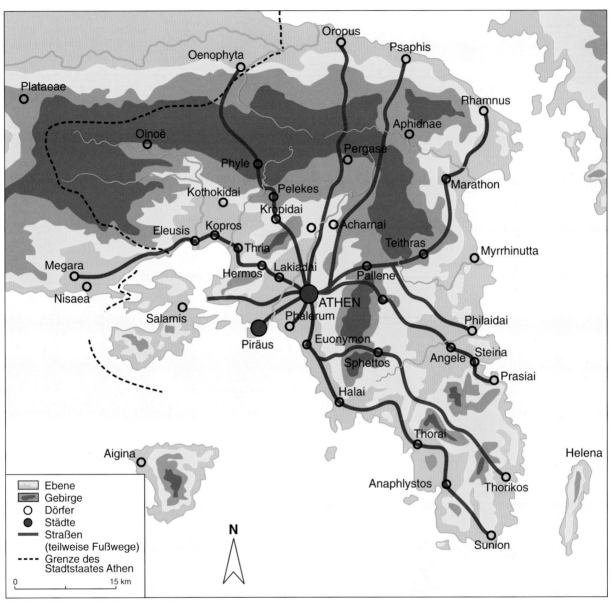

1 Das Gebiet des Stadtstaates Athen.

Der Stadtstaat Athen

In Athen lag seit dem 7. Jahrhundert v. Chr. die Herrschaft in den Händen von Adligen, die das Königtum abgeschafft hatten. Nach langwierigen Auseinandersetzungen zwischen dem Adel und den übrigen Bevölkerungsgruppen kam es im 5. Jahrhundert v. Chr. zu einer Regierungsform, die die Athener selbst als Demokratie* bezeichneten.

Der berühmteste Politiker Athens in diesem Jahrhundert war Perikles, den die Bürger von 443–429 v. Chr. immer wieder in das höchste Staatsamt wählten. Seiner Ansicht nach sollten alle Bürger die gleichen politischen Rechte besitzen, da alle ohne Unterschied sich in der Vergangenheit immer wieder für die Verteidigung der Stadt eingesetzt hatten.

Nach dem Bericht eines griechischen Geschichtsschreibers soll Perikles im Jahre 429 v. Chr. folgende Rede gehalten haben:

Q1 ... Wir leben in einer Staatsform, die die Einrichtungen anderer nicht nachahmt; eher sind wir für andere ein Vorbild, als dass wir andere uns zum Muster nähmen.
Mit Namen wird sie, weil wir uns nicht auf eine Minderheit, sondern auf die Mehrheit im Volke stützen, Volksherrschaft (= Demokratie) genannt. Und es genießen alle Bürger für ihre Angelegenheiten vor den Gesetzen gleiches Recht ...
Jeder, der etwas für den Staat zu leisten vermag, kann bei uns ein politisches Amt erhalten.
Das ganze Volk trifft in der Volksversammlung die Entscheidungen und sucht hier ein rechtes Urteil über die Dinge zu gewinnen ...
Unsere Stadt ist für jedermann offen. Ausweisungen von Fremden gibt es bei uns nicht. ...

Die Volksversammlung

Mindestens vierzigmal im Jahr wurden die Bürger Athens zur Volksversammlung* geladen. Auf der Volksversammlung wurden alle Gesetze beschlossen, die Beamten gewählt und über Krieg und Frieden entschieden.
Häufig dauerten diese Versammlungen von Sonnenaufgang bis zum Abend. Teilnehmen konnte jeder athenische Mann, dessen Eltern auch Athener waren.
In Wirklichkeit war vielen Bürgern ein Besuch der Volksversammlung kaum möglich. Ein heutiger Wissenschaftler schreibt:

Q2 ... Der im Süden Attikas wohnende Bauer konnte nicht beliebig oft seine Hacke fallen lassen und den langen Weg in die Stadt antreten und der Gemüsehändler, der seinen Stand auch nur für einen Tag schloss, riskierte, dass seine Kunden am nächsten Tag anderswohin gingen ...
Für gewöhnlich besuchten die Volksversammlung die Bauern der näheren Umgebung, die stadtansässige Bevölkerung (darunter viele Alte und Arbeitslose) und aus entfernteren Gegenden alle die, denen der Gegenstand der Beratung am Herzen lag; so ist z. B. verständlich, dass eine Debatte über den weiteren Ausbau der Flotte die in Piräus wohnenden Bürger in Scharen in die Stadt strömen ließ ...

2 **Die Bevölkerung des Stadtstaates Athen um 430 v. Chr.**

1 *Stellt mithilfe der Grafik fest, wie viele Menschen in Athen politische Rechte besaßen und wie viele davon ausgeschlossen waren.*
2 *Vergleicht eure Ergebnisse mit der Behauptung des Perikles, die athenische Staatsform sei demokratisch.*
3 *Spielt folgende Situation: Zwei Bauern in Sunion (vgl. Karte 1) unterhalten sich zur Zeit der Frühjahrsaussaat darüber, ob sie zur Volksversammlung gehen sollen. Entschieden werden soll dieses Mal über den Bau eines neuen Tempels.*
4 *Informiert euch über die Größe eures Kreisgebietes und vergleicht sie mit der des athenischen Stadtstaates. Messt dazu die größte Ost-West- sowie Nord-Süd-Entfernung.*

1 **Athenische Volksversammlung.** Rekonstruktionszeichnung.

Eine Reise in das Athen des Perikles

Was haltet ihr davon, wenn wir zusammen eine Reise machen? Eine Reise ins alte Athen. Wir brauchen nur die Zeit um 2500 Jahre zurückzudrehen, bis ins Jahr 432 v. Chr. Dann gelangen wir ins Athen des Perikles – so beginnt der Text eines griechischen Jugendbuches.

Die Volksversammlung

Auf uns wartet unser guter Freund Kritias … Er führt uns zur Pnyx, wo die Volksversammlungen stattfinden. „Die Abstimmung" – so klärt er uns auf – „erfolgt durch Erheben der Hand oder mit Kieseln, die als Stimmsteinchen dienen. Die Volksversammlung beschließt über alle wichtigen Dinge: über Krieg und Frieden, über die Bündnisse der Stadt, über die Wahl der Botschafter, der Heerführer und der anderen Kriegsherren. Und außerdem beschließt sie über neue Gesetze. Es liegt also wirklich die Macht beim Volke und deswegen heißt es auch in Athen: Das Volk ist der Herrscher."

Eine Abstimmung mit Scherben

Kritias fährt fort: „Die Volksversammlung kommt einmal im Jahr, im Frühling, zu einem besonderen Zweck auf der Agora zusammen: Bei dieser Versammlung wird entschieden, ob eine Abstimmung mit Scherben stattfinden soll. Dafür sind die Stimmen von 6000 Athenern notwendig. „Eine Abstimmung mit Scherben?" fragen wir erstaunt. „Ja", sagt Kritias, „bei dieser Abstimmung schreiben die athenischen Bürger auf eine Tonscherbe den Namen des Politikers, der ihrer Meinung nach für die Stadt und die Demokratie eine Gefahr bedeutet. Derjenige, dessen Name am häufigsten aufgeschrieben wurde, wird für zehn Jahre aus der Stadt verbannt. Leider urteilen die Athener nicht immer richtig."

Perikles der Heerführer

Plötzlich blicken alle zur Straße hin. Ein Mann von edler Gestalt kommt näher.

„Das ist Perikles", flüstert Kritias. „Er ist einer der zehn Heerführer, die den Oberbefehl über unser Heer und unsere Flotte haben." Die Oberbefehlshaber werden immer nur für ein Jahr gewählt, wissen wir. „Ja, aber Perikles wird in den letzten Jahren immer wieder gewählt," sagt Kritias. „Und das ist gut so, denn er hat viel für unsere Stadt getan. Er war es, der der Volksversammlung vorgeschlagen hat mit dem Geld unserer Verbündeten die Tempel und Gebäude, die die Perser zerstört hatten, wieder auf-

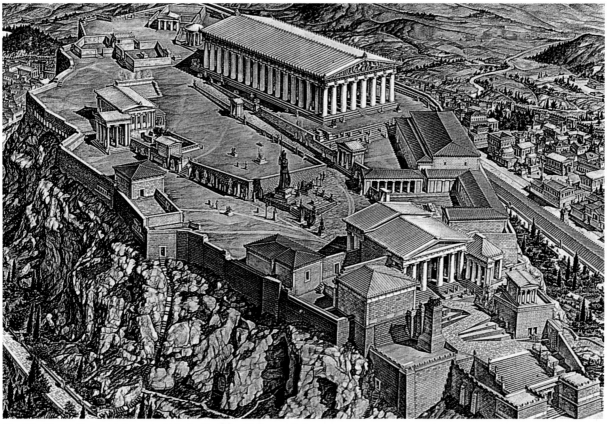

2 **Die Akropolis von Athen zur Zeit des Perikles.** Rekonstruktion.

zurichten. Damit wollte er zwei Dinge erreichen: Athen sollte eine prächtige Stadt werden und die vielen arbeitslosen Athener sollten Arbeit bekommen. Er hat auch viele wichtige Gesetze durchgebracht, wie z. B. jenes, dass alle Richter, Soldaten und Beamten aus der Stadtkasse entlohnt werden. Sie bekommen für ihre Tätigkeiten jetzt Diäten, d. h. eine Bezahlung".

Die Akropolis
Von der Pnyx werfen wir einen Blick auf die Akropolis mit ihren wunderschönen Bauten, wir denken an die Werkstätten mit den vielen Beschäftigten, an die Regierungsgebäude auf der Agora und es fallen uns die Worte ein, die Perikles … gesagt haben soll: „Einer solchen Stadt gebührt aller Ruhm der Welt. Feinde und Untertanen, heutige und künftige Geschlechter werden mit Bewunderung uns betrachten."

1 *Informiert euch bei eurem Landtags- oder Bundestagsabgeordneten, warum er Diäten erhält.*
2 *Vergleicht die Verhältnisse in Athen mit denen in Ägypten (s. Bd. 1, S. 148 ff.). Ein ägyptischer Beamter besucht Athen. Nennt alle politischen Einrichtungen, die ihm fremd sind. Wie könnte er darüber gedacht haben?*
3 *Beamte und Richter bekamen für ihre Tätigkeit ein Tagegeld (= Diäten). Erklärt die Bedeutung der Diäten für die Verwirklichung der athenischen Demokratie. Vergleicht die Praxis in Athen mit der Situation der Abgeordneten bei uns heute.*
4 *Bildet verschiedene Arbeitsgruppen. Jede Gruppe verfasst einen kurzen erklärenden Text zu den wichtigsten Gebäuden und Einrichtungen eures (Schul-)Ortes. Mit den Texten aller Arbeitsgruppen könnt ihr einen kleinen „Stadtführer" erstellen.*

23

1 Herstellung von Tonkrügen. Vasenmalerei, 5. Jahrhundert v. Chr.

2 Kaufleute wiegen Getreide ab. Vasenmalerei, 550 v. Chr.

Mitbewohner ohne Rechte

Zur Zeit des Perikles lebten im Stadtstaat Athen etwa 300000 Menschen. Politisches Mitspracherecht hatten aber nur etwa 40000 Bürger. In Athen lebten damals auch ungefähr 30000 Ausländer, von den Athenern „Metöken", d.h. „Mitbewohner" genannt (siehe auch Seite 25). Sie waren nach Athen gekommen um hier in Handel, Handwerk oder im Bankgeschäft ihren Lebensunterhalt zu verdienen. Die Metöken mussten Militärdienst leisten und Steuern zahlen, hatten aber keine politischen Rechte.

Sklaverei in Athen

Völlig rechtlos waren die etwa 100000 Sklaven*. Sie galten als Sache und nicht als Mensch. Schwerarbeit und Schmutzarbeit blieb in Athen vorwiegend den Sklaven überlassen. Auf dem monatlichen Sklaven-markt wurden Männer, Frauen und Kinder von Sklavenhändlern wie Vieh angepriesen und verkauft. Viele Sklaven arbeiteten als Handwerker in einem Betrieb oder waren als Dienerinnen oder Diener in einem Haushalt tätig. Einige waren auch Lehrer der Kinder reicher Familien. Zehntausende schufteten sich in den staatlichen Silberbergwerken zu Tode. Die Arbeit in den niedrigen Stollen dauerte von Sonnenauf- bis Sonnenuntergang. Ruhe- oder Feiertage gab es nicht.

Agatharchides, ein Grieche aus Kleinasien, berichtete um 120 v. Chr. über das Leben von Sklaven im Bergbau:

Q1 … Die jüngeren Männer arbeiteten sich kriechend und mit einer Lampe an der Stirn vor, indem sie den Metalladern folgen. Das geschlagene Gestein wird von Kindern herausgeschleppt und ältere Männer zertrümmern es mit dem Hammer. Das Kleingeschlagene wird dann zu Staub gemahlen mit Steinmühlen, die nicht von Ochsen, sondern von Frauen gedreht werden. Die Sklaven werden von bewaffneten Aufsehern bewacht und häufig geschlagen. Ohne Pause und ohne Rücksicht auf ihren körperlichen Zustand müssen sie arbeiten. Alle begrüßen den Tod, wenn er naht. …

1 *Das Schicksal der Sklaven hing sehr von ihrer Arbeit ab. Nennt verschiedene Möglichkeiten.*

2 *Fremde, die in Athen wohnten, arbeiteten und Steuern zahlten, durften an den Volksversammlungen nicht teilnehmen und nicht wählen. Überlegt, ob es bei uns ähnliche Regelungen auch gibt.*

3 **Sklaven beim Bau eines Tempels in Athen.** Rekonstruktion.

4 **Ein Bürger, der zu viel getrunken hat, auf dem Heimweg von einem Fest.** Eine Sklavin steht ihm bei. Bild in einer griechischen Trinkschale, um 480 v. Chr.

5 **Sklaven in einer Schuhmacherwerkstatt.** Vasenbild, um 460 v. Chr.

1 **Mutter mit ihrem Baby im Kinderstuhl.** Malerei auf einer Schale um 450 v. Chr.

2 **Buntweberei am senkrechten Webstuhl.** Malerei auf einem Trinkgefäß um 430 v. Chr.

Frauen in Athen

In der „Hauswirtschaftslehre" des Geschichtsschreibers Xenophon sagte der 30-jährige Gutsbesitzer Ischomachos zu seiner 14-jährigen Ehefrau:

> **Q** … Deine Pflicht ist es zu Hause zu bleiben und die Sklaven, die außerhalb des Hauses zu tun haben, hinauszuschicken. Diejenigen aber, die im Hause zu tun haben, musst du beaufsichtigen. Das, was ins Haus gebracht wird, musst du in Empfang nehmen. Du musst das, was sogleich gebraucht wird, verteilen, musst einschätzen, was als Vorrat gebraucht werden soll, und darauf achten, dass nicht der Vorrat für ein ganzes Jahr schon in einem einzigen Monat verbraucht wird.
>
> Wenn man Wolle bringt, musst du darauf achten, dass alle davon Kleider bekommen, die es brauchen, und du musst ferner darauf achten, dass die getrockneten Nahrungsmittel ordentlich zubereitet werden.... Eine freilich von deinen künftigen Aufgaben wird dir vielleicht nicht erfreulich erscheinen: Du musst nämlich, wenn jemand im Hause krank geworden ist, dich auch darum kümmern, dass man ihn pflegt. … Sollten uns nun die Götter einst Kinder schenken, so wollen wir zusammen beraten, wie wir ihnen die beste Erziehung geben können, denn diese müssen unsere Gehilfen und besten Pfleger im Alter werden …

1 *Beschreibt das Verhältnis zwischen Ischomachos und seiner Ehefrau.*
2 *Nennt die Aufgabenbereiche, für die nach Meinung des Ischomachos seine Frau zuständig ist. Seht euch dazu auch die Abbildungen 1–5 an.*
3 *Stellt euch vor, ihr könntet mit Ischomachos sprechen: Berichtet ihm, in welchen Punkten sich das Leben einer Frau in unserer Gesellschaft von dem Leben einer athenischen Frau unterscheidet.*

Männer und Frauen

Das Leben einer Athenerin spielte sich vermutlich hauptsächlich im häuslichen Bereich ab. Nur wenn sie zum Lebensunterhalt der Familie beitragen mussten, arbeiteten Frauen auch in der väterlichen Werkstatt mit oder gingen auf den Markt um Gewänder, Blumenkränze usw. zu verkaufen, die sie zu Hause angefertigt hatten.

Eine willkommene Unterbrechung des Alltags brachten die zahlreichen Feste zu Ehren der Göttinnen und Götter, an denen alle Athenerinnen und Athener teilnahmen. Daneben gab es aber auch reine Frauenfeste, wie z.B. das mehrtägige Fest zu Ehren der Fruchtbarkeitsgöttin Demeter. An diesem Fest durften nur verheiratete Frauen teilnehmen, Männer waren ausgeschlossen.

3 **Frauen vor dem Brunnenhaus.** Athenische Vasenmalerei um 350 v. Chr.

4 **Eine Athenerin legt ein Gewand in eine Truhe.** Relief um 450 v. Chr.

Männer nahmen am häuslichen Leben kaum Anteil. Sie waren mehr unterwegs als daheim. Sie trafen sich auf dem Marktplatz, in den Sporthallen oder bei den Volksversammlungen. Abends lud man seine Freunde zu sich nach Hause ein. An diesen Zusammenkünften durften Frauen nicht teilnehmen.

Nur wenige Männer handelten anders. Zu ihnen gehörte auch Perikles. Ein Wissenschaftler schrieb über ihn:

> **M** ... Niemand hätte etwas dabei gefunden, wenn Perikles seine Frau schlecht behandelt hätte. Dass er aber seine Frau als menschliches Wesen ansah, dass er wirklich mit ihr lebte, anstatt sie in die Frauengemächer zu verbannen, dass er Freunde zusammen mit ihren Frauen zu sich einlud, darüber regte sich jeder Athener auf ...

4 *Spielt folgende Situation: Ein Freund kommt ohne seine Frau zu Perikles; denn seiner Meinung nach gehört es sich einfach nicht, dass Frauen an abendlichen Zusammenkünften teilnehmen. Es empört ihn, dass Aspasia, die Frau des Perikles, anwesend ist. Es kommt zu einem Streitgespräch zwischen den Dreien.*

5 **Lesende Athenerin.** Vasenbild aus Athen. 5. Jahrhundert v. Chr.

27

1 Die „alte Oper" in Frankfurt am Main, erbaut um 1880 nach dem Zweiten Weltkrieg wiedererrichtet.

3 Schloss Monaise in Trier. Foto 1994.

2 Das Oberste Bundesgericht in Washington, erbaut 1935.

4 Das Brandenburger Tor in Berlin, erbaut 1789–1791.

Griechischer Baustil in unserer Zeit

Die griechischen Tempel und Heiligtümer galten in vielen Zeiten als Vorbilder für Schönheit und Klarheit in der Baukunst. In Europa hat man vor allem im 18. und 19. Jahrhundert zahlreiche Gebäude nach dem Vorbild griechischer Tempel errichtet. Man wollte dadurch die besondere Würde und Erhabenheit dieser Bauwerke betonen.

1 *Betrachtet die Bilder und stellt die Gemeinsamkeiten im Baustil fest.*
Nennt dann auch die Unterschiede.

2 *Informiert euch im Fach Kunst oder in einem Lexikon über die typischen Merkmale der griechischen Baukunst. Seht euch dazu auch Abb. 2, S. 23 an.*

3 *Sammelt Bilder von weiteren Bauten, die im griechischen Stil errichtet wurden. Gibt es entsprechende Gebäude in der Nähe eures Wohnortes, so fertigt Fotografien an.*
Erstellt mithilfe dieser Bilder eine Wandzeitung für euer Klassenzimmer.

28

Das Geschichts-Puzzle

Oben seht ihr die Einzelteile einer Darstellung aus dem 5. Jahrhundert v. Chr. Richtig zusammengesetzt zeigen sie eine Szene aus einer bekannten griechischen Sage. Bestimmt findet ihr heraus, wie ihr Held heißt und welche Abenteuer er erlebt hat. Ihr könnt dies in kleinen Arbeitsgruppen gemeinsam versuchen.

Am besten geht ihr folgendermaßen vor:

– Ihr müsst diese Seite für jede Arbeitsgruppe 1 x kopieren.

– Dann schneidet ihr die Einzelteile sorgfältig aus und fügt sie dann zusammen.

– Anschließend klebt ihr euer Ergebnis auf feste Pappe.

– Abschließend könnt ihr die Darstellung noch farbig unterlegen. Achtet darauf, vor allem braune und beige Farbe zu verwenden.

Das Silbenrätsel

a – a – ae – ben – di – di – en – ken – kles – ko – kro-lis – lo – lymp – met – ni – o – oe – on – pe – po – ri scher – skla – sta – ten – then – ven

Aus diesen Silben sind die folgenden Begriffe herauszufinden: Sportstätte – Athenischer Staatsmann – Heiliger Berg des Zeus – Griechische Tochterstädte – Größte Bevölkerungsgruppe Athens im 5. Jahrhundert v. Chr. – „Abstimmungszettel" der athenischen Volksversammlung – Tagegelder für Beamte – Berühmte Stadt Griechenlands – Der „Burgberg" Athens – Die „Mitbewohner" Athens

Wenn ihr aus dem ersten Begriff den 4. Buchstaben herausschreibt, aus dem zweiten den 2., aus den folgenden Begriffen den 4., 2., 2., 5., 3., 2., 8. und 2. Buchstaben, dann erhaltet ihr als Lösungswort einen Begriff, der in der Geschichte Athens eine wichtige Rolle spielte.

2 DAS RÖMISCHE REICH

Das Bild zeigt die Überreste des Kolosseums in Rom, das unter Kaiser Vespasian im 8. Jahrzehnt n. Chr. erbaut wurde. Das riesige Bauwerk hatte 45000–50000 Sitzplätze und wurde für Zirkusspiele genutzt. Hier kämpften die Gladiatoren gegen wilde Tiere und gegeneinander. Das Kolosseum gibt noch heute Zeugnis von der verschwenderischen Pracht der römischen Kaiserzeit.

In diesem Kapitel könnt ihr erarbeiten, wie das Leben im Römischen Reich verlief.
Jahrhunderte lang verlief seine Grenze auch durch das heutige Hessen.
Deshalb könnt ihr heute noch den Spuren des Römischen Reiches in Deutschland begegnen.

1 Ein römischer Adliger mit den Büsten seiner Vorfahren. 1. Jahrhundert n. Chr.

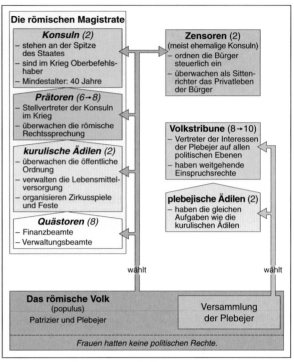

Die römischen Magistrate

Konsuln (2)
– stehen an der Spitze des Staates
– sind im Krieg Oberbefehlshaber
– Mindestalter: 40 Jahre

Prätoren (6→8)
– Stellvertreter der Konsuln im Krieg
– überwachen die römische Rechtssprechung

kurulische Ädilen (2)
– überwachen die öffentliche Ordnung
– verwalten die Lebensmittelversorgung
– organisieren Zirkusspiele und Feste

Quästoren (8)
– Finanzbeamte
– Verwaltungsbeamte

Zensoren (2)
(meist ehemalige Konsuln)
– ordnen die Bürger steuerlich ein
– überwachen als Sittenrichter das Privatleben der Bürger

Volkstribune (8→10)
– Vertreter der Interessen der Plebejer auf allen politischen Ebenen
– haben weitgehende Einspruchsrechte

plebejische Ädilen (2)
– haben die gleichen Aufgaben wie die kurulischen Ädilen

wählt   wählt

Das römische Volk
(populus)
Patrizier und Plebejer

Versammlung der Plebejer

Frauen hatten keine politischen Rechte.

2 Die römische Beamtenschaft.

Adlige gründen eine Republik

1 *Überlegt, worauf das Wort Republik in „Bundesrepublik Deutschland" hinweist.*
2 *Ausländische Schülerinnen und Schüler können berichten, wie die genaue Bezeichnung ihres Staates lautet.*

Seit dem 7. Jahrhundert v. Chr. beherrschten die Etrusker das Gebiet um Rom. Rom, zu dieser Zeit noch eine kleine Siedlung am Tiber, wurde von ihnen allmählich zu einer wichtigen Handelsstadt ausgebaut. Manche etruskische Könige – so heißt es in römischen Sagen – waren klug und sorgten umsichtig für das Wohlergehen der Stadt. Andere aber waren nur darauf bedacht, ihren eigenen Reichtum zu vergrößern.
Zu ihnen gehörte Tarquinius, genannt der „Hochmütige". Die Römer hassten ihn nicht nur wegen seiner Überheblichkeit, sondern auch, weil er sie mit immer neuen Abgaben belastete. Um 500 v. Chr. wurde er von der aufgebrachten Bevölkerung verjagt.

„Nie wieder einen König", so schworen sich die Römer. Künftig sollte die Politik eine Angelegenheit aller Römer sein. Rom wurde eine Republik. „Res publica", „eine öffentliche Sache", so nannten die Römer jetzt selber ihre Republik.

Der Senat und das römische Volk

Die beiden obersten Beamten hießen Konsuln. Sie führten die Regierungsgeschäfte und im Krieg hatten sie den Oberbefehl. Die Konsuln besaßen – wie früher die Könige – eine fast unumschränkte Macht. Ihre Amtszeit aber war auf ein Jahr beschränkt. Eine direkte Wiederwahl war nicht möglich. Beraten wurden die Konsuln vom Senat. Hier versammelten sich die Oberhäupter der Adelsfamilien. Seine Mitglieder, Senatoren genannt, bereiteten die Gesetzesvorlagen vor. Auch Verträge mit anderen Staaten wurden vom Senat geschlossen. Trotz ihrer Macht richteten sich die Konsuln meistens nach dem Willen des Senats.

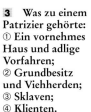

3 Was zu einem Patrizier gehörte:
① Ein vornehmes Haus und adlige Vorfahren;
② Grundbesitz und Viehherden;
③ Sklaven;
④ Klienten.

3 *Seht euch das Schaubild an (Abbildung 2).
Erklärt, welche Aufgaben die jeweiligen Beamten übernahmen.*
4 *Findet heraus, wie man heute die Aufgabenbereiche der römischen Beamten benennen würde.*

Die Vorherrschaft der Patrizier*

Die führende Stellung in diesem Staat nahmen die Adligen ein. Sie kontrollierten die neue Ordnung durch den Senat und sie stellten alle führenden Beamten: alle Richter, die Heerführer und die hohen Priester.

Wie im frühen Griechenland gehörte auch in Rom derjenige zum Adel, der reich und von vornehmer Abstammung war. Die römischen Adligen waren Grundbesitzer und nannten sich selbst Patrizier. Den Patriziern gegenüber standen die Plebejer*: freie Bauern, Handwerker, Händler und Kaufleute, die die Mehrzahl der Bevölkerung stellten und nicht zum Adel gehörten. Sehr viele Bauern waren arm und hatten wenig Grundbesitz. Oft mussten sie sich Saatgut oder Lebensmittel bei den Patriziern borgen. Konnten sie es nicht zurückzahlen, verloren sie ihren Besitz und wurden häufig sogar in die Sklaverei

verkauft. Viele Plebejer waren als Klienten (Schützlinge) einem adligen Patron (Schutzherrn) verpflichtet. Sie erfüllten Arbeitsaufträge und unterstützten die politischen Ziele ihres Patrons, der sie dafür finanziell unterstützte oder bei Rechtsstreitigkeiten beistand. Einige Adelsfamilien hatten über 5000 Klienten.

5 *Erklärt den Unterschied zwischen Patriziern und Plebejern anhand des Schaubildes (Abbildung 3) und mithilfe des Textes.*
6 *Spielt folgende Situation: Die Patrizier erklären in einem Gespräch, warum allein sie in der Lage sind alle wichtigen Ämter im Staat zu übernehmen. Was könnten die Plebejer geantwortet haben?*

Die Ständekämpfe

Die Mehrheit der Bevölkerung, die Plebejer, war mit der Vorherrschaft der Patrizier nicht einverstanden. Die Patrizier aber wollten freiwillig nichts von ihren Rechten abgeben. So kam es in Rom zu erbitterten Auseinandersetzungen zwischen dem Stand* der Patrizier und dem Stand der Plebejer. Die Auseinandersetzungen zwischen beiden Gruppen dauerte über 150 Jahre.

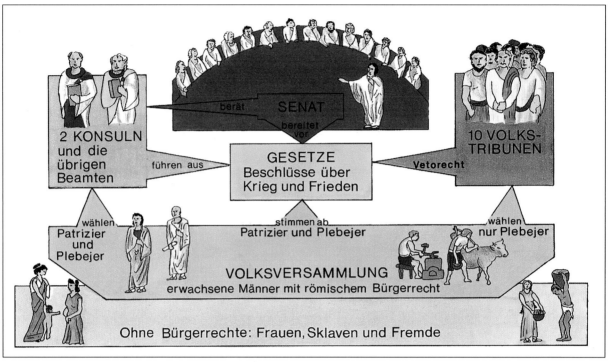

1 Die römische Verfassung nach dem Ende der Ständekämpfe.

Die Plebejer verweigern den Kriegsdienst

Die Plebejer forderten von den Patriziern zu Beginn des 5. Jahrhunderts v. Chr. die Tilgung ihrer Schulden. Als sich die Patrizier unnachgiebig zeigten, verließ ein Großteil der Plebejer die Stadt. Sie zogen gemeinsam auf einen nahe gelegenen Hügel. Ein unerhörtes Vorgehen in den Augen der Patrizier!

Mit ihrem Auszug verweigerten die Plebejer den Heeresdienst. Sie stellten aber die Mehrheit der Fußsoldaten und Rom war in kriegerische Auseinandersetzungen in Italien verwickelt. Die Patrizier mussten nachgeben, weil Rom auf die Kampfkraft der Plebejer angewiesen war.

Auch in den folgenden Auseinandersetzungen drohten die Plebejer immer wieder mit ihrem schärfsten Druckmittel: dem Auszug aus der Stadt und der Verweigerung des Kriegsdienstes. So erreichten sie, dass sie eigene Beamte wählen durften. Diese so genannten Volkstribunen schützten die Plebejer vor ungerechten Amtshandlungen der Beamten. Sie hatten außerdem das Recht gegen neue Gesetze Einspruch zu erheben, wenn diese ihrer Meinung nach die Ple-

bejer benachteiligten („Vetorecht"). Auf Betreiben der Volkstribunen wurden dann um 450 v. Chr. die geltenden Gesetze aufgeschrieben. Die Gesetze galten für alle Bürger Roms in gleicher Weise. Sie wurden auf zwölf Bronzetafeln festgehalten, die öffentlich aufgestellt wurden. Nach und nach besserte sich die Situation der Plebejer. Die Heirat zwischen Patriziern und Plebejern wurde nun erlaubt. Und seit der Mitte des 4. Jahrhunderts v. Chr. konnten Plebejer auch Beamte des römischen Staates werden. Auch das Amt des Konsuls wurde für sie erreichbar. Nur Männer aus sehr reichen plebejischen Familien konnten es sich allerdings leisten ein Staatsamt zu übernehmen, da es ehrenamtlich, das heißt ohne Bezahlung ausgeübt wurde.

1 *Versetzt euch in die Lage der Plebejer und überlegt, welche Vorteile für sie geschriebene Gesetze gegenüber nur mündlich überlieferten Gesetzen hatten.*

2 *Erklärt mithilfe der Abbildung 1 die Rechte, die sich die Plebejer erkämpft hatten.*

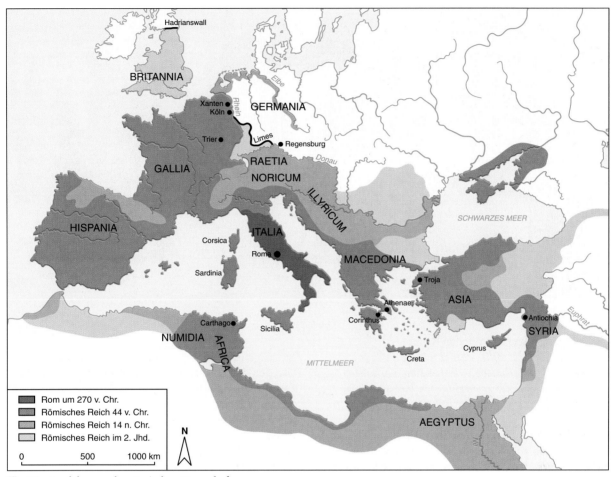

2 Die Ausdehnung der römischen Herrschaft.

Die Ausdehnung der römischen Herrschaft

Um 500 v. Chr. war die römische Republik noch ein kleiner Bauernstaat, dessen Fläche nicht viel größer war als das heutige Hamburg. 500 Jahre später beherrschten die Römer den Großteil der damals bekannten Welt. Rom beherrschte Italien, Griechenland, Länder nördlich der Alpen und Gebiete in Asien und Afrika.

Die Römer konnten ihr großes Reich mithilfe ihres Heeres erobern und beherrschen. Die Plebejer stellten die Masse der einfachen römischen Soldaten. Sie haben nach dem Ende der Ständekämpfe nie wieder den Kriegsdienst verweigert. Vielmehr besaß Rom die am besten ausgebildeten und ausgerüsteten Truppen. Die Tapferkeit seiner Soldaten wurde schon damals gelobt.

3 Seht euch die Karte an und berichtet von Gebieten, über die ihr im Unterricht schon gesprochen habt.

4 Überlegt, was die Ausdehnung des Römischen Reiches für die unterworfenen Völker bedeutete.

5 Fertigt eine Tabelle an: In die linke Spalte tragt ihr die römischen Ländernamen ein, in die rechte Spalte die heutigen Bezeichnungen.

damals	heute
. . .	. . .
. . .	. . .
. . .	. . .

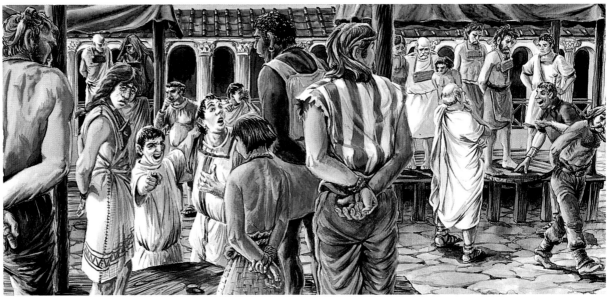

1 **Römischer Sklavenmarkt.** Rekonstruktionszeichnung.

Die Sklaven – Werkzeuge der Römer

1 *Beschreibt das Bild. – Spielt folgende Szene: Zwei Käufer unterhalten sich mit dem Verkäufer über die Sklaven, die er anzubieten hat. Die „Sklaven" berichten, was sie dabei empfinden.*

Von ihren Eroberungen brachten die Römer häufig Zehntausende von Kriegsgefangenen mit, die sie als Sklaven verkauften. Auf einem Schild, das sie um den Hals trugen, waren Alter, Herkunftsort, besondere Fähigkeiten angegeben. Je mehr Fähigkeiten ein Sklave besaß, desto teurer war er.
Das Schicksal der Sklavinnen und Sklaven hing von der Tätigkeit ab, die sie übernehmen mussten und von der Einstellung ihres Herrn. Hausklavinnen und -sklaven wurden meist einfachere Arbeiten übertragen. Sie waren allerdings – ebenso wie alle anderen – ständig der Gefahr ausgesetzt wegen einer Nachlässigkeit schwer bestraft oder sogar getötet zu werden. Über das Schicksal der Sklaven berichtete der römische Schriftsteller Diodor (1. Jahrhundert v. Chr.):

Q1 Viele Sklaven werden im Bergwerk eingesetzt, denn hier bringen sie ihren Besitzern unglaublichen Gewinn. Sie müssen unterirdisch graben, bei Tag wie bei Nacht und gehen körperlich zugrunde. Viele sterben infolge der übermäßigen Anstrengung – denn Erholung oder Pausen in der Arbeit gibt es nicht. Aufseher zwingen sie mit Schlägen die furchtbaren Leiden zu ertragen, bis sie elend ihr Leben aushauchen.

Etwas besser als die Bergwerkssklaven hatten es jene, die als Handwerker in Töpfereien, Waffenwerkstätten, Mühlen oder Bäckereien oder in einem Haushalt arbeiteten. Einige wurden auch als Lehrer eingesetzt zur Erziehung der römischen Kinder. Wenn sie Glück hatten, kamen sie zu einem Herren, der sie nicht nur als billiges Werkzeug ansah.
Der griechische Geschichtsschreiber Plutarch (um 46–120 n. Chr.) schrieb über den römischen Politiker Cato den Älteren (234–149 v. Chr.):

Q2 …Er hielt eine große Menge Sklaven, die er aus den Kriegsgefangenen kaufte, am liebsten solche, die noch klein waren und sich wie junge Hunde oder Füllen nach seiner Art bilden und ziehen ließen. … Wenn er seinen Freunden und Amtsgenossen ein Gastmahl gab, (ließ er) gleich nach Tisch die Sklaven, die beim Auftragen oder Zubereiten nachlässig gewesen waren, auspeitschen. … Diejenigen, die ein todeswürdiges Verbrechen begangen zu haben schienen ließ er dann, wenn sie von sämtlichen Sklaven in einem Gericht schuldig befunden worden waren, hinrichten. …

2 *Sprecht darüber, wie Cato nach Quelle 2 seine Sklaven behandelt.*

2 Nach dem gescheiterten Aufstand unter Spartacus wurden 6 000 Sklaven von römischen Legionären gekreuzigt. Rekonstruktionszeichnung.

Gladiatoren in der Arena

Manche Sklaven wurden auch zu Gladiatoren ausgebildet. Zur Unterhaltung der Zuschauer mussten sie in großen Arenen* auf Leben und Tod gegeneinander oder gegen wilde Tiere kämpfen.

Bei den Römern waren diese Spiele überaus beliebt. Mit lauten Rufen feuerten sie die Gladiatoren an oder verlangten von den Aufsehern, allzu träge und langsame Kämpfer mit Peitschenhieben oder glühenden Eisen anzutreiben. War ein Gladiator so stark verwundet, dass er nicht weiterkämpfen konnte, hob er den linken Arm; mit diesem Zeichen bat er um Gnade. Die Entscheidung darüber stand allein dem Ausrichter der Spiele zu, der den Willen der Zuschauer berücksichtigte. Waren diese mit den Leistungen nicht zufrieden, so senkten sie den Daumen und riefen: „erdrossle, töte ihn".

2 *Spielt folgende Situation: Der Schüler Alypius verabscheut die Gladiatorenspiele. Seine Freunde bedrängen Alypius und wollen ihn überreden, sich die Kämpfe anzuschauen. Er aber lehnt ab.*

Der Aufstand des Spartacus

Immer wieder kam es zu Versuchen, der Sklaverei zu entfliehen. So flüchteten im Jahre 73 v. Chr. über 200 Sklaven aus der Fechtschule in Capua. Weitere Sklaven schlossen sich ihnen an; nach kurzer Zeit waren es bereits 60 000 Sklaven, die bereit waren um ihre Freiheit zu kämpfen. Zu ihrem Anführer wählten sie Spartacus. Unter seiner Führung wurden die römischen Truppen, die zur Niederschlagung des Aufstandes ausgesandt worden waren, immer wieder vernichtend geschlagen. Erst zwei Jahre später gelang es den Römern mit einem Heer von über 40 000 Soldaten die Sklaven zu besiegen. Wer in Gefangenschaft geriet, wurde von den Römern ans Kreuz geschlagen, zur Abschreckung und Warnung vor erneuten Sklavenaufständen.

3 *Entwerft eine Rede, in der Spartacus dazu aufruft sich seinem Aufstand anzuschließen.*

4 *Ein römischer Feldherr spricht zu seinen Soldaten vor dem Kampf mit dem Heer des Spartacus. Was könnte er gesagt haben?*

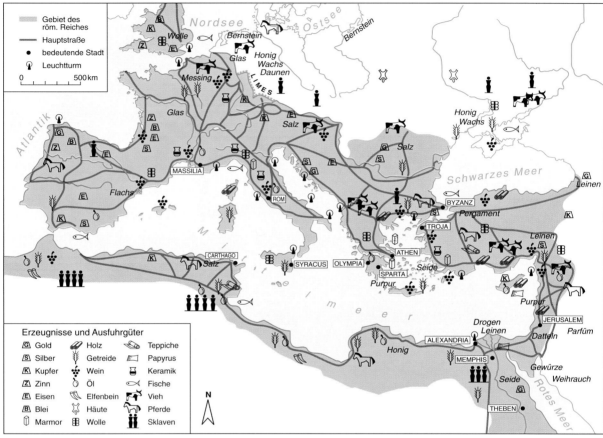

1 **Die Wirtschaft des Römischen Reiches im 1. Jahrhundert n. Chr.** Produkte, die nach Rom geliefert wurden.

Rom – Zentrum des Handels

1 *Fertigt mithilfe der Karte eine Tabelle an. In die linke Spalte tragt ihr die heutigen Ländernamen ein, in die rechte Spalte die Waren, die von dort nach Rom geliefert wurden.*

Im ersten Jahrhundert v. Chr. gelang es einzelnen besonders erfolgreichen Feldherren, die Senatoren in Rom zu vertreiben und die Macht an sich zu reißen. Zu diesen siegreichen Feldherren gehörte auch Augustus (31 v.–14 n. Chr.) Mit ihm beginnt die römische Kaiserzeit. An der Spitze des Staates stand also nur noch ein Einzelner, der Kaiser.

Da zur Zeit des Augustus fast im ganzen Römischen Reich Frieden herrschte, konnte sich der Handelsverkehr auf den Straßen ungestört entwickeln. Eine wichtige Aufgabe der römischen Kaiser bestand darin, die Bevölkerung der Hauptstadt mit Nahrungsmitteln, vor allem mit Getreide für das tägliche Brot zu versorgen. In und um Rom lebten zudem viele besonders vornehme oder reiche Leute. Sie verlangten nach Kostbarkeiten und Sklaven.

Ein Wissenschaftler schreibt über diese Zeit:

> **Q** … In den drei Häfen Roms strömten die Güter der Welt zusammen: Gemüse, Obst und Wein aus Italien; Getreide aus Ägypten und Afrika; Öl, Pökelfleisch, Blei, Silber und Kupfer aus Spanien; Wild, Holz und Wolle aus Gallien; Datteln aus den Oasen; Marmor aus Griechenland und Numidien; Elfenbein aus Nordafrika; Bernstein aus den baltischen Ländern; Glasschätze aus Phönizien und Syrien; Stoffe und Seide aus dem Orient; Weihrauch aus Arabien; Gewürze und Edelsteine aus Indien. …

2 *Informiert euch in einem Lebensmittelgeschäft, aus welchen Ländern z. B. Gemüse, Obst usw. kommen.*

2 **Forum Romanum.** Rekonstruktion.

Brot und Spiele

Die römischen Bürger forderten vom Kaiser aber nicht nur Brot. Er sollte auch für Unterhaltung und Vergnügen in der Freizeit sorgen. Brot und Spiele – so lauteten die Forderungen an den Kaiser. Abwechslung und Unterhaltung suchten die Römer vor allem in den Thermen. Das waren prächtig ausgestattete Freizeitzentren mit Schwimmbädern, Gymnastikhallen, Büchereien und kleinen Läden. In den größeren Thermen konnten sich bis zu 5000 Besucher gleichzeitig aufhalten.

Ein beliebter Treffpunkt waren auch die von Augustus aufwendig veranstalteten Gladiatorenkämpfe (s. S. 37). Kaiser Augustus, der genau wusste, wie viel Popularität man mit der Ausrichtung solcher Spiele bei der Bevölkerung erlangen konnte, ließ diese Tierhetzen während seiner Regierungszeit 26 mal durchführen, wobei 3500 Tiere getötet worden sein sollen. Seine Nachfolger überboten ihn – so berichten es wenigstens die antiken Schriftsteller – noch bei weitem: Als im Jahre 80 n. Chr. das Kolosseum eingeweiht wurde, das größte Amphitheater, das Rom jemals gebaut hat (s. S. 30/31), mit Sitzplätzen für 50 000 Zuschauer, sollen allein bei dieser Veranstaltung 9000

Tiere getötet worden sein. Als Herren der Welt fühlten sich die Besucher, wenn wilde Tiere aus der ganzen Welt in die Arena getrieben und dort getötet wurden. Daran erkannten sie, dass Rom sich die Welt unterworfen hatte. Großes Ansehen erlangte Augustus auch durch die Erneuerung und Erweiterung des Forum Romanum (vgl. Abb. 2), des weltlichen, religiösen und wirtschaftlichen Zentrums Roms, sowie den Bau von Theatern und Aquädukten (Wasserleitungen). Zahllose Arbeiter und Handwerker erhielten auf diese Weise Beschäftigung und Verdienst.

3 *Nehmt Stellung zu der Aussage eines heutigen Wissenschaftlers über die Tierhetzen im antiken Rom: „Da fehlte jede Ehrfurcht vor der Schöpfung, da diente die Natur als Selbstbedienungsladen … [für das] … Unterhaltungsbedürfnis … Ob unsere Zivilisation in diesem Punkt gegenüber der römischen Kaiserzeit etwas hinzugelernt hat, scheint mehr als fraglich."*

4 *Heute kümmern sich vielfach Vereine und Jugendhäuser um Freizeitprogramme. Informiert euch, wie und warum eure Gemeinde diese Bemühungen finanziell unterstützt.*

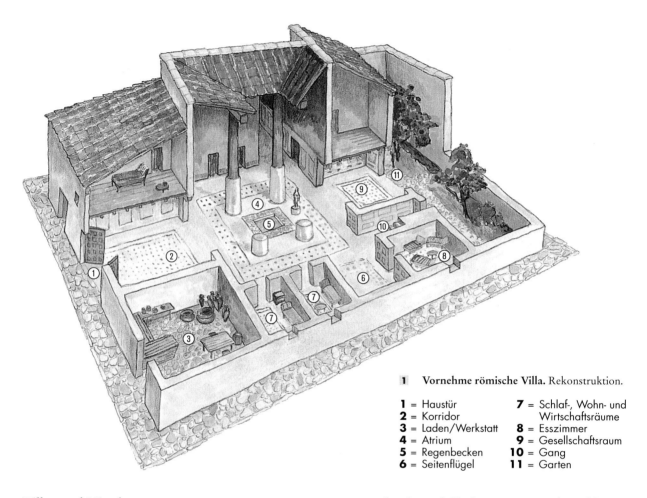

1 Vornehme römische Villa. Rekonstruktion.

1 = Haustür		**7** = Schlaf-, Wohn- und
2 = Korridor		Wirtschaftsräume
3 = Laden/Werkstatt		**8** = Esszimmer
4 = Atrium		**9** = Gesellschaftsraum
5 = Regenbecken		**10** = Gang
6 = Seitenflügel		**11** = Garten

Villen und Mietskasernen

Nach einem Bericht des römischen Geschichtsschreibers Tacitus (etwa 55–120 n. Chr.) soll Kaiser Tiberius (14–37 n. Chr.) gesagt haben:

> **Q1** Was sollte ich zuerst verbieten? … Den grenzenlosen Umfang der Villen? Die riesige und aus allen Rassen zusammengesetzte Dienerschaft? Die Schwere des Silber- und Goldgeschirrs? … Die kostbaren Kleider, die Männer und Frauen tragen? … Warum herrschte einst Sparsamkeit? Weil jeder sich selbst zu regieren vermochte, weil wir alle Bürger einer einzigen Stadt waren … Die Siege über fremde Länder haben uns gelehrt fremdes Gut zu verprassen. Niemand denkt daran, dass Italien von fremdem Reichtum lebt, dass das römische Volk von den Lebensmitteln abhängig ist, die über das schwankende Meer kommen …

1 *Beschreibt mithilfe dieser Aussage, des Bildes oben sowie des Bildes 2 der gegenüberliegenden Seite das Leben der römischen Oberschicht.*

In Rom gab es zahlreiche sehr luxuriös ausgestattete Villen, die von reichen Römern bewohnt wurden. Die übrige Bevölkerung lebte vielfach in Häusern, die wir heute als Mietskasernen bezeichnen würden. Man wohnte dicht gedrängt und musste an den Hausbesitzer hohe Mieten zahlen. In den Räumen im Erdgeschoss befanden sich Läden. Die kleinen Fenster in den Mauerbögen erhellten notdürftig ein Zwischengeschoss. Es diente gleichzeitig als Lagerraum und als Wohnung für den Ladeninhaber und seine Familie (Bild 4 der gegenüberliegenden Seite). Über dem Zwischengeschoss befanden sich weitere Wohnungen, alle vollgestopft mit Mietern. Heizung gab es keine und fließendes Wasser auch nicht. Häufig waren die Häuser baufällig.

2 **Römische Luxusvilla in Pompeji.** Rekonstruktion.

Der Dichter Juvenal (60–140 n. Chr.) klagte:

Q2 Wir hausen hier in Gebäuden mit Stützbalken leichter Art; nur solche zieht der Verwalter ein, wenn die Wand schwankt. Hat er die alten Risse verstopft, dann sagt er, wir sollten ruhig schlafen, obgleich die Gefahr des Einsturzes weiter besteht.

2 *Beschreibt mithilfe der Quelle und Bild 4 die Wohnung eines armen Händlers.*

4 **Wohnung eines armen Händlers.** Rekonstruktion nach Funden in der römischen Hafenstadt Ostia.

3 **Römisches Mietshaus.** Rekonstruktion.

1   Junge Frau mit Schreibtafel und Griffel. Wandbild aus Pompeji, 1. Iahrhundert n. Chr.

2   Eine Frau mit einer Schreibtafel; ihr Mann mit einer Buchrolle. Wandbild aus Pompeji, um 70 n. Chr.

Die römische „familia"

An der Spitze einer Adelsfamilie stand der „pater familias", der Vater der Familie. Er besaß auf Lebenszeit über alle Familienmitglieder uneingeschränkte Macht. Er allein entschied über das Vermögen, denn alles gehörte ihm. Nur er konnte Verträge schließen. Und er allein entschied, ob ein Neugeborenes aufgezogen oder ausgesetzt wurde. Vor allem Mädchen wurden häufig ausgesetzt und mussten verhungern oder erfrieren, wenn sich nicht mitleidige Menschen des Kindes annahmen. Über alle Mitglieder der familia konnte der „pater familias" Strafen, sogar die Todesstrafe verhängen. Zur engeren Familie gehörten neben der Ehefrau und den Kindern auch Enkel und Urenkel und die Familien der verheirateten Söhne. Ferner wurden zur Familie auch die Sklaven und die Klienten gezählt (siehe Seite 33).

Frauen in Rom

Die Römerin heiratete im Alter von 12–14 Jahren. Als Ehefrau war sie vor allem „mater familias", die Mutter der Familie. Sie sorgte für das Haus, beaufsichtigte die Sklavinnen und kümmerte sich um die Erziehung der Kinder. Mit dem Beginn der Kaiserzeit erhielten die Römerinnen größere Freiheit und Selbstständigkeit. Kein Vater konnte seine Tochter mehr zwingen eine Ehe einzugehen. Politische Rechte erhielten die römischen Frauen allerdings auch jetzt noch nicht; sie konnten also auch weiterhin keine öffentlichen Ämter übernehmen. So beschäftigten sich Frauen der Oberschicht häufig mit griechischer Bildung und Wissenschaft. Als Beraterinnen ihrer Männer wurden sie von römischen Schriftstellern immer wieder wegen ihrer politischen Klugheit gelobt. Stärker als früher nahmen sie am öffentlichen Leben teil, besuchten religiöse Feste, öffentliche Spiele, Theater, Thermen und Zirkusspiele.

Für die Frau eines einfachen Römers sah das Leben anders aus: In den engen, vom Einsturz bedrohten Mietskasernen wohnend, musste sie häufig allein für den Lebensunterhalt und die Erziehung der Kinder sorgen. Ihr Mann, der sich als Berufssoldat für eine zwanzigjährige Dienstzeit verpflichtet hatte, kam oft jahrelang nicht nach Hause.

1   *Beschreibt, welche Eigenschaften einer Römerin auf den Bildern 1 und 2 als besonders lobenswert erscheinen.*

3 Ein Privatlehrer und seine Schüler. Relief aus Neumagen an der Mosel, um 180 n. Chr.

Römische Schulen

Bis zum 6. oder 7. Lebensjahr wurden die Kinder von ihrer Mutter erzogen. In den wohlhabenderen Familien übertrug man die Erziehung auch geeigneten Sklavinnen oder Sklaven. Mit 7 Jahren besuchten die Kinder der armen Familien eine öffentliche Schule. Ein heutiger Wissenschaftler schreibt:

M Der Unterricht begann früh am Morgen, ging pausenlos bis zum Mittag durch, wurde unter dem Vordach eines Ladens abgehalten, ständig umbrandet vom Straßenlärm, von dem ihn lediglich einige Zeltplanen trennten. Die gesamte Ausstattung bestand aus einem Stuhl für den Lehrer, Bänken oder Schemeln für die Schüler, einer schwarzen Tafel, Schreibtäfelchen und einigen Rechenbrettern. Der Unterricht ... wurde nur an Markttagen und während der Sommerferien ausgesetzt.

Lehrer waren häufig freigelassene Sklaven, denen die Schüler vielfach mit Verachtung begegneten. Um sich durchzusetzen, griffen sie deshalb häufig zur Prügelstrafe. Ganz anders erging es in den teuren Privatschulen den Kindern der Oberschicht. Sie wurden von einem Sklaven begleitet, der Schreibzeug, Tafel und Lineal tragen musste (vgl. Bild 5). Der Unterricht wurde von einem gut ausgebildeten Lehrer gehalten.

2 *Für den Schulabschluss sagte man in Rom häufig: „die Hand unter dem Stock wegziehen". Erklärt diese Redewendung.*

4 **Bestrafung eines Schülers.** Nach einem Wandbild aus Herculaneum aus dem 1. Jahrhundert n. Chr.

5 **Schreibtafel aus Wachs mit Griffel,** das stumpfe Ende dient zum Löschen. Daneben Tintenfaß mit Feder und Pergament.

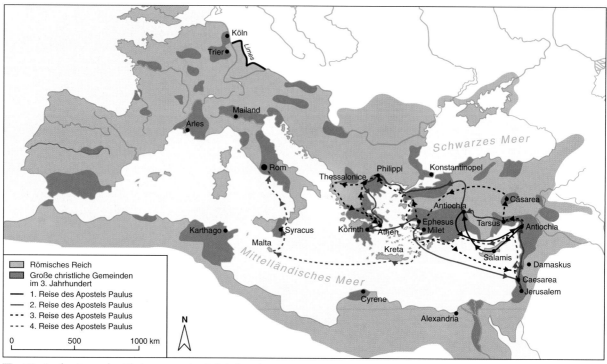

1 Die Ausbreitung des Christentums im 3. Jahrhundert.

Jesus und die ersten Christen

In die Regierungszeit des Kaisers Augustus fällt die Geburt Jesu, der später in Galiläa begann, seine Auslegung des jüdischen Glaubens zu lehren.

Seine „frohe Botschaft" an seine Zuhörer war, dass das „Reich Gottes" nahe sei. Er lehrte eine strenge Auslegung der alten jüdischen Gesetze und predigte die Nächstenliebe – selbst gegenüber den eigenen Feinden. Jesus gewann schnell Anhänger. Einige sahen in ihm den von Gott gesandten Messias, der die Juden von der Fremdherrschaft befreien sollte.

Die Berichte über das Leben und Wirken Jesu, wie wir sie aus der Bibel kennen, sind jedoch erst Jahrzehnte nach seinem Tod niedergeschrieben worden. Sie enthalten die Ergebnisse der mündlichen Überlieferung und beschreiben den Glauben, wie er bei den Anhängern Jesu entstanden war. Die Geschichten über das Leben und Wirken des Jesus von Nazareth sind keine gesicherten geschichtlichen Tatsachen. Das Wissen über den Tod Jesu aber ist auch aus anderer Quelle bezeugt. Er wurde vom römischen Statthalter Pontius Pilatus zur Kreuzigung verurteilt.

Die Entstehung des Christentums

Nach seinem Kreuzestod, um 30 n. Chr., verkündeten die Anhänger von Jesus, dass er drei Tage nach seinem Tod wieder auferstanden sei. Er sei der Messias gewesen, griechisch Christus genannt, Gottes Sohn, und er sei zu Gott zurückgekehrt. Er werde wiederkehren und dann werde die Zeit des Gottesreiches anbrechen. Er habe schuldlos den Tod erlitten, damit die Sünden der Menschen vergeben werden, damit alle, die an ihn glauben, nach ihrem Tode auferstehen und das ewige Leben erlangen.

Jesu Lehren wurden etwa 40 Jahre nach seinem Tod von verschiedenen Anhängern aus den mündlichen Berichten über Jesus aufgeschrieben. Diese Berichte heißen heute Evangelien* und sind Teil des Neuen Testaments. Zusammen mit dem Alten Testament sind sie als Bibel die Heilige Schrift aller Christen.

Das Anwachsen der Christengemeinde

Die Christengemeinde in Judäa wuchs schnell und auch unter den römischen Bürgern fand der neue Glaube bald viele Anhänger. Das hatte mehrere Gründe: in der römischen Religion gab es eine Vielzahl von Göttinnen und Göttern. Einige waren zuständig für den Schutz der Straßen und Quellen, andere für Aussaat und Ernte, für Ehe und Geburt, für Krieg oder Frieden. Als Gottheiten galten außerdem die römischen Kaiser. Aber keine dieser Gottheiten konnte den Menschen eine befriedigende Antwort geben auf Fragen, die sie damals stark bewegten: Woher kommt der Mensch und wohin geht er? Gibt es ein Weiterleben nach dem Tode? Gibt es nach dem Tod Gerechtigkeit, eine Erlösung von den Ängsten und Bedrohungen des irdischen Lebens? Wonach die Menschen damals suchten, das brachte ihnen das Christentum, nämlich den Glauben an das ewige Leben im Jenseits. Diesen Glauben verkündeten die Anhänger Jesu an vielen Orten im Römischen Reich. Vor allem der Apostel Paulus, ein früherer Gegner der Christen, unternahm dazu mehrere große Reisen (s. Karte S. 44). So entstanden überall christliche Gemeinden. Über sie schrieb Tertullian (etwa 150–225), ein heidnischer Rechtsanwalt, der Christ wurde:

Q1 Jeder einzelne steuert eine kleine Gabe bei an einem bestimmten Tag im Monat oder wann er will … Denn niemand wird dazu gezwungen, sondern jeder gibt freiwillig seinen Beitrag … (Sie werden verwendet) zum Unterhalt und Begräbnis von Armen, von elternlosen Kindern ohne Vermögen, für Alte und Arbeitsunfähige, ebenso für Schiffbrüchige und … in den Bergwerken … „Siehe", sagen die Heiden, „wie sie sich untereinander lieben" … und „wie einer für den anderen zu sterben bereit ist."

Aus der gleichen Zeit stammt eine Beobachtung des Philosophen Aristides:

Q2 … Die Sklaven und Sklavinnen und deren Kinder bereden sie aus Liebe Christen zu werden. Und sind sie es geworden, so nennen sie dieselben ohne Unterschied Brüder. …

1 *Berichtet über die Entstehung und Ausbreitung des Christentums.*
2 *Eine Sklavin, die zum ersten Mal an einer Feier der christlichen Gemeinde teilnahm, berichtet davon ihrem Mann oder ihren Freundinnen. Wovon war sie vielleicht besonders beeindruckt?*

Eine Minderheit wird verfolgt

Die Christen waren im Römischen Reich zunächst nur eine Minderheit. Sie gingen ihren Berufen nach, zahlten pünktlich ihre Steuern und beteten auf ihren Zusammenkünften für das Wohl des Kaisers. Abgelehnt aber wurde von ihnen die Verehrung des Kaisers

2 **Hinrichtung eines Christen, der zum Tod durch Raubtiere verurteilt wurde.** Schale aus dem 4. Jahrhundert.

als eines Gottes. Das führte bald zu allerlei Verdächtigungen: Wer die göttliche Verehrung der Kaiser ablehnt, ist sicherlich ein Gegner des Römischen Reiches. Warum trafen sich die Christen so oft? Wurden hier vielleicht heimlich Verbrechen vorbereitet? Es dauerte nicht lange, da galten die Christen als Staatsfeinde und Kriminelle, die man streng verfolgen musste. Die erste große Verfolgung der Christen fand unter Kaiser Nero im Jahre 64 n. Chr. statt. Dabei wurden wahrscheinlich auch die Apostel Petrus und Paulus getötet. Immer wieder kam es in den folgenden Jahrhunderten zu Christenverfolgungen.
Tertullian (etwa 150–225) schrieb im Jahre 197 an die römischen Statthalter:

Q3 … Unsere Gegner schreien laut nach dem Blut Unschuldiger; wobei sie freilich ihren Hass mit dem sinnlosen Vorwand begründen, dass nach ihrer Überzeugung an jeder Katastrophe des Staates … die Christen die Schuld trügen. Wenn der Tiber die Mauern überflutet, wenn der Nil die Felder nicht überflutet, wenn der Himmel sich nicht rührt, wenn die Erde sich bewegt, wenn eine Hungersnot, eine Seuche wütet, gleich schreit man: „Die Christen vor die Löwen." …

3 *Überlegt, warum man gerade die Christen für alle Katastrophen verantwortlich machte. Sprecht auch über Vorurteile gegenüber bestimmten Bevölkerungsgruppen heute.*

1 **Prozession der Märtyrer* zu Christus am Jüngsten Gericht. In den Händen tragen sie Kronen als Zeichen des Sieges.**
Mosaik aus dem 5./6. Jahrhundert in der Kirche San Apollinare Nuovo in Ravenna.

Konstantin der Große fördert die Christen

Über 200 Jahre lang wurden die Christen immer wieder verfolgt, doch ihre Zahl nahm immer weiter zu. Allmählich änderte sich die Haltung der römischen Kaiser gegenüber dem Christentum. Dabei spielte bei den Kaisern die Überlegung eine wichtige Rolle, sich den Einfluss des Christentums für die eigene Herrschaft zunutze zu machen. Zu einer entscheidenden Wende kam es unter Kaiser Konstantin (306–337 n. Chr.). Er traf sich im Jahre 313 mit seinem Mitkaiser Licinius in Mailand. Eusebios (um 260–339), Bischof und Vertrauter Konstantins, berichtet, dass sie gemeinsam folgendes Gesetz erließen:

Q1 … Wir haben beschlossen den Christen und allen Menschen in unserem Reich das freie Recht zu geben derjenigen Religion zu folgen, für die sie sich entschieden haben.
Es geschah dies in der Absicht, dass jede Gottheit und jede himmlische Macht, die es je gibt, uns und allen, die unter unserer Herrschaft leben, gnädig sein möge.
Jedem Menschen ist es also erlaubt die Religion der Christen zu bekennen, und zwar frei und ohne irgendeine Belästigung.
Wir haben dies angeordnet, damit es nicht den Anschein hat, als ob irgendein Kult oder irgendeine Religion durch uns benachteiligt würde. …

Kaiser Konstantin duldete das Christentum nicht nur, er förderte es auch. Auf seinen Befehl hin wurden in Rom große Gotteshäuser gebaut. Im ganzen Reich galt von nun an der Sonntag als staatlicher Feiertag.

1 *Beschreibt Abbildung 1 und überlegt, weshalb die Märtyrer als Sieger dargestellt werden.*
2 *Erklärt die Bedeutung des Gesetzes (Q1) für die Christen.*

46

2 Münze Kaiser Konstantins aus dem Jahr **315 n. Chr.** Am Helm befindet sich ein Christogramm*.

3 Römischer Siegelring mit Christogramm. 4. Jahrhundert n. Chr.

Das Christentum wird Staatsreligion

Wie Kaiser Konstantin, so förderten auch fast alle seine Nachfolger das Christentum. Die alte römische Götterverehrung wurde immer mehr zurückgedrängt.

Im Jahr 391 n. Chr. erließ Kaiser Theodosius (379–395) folgende Bekanntmachung:

> **Q2** ... Niemand ... darf an irgendeinem Orte, in irgendeiner Stadt den vernunftlosen Götterbildern ein unschuldiges Opfertier schlachten ...
> Wenn jemand es wagt ein Tier zu opfern und mit Opfermehl zu bestreuen oder rauchende Eingeweide zu befragen, der soll wie ein Verbrecher vor Gericht gebracht werden.
> Wenn einer Götterbilder ... mit Darbringung von Weihrauch verehrt, ... der soll Einbuße erleiden an dem Haus oder Besitztum, in dem er seinen Götzendienst verrichtet hat.

Im Jahr 393 erfolgte eine weitere Anordnung:

> **Q3** ... Alle, die sich mit dem unheiligen Irrtum oder Verbrechen des heidnischen Götzendienstes beflecken, also alle Heiden, sollen weder zum Kriegsdienst zugelassen werden noch mit der Ehre eines Beamten oder Richters ausgezeichnet werden. ...

3 *Sprecht über die Folgen der Erlasse für Nichtchristen.*

4 *Schildert in einem kurzen Bericht die Entwicklung des Christentums im Römischen Reich seit den Zeiten der ersten Gemeinden.*

5 *Informiert euch, was das Grundgesetz der Bundesrepublik Deutschland über die freie Religionsausübung sagt.*

Die Kirche organisiert sich

Nachdem das Christentum im 4. Jahrhundert Staatsreligion geworden war, nahm die Zahl der christlichen Gemeinden schnell zu. An der Spitze einer Gemeinde stand der Bischof. Sein Gemeindebereich deckte sich mit dem Verwaltungsbezirk seiner Stadt. Eine besondere Stellung unter den Bischöfen nahm der Bischof von Rom ein. Er galt als Nachfolger des Apostels Petrus, der in Rom während der ersten Christenverfolgung wahrscheinlich hingerichtet worden war. Seit dem 5. Jahrhundert nannte man den Bischof von Rom Papst. Rom wurde unter den Päpsten zum Mittelpunkt der christlichen Kirche im Westen des Römischen Reiches. Somit gab es neben dem Kaisertum als weltlicher Macht auch die Kirche mit einem geistlichen Oberhaupt.

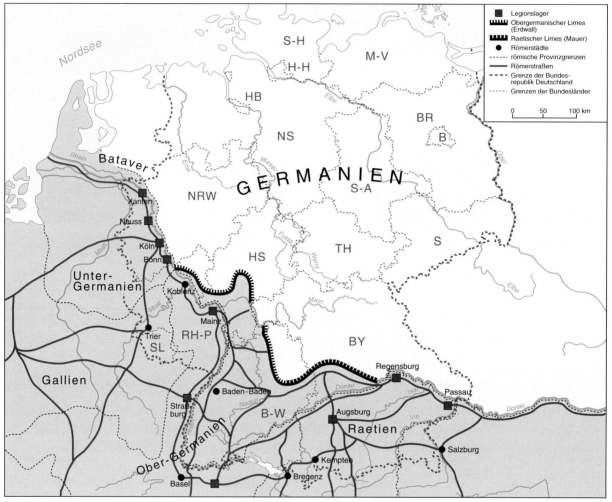

1 Der obergermanische und rätische Limes im 2. Jahrhundert n. Chr.

Der Limes

1 *Beschreibt mithilfe eines Atlas den Verlauf der römischen Grenze.*

Kaiser Augustus wollte ein römisches Reich schaffen, das durch natürliche Grenzen gesichert sein sollte. Bis zu seinem Tode hatte er dieses Ziel erreicht: Das Römische Reich wurde vom Atlantischen Ozean, von den Wüsten in Nordafrika und im Nahen Osten sowie von den Flüssen Euphrat, Donau und Rhein begrenzt (vgl. Karte S. 35).

Gescheitert war Augustus aber mit seinem Plan, die Reichsgrenze östlich des Rheins bis an die Elbe vorzuschieben. Rhein und Donau blieben daher die Reichsgrenzen.

Unter seinen Nachfolgern kamen nur noch wenige Eroberungen hinzu. Sie beschränkten sich meistens darauf die Grenzen zu halten und noch sicherer zu machen. Überall dort, wo nicht Berge oder Flüsse eine natürliche Grenze bildeten, wurden Erdwälle aufgeschüttet, Türme, Palisaden* oder Mauern errichtet. Diese Grenzbefestigungen wurden Limes genannt.

Die wichtigsten Provinzen wurden jetzt von Beamten verwaltet, die von Augustus oder seinen Nachfolgern selber eingesetzt und fest besoldet wurden. Ihre Amtsführung wurde streng überwacht. Die Zeit der ungehemmten Ausplünderung der Provinzen durch die Steuerpächter war damit vorbei.

Der Limes

Der römische Schriftsteller Frontinius schrieb im 1. Jh. n. Chr.:

> **Q** Weil die Germanen, treu ihrer Gewohnheit, aus ihren Wäldern und dunklen Verstecken heraus die Unsrigen überraschend anzugreifen pflegten und nach jedem Angriff eine sichere Rückzugsmöglichkeit in die Tiefe der Wälder besaßen, ließ der Kaiser Domitian [81–96 n . Chr.] einen Limes über 120 Meilen anlegen [1 Meile = 1478 Meter].

Nur einhundert Jahre später erstreckte sich der Limes vom Rhein bis zur Donau, 548 km lang und bewacht von römischen Soldaten in über 60 Kastellen und 900 Wachtürmen. In Obergermanien bestand der Limes aus einem Palisadenzaun, hinter dem sich Wall und Graben befanden. In Raetien baute man an Stelle der Palisaden im 2. Jahrhundert n. Chr. eine 2 bis 3 Meter hohe Mauer. Die Wachtürme aus Stein waren weiß verputzt mit rot eingefärbten Quaderlinien (vgl. Bild 1 und 2). Der Limes bildete so weithin sichtbar die römische Reichsgrenze. Nur an bestimmten Übergangsstellen durften Kaufleute und Reisende die Grenze überqueren. Reichtum und Wohlstand in den römischen Siedlungen hinter dem Limes verlockten Germanen* immer wieder zu kleineren Raub- und Plünderungszügen. Entdeckte der römische Posten auf einem Wachturm Germanen, die sich heimlich der Grenze näherten, gab er sofort ein Signal an die benachbarten Wachtürme weiter, nachts z. B. mit einer Fackel, tagsüber mit einer roten Flagge oder mit dem Horn. Von Turm zu Turm wurde das Alarmsignal weitergegeben bis zum nächsten Kastell.

2 Obergermanischer Limes mit Holzzaun, Wall und Graben. Rekonstruktion.

3 Rätische Limes-Mauer. Rekonstruktion.

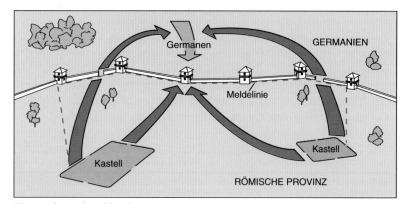

4 Wach- und Meldeanlagen am Limes.

2 *Beschreibt mithilfe der Karte (S. 48) und eines Atlas den Verlauf des Limes.*

3 *Schaut euch Abb. 4 genau an. Sprecht darüber, was geschah, wenn ein römischer Wachposten germanische Krieger sichtete. Schreibt das Vorgehen der Römer auf.*

1 Römer und Germanen am Limes. Modell im Limesmuseum in Aalen.

Römische Soldaten in Mainz

1 *Beschreibt das Bild. – Überlegt, welches Gespräch sich zwischen den römischen Soldaten und den germanischen Händlern ergeben haben könnte.*

Am Limes entwickelte sich bald ein reger Grenzverkehr. Römische Kaufleute zogen weit nach Germanien hinein und Germanen handelten mit römischen Soldaten. Sie verkauften ihnen Felle, Vieh, Honig und andere landwirtschaftliche Erzeugnisse. Ab und zu gab es wohl auch Überfälle germanischer Krieger auf römische Handelskarawanen, oder sie raubten im Schutz der Dunkelheit einen römischen Bauernhof jenseits des Limes aus. Allzu häufig dürfte dies allerdings nicht vorgekommen sein. Zur Sicherung ihrer Herrschaft errichteten die Römer nämlich entlang des Limes alle 8–10 km ein Militärlager, das mit 500 oder 1000 Mann belegt wurde.
Wesentlich größer noch waren die Legionslager. Zu einer Legion gehörten ungefähr 5000 Soldaten. Ein römisches Legionslager mit einer Größe von 36 ha entstand um 13 v. Chr. auch auf dem Gebiet des heutigen Mainz. Zwei Legionen, also gut 10 000 Mann, waren hier untergebracht.
Zugleich war Mainz der Sitz des Provinzstatthalters von Obergermanien (siehe Karte, S. 48). Die Germanen auf dem Gebiet des heutigen Hessen stellten für die römischen Truppen keine ernsthafte Bedrohung dar. Wenn ein feindlicher Angriff bevorstand, erfuhr der Statthalter dies rechtzeitig von Händlern oder auch durch seine Reiterei, die bei ihren Erkundungsritten immer wieder weit ins germanische Gebiet vorstieß.
Im Umkreis dieses Lagers entstanden allmählich auch Zivilsiedlungen mit Handwerkern, Baumeistern, Wirten, Händlern usw. Später fanden hier auch Kelten und Germanen Unterkunft und Beschäftigung. Und schließlich ließen sich auch entlassene Soldaten, von denen viele mit Frauen aus der Umgebung des Lagers verheiratet waren, in diesen Siedlungen nieder. So bildete sich allmählich eine neue Mischbevölkerung, die weitgehend römische Lebensweise annahm. Man trug römische Kleidung und Frisuren nach römischer Mode. Man liebte römische Speisen und überhaupt alle Annehmlichkeiten, die die römische Zivilisation bot.
So gab es z. B. ein großes Theater, wo nicht nur Schauspiele dargeboten wurden, sondern auch alle großen Feiern stattfanden. An ihnen nahmen Gesandtschaften aus fast ganz Gallien und aus Germanien teil. Im Hafen landeten die Schiffe, beladen mit erlesenen Gütern und Speisen. Die Freizeit verbrachte man in den großen Badeanlagen.

2 *Erklärt den Satz: Jede römische Stadt war „ein Stück Rom in der Fremde".*

3 *Ein Germane besucht das römische Mainz (Mogontiacum). Anschließend berichtete er davon in seinem Dorf. Schreibt eine entsprechende Erzählung.*

2 Römer bei Vermessungsarbeiten. Modellzeichnung.

Die römische Wasserleitung von Mainz

Wenn die Römer ein Militärlager errichteten, kleinere Siedlungen gründeten oder Städte bauten, immer musste als erstes die Frage geklärt werden: Woher bekommt man Wasser in ausreichender Menge? In manchen Fällen reichten offenbar Brunnen oder Zisternen, manchmal brauchte man aber auch Fernwasserleitungen.

In Mainz bauten die Römer eine fast 9 km lange Wasserleitung von einem Quellgebiet bis zum Lager; auf den letzten drei Kilometern mithilfe eines Aquädukts. Auch die Zivilsiedlung wurde vermutlich hierdurch mit frischem Wasser versorgt. Ein gleichmäßiges Gefälle der Leitung wird dabei durch das „Austafeln" erreicht (s. Bild 2).

Ein Archäologe schreibt dazu:

M Es werden dafür drei T-förmige Tafeln benutzt, deren Querbalken etwa in Brusthöhe angebracht sind. Zwei dieser Tafeln werden auf Holzpfählen aufgestellt … mit einem das geplante Gefälle bildenden Höhenunterschied …

Durch Peilung mit bloßem Auge werden nun die Oberkanten der beiden T verlängert und auf der sich daraus ergebenden Gefällelinie wird die Oberkante des dritten T eingerichtet.

Liegen also alle drei T auf einer optischen Gefällelinie, so kann am Fuß des dritten T ein Holzpfahl eingeschlagen werden, wodurch das Gefälle für einen weiteren Punkt der Trasse abgesteckt ist …

Die Pfeilerreste des Aquädukts, die sogenannten Römersteine, stehen heute noch im Zahlbachtal bei Mainz.

4 *Mithilfe von Text und Bild 2 könnt ihr versuchen, selber eine Gefällstrecke abzustecken.*

5 *Informationen zum Leben und den Leistungen der Römer könnt ihr auch bekommen bei einem Besuch des Rheinisch-Germanischen Zentralmuseums in Mainz.*

3 Modell einer Aquäduktbrücke. Schülerarbeit.

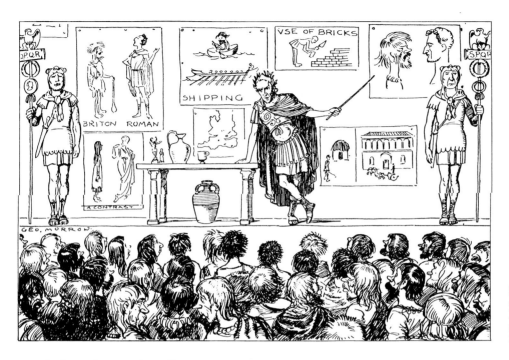

Römische Kultur erobert die Provinz

1 *Beschreibt die Karikatur. Welche Gegensätze werden dargestellt? Auf welche „Vorzüge" weist der römische Offizier in dieser Karikatur hin? Wie wird die Reaktion der Zuschauer beschrieben?*

Der griechische Geograf Strabon (etwa von 63 v. Chr. bis 20 n. Chr.) schrieb über die Bewohner Südspaniens:

> **Q** Die Turdetaner und besonders die um Baetis (Guadalquivir) herum Wohnenden haben ihre Lebensweise völlig in die römische verwandelt und selbst ihre eigene Sprache vergessen. Die meisten … haben römische Ansiedler erhalten, sodass nur wenig fehlt, dass alle Römer sind.

Römische Soldaten, Offiziere, Verwaltungsbeamte und Händler brachten in alle Provinzen des großen Reiches die römische Lebensweise. An den großen Flüssen und Fernverkehrsstraßen entstanden Römerstädte wie z.B. Koblenz, Bonn, Köln, London oder Taragona.

Außerdem bauten die Römer zahlreiche große Gutshöfe zur Versorgung der Bevölkerung und der Soldaten. Steinhäuser und Straßenbau waren den unterworfenen Völkern ebenso fremd wie zahlreiche Früchte, die die Römer anbauten. Sie übernahmen daher hierfür die römischen Begriffe, die so auch in unsere Sprache Eingang gefunden haben:

Auf einer strata, bedeckt mit plastrum, nähert sich ein germanischer Händler auf seinem carrus dem römischen Gutshof. Seine Ware hat er sorgfältig verpackt in cista, saccus und corbis. Umgeben war der Gutshof von einer murus aus caementum. Durch die geöffnete porta gelangte er in den Innenhof. Jetzt stand er vor der villa, gedeckt mit roten tegula. In der Villa gab es eine camera und ein geheiztes Zimmer mit einem langen discus. An der Wand hing ein speculum. Jedes Zimmer hatte ein großes fenestra. Im cellarium befand sich die riesige pressa, mit deren Hilfe vinum und mustum hergestellt wurden. Unterm Dach war noch ein spicarium.

Für seine Waren, Felle und Bernstein, erhielt der germanische Händler Obst und Gemüse wie: prunum persicum und radix; außerdem oleum, vinum und den guten caseus. Einige Waren ließ er sich auch in römischer moneta bezahlen.

2 *Lest den Text und setzt anstelle der lateinischen Wörter die entsprechenden deutschen Wörter ein.*

3 *Wir verwenden heute viele englischsprachige Begriffe. Nennt Beispiele und ordnet sie nach Bereichen (z. B. Musik, Elektronik usw.). Welche Schlüsse kann man daraus ziehen?*

2 Lateinische Wörter, die in die deutsche Sprache Eingang fanden.

deutsch	lateinisch	französisch	italienisch	spanisch	portugiesisch
Blume:	flora	la fleur	il fiore	la flor	a flor
Hafen:	portus	le port	il porto	el puerto	o porto
Meer:	mare	la mer	il mare	el mar	o mar
Zeit:	tempus	le temps	il tempo	el tiempo	o tempo
Mensch:	homo	l'homme	l'uomo	el hombre	o homen
Familie:	familia	la famille	la famiglia	la familia	a familia

3 Beispiele lateinischer Lehnwörter in romanischen Sprachen.

Latein – Muttersprache Europas

Mit der ständigen Erweiterung des Römischen Reiches (vgl. S. 35) und dem Vordringen seiner Soldaten fand auch die lateinische Sprache eine immer stärkere Verbreitung.

Den Soldaten folgten bald Siedler, häufig Kriegsveteranen, die sich in den eroberten Gebieten niederließen um einen kleinen Gutshof zu bewirtschaften. So gab z.B. Kaiser Traian (98–117 n. Chr.), nachdem seine Soldaten Dacien erobert hatten (s. Karte S. 35), Tausenden römischen Siedlern hier Land. So legte er die Grundlage dafür, dass auch heute noch in diesem Raum eine romanische Sprache gesprochen wird: das Rumänische.

Die lateinische Sprache ging mit dem Untergang des Römischen Reiches nicht verloren; noch heute wird in vielen Staaten eine romanische Sprache gesprochen.

4 *Ausländische Schülerinnen und Schüler können vielleicht weitere Beispiele aus ihrer Sprache nennen, die auf das Lateinische zurückgehen.*

5 *Erklärt den Ausspruch: Englisch ist das Latein des 20. Jahrhunderts.*

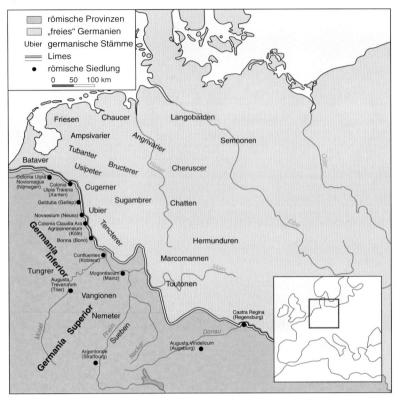

1 Germanien um Christi Geburt.

2 Ein „römischer Offizier" mit Beinschienen und Offiziersmantel. Rekonstruktion.

Stattliche Germanen*

Germanische Stämme lebten zwischen Rhein und Weichsel, von der Donau bis nach Schweden. Über ihren Alltag wissen wir nur wenig, da sie selbst keine schriftlichen Nachrichten hinterlassen haben. So sind wir auf die Funde der Archäologen angewiesen und auf die Berichte römischer Schriftsteller. Sie haben aufgeschrieben, was ihnen Soldaten und Kaufleute von den Germanen und Germanien berichteten.

Publius Cornelius Tacitus (55–120 n. Chr.) hat sogar ein ganzes Buch über Germanien verfasst. Er schreibt:

Q1 … Die Germanen – so glaube ich – sind die Ureinwohner. Zuwanderung fremder Stämme gibt es bei ihnen nicht. Wer würde auch Asien, Afrika oder auch Italien verlassen, um nach Germanien zu ziehen, das doch so rau in seinem Wetter und so unfreundlich in Anbau und Aussehen ist?

Das Land sieht zwar im Einzelnen recht verschieden aus, ist jedoch im Ganzen schaurig durch seine Urwälder oder hässlich durch seine Moore. Saatkorn trägt es recht gut, Obstbäume gibt es nicht. Das Vieh ist kleinwüchsig. Selbst die Pflugtiere haben kein stattliches Aussehen oder prächtiges Gehörn wie in Italien.

Alle Germanen besitzen dasselbe körperliche Aussehen: trotzige, blaue Augen, rotblondes Haar und große Körper, die freilich nur zum Angriff taugen.

3 Tracht und Bewaffnung eines germanischen Kriegers im 3. Jahrhundert v. Chr. Rekonstruktion.

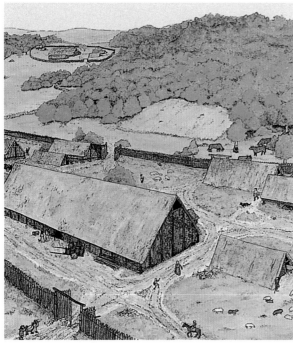

4 **Germanisches Gehöft.** Rekonstruktionszeichnung nach Ausgrabungsfunden.

5 **Germanisches Haus.** Rekonstruktionszeichnung.

Bei mühsamer Arbeit zeigen sie keine entsprechende Ausdauer. Durst und Hitze zu ertragen sind sie gar nicht gewohnt, wohl aber Kälte und Hunger in Folge des Wetters und Bodens. …

1 *Überlegt, welche Aussagen von Tacitus können die Archäologen überprüfen und welche nicht.*
2 *Tragt alles zusammen, was ihr über die Germanen wisst.*

Das Leben bei den Germanen

Es gab viele kleinere und größere germanische Stämme. Jeder Stamm herrschte über ein bestimmtes Gebiet, das er immer wieder mit Kriegszügen gegen die Nachbarn verteidigte. An der Spitze eines Stammes stand ein König oder Fürst, der sich vor allem durch seine Tapferkeit und Klugheit auszeichnete.
Über das Leben der germanischen Stämme schreibt Tacitus:

Q2 … Wenn die Germanen nicht auf einem Kriegszug sind, verbringen sie ihre Zeit mit der Jagd oder sie tun überhaupt nichts außer essen und trinken. Als Getränk haben sie eine Flüssigkeit aus Gerste oder Weizen, die zu einem weinartigen Getränk vergoren ist. Die Speisen

sind einfach: wild wachsende Früchte, frisches Wild oder Dickmilch. Ohne feinere Zubereitung, ohne Gewürze stillen sie ihren Hunger. Die Sorge für Hof, Heim und Äcker überlassen die Germanen den Frauen und Alten. Sie selber dösen dahin.
Dass die Germanen keine Städte bewohnen, ja nicht einmal geschlossene Siedlungen leiden können, ist bekannt. Jeder wohnt für sich und legt seinen Hof dort an, wo eine Quelle, ein schönes Stück Land oder Gehölz ihm günstig erscheint. In den Dörfern stößt nicht wie bei uns Haus an Haus. Jeder umgibt sein Haus vielmehr mit einem Hofraum zum Schutz vor Bränden. Bruchsteine oder Ziegel kennen sie nicht. Für Bauzwecke benutzt man nur unbehauenes Bauholz. Manche Wandstellen bestreichen sie aber mit so glänzendem Lehmverputz, dass es wie Bemalung oder farbige Verzierung wirkt. …

3 *Findet für die einzelnen Abschnitte in Q2 eine Überschrift.*
4 *Stellt zusammen, was ihr gerne noch über das Leben bei den Germanen erfahren möchtet. Woher könntet ihr noch zusätzliche Informationen erhalten?*

„Ausruhen auf dem Bärenhaut?"

1 **Leben auf einem germanischen Gehöft.** Rekonstruktionszeichnung.

Das Familienleben der Germanen

Römische Geschichtsschreiber berichten, dass die germanischen Männer entweder Heldentaten im Krieg vollbrachten oder sich zu Hause „auf der Bärenhaut" ausruhten. Das ist sicherlich übertrieben. Auch den Männern verlangte die alltägliche Arbeit große Anstrengungen ab: Wälder mussten gerodet, Bäume gefällt und zurechtgehauen, Häuser gebaut und die Felder bestellt werden. Ebenso arbeitsreich war das Leben der Frauen: Sie sorgten für den Hof, kümmerten sich um die Kinder, stellten die Kleidung für die Familie her, backten Brot, machten Milch zu Käse usw.

Die Frau und die Ehe – so Tacitus – wurden bei den Germanen hoch geachtet. Er schreibt:

Q1 ... Sehr selten ist – und das bei einer so zahlreichen Bevölkerung – der Ehebruch. Hierfür gibt es nämlich keine Verzeihung. Trotz Schönheit, trotz Jugend, trotz Reichtum wird eine Frau, die Ehebruch begangen hat, keinen Mann mehr finden. Denn dort lächelt niemand über Laster, und Verführen und Sichverführenlassen hält man dort nicht für „zeitgemäß". ...

Über die Kindheit berichtet Tacitus:

Q2 ... Die Kinder, nackt und schmutzig, wachsen zu jenen Männern und Frauen heran, die wir so bewundern. Die Mütter stillen selber ihre Kinder und überlassen sie nicht Mägden oder Ammen. Es gibt keinen Unterschied bei der Erziehung der Kinder eines Herrn oder eines Knechtes. Sie treiben sich zwischen dem gleichen Vieh und auf demselben Erdboden herum. ...

1 *Tacitus stellt das Leben der Germanen als vorbildlich dar. Findet anhand der Quellen heraus, worin sich das Familienleben der Germanen von der römischen Familie unterschied und was Tacitus für besser hielt.*

2 *Beschreibt die Ereignisse auf der Abbildung oben aus der Sicht des kleinen Mädchens.*

Die Sicherheitsnadeln der Germanen

Fibeln sind Sicherheitsnadeln unserer Vorfahren. Es gibt sie von der Bronzezeit bis zum 1. Jahrtausend n. Chr. Sie bestehen in der Bronzezeit aus zwei Teilen: dem Bronzebügel und der Nadel. Später wurden Fibeln auch aus Eisen, Silber oder sogar Gold hergestellt.

In der Eisenzeit wurden die Fibeln meist aus einem Stück verfertigt. Zwischen Bügel und Nadel wurde eine Spirale gedreht, deren Spannkraft die Nadel in den Nadelhalter drückte.

Unsere heutige Sicherheitsnadel funktioniert noch immer so und ist damit eine jahrtausendealte Erfindung.

Das braucht ihr

Für unsere Arbeit benötigen wir:
- 1 Rundzange,
- 1 Kombizange oder Flachzange,
- 1 flache Schlüsselfeile,
- 60 cm Runddraht aus Kupfer mit einer Stärke von 1,5–2 mm.

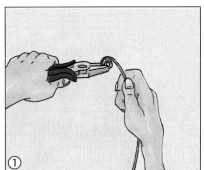

① Schneide ein 10 cm langes Stück Runddraht ab und rolle die Hälfte davon zu einer flachen Spirale auf.

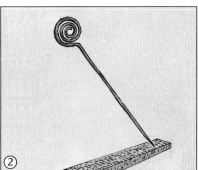

② Das freie Ende des Drahtes musst du spitz zufeilen. So sollte deine fertige Nadel aussehen. Vorsicht: Stich dich nicht.

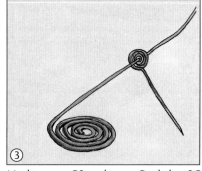

③ Markiere am 50 cm langen Draht bei 25 cm die Mitte und rolle ein Ende zu einer flachen Spirale. Halte 3 cm vor der Mitte an und schieb die Nadel auf den Draht.

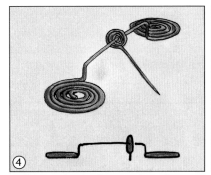

④ Rolle jetzt das andere Drahtende in entsprechender Richtung zu einer Spirale auf. Biege außerdem das reie Mittelstück des Drahtes zu einem Steg nach oben.

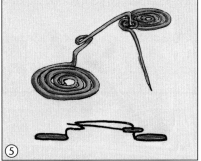

⑤ Biege nun die Halterung für die Nadelspitze und probiere aus, ob die Nadel die richtige Länge hat. Sie sollte nicht länger als 1 cm aus der Halterung herausstehen.

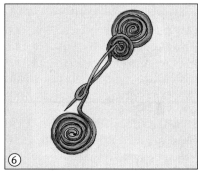

⑥ So sieht dann deine fertige Fibel aus.

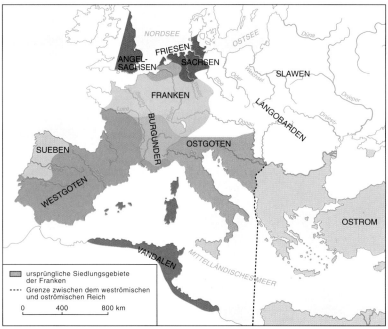

Germanische Nachfolgereiche auf dem Boden des ehemaligen weströmischen Reiches. Um 500 n. Chr.

Die Teilung des Römischen Reiches

Im 3. Jahrhundert unternahmen germanische Stämme immer wieder Vorstöße gegen die römische Reichsgrenze. Am Ende des 4. Jahrhunderts spitzte sich die Situation dramatisch zu. Seit 375 n. Chr. bedrohte ein neuer Gegner das Römische Reich: das Volk der Hunnen. Die Hunnen waren ein Reitervolk aus der Inneren Mongolei.

Nachdem sie auf ihren Zügen nach Osten an die Chinesische Mauer gestoßen waren, zogen sie durch ganz Asien nach Mitteleuropa.

Die germanischen Völker, auf die die Hunnen stießen, mussten sich entweder unterwerfen oder fliehen. Die so genannte Völkerwanderung begann.

Um das Römische Reich besser zu verteidigen, wurde es unter Kaiser Theodosius im Jahre 395 n. Chr. geteilt. Von jetzt an gab es ein weströmisches Reich mit der Hauptstadt Rom (später Ravenna) und ein oströmisches Reich mit der Hauptstadt Konstantinopel (das heutige Istanbul).

Das Ende des weströmischen Reiches

Es gelang den Römern zwar, zusammen mit verschiedenen germanischen Stämmen, die Hunnen unter ihrem König Attila in einer blutigen Schlacht im heutigen Frankreich zu besiegen. Doch die Römer waren nun zu schwach, die germanischen Völker, die inzwischen weit ins Römische Reich vorgedrungen waren, weiterhin aufzuhalten. Der christliche Schriftsteller Prosper Tiro berichtet über die Zustände im 5. Jahrhundert n. Chr.:

Q   Alles stürzt jäh dem Ende entgegen. Durch Schwert, Pest, Hunger, Gefangenschaft, Hitze und Kälte rafft auf tausendfache Weise ein und derselbe Tod die Menschen hinweg. Kriege toben überall, Raserei packt alle, mit ungezählten Waffen stürzen Könige aufeinander los. Der Friede hat die Erde verlassen, überall erblickst du die letzten Dinge.

1 *Fasst zusammen, wie Prosper Tiro die Auswirkungen der Gemaneneinfälle beschreibt.*

2 *Überlegt, ob er – so wie wir heute – nur von einer „Völkerwanderung" der Germanen gesprochen hätte. Welche Begriffe hätte er wohl gebraucht?*

Im Jahre 476 n. Chr. wurde der letzte weströmische Kaiser von den Germanen abgesetzt. Das war das Ende des weströmischen Reiches. Auf dem Gebiet des ehemaligen weströmischen Reiches entstanden neue germanische Reiche.

3 *Beschreibt mithilfe der Karte, welche neuen Reiche auf dem Gebiet des weströmischen Reiches entstanden. Listet auf, welche heutigen Länder zu den einzelnen Reichen gehörten.*

4 *Versucht herauszufinden, welche germanischen Stammesnamen sich bis heute als Landschaftsnamen erhalten haben.*

Das oströmische Reich

Das oströmische Reich dagegen bestand noch weitere 1000 Jahre, obwohl es im 7. und 8. Jahrhundert große Teile seines Gebietes an die Araber abtreten musste.

Das Ende des oströmischen Reiches kam erst im Jahre 1453 n. Chr., als die Türken die Hauptstadt Konstantinopel eroberten.

1 Mädchen mit Blumen. Um 50 n. Chr.

2 Bastelanleitung für euer Mosaik.

Kunst auf dem Fußboden

Prächtige Fußboden-Mosaiken konnten die Besucher in öffentlichen Bauten, aber auch in den Villen reicher Römer bestaunen. Sie bestanden häufig aus über 100 000 Steintäfelchen. Gezeigt wurden Szenen aus dem römischen Leben, Landschafts- und Tierbilder. Die folgende Anleitung zeigt euch, wie ihr selbst ein Mosaik herstellen könnt.

Das braucht ihr:

– Sperrholzplatte (30 x 30 cm);
– dünne Holzleistchen;
– farbige Keramikplättchen (Baumarkt oder Bastelgeschäft);
– Klebstoff;
– Gips und ein feuchtes Tuch.

So geht es:

1. Klebt die Holzleisten auf den Rand der Holzplatte. Mit Bleistift könnt ihr nun ein Motiv vorzeichnen.

2. Legt die verschieden farbigen Plättchen zur Probe auf das Holz. Lasst dabei zwischen den einzelnen Plättchen etwas Platz. Jetzt könnt ihr sie festkleben.

3. Wenn der Kleber getrocknet ist, könnt ihr den Gips dünn anrühren und in die Zwischenräume streichen. Besonders schön sieht euer Mosaik aus, wenn ihr farbige Tinte in den Gips rührt.

4. Wenn der Gips angetrocknet ist, wischt ihr mit einem feuchten Tuch die Oberfläche nach. Fertig ist das Mosaik!

3 Frosch auf einem Seerosenblatt. Mosaik aus Pompeji. 100 n. Chr.

59

Vom Grenzposten Roms zum europäischen Museum

Mit dieser Schlagzeile warb das Saalburg-Museum zum 100-jährigen Jubiläum im Jahre 1997. Den Wiederaufbau der Kastellruinen – die um 1800 als Steinbruch genutzt wurden – beauftragte im Jahre 1897 Kaiser Wilhelm II. um die Funde in einem Museum vor Plünderern zu schützen. Die Saalburg war Teil des römischen Limes (s. S. 48ff.). Mit dem Bau des Steinkastells wurde 135 n. Chr. begonnen. Fast 100 Jahre lang waren das Kastell und das zugehörige Dorf ein Ort der Begegnung zwischen Römern und Germanen. Dann mussten die Römer ihre Grenze an den Rhein zurückverlegen. Die Saalburg wurde zerstört. Heute befinden sich im Museum Funde aus einem weiten Umkreis. Die Saalburg bietet die besten Möglichkeiten, der römischen Geschichte vor Ort auf die Spur zu kommen.

1 **Die Saalburg bei Bad Homburg.** Luftaufnahme 1988.

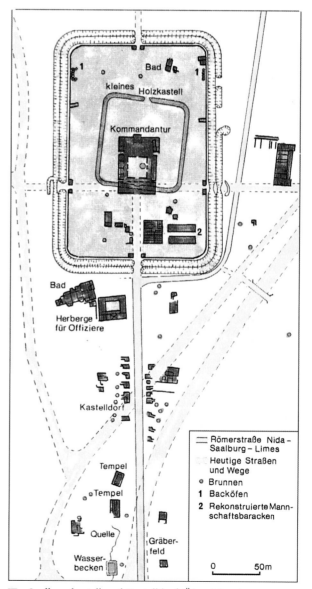

2 **Saalburgkastell und Kastelldorf.** Übersichtsplan.

60

3 Das Eingangstor des römischen Kastells Saalburg bei Bad Homburg v. d. H.

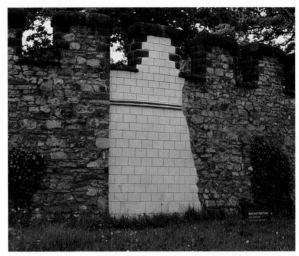

5 Außenmauer mit Rekonstruktion des Originalverputzes mit rotem Fugenstrich.

4 Römische Soldatenschuhe. Die Sohle ist mit ca. 100 Nägeln benagelt.

6 Backöfen. Die römischen Soldaten mussten sich selbst versorgen und auch ihr Brot selber backen.

Museum, Kastell und Jubiläumsausstellung sind täglich, einschließlich Feiertagen geöffnet von 8–17 Uhr. Am 24.12. und 31.12. von 8–12 Uhr.

Eintrittspreise (1998):
Erwachsene DM 5,–, Gruppen ab 20 Pers. DM 4,–, Kinder (6–14 J.) DM 3,–, Schulklassen DM 2,50

Führungen durch die Anlage nur nach Voranmeldung.

Die Saalburg ist zu erreichen mit öffentlichen Verkehrsmitteln ab Frankfurt mit der S-Bahn bis Bad Homburg; von dort mehrmals täglich mit dem Stadtbus Linie 5 zur Saalburg. Alternativ mit der Taunusbahn bis zum Bahnhof Saalburg/Lochmühle, von dort aus führt ein Fußweg am Limes entlang (ca. 45 Min.) bis zum Kastell.

Saalburg-Museum • Saalburg-Kastell
61350 Bad Homburg v. d. H.
Telefon: (06175)9374-10 (Zentrale)
Fax 11 • Info-Fax 12 • Infoline 13

Die moderne Technik, besonders das Fernsehen mit seinen Satellitenübertragungen und das „Internet" machen es möglich, dass wir heute unmittelbar über diese Medien an Ereignissen in aller Welt in „Echtzeit" teilnehmen können. Bei den Olympischen Spielen oder bei den Fußballweltmeisterschaften oder anderen Ereignissen können wir das Geschehen so verfolgen, als ob wir direkt körperlich vor Ort dabei wären. In jedem größeren Kaufhaus treffen wir auf Waren aus aller Welt, bei jeder Ferienreise sehen wir in den fremden Ländern Produkte aus Deutschland. Die Welt rückt immer näher zusammen. Dadurch eröffnen sich viele neue Chancen, gleichzeitig verschärfen sich Ungleichgewichte und ergeben sich neue Probleme.

Mithilfe einer Collage nach dem Vorbild dieser Doppelseite könnt ihr euch das Zusammenwachsen der Welt verdeutlichen. Zeichnet unter der Überschrift „Wir in der Welt - die Welt bei uns" eine Skizze der Erdumrisse auf eine Wandzeitung und „heftet" möglichst viele gelbe Merkzettel an die Umrisse nach dem Vorbild dieser Doppelseite. Statt der gelben Zettel könnt ihr auch Bilder aus Illustrierten nehmen oder selbst Gegenstände zeichnen.

Sammelt zunächst eure Einfälle zu den beiden Themen der Collage in kleinen Gruppen. Ihr könnt euch für diesen Auftrag auch einmal gezielt in Warenhäusern umschauen und feststellen, woher die verschiedenen Angebote kommen, oder bei Firmen eures Heimatortes nachfragen, in welche Länder sie ihre Produkte liefern.

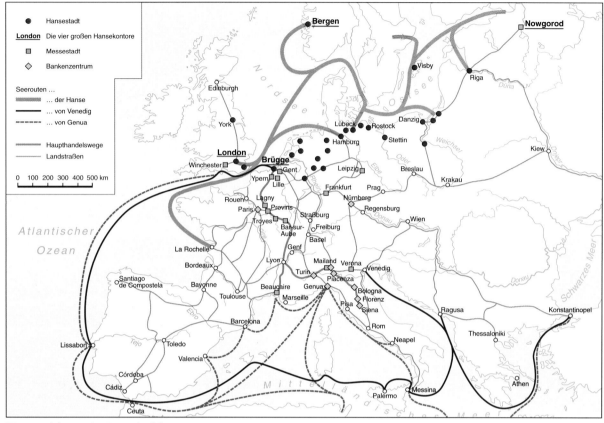

1 Handelswege im Spätmittelalter.

Auf dieser und der nächsten Doppelseite könnt ihr untersuchen, wie sich die Vorstellungen von der Welt im Mittelalter und der beginnenden Neuzeit um 1500 verändert haben. Träger dieser Veränderungen waren vor allem Kaufleute, die sich aller damals vorhandenen technischen und wissenschaftlichen Mittel bedienten um ihren Handel mit Gewinn zu betreiben.

Die Vorstellung von der Welt ändert sich

1 *Vergleicht die Karte S. 38 mit der Karte auf dieser Seite und listet auf, welche Teile (mit heutigen Bezeichnungen) „der Welt" den Reisenden bekannt waren.*

2 *Vergleicht ebenso die Karte auf dieser Seite mit der Karte auf S. 67. Welche neuen Gebiete umfasst nun das Weltbild der Menschen in Europa?*

Im Römischen Weltreich umfasste die „Welt" das Herrschaftsgebiet der Römer, Mittelpunkt der Welt war die Hauptstadt Rom (vgl. Karte S. 38). Aus allen Teilen ihres Reiches bezogen sie Lebensmittel und Waren, ein dichtes Netz von Straßen und Wasserwegen sorgte für den reibungslosen Austausch von Waren und Nachrichten. In ihrem Herrschaftsgebiet verbreiteten die Römer ihren Lebensstil, den die unterworfenen Völker zum Teil annahmen. Mit dem Untergang des Römischen Weltreiches gingen die umfangreichen geografischen Kenntnisse der Römer zum großen Teil verloren.

Im Mittelalter waren es vor allem die Fernhandelskaufleute, die durch ihre Reisen Kenntnisse über ferne Länder sammelten und über Straßen und Seehandelswege Bescheid wussten.

Eine große Rolle spielten dabei die Kaufleute der oberitalienischen Städte. Schon zur Zeit der Kreuzzüge, als es nördlich der Alpen kaum Handel von überregionaler Bedeutung gab, hatten die oberitalie-

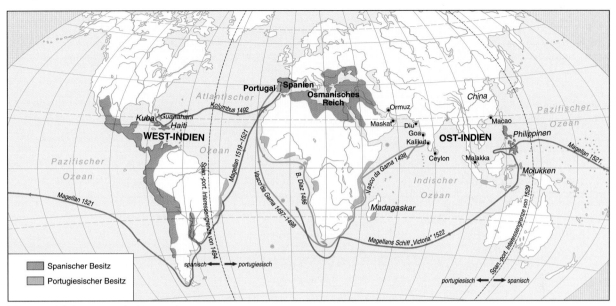

2 Die wichtigsten Entdeckungsreisen um 1500.

nischen Städte nach damaligen Vorstellungen „Welthandel" betrieben.

Für die Fahrt ins Heilige Land hatten die Hafenstädte Venedig, Genua und Pisa den Kreuzfahrern (siehe S. 212f.) Schiffe vermietet und die Versorgung der Heere sowie den Transport der Pilger übernommen. Dadurch waren riesige Summen in die Kassen Mittelmeerstädte geflossen. Bald gründeten sie an der gesamten nordafrikanischen Küste, in allen wichtigen Städten an den Küsten des östlichen Mittelmeers und sogar am Schwarzen Meer Niederlassungen.

Schon im 14. Jahrhundert waren hier Aktiengesellschaften bekannt. Auch im Bankwesen, das sich langsam von den Handelsgeschäften trennte, waren die italienischen Kaufleute führend. Eine der größten Schwierigkeiten im Fernhandel bestand nämlich in der Verrechnung der verschiedenen Währungen in Europa. Die italienischen Kaufleute und ihre Bankhäuser benutzten deshalb bereits den „bargeldlosen Zahlungsverkehr" und arbeiteten mit Schecks und Wechseln. Solche Geschäfte erforderten eine genaue Buchführung; auch sie ist von den Italienern entwickelt worden. In Deutschland waren es vor allem die Fugger*, die diese neue Art des Wirtschaftens übernahmen (vgl. S. 261).

Die Städte in Flandern

Was heute Tokio, New York oder London für die Geschäftswelt bedeutet, das stellte um 1400 Brügge dar: Nahe am Meer gelegen, mit günstigen Landverbindungen nach Frankreich und Deutschland, war es der Brennpunkt des europäischen See- und Landhandels. In Flandern und Brabant wurden seit dem 11. Jahrhundert Tuche aus englischer Wolle produziert. So entstand das erste Industriegebiet und der am dichtesten besiedelte Landstrich mit den meisten Städten nördlich der Alpen.

Die Entdeckungsreisen

Neue technische Erfindungen, die Sperrung der Handelswege für den Gewürzhandel nach Afrika und Indien durch die Türken und das neue Gewinnstreben führten dazu, dass um 1500 große Entdeckungsreisen unternommen wurden, die den Gewürzhandel erleichtern und verbilligen sollten (vgl. S. 266ff.).

Das Ergebnis war die Entdeckung neuer Kontinente, die Unterwerfung fremder Völker durch die Europäer und die Errichtung der spanischen und portugiesischen Herrschaft in Südamerika und Asien. Zwischen Europa und den neu entdeckten Ländern entwickelte sich ein intensiver Handel.

67

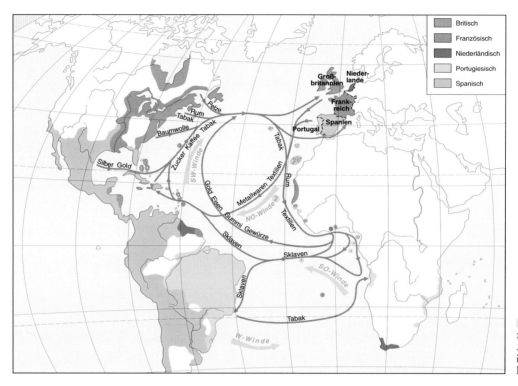

1 Der Handel zwischen Europa, Afrika und Amerika im 17. und 18. Jahrhundert.

Handel mit den Kolonien der Europäer

Bis zum Beginn des 17. Jahrhunderts beherrschten die Portugiesen den Handel mit Pfeffer, Muskat, Zimt und Nelken. Danach wurden sie von den Niederländern verdrängt.

Im letzten Drittel des 17. Jahrhunderts weitete sich der Handel mit Textilien enorm aus. Führend waren die Niederländer und Engländer. In Europa hatte sich die Kleidermode revolutioniert. Man wollte keine schweren Wolltuche mehr tragen, sondern bevorzugte die leichten, luftigen Baumwollstoffe. Diese wurden in Indien in einer Qualität hergestellt, die die Verbraucher in Europa begeisterte.

Im 18. Jahrhundert wurden dann die „Kolonialwaren" – Tee, Schokolade, Tabak, Kaffee und Zucker – zur Quelle des überseeischen Reichtums in Europa. Die neuen Genussmittel veränderten den europäischen Geschmack grundlegend. Bis in die frühe Neuzeit war der Speisezettel in Europa durch Brot, Fleisch, Wein und Bier geprägt. Bei den Adligen und im aufstrebenden Bürgertum der protestantischen Länder kamen nun die neuen Genussmittel hinzu: Kaffee und Tee regten geistig an, förderten die Konzentration und wirkten der unmäßigen Trunksucht entgegen. Kakao wurde in katholischen Ländern zu einer Fastenspeise und entwickelte sich zu einem Modegetränk des Adels.

Die neuen Produkte wurden von Europäern in Übersee angebaut und in Europa vermarktet. Tabak kam aus Kuba und Virginia in Nordamerika.

Die Holländer bauten Kaffee vor allem in ihrer ostindischen Besitzung Java an, die Franzosen auf den westindischen Inseln. Kakao kam aus Spanisch-Amerika.

Alle diese Produkte aber wurden in ihrer Bedeutung bei weitem vom Zucker übertroffen. Zu einer ersten Blüte gelangte der Zuckerrohranbau in der neuen Welt seit der Mitte des 16. Jahrhunderts in Brasilien. Von dort wurde er auf die französischen, englischen und holländischen Inseln in Westindien übertragen. Da auf den Inseln selbst nicht genügend Arbeitskräfte zur Verfügung standen, wurden Menschen aus Afrika in Millionenzahl als Sklaven nach Amerika gebracht um dort die nötige Landarbeit zu verrichten (vgl. S. 275).

1 *Berichtet über die Entwicklung des Handels nach den Entdeckungsfahrten.*

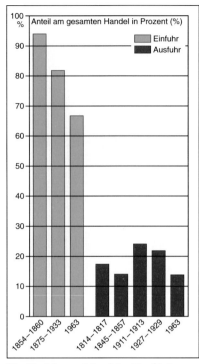

2 Einfuhr und Ausfuhr Großbritanniens, Anteil am gesamten Handel.

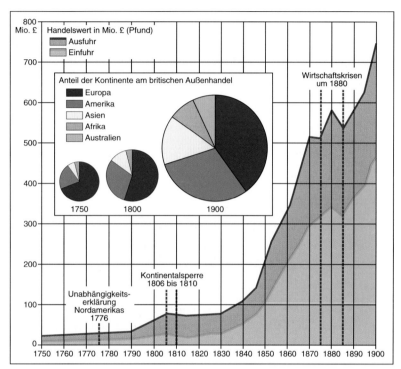

3 Die Entwicklung des britischen Außenhandels.

Großbritannien – Werkstatt der Welt

Die Industrialisierung begann in der Mitte des 18. Jahrhunderts in Großbritannien, im technisch und wirtschaftlich am höchsten entwickelten Land. Wichtige Erfindungen in der Baumwollindustrie wie die Verbesserung der Spinnmaschinen und der Webstühle führten zu einer ersten fabrikmäßigen Produktion von Tuchen. Die Erfindung der Dampfmaschine revolutionierte den Kraftantrieb der bisher mechanisch oder mit Wasserkraft betriebenen Maschinen. Schließlich veränderte die Erfindung der Eisenbahn, eine Verbindung der Dampfmaschine mit auf Schienen laufenden Transportwagen, das Transportsystem grundlegend. Eine wichtige Voraussetzung für diese Entwicklung war das im Handel mit den Kolonien erworbene Kapital der englischen Kaufleute, die es in die industrielle Entwicklung investierten*. Ein leistungsfähiges Bankensystem und eine Wirtschaftspolitik, die das Gewinnstreben der britischen Kaufleute und Industriellen förderte, begleiteten den Beginn der Industrialisierung.

Die „Industrielle Revolution" (vgl. Bd. 3), deren Folgen bis heute sich auswirken, veränderte das Welthandelssystem und das Gesellschaftssystem grundlegend. Alle Länder Europas und heute fast alle Entwicklungsländer folgen dem Weg Großbritanniens zu einer industrialisierten Gesellschaft mit ihrer Massenproduktion von Waren.

2 *Untersucht das Schaubild 2 und beschreibt die Entwicklung des Handels Großbritanniens in Bezug auf die Einfuhr und die Ausfuhr.*

3 *Verfolgt mit der Grafik 3 die Veränderung des britischen Außenhandels. Ab wann kann man ihn als Welthandel bezeichnen?*

Die Weltausstellung des Jahres 1851 fand in London statt. Sie zeigte den Besuchern aus Europa und Übersee eindrucksvoll die industrielle Entwicklung Großbritanniens: eine Welthandelsmacht mit modernen Fabriken, einem ausgebauten Transportsystem mit 10 600 Kilometern Eisenbahnschienen (1850) und einem leistungsfähigen Telegraphensystem zur schnellen Nachrichtenübermittlung. Erst im 20. Jahrhundert wurde Großbritannien von den USA als Welthandelsmacht Nr. 1 abgelöst.

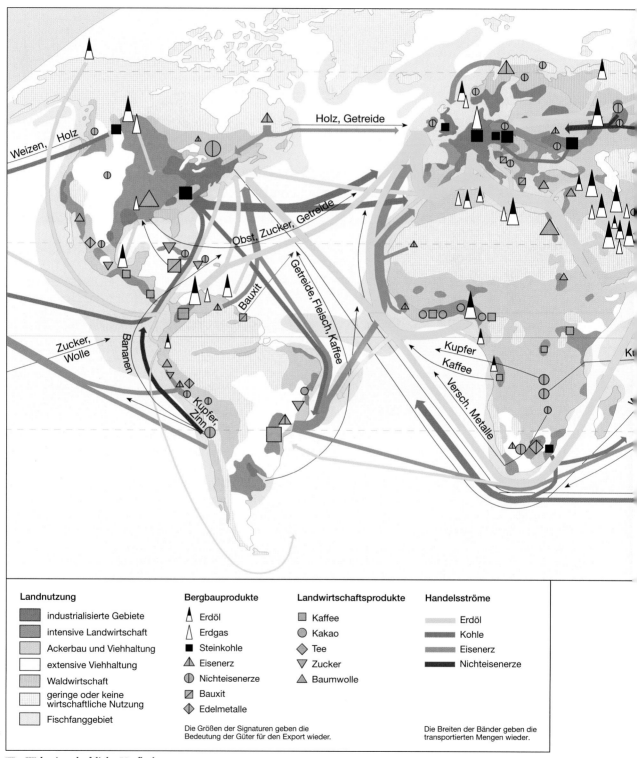

Landnutzung

- ■ industrialisierte Gebiete
- ■ intensive Landwirtschaft
- ■ Ackerbau und Viehhaltung
- □ extensive Viehhaltung
- ■ Waldwirtschaft
- ■ geringe oder keine wirtschaftliche Nutzung
- ■ Fischfanggebiet

Bergbauprodukte

- ⛰ Erdöl
- ⛰ Erdgas
- ■ Steinkohle
- ▲ Eisenerz
- ◐ Nichteisenerze
- ▨ Bauxit
- ◈ Edelmetalle

Die Größen der Signaturen geben die Bedeutung der Güter für den Export wieder.

Landwirtschaftsprodukte

- ■ Kaffee
- ● Kakao
- ◆ Tee
- ▽ Zucker
- △ Baumwolle

Handelsströme

- ▬ Erdöl
- ▬ Kohle
- ▬ Eisenerz
- ▬ Nichteisenerze

Die Breiten der Bänder geben die transportierten Mengen wieder.

1 Weltwirtschaftliche Verflechtung.

Weltweite Verbindungen

Alle Länder der Erde sind heute nicht nur durch die Warenströme verbunden, sondern auch durch Telefon- und Computerleitungen und schließlich durch das weltweite Kommunikationsnetz für Fernseh- und Telefonübertragungen der Satelliten.

1 *Mithilfe der Karte und der beiden Grafiken könnt ihr euch die weltweiten Verflechtungen verdeutlichen. Schreibt darüber einen Bericht:*
a) Stellt fest, in welchen Ländern Öl gefördert und wohin es transportiert wird.
b) Ergänzt eure Feststellungen für Kohle, Eisenerz und Nichteisenerze.

2 *Sucht die Hauptproduktionsländer von Kaffee, Kakao, Tee, Zucker und Baumwolle. Beschreibt den Weg der Transporte in die Abnehmerländer.*

3 *Untersucht die Grafik über die größten Welthandelsländer und stellt fest, welche Länder mehr einführen, als sie ausführen.*

4 *Untersucht die Grafik über die Welthandelsströme und vergleicht jeweils die Größenordnung des Handels der drei Ländergruppen untereinander mit der Größenordnung des Austausches zwischen den drei Ländergruppen.*

5 *Kann man mithilfe der Grafik über die Welthandelströme Aussagen über die Bedeutung einer Wirtschaftskrise in den Ländern Osteuropas für die Industrieländer insgesamt treffen? Wie würde sich eine tief greifende Wirtschaftskrise in den Industrieländern für die Länder Osteuropas und in den Entwicklungsländern auswirken?*

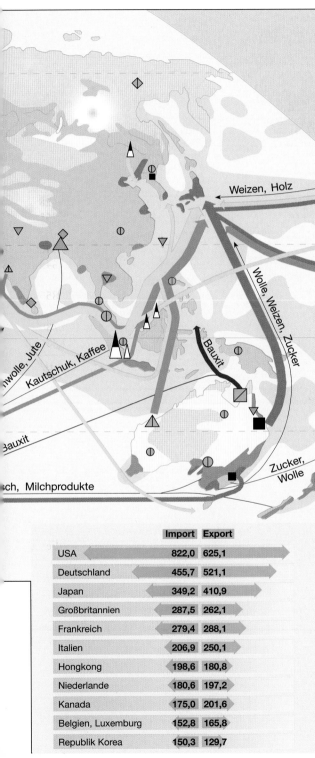

	Import	Export
USA	822,0	625,1
Deutschland	455,7	521,1
Japan	349,2	410,9
Großbritannien	287,5	262,1
Frankreich	279,4	288,1
Italien	206,9	250,1
Hongkong	198,6	180,8
Niederlande	180,6	197,2
Kanada	175,0	201,6
Belgien, Luxemburg	152,8	165,8
Republik Korea	150,3	129,7

2 Die führenden Welthandelsländer 1995 in Mrd. $.

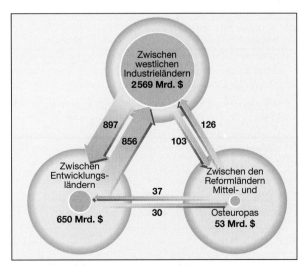

3 Welthandelsströme 1996 in Mrd. $.

	Exportquoten [1]	Importquoten [2]
Textilien	77%	81%
Büromaschinen, EDV-Geräte	75	84%
Chemische Erzeugnisse	58%	46%
Feinmechanische und optische Erzeugnisse	58%	56%
Elektrotechnische Erzeugnisse	57%	51%
Straßenfahrzeuge	55%	40%
Eisen, Stahl, Gusswaren, NE-Metalle	54%	51%
Maschinenbauerzeugnisse	52%	26%
Musikinstrumente, Spiel- und Sportwaren	45%	54%
Bekleidung	43%	67%
Erzeugnisse des Verarbeitenden Gewerbes	41%	34%
Eisen, Blech- und Metallwaren	41%	33%
Kunststoffe, Gummiwaren	34%	27%
Glas, Glaswaren	34%	29%
Feinkeramische Erzeugnisse	26%	34%
Holz, Holz-, Papier- und Pappwaren	22%	25%
Bergbauliche Erzeugnisse	19%	69%
Ernährungsgüter, Tabakwaren	15	17

1) Warenexport in Prozent des Gesamtumsatzes
2) Warenimport in Prozent der Inlandsversorgung (Umsatz minus Export plus Import)

1 Export- und Importquoten ausgewählter deutscher Industriezweige 1996.

Elektrotechnik	82,487
Kraftfahrzeuge	81,40
Nahrungsmittel, Getränke	71,53
Büromaschinen	33,32
Öl und Erdgas	27,99
Flugzeuge	21,87
Kunststoffe	17,78

3 Import (Einfuhr) 1997 nach Deutschland in Auswahl in Mrd. DM

Kraftfahrzeuge	159,128
Elektrotechnik	110,255
Nahrungsmittel, Getränke	41,940
Kunststoffe	30,645
Pharmazeutische Erzeugnisse	23,855
Feinmechanische und optische Erzeugnisse	20,780
Büromaschinen	19,806

4 Export (Ausfuhr) 1997 aus Deutschland in Mrd. DM.

Import		Export	
Frankreich	79,2	Frankrech	94,4
Niederlande	64,1	USA	76,6
Italien	58,9	Großbritannien	75,0
USA	58,5	Italien	65,3
Großbritannien	52,5	Niederlande	62,0
Belgien/Luxemburg	46,5	Belgien/Luxemburg	51,6
Japan	36,8	Österreich	45,9
Schweiz	29,8	Schweiz	39,8
Österreich	27,7	Spanien	33,0
Spanien	25,4	Japan	20,4

in Mrd. DM

2 Die wichtigsten Handelspartner Deutschlands 1997.

Deutschland: zweitgrößte Welthandelsnation

Mithilfe der Materialien dieser Doppelseite könnt ihr Aussagen über die Einbindung Deutschlands in den Weltmarkt machen und abschätzen, welche Bedeutung der weltweite Handel für Deutschland hat.

1 *Untersucht die Grafik 1 und notiert Stichworte zum Verhältnis von Export und Import bei bestimmten Warengruppen.*

2 *Zieht nun die Tabellen 3 und 4 hinzu und bestimmt den Umfang von Import und Export in Mrd. DM für bestimmte Waren.*

3 *Stellt fest, in welchen Bereichen Deutschland mehr importiert und in welchen Bereichen es mehr exportiert. Zieht aus euren Feststellungen eine Schlussfolgerung.*

Im Unterschied zu anderen großen Industrienationen ist Deutschland besonders eng in den Weltmarkt eingebunden und auf den internationalen Handel angewiesen. Jeder vierte Arbeitsplatz ist vom Export deutscher Waren abhängig, in manchen Industriezweigen sogar jeder zweite. Nach den USA ist Deutschland die zweitgröße Welthandelsnation, vor Japan und Frankreich.

Deutschlands Wirtschaft ist auf den Welthandel angewiesen. Jede Störung des Welthandels oder das Fortfallen von Exportmärkten aufgrund von Wirtschaftskrisen oder politischen Krisen in anderen Teilen der Welt wirkt sich direkt auf die Arbeitsplätze in Deutschland aus.

Im Unterschied zu früheren Jahren spielt wertemäßig die Einfuhr (Import) von Rohstoffen (Erdöl, Eisenerze, Kohle, Metalle) nicht mehr eine so große Rolle, obwohl Deutschland ein Land mit geringen Rohstoffvorkommen ist.

4 *Bestimmt mit Tabelle 5 die Abhängigkeit Deutschlands von bestimmten Einfuhren und beschreibe die Auswirkungen für den Fall, dass diese Stoffe nicht mehr nach Deutschland geliefert würden.*

5 *Sucht in Nachschlagewerken, im Atlas oder in der Karte auf Seite 70 Hauptlieferländer dieser Rohstoffe.*

Rohstoff	hauptsächliche Verwendung	Importanteil in %
Aluminium	Flugzeugbau	100
Asbest	Bremsen	100
Baumwolle	Stoffe	100
Chrom	Stahl, Armaturen	100
Kobalt	Computer	100
Mangan	Stahl	100
Molybdän	Stahl	100
Nickel	Stahl	100
Phosphat	Düngemittel	100
Quecksilber	Chemie, Elektro	100
Titan	Flugzeugbau	100
Vanadium	Stahl	100
Wolfram	Elektro	100
Zinn	Blech	100
Kupfer	Elektro, Kabel	99
Silber	Fotochemie	98
Eisenerz	Stahl	98
Erdöl	Energie, Chemie	96
Blei	Batterien	92
Zink	Draht, Blech	71

5 Importabhängigkeit Deutschlands von bestimmten Rohstoffen.

Im Zuge der Globalisierung des Weltmarktes führte Deutschland 1997 für 765 Mrd. DM überwiegend industrielle Erzeugnisse ein. Die Ausfuhr von Waren betrug 887,3 Mrd. DM.

Somit erzielte Deutschland 1997 wie in den Jahren zuvor einen Exportüberschuss. Dieser Überschuss wurde vor allem durch die gute Nachfrage nach deutschen Autos und deutschen Maschinen erwirtschaftet. Im Bereich der Nahrungsmittel ergab sich wie in den Vorjahren ein Importüberschuss von 29 Mrd. DM.

6 *Zieht eine Schlussfolgerung aus der Liste der wichtigsten Handelspartner Deutschlands für den Import und den Export. Schaut euch dazu auch noch einmal das Schaubild über die Welthandelsströme auf Seite 71 an.*

7 *Überlegt welche Folgen eine tief greifende Wirtschaftskrise in Frankreich oder den USA für Deutschland hätte.*

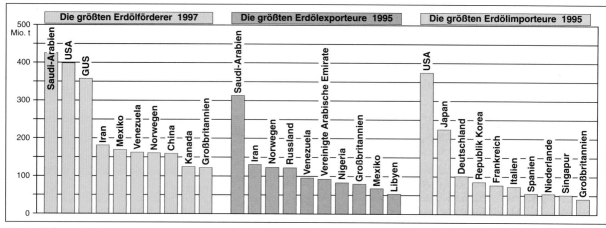

1 Erdölförderländer, -exporteure, -importeure.

Erdöl: wichtiges Handelsgut für Industrieländer

Von keinem Handelsgut ist die Weltwirtschaft und auch Deutschland so abhängig wie vom Erdöl. Allein 1995 wurden 3,2 Mrd. Tonnen verbraucht. Mit dieser Menge könnte Deutschland bei gleich bleibendem Verbrauch rund 30 Jahre lang seinen Erdölbedarf decken. Den größten Teil des Erdöls benötigen die Industrieländer, die ergiebigsten Quellen und Fördergebiete liegen jedoch in anderen Regionen der Welt. Pipelines und Supertanker transportieren das Öl in die Verbraucherländer.

Die weltweite Erschließung, die Förderung, der Transport und der Verkauf des Öls werden zum größten Teil von multinationalen Konzernen wie EXXON, Mobil Oil, Shell oder Texaco betrieben. Diese Konzerne haben in der ganzen Welt Tochtergesellschaften, die den jeweiligen Markt versorgen.

Jahrzehntelang beherrschten die multinationalen Konzerne den Erdöl-Weltmarkt. Sie bestimmten die Preise und diktierten den Ölländern ihre Abnahmebedingungen. Um diese Vormachtstellung zu brechen, schlossen sich einige Förderländer zur OPEC (Organization of Petroleum Exporting Countries) zusammen. Mitglied in diesem Kartell* konnten nur die Erdölförderländer werden, deren wirtschaftliche Existenz vom Erdölexport abhängig war. 1973 gehörten der OPEC 13 Staaten an, die 70 % Anteil an der Welterdölförderung hatten. Die Macht der OPEC war so stark, dass sie die Produktionsanlagen der Konzerne verstaatlichen und durch Absprachen der Fördermengen den Ölpreis diktieren konnte.

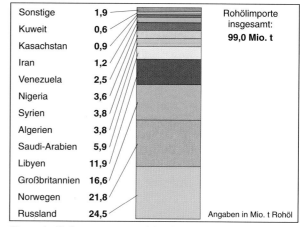

2 Rohöllieferanten Deutschlands.

Die Industrieländer verstärkten daraufhin ihre Bemühungen eigene Energiequellen zu erschließen und Energie sparende Produktionsverfahren zu entwickeln. Die Ölkonzerne suchten außerhalb der OPEC-Länder nach neuen Ölquellen, vor allem in der Nordsee. Deutschland suchte sich zur Sicherung seiner Öleinfuhr neue Lieferanten, vor allem in Europa. Neue technische Entwicklungen machten die Förderung großer Mengen von Erdöl in der Nordsee möglich.

1 *Sucht im Atlas die wesentlichen Vorkommen von Erdöl und skizziert diese Vorkommen in einer Faustskizze.*

2 *Wertet die Grafiken in Abb. 1 aus und zeichnet ihre Aussagen mit Pfeilen in eure Faustskizze ein.*

Neues Welthandelsgut: Dienstleistungen

Im Zuge der neueren technischen Entwicklung im Computer- und Telekommunikationsbereich, aber auch durch den weltweiten Tourismus hat der Anteil der Dienstleistungen, den ein Land von einem anderen bezieht oder in ein anders exportiert, enorm zugenommen. Am gesamten weltweiten Waren- und Dienstleistungshandel hatten die Dienstleistungen bereits einen Anteil von 18 % im Jahre 1996.

Dienstleistungen sind vor allem staatliche Leistungen in der Verwaltung und im Bereich der öffentlichen Sicherheit. Hinzu kommt die Bereitstellung von Bildungseinrichtungen (Schulen und Hochschulen). Als Export- und Importgüter sind es

– Informationen (Telefon-, Fax-, E-mail-Dienste, Nutzung von Datenbanken,
– Transport- und Versicherungsleistungen,
– Tourismusangebote,
– Vermarktung von Sport- und Musikveranstaltungen, Filmen, Fernsehprogrammen,
– Softwareprogramme, Lizenzen für Erfindungen, Konstruktionszeichnungen.

Nachrichtensender wie CNN und Reuters verkaufen ihre Programme in alle Welt. Aber auch die ARD und das ZDF verkaufen zum Beispiel ihre Serien, wie „Tatort" oder „Derrick", an ausländische Fernsehgesellschaften.

4 *Stellt zusammen, wo ihr selbst schon einmal ausländische Dienstleistungen in Anspruch genommen habt, z. B. in den Ferien oder im Fernseh- und Computerbereich.*
5 *Untersucht die Tabelle und vergleicht Export und Import von Dienstleistungen.*

Export		Import
189,5	USA	128,3
96,0	Frankreich	76,9
79,5	Deutschland	130,3
69,5	Großbritannien	57,8
64,7	Italien	62,9
63,9	Japan	121,6
47,2	Niederlande	45,3
39,6	Spanien	21,6
36,1	Hongkong	21,2
35,3	Belgien/Luxemburg	33,7
31,5	Österreich	23,1
29,3	Singapur	16,5
26,1	Schweiz	15,4
1170,0	Welt insgesamt	1220,0

3 Welthandel mit Dienstleistungen 1996 in Mrd. US-Dollar.

Sucht Gründe dafür, dass die USA mehr Dienstleistungen exportieren als importieren.

Außenhandel bringt Wohlstand

In seinem Buch „Der Wohlstand der Nationen" vom Jahre 1789 begründete der berühmte Wirtschaftswissenschaftler Adam Smith den Sinn des Außenhandels Großbritanniens:

> **Q** ... Ein Familienvater, der weitsichtig handelt, folgt dem Grundsatz, niemals selbst etwas herzustellen zu versuchen, was er sonstwo billiger kaufen kann. So sucht der Schneider seine Schuhe nicht selbst zu machen, er kauft sie vielmehr vom Schuhmacher. Dieser wiederum wird nicht eigenhändig seine Kleider nähen, sondern lässt sie vom Schneider anfertigen. Auch der Bauer versucht sich weder an dem einen noch an dem anderen, er kauft beides jeweils vom Handwerker. Alle finden, dass es im eigenen Interesse liegt, ihren Erwerb uneingeschränkt auf das Gebiet zu verlegen, auf dem sie ihren Nachbarn überlegen sind, und den übrigen Bedarf mit einem Teil ihres Erzeugnisses oder, was dasselbe ist, mit dem Erlös daraus zu kaufen.
>
> Was aber vernünftig im Verhalten einer einzelnen Familie ist, kann für ein mächtiges Königreich kaum töricht sein. Kann uns also ein anderes Land eine Ware liefern, die wir selbst nicht billiger herzustellen imstande sind, dann ist es für uns einfach vorteilhafter, sie mit einem Teil unserer Erzeugnisse zu kaufen, die wir wiederum günstiger als das Ausland herstellen können.

6 *Lest den Text von Adam Smith und entscheidet, ob er auch heute noch auf den Außenhandel Deutschlands zutrifft.*

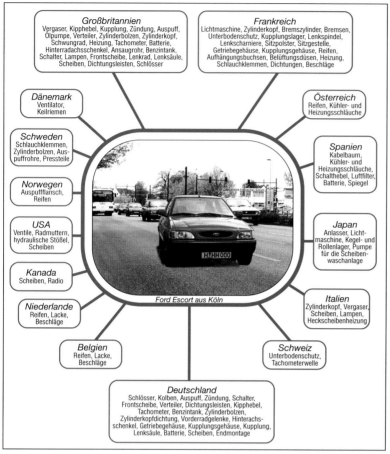

Großbritannien
Vergaser, Kipphebel, Kupplung, Zündung, Auspuff, Ölpumpe, Verteiler, Zylinderbolzen, Zylinderkopf, Schwungrad, Heizung, Tachometer, Batterie, Hinterradachsschenkel, Ansaugrohr, Benzintank, Schalter, Lampen, Frontscheibe, Lenkrad, Lenksäule, Scheiben, Dichtungsleisten, Schlösser

Frankreich
Lichtmaschine, Zylinderkopf, Bremszylinder, Bremsen, Unterbodenschutz, Kupplungslager, Lenkspindel, Lenkscharniere, Sitzpolster, Sitzgestelle, Getriebegehäuse, Kupplungsgehäuse, Reifen, Aufhängungsbuchsen, Belüftungsdüsen, Heizung, Schlauchklemmen, Dichtungen, Beschläge

Dänemark
Ventilator, Keilriemen

Österreich
Reifen, Kühler- und Heizungsschläuche

Schweden
Schlauchklemmen, Zylinderbolzen, Auspuffrohre, Pressteile

Spanien
Kabelbaum, Kühler- und Heizungsschläuche, Schalthebel, Luftfilter, Batterie, Spiegel

Norwegen
Auspuffflansch, Reifen

USA
Ventile, Radmuttern, hydraulische Stößel, Scheiben

Japan
Anlasser, Lichtmaschine, Kegel- und Rollenlager, Pumpe für die Scheibenwaschanlage

Kanada
Scheiben, Radio

Italien
Zylinderkopf, Vergaser, Scheiben, Lampen, Heckscheibenheizung

Niederlande
Reifen, Lacke, Beschläge

Belgien
Reifen, Lacke, Beschläge

Schweiz
Unterbodenschutz, Tachometerwelle

Deutschland
Schlösser, Kolben, Auspuff, Zündung, Schalter, Frontscheibe, Verteiler, Dichtungsleisten, Kipphebel, Tachometer, Benzintank, Zylinderbolzen, Zylinderkopfdichtung, Vorderradgelenke, Hinterachsschenkel, Getriebegehäuse, Kupplungsgehäuse, Kupplung, Lenksäule, Batterie, Scheiben, Endmontage

Ford Escort aus Köln

1   Das Auto – ein Produkt internationaler Arbeitsteilung.

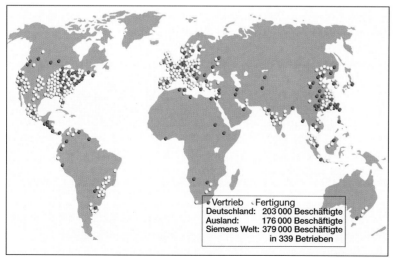

Vertrieb Fertigung
Deutschland: 203 000 Beschäftigte
Ausland: 176 000 Beschäftigte
Siemens Welt: 379 000 Beschäftigte
                in 339 Betrieben

2   Multinationaler Konzern Siemens 1997.

Zusätzliche Vernetzung durch internationale Arbeitsteilung

1   *Untersucht das Schaubild 1 und beschreibt, in welcher Weise der Autohersteller Ford (Deutschland) bei der Produktion des Escort mit anderen Firmen und anderen Ländern verbunden ist.*

2   *Beschreibt mithilfe der Karte die Standorte, an denen die Firma Siemens (Hauptsitz München) Fertigungsbetriebe und Vertriebsbüros unterhält.*

3   *Überlegt, ob man Siemens aufgrund der Karte noch als deutsche Firma bezeichnen kann.*

4   *Erkundigt euch, wo große deutsche Autohersteller ihre Wagen produzieren.*

Große Unternehmen wie VW, Siemens, BASF, Daimler-Benz, IBM nutzen die moderne Kommunikationstechnik und steuern weltweit ihre Betriebe durch Computer, Telefon und Telefax und Internetverbindungen. Über diese Datenleitungen werden Konstruktionszeichnungen, Unternehmenspläne und Geldzahlungen zwischen den einzelnen Standorten der Firmen ausgetauscht. Produziert wird rund um den Globus, Tag und Nacht. Die Firma FIAT in Italien lässt z.B. ein neues Auto, den Palio, in dreizehn Ländern gleichzeitig bauen. Ein Zentralrechner in Turin steuert über Satellit den Materialfluss und die Montage in Ecuador, Algerien, Indien, Venezuela und in Italien. Nationale Märkte spielen eine immer kleinere Rolle, produziert und gehandelt wird dank der modernen Technik gobal.
Nicht nur der „Big Mac" schmeckt überall gleich, sondern auch viele Produkte sind weltweit identisch.

5   *Beschreibt den Prozess der Globalisierung und seine Folgen.*

Viele Waren – extrem ungleich verteilt

Am 10. September 1998 veröffentlichte die „Frankfurter Allgemeine Zeitung" einen Artikel über einen Bericht des Entwicklungsprogramms der UNO:

M Mehr Waren auf der Welt verfügbar als jemals zuvor. Sechsmal soviel wie 1950, aber extrem ungleich verteilt.

Niemals zuvor in der Geschichte der Menschheit sind mehr Waren und Dienstleistungen angeboten worden als heute: Im Jahr 1998 wird der weltweite Konsum die Rekordsumme von 24 Billionen Dollar (24 000 000 000 000) erreichen. Das geht aus dem jüngsten Bericht zur „Menschlichen Entwicklung" des Entwicklungsprogramms der Vereinten Nationen (UNDP) hervor, der dieses Jahr den Schwerpunkt auf das Thema Verbrauch legt. Durch das höhere Angebot an Gütern können Menschen insgesamt länger, gesünder und produktiver leben als früher. Allerdings ergeben sich bei der Verteilung der Waren extreme Ungleichheiten: Ein Fünftel aller Menschen steht für 86 Prozent des Verbrauchs …

In knapp fünfzig Jahren sei der Konsum um ein Sechsfaches gewachsen. Dabei habe der Verbrauch von Nahrung und Energie sowie die Inanspruchnahme von Bildung, Verkehr, Kommunikation und Unterhaltung ein nie gekanntes Ausmaß angenommen. … Allerdings, so der Bericht, hätten die Unterschiede in den „Konsumoptionen" dazu geführt, dass mehr als eine Milliarde Menschen von den Segnungen moderner Produktion ausgeschlossen seien und sich „nicht einmal ihre grundlegenden Konsumansprüche erfüllen könnten". Von den 4,4 Milliarden Bewohnern in Entwicklungsländern lebten fast drei Fünftel in Siedlungen ohne sanitäre Grundausstattung. Fast einem Drittel stehe kein sauberes Trinkwasser zur Verfügung, ein Viertel müsse in unzureichenden Unterkünften wohnen. …

6 *Beschreibt mithilfe der Grafik und dem Bericht die ungleiche Verteilung von Waren auf der Erde.*

Der ungleiche Handel

Viele Wissenschaftler und Politiker stimmen heute darin überein, dass die bestehende Weltwirtschaftsordnung die Entwicklungsländer entscheidend benachteiligt. Der Grund für die schlechte wirtschaftliche Situation vieler Entwicklungsländer liegt neben anderen wichtigen Gründen in der bestehenden

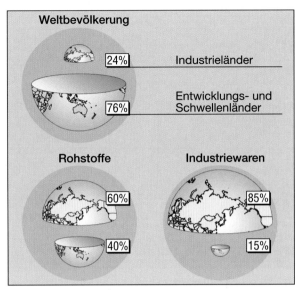

3 Ungleiche Verteilung.

Form der internationalen Arbeitsteilung. Die Austauschverhältnisse (Terms of Trade) zwischen ihren Rohstoffen und den Fertigprodukten aus den Industrieländern haben sich im Laufe der Zeit erheblich zu ihren Ungunsten verändert (vgl. Abb. 4).

7 *Versucht mit Grafik 4 die verschlechterte Situation der Entwicklungsländer und die ungleiche Verteilung von Waren in der Welt zu erklären.*

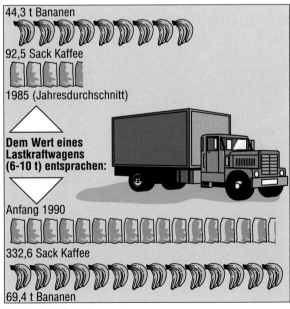

4 Terms of Trade.

1 Kaffeekirschen.

2 Trocknen der Kaffeebohnen.

Die Rohstoffbörse in New York

Gedränge und Aufregung herrschen in der Börse. Angespannt wirken fast alle, die hier arbeiten. Einige Käufer und Verkäufer greifen immer wieder zum Telefon. Der Boden ist mit Papier übersät, überall liegen Computerausdrucke und zerrissene Verträge herum. Wir befinden uns in der Rohstoffbörse New York im World Trade Center, Gebäude 4, 9. Stock, dem bedeutendsten Rohstoffhandelsplatz der Welt. Die New Yorker Rohstoffbörse ist das Zentrum für den Welthandel mit Baumwolle, Zucker, Kaffee und Kakao. Sie besteht seit 1882. Schon zu Beginn des 20. Jahrhunderts war New York der erste Handelsplatz der Welt, an dem Warentermingeschäfte abgewickelt wurden. Bei Warentermingeschäften wird z. B. Kaffee gekauft, der noch gar nicht geerntet ist. Die Käufer spekulieren darauf, dass zum Zeitpunkt der Ernte die Preise höher sind und durch den Weiterverkauf große Gewinne erzielt werden können.

Große elektronische Tafeln an den Wänden der Börse zeigen den Verlauf der Preisentwicklung an. Erfahrene Börsenhändler haben die Preise im Kopf. Sie verständigen sich mit einer Art Zeichensprache. Bei Kaffee bedeuten z. B. drei Finger vor die Stirn gehalten: Ich verkaufe 30 000 Kilo Kaffee zum angebotenen Preis. Wenn ein Kontrakt zustande gekommen ist, gibt der Verkäufer die Daten in einen Computer ein. Dann erst ist der Handel gültig.

Kaffee – erst Luxus, dann Getränk für jedermann

Die ursprüngliche Heimat des Kaffees ist die Landschaft Kaffa im Hochland von Abessinien. Von dort ging die Kultur des Kaffeetrinkens im 13. und 14. Jahrhundert aus. Zunächst war Kaffee ein Luxusgetränk an arabischen Höfen. Nach Europa gelangte er, als die Türken im 17. Jahrhundert bis nach Wien vordrangen. Erst als Kaffee in der Kolonialzeit in allen tropischen Hochländern angebaut wurde, breitete sich das Kaffeetrinken in der ganzen Welt aus.

Kaffee wird in Plantagen angebaut. Der Kaffeestrauch benötigt eine Höhenlage von 600 m bis 2000 m über NN, nährstoffreiche Böden, Durchschnittstemperaturen von 20 bis 25 °C und ausreichende Niederschläge während der Wachstumszeit. Diese Anbaubedingungen gibt es in tropischen Höhenlagen.

Die rote, kirschähnliche Frucht enthält zwei Bohnen. 1000 kg der Kaffeekirschen ergeben etwa 100 kg bis 160 kg Rohkaffee. Nach der Ernte werden die Bohnen aus dem Fruchtfleisch herausgeschält, gewaschen und getrocknet. Abgefüllt in Säcken wird der Rohkaffee per Schiff in die Konsumländer transportiert. Dort wird er geröstet, gemahlen und verpackt.

Kaffe war auch 1998 das beliebteste Getränk der Deutschen. Mit einem statistischen Verbrauchswert von 6,7 Kilogramm pro Kopf der Bevölkerung blieb der Verbrauch gegenüber 1997 stabil. Damit liegt Deutschland weltweit in der Spitzengruppe.

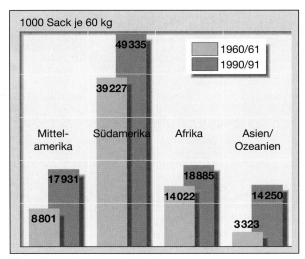

3 Kaffeewelternte nach Regionen.

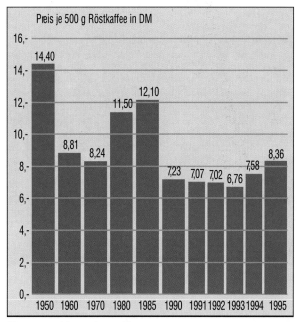

4 Entwicklung der Kaffeepreise.

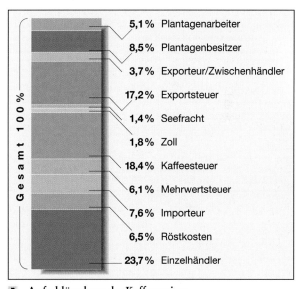

5 Aufschlüsselung des Kaffeepreises

Ringen um den Weltmarktpreis

Preisschwankungen für Kaffee sind – wie bei allen Agrarprodukten – von der Erntemenge abhängig. Ist sie gering, steigt der Kaffeepreis, ist sie hoch, sinkt er. In den Fünfzigerjahren gab es im größten Kaffee-Exportland Brasilien eine längere Trockenheit, die in den Plantagen hohe Schäden anrichtete. Außerdem wurden große Teile der Ernte durch Frost vernichtet. Durch das geringe Angebot schnellte der Weltmarktpreis für Kaffee in die Höhe. In anderen lateinamerikanischen Ländern und in Afrika wurden daraufhin die Anbauflächen ausgedehnt. Der Weltmarktpreis stürzte daher in den folgenden Jahren ab.

Um solche großen Preisschwankungen zu verhindern, schlossen sich 50 Anbau- und 26 Konsumländer 1963 im so genannten Weltkaffeeabkommen zusammen. Sie tätigten fast 99 % der Weltproduktion und 90 % des Weltimports. Dieses Abkommen regelte sowohl die Exportquoten der Anbauländer als auch den Dollar-Preis für die Konsumländer. Die von der Erntemenge bzw. den Angeboten abhängigen Schwankungen waren damit weitgehend ausgeschlossen.

Nachdem das Kaffeeabkommen in den 90er-Jahren ausgelaufen war, gab es zunächst keine Vereinbarungen zwischen den Handelspartnern und die Preise fielen wieder. Seit 1995 bemühen sich die Anbauländer durch festgelegte Exportquoten für die einzelnen Erzeugerländern den Weltmarktpreis langfristig zu stabilisieren.

1 *Berichtet über den Anbau von Kaffee und seine Entwicklung als Massengetränk in Deutschland.*
2 *Erkundigt euch nach dem Kaffeverbrauch bei euch zu Hause und dem aktuellen Kaffepreis.*

1 Produkte von TransFair.

2 Kaffeeanbau in der Genossenschaft.

Eine Idee setzt sich langsam durch

Verschiedene Organisationen, wie „Misereor", „Brot für die Welt" und viele andere, wollen nicht nur Spenden für die Länder der Dritten Welt sammeln. Sie setzen sich dafür ein, dass die benachteiligten Produzentinnen und Produzenten dieser Länder für ihre Produkte einen garantierten Mindestpreis erhalten. Dadurch sollen sie weniger von den Schwankungen der Weltmarktpreise abhängig werden. Die von ihnen nach holländischem Vorbild 1991 in Deutschland gegründete Organisation „TransFair" stellt Regeln für den fairen Handel auf, handelt aber nicht selbst.

Wer Kaffee kauft, der auf der Packung das „TransFair-Siegel" trägt, kann sicher sein, dass er damit direkt die Kleinbauern in den Erzeugerländern unterstützt. Das „TransFair-Siegel" erhalten nur Produzenten und Importeure*, die sich verpflichten die „TransFair-Regeln" einzuhalten.

In einer Erklärung des Vereins „TransFair" vom Sommer 1995 (entspricht auch noch dem Stand vom Sommer 1998) heißt es:

M1 Fair gehandelter Kaffee muss unter Ausschaltung der lokalen Zwischenhändler direkt bei den Kleinbauerngenossenschaften eingekauft werden.
Bei niedrigen Weltmarktpreisen erhalten die Genossenschaften einen Mindestpreis von 126 US-Cents/lib (knapp 4 DM pro Kilo Rohkaffee bei einem Dollarkurs von 1,43 DM).

Steigen die Börsennotierungen über diesen Wert, wird ein fester Entwicklungsaufschlag in Höhe von 5 Cents/lib (15,5 Pfennig pro Kilo Rohkaffee) fällig …
Zwischen den Produzenten und Importeuren werden möglichst langfristige Lieferbedingungen vereinbart. Die Importeure sind angehalten den Genossenschaften auf deren Wunsch Vorfinanzierungen zu gewähren …

1 *Erläutert die Regeln des Vereins „TransFair" für den Handel mit Kaffee.*
2 *Stellt die Vorteile des fairen Handels für die Genossenschaften der Kleinbauern in einer Übersicht zusammen. Nehmt dabei auch die Grafik (Abb. 3) zu Hilfe.*

Stetiger Erfolg

„TransFair-Kaffee" ist teurer als normaler Kaffee. Trotzdem hatte der Verkauf des „TransFair-Kaffeés" zwei Jahre nach der Markteinführung in Deutschland im Frühjahr 1993 einen Marktanteil von rund einem Prozent erreicht. Neben den vielen Einzelpersonen, die sich aus Überzeugung für den Kauf des Kaffees mit dem TransFair-Siegel entschieden haben, zählen inzwischen auch öffentliche Einrichtungen und Privatunternehmen zu den Käufern, die damit die Kleinbauern in den Erzeugerländern unterstützen wollen. Im Jahresbericht 1997 des Vereins zur Förderung des Freien Handels mit der „Dritten Welt" heißt es:

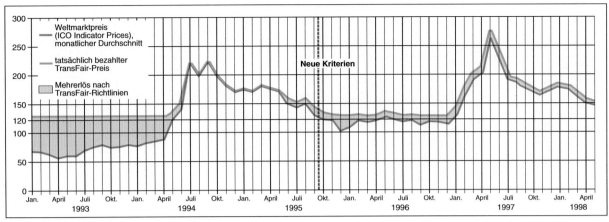

3 Preisvergleich von Weltmarktpreis und TransFair-Preis 1993–1998.

M2 „Kaffee aus Fairem Handel weiter auf Wachstumskurs". Danach wurden 1997 ca. 8,44 Mio. Pfundpäckchen verkauft. „Trotz massiver Werbekampagnen und Sonderangebotsaktionen der herkömmlich gehandelten Kaffee-Marken und obwohl der Kaffeekonsum in Deutschland insgesamt (erneut) stark rückläufig war, konnten die über 50 TransFair-Lizenznehmer ihren Absatz mit Kaffee aus Fairem Handel weiter steigern."
Die Genossenschaften in den Erzeugerländern erzielten Direkteinnahmen in Höhe von ca. 37 Mio. DM (Vorjahr ca. 22,5 Mio. DM).

3 *Fragt in Warenhäusern und großen Lebensmittelgeschäften nach „TransFair-Kaffee" und ermittelt den Preisunterschied zwischen herkömmlichem Kaffee und „TransFair-Kaffee".*

4 *Fragt in einem „Eine-Welt-Laden" nach, welcher Anteil des Verkaufspreises von „TransFair-Kaffee" den Erzeugern zu gute kommt. Auskunft erteilt auch: Verein „TransFair e. V", Remigiusstraße 21, 50937 Köln.*

Hilfe für die Produzenten
Auf der Mitgliederversammlung von „TransFair" 1994 in Köln sagte ein Vertreter der lateinamerikanischen Kaffeebauern zur bisherigen Arbeit:

M3 ... Die höheren Erlöse aus dem Handel zu gerechten Preisen verbessern die Lage der kleinbäuerlichen Kaffeepflanzer und ihrer Familien. Die Mehreinnahmen haben bereits spürbare Verbesserungen im sozialen, wirtschaftlichen und

4 **Eine-Welt-Laden.** Foto 1994.

kulturellen Bereich ermöglicht. Wichtig ist dabei, dass die Produktionsgenossenschaften und ihre Verwaltung gestärkt werden, denn dadurch erhalten die einzelnen Produzenten (Kleinbauern) erhöhten Schutz und Unterstützung, was sich positiv auf die Dörfer und Gemeinden auswirkt. Der größte Anteil des Mehrerlöses geht direkt an die Produzenten und verbessert ihre Lebensbedingungen. Sie können bessere Ernährung, Kleidung, Wohnung und Schulbildung bezahlen.

5 *Erklärt das „TransFair-Siegel".*

6 *Fragt eure Lehrerinnen und Lehrer, ob sie bereit wären „TransFair-Kaffee" in der Schule zu benutzen.*

Adlige auf der Hirschjagd, ein pflügender Mann, der ins Schwitzen gerät, ein Dorf. Entstanden ist diese Zeichnung im Jahr 1480. Wenn ihr sie genau anschaut, könnt ihr Menschen und Gebäude entdecken, die zu einer Zeit gehören, die wir heute Mittelalter nennen. Wir meinen damit den Zeitraum nach dem Ende des Römischen Reiches im 5. Jahrhundert bis zum Ende des 15. Jahrhunderts.

Wir können uns nicht mit dem gesamten Verlauf dieser langen Zeit von 1000 Jahren beschäftigen. Der Schwerpunkt des Kapitels liegt deshalb auf den Lebensverhältnissen der Menschen damals. Ihr könnt erarbeiten, wie regiert wurde und unter welchen Bedingungen die Menschen auf dem Land und in der Stadt ihr Leben meistern mussten.

1 Auf der Briefmarke in lateinischer Sprache: Karl der Große.

2 Karl als Vater Europas: Unter seiner Herrschaft waren die heutigen Partnerstädte Aachen und Reims bedeutende Mittelpunkte in einem Reich.

3 Auf der Briefmarke in französischer Sprache: Karl der Große.

Während die meisten germanischen Reiche auf weströmischem Boden (s. Karte S. 58) nur kurze Zeit bestanden, stieg ein Reich im Laufe der Zeit zu besonderer Macht und Größe auf: das Reich der Franken. König Chlodwig (481–511) und seinen Söhnen aus dem Geschlecht der Merowinger gelang es, das fränkische Reich ständig zu erweitern: Die Westgoten wurden weitgehend aus Südfrankreich vertrieben, das Reich der Burgunder erobert; ganz Gallien wurde fränkisch.

Geschwächt durch endlose Familienfehden verloren die merowingischen Könige aber immer mehr an Einfluss und Macht. Im Jahre 751 ließ sich Pippin, der oberste Hofbeamte, mit Unterstützung des Papstes von den Adligen zum König wählen. Im Jahre 768 starb Pippin. Nachfolger wurden seine Söhne Karlmann und Karl. Als Karlmann nur drei Jahre später starb, wurde Karl alleiniger Herrscher des ganzen Frankenreichs.

Auf den folgenden Seiten könnt ihr erarbeiten,
– wie Karl weitere Gebiete unterwarf,
– wie sein Reich verwaltet und regiert wurde
– und wie es schließlich geteilt wurde und das „Reich der Deutschen" entstand.

König Karl erobert Sachsen

1 *Beschreibt, wie Karl der Große auf den Briefmarken dargestellt wird.*
2 *Seht euch die Karte auf der nächsten Seite an. Überlegt, warum sowohl die deutsche wie die französische Post eine Briefmarke mit Karl dem Großen herausgegeben haben.*
3 *Stellt mithilfe der Karte und eines Atlas fest, welche Gebiete in Deutschland und in anderen europäischen Staaten von Karl erobert wurden.*

König Karl führte viele Kriege und eroberte zahlreiche Gebiete, die er in das Frankenreich eingliederte. Erbitterten Widerstand gegen die Eingliederung in das fränkische Reich leisteten vor allem die Sachsen unter Führung ihres Herrschers Widukind. Immer wenn Karl mit seinem Heer das Land der Sachsen verlassen hatte, kam es zum erneuten Aufstand. Karl griff zu grausamen Unterdrückungsmaßnahmen. 4500 Sachsen sollen bei Verden an der Aller auf seinen Befehl hingerichtet worden sein. Widukind selbst konnte fliehen. Um den Widerstand endgültig zu brechen, wurden die Sachsen gezwungen das Christentum anzunehmen.

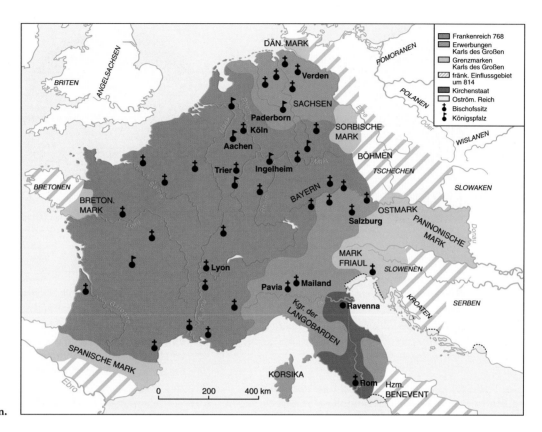

4 Das Reich
Karls des Großen.

In einer Anordnung aus dem Jahr 782 bestimmte Karl:

> **Q**   3. Wer mit Gewalt in eine Kirche eindringt und dort raubt oder stiehlt oder die Kirche in Brand steckt, wird mit dem Tode bestraft.
> 4. Wer die vierzigtägige Fastenzeit vor Ostern nicht einhält um das Christentum verächtlich zu machen und in dieser Zeit Fleisch isst, wird mit dem Tode bestraft ...
> 8. Wer noch ungetauft ist und es unterlässt, zur Taufe zu kommen, weil er Heide bleiben möchte, wird mit dem Tode bestraft ...
> 17. Alle Sachsen sollen den zehnten Teil ihres Besitzes und des Ertrages ihrer Arbeit den Kirchen und Priestern geben ...
> 34. Wir verbieten allen Sachsen öffentliche Versammlungen abzuhalten, außer wenn unsere Boten eine Versammlung einberufen.

Dennoch kam es auch in den folgenden Jahren zu weiteren Aufständen. Erst als Widukind 785 den Kampf aufgab und viele Tausende von sächsischen Familien zwangsweise ins Frankenreich umgesiedelt wurden, erlosch der Widerstand allmählich. Im Jahre 804 kam es zum Friedensschluss, das Gebiet der Sachsen wurde Teil des Frankenreiches.

4   *Untersucht, welche Ziele Karl mit seiner Verordnung hauptsächlich verfolgte.*

5   *Spielt folgende Szene: Ein Franke und ein Sachse unterhalten sich über die Verordnung (Q).*

6   *Sprecht darüber, wie ihr das Vorgehen Karls des Großen beurteilen würdet.*

7   *Erklärt aus der Sicht Karls des Großen den Zusammenhang von Unterwerfung und gewaltsamer Christianisierung.*

8   *Mithilfe des Postleitzahlenbuches könnt ihr Ortsnamen finden, die an die Zwangsumsiedlung der Sachsen erinnern.*

1 Goldmünze mit dem Kopf Kaiser Konstantins des Großen. Die Umschrift lautet Imp(erator) constantinus P(ater) P(atriae) Aug(ustus).

2 Silbermünze mit dem Kopf Kaiser Karls des Großen. Die Münzinschrift lautet: Carolus Imp(erator) Aug(ustus) (Imperator = Kaiser).

Karl – Herrscher Europas

1 *Lest auf S. 39 nach, woher die Titel „Kaiser" und „Augustus" stammen.*

2 *Vergleicht die Abbildungen auf den beiden Münzen: Welchen Herrschaftsanspruch Karls kann man daraus entnehmen?*

Am Ende des 8. Jahrhunderts war Karl der mächtigste Herrscher in Europa. Er empfing arabische Gesandtschaften und fühlte sich auch dem Kaiser des oströmischen Reiches ebenbürtig. In einem Gedicht um 800, dessen Verfasser bis heute in der Wissenschaft umstritten ist, hieß es:

> **Q1** Der König [Karl] übertrifft alle Könige auf der ganzen Welt an Würde und Weihe, ... König Karl, das Haupt der Welt, die Liebe und Zierde des Volkes, die bewundernswerte Spitze Europas, der beste Vater, der Held, der Augustus, aber auch mächtig in der Stadt [Aachen], die als zweites Rom zu neuer Blüte gewaltig emporwächst.

Aachen war nicht wie früher Rom die Hauptstadt eines Reiches. Der König war vielmehr mit seinem Gefolge ständig unterwegs um seine Macht überall im Reich selber zur Geltung zu bringen. Aber gegen Ende des 8. Jahrhunderts, auf dem Höhepunkt seiner Macht, ließ er Aachen zu einer Art Verwaltungsmittelpunkt ausbauen.

Ein unbekannter Dichter dieser Zeit schrieb:

> **Q2** Fern auf der Burg steht Karl und bezeichnet die einzelnen Plätze und bestimmt für das künftige Rom die ragenden Mauern. Hier sei der Markt, heißt es, und das würdige Haus des Senats, wo sie des Volkes Gesetz und heilige Gebote beraten. Eifrig gehorcht die fleißige Schar; es schneiden die einen Steine für ragende Säulen und bauen die Burg in die Höhe. Andere wälzen voll Eifer hinzu mit Händen die Quadern, krönen mit hohen Kuppeln die Paläste ...

3 *Beschreibt die Machtstellung Karls, wie sie von den Verfassern der Q1 und 2 gesehen wird.*

4 *Sprecht darüber, wie die Verfasser von Q 1 und Q2 die Stadt Aachen bezeichnen. Was möchten sie damit zum Ausdruck bringen?*

Karl der Große – Vater Europas

Im Jahre 800 n. Chr. wurde König Karl von Papst Leo III. in Rom zum Kaiser gekrönt. Im fränkischen Reich verstand man die Kaiserkrönung so, dass Karl jetzt für alle sichtbar die Nachfolge der römischen Kaiser angetreten habe und ihm allein daher auch die Oberherrschaft über das ganze christliche Europa zustehe. Schon Zeitgenossen gaben Karl den Beinamen „der Große".

Karl war es gelungen, nach den Unruhen der Völkerwanderung (s. S. 58) ein Reich zu schaffen, in dem unterschiedliche Völker und Stämme lebten. Gemeinsam war allen Untertanen der christliche Glaube, der ihr tägliches Leben bestimmen sollte. In der Nachfolge der römischen Kaiser förderte er Bildung und Wissenschaft. So wurde das Frankenreich zum Fundament für die weitere Geschichte ganz West- und Mitteleuropas. Nicht übersehen kann man aber auch die Schattenseiten seiner Herrschaft wie etwa die grausamen Kriege gegen die Sachsen.

3 Der Frankenkönig Karl, umgeben von seinen Beratern. Mittelalterliche Buchmalerei, 11. Jahrhundert.

4 Das Frankenreich zerfällt.

Der Zerfall des Frankenreichs

5 *Mithilfe der Karte 4 und einem Atlas könnt ihr feststellen, welche europäischen Staaten durch ihre Zugehörigkeit zum Frankenreich einen Teil ihrer Geschichte gemeinsam haben.*

Die letzten Lebensjahre verbrachte der Kaiser vor allem in seiner Lieblingspfalz* Aachen. Hier starb er am 28. Januar 814 im 72. Lebensjahr. Noch am selben Tag wurde er im Dom zu Aachen beigesetzt.
Über seinem Grab wurde ein Bogen errichtet mit der Inschrift:

> **Q3** Hier unten liegt der Leib Karls, des großen und rechtgläubigen Kaisers, der das Reich der Franken herrlich vergrößerte und siebenundzwanzig Jahre hindurch glücklich regiert hat.

6 *Berichtet über das Reich Karls des Großen, indem ihr diese Inschrift erklärt.*

Nachfolger Karls des Großen wurde sein Sohn Ludwig der Fromme, der das große Reich noch zusammenhielt. Unter seinen Nachfolgern aber wurde das Reich nach schweren Kämpfen mehrmals neu aufgeteilt. Im Süden wurden Burgund und Italien selbstständige Königreiche. Im Norden kam es zur Bildung eines west- und eines ostfränkischen Reiches. In beiden Reichen bildete sich ein Zusammengehörigkeitsgefühl der dort lebenden Menschen heraus. So entstanden allmählich die beiden Länder Frankreich und Deutschland.
Der letzte Karolinger im Ostreich starb im Jahr 911. Die Königswürde ging 919 an Heinrich I., den mächtigen Herzog in Sachsen. Während seiner Regierungszeit wird das Ostreich zum ersten Mal als „Reich der Deutschen" bezeichnet. Das Wort „deutsch" kommt vom Althochdeutschen „diutisc", was so viel bedeutet wie „volksmäßig, dem Volk gehörig". Als „diutisc" bezeichnete man auch die germanische Sprache, die im Ostreich gesprochen wurde. Daraus entwickelte sich der Name für die Menschen, die diese Sprache sprachen: die „Deutschen". Nachfolger Heinrichs I. wurde sein Sohn Otto I., der im Jahr 962 vom Papst zum Kaiser gekrönt wurde. Seit dieser Zeit wurde die Kaiserwürde immer nur an deutsche Könige verliehen. Die Verbindung von römischer Reichsidee, päpstlichem Segen und deutscher Königswürde führte zu der Bezeichnung „Heiliges Römisches Reich deutscher Nation" für das Kaiserreich, das bis 1806 Bestand hatte.

1 Der König belehnt geistliche und weltliche Fürsten. Die geistlichen erhalten ein Zepter, die weltlichen eine Fahne.

2 Ein Fürst belehnt seinen Untervasallen. Buchmalerei aus dem 14. Jahrhundert.

Die Verwaltung des Reiches

Obwohl Karl der Große ständig unterwegs war um dafür zu sorgen, dass im ganzen Reich seine Befehle und Gesetze richtig ausgeführt wurden, konnte er doch nicht selber überall nach dem Rechten sehen. Er errichtete daher etwa 500 Grafschaften als Verwaltungsbezirke. Die von ihm ernannten Grafen hatten die Aufgabe Steuern einzuziehen, Recht zu sprechen und im Kriegsfall ein Heer aufzustellen.

Ferner zog der König auch Bischöfe und Äbte zur Verwaltung des Reiches heran. Sie alle erhielten für ihre Dienste vom König Land mit den dazugehörigen Menschen auf Lebenszeit geliehen; diese Güter heißen deshalb auch Lehen. Wer sein Lehen vom König erhielt, war sein Kronvasall (s. Q1). Auch die Kronvasallen konnten ihrerseits die Güter wieder weiterverleihen an die Untervasallen.

Über einen derartigen Vorgang unterrichten uns zwei Urkunden aus dem 13. Jahrhundert:

Im Jahre 1283 stellte König Rudolf für den Grafen Heinrich folgende Urkunde aus:

> **Q1** Rudolf von Gottes Gnaden König der Römer … Wohlwollend schauen wir auf die Treue und die lobenswerten Verdienste des Grafen Heinrich von Fürstenberg … Wir übergeben daher ihm und seinen rechtmäßigen Erben die Städte Villingen und Haslach mit allem, was dazugehört, als Lehen auf ewig.

Im Jahre 1292 stellt Heinrichs Sohn eine Urkunde aus:

> **Q2** Ich, Graf Egon von Fürstenberg, gebe allen kund …, dass ich Heinz, dem Schenken von Schenkenzell … das Tal Kirnbach (bei Villingen) als rechtes Lehen gegeben habe mit Leuten, mit Äckern, Wiesen, Wald, Feld und Wasser, mit dem Gericht und allen Rechten, die dazugehören …

1 Nennt die Personen, die ein Lehen vergeben oder empfangen.

2 Ordnet die beiden Quellen der Darstellung auf den Bildern (1 und 2) zu.

3 Stellt fest, was alles als Lehen verliehen und wofür es gegeben wurde.

Der Vasall gelobte seinem Lehnsherrn Treue und Gefolgschaft in Krieg und Frieden. Umgekehrt versprach auch der Lehnsherr seinem Vasallen Treue und allezeit Schutz und Hilfe. Als Lehen wurden vom König auch Kirchenämter (an Abt, Äbtissin oder Bischof) und hohe Verwaltungsämter vergeben, wie etwa das Grafenamt.

Starb ein Vasall, so fiel das Lehen an den Lehnsherrn zurück. Außerdem konnte ein Lehen sofort zurückgefordert werden, wenn der Vasall seinen Verpflichtungen nicht nachkam.

Die Entwicklung ging aber dahin, dass die Lehen von Generation zu Generation weitergegeben wurden. Am Ende wurde aus dem geliehenen Gut erblicher Besitz.

3 Ein König ruft einen Herzog innerhalb von sechs Wochen (VI) zum Heeresdienst auf. Der Herzog gibt den Aufruf an seine Krieger weiter. Buchmalerei aus dem Sachsenspiegel, 14 Jahrhundert.

Die Pflicht der Vasallen im Krieg

Um 804 schrieb Karl der Große an den Abt Fulrad von Altaich:

Q3 Wir teilen dir mit, dass wir in diesem Jahr den großen Reichstag nach Ostsachsen zusammengerufen haben, und zwar nach Stassfurt an der Bode. Deshalb befehlen wir dir am 17. Juni mit allen deinen wohlbewaffneten und ausgerüsteten Leuten an dem genannten Platz dich einzustellen … um von hier aus, wohin dich auch unser Befehl schicken mag, eine militärische Expedition durchzuführen; das heißt, mit Waffen und Gerät und aller anderen kriegerischen Ausrüstung, mit Proviant und Bekleidung.
Jeder Berittene soll Schild, Lanze, Schwert und Hirschfänger haben, dazu Bogen, Köcher mit Pfeilen, und eure Packwagen sollen Vorräte aller Art mitführen, Spitzhacken und Äxte, Bohrer, Beile, Spaten, eiserne Grabscheite und alle anderen Werkzeuge, die man bei einem Feldzug braucht. Die Lebensmittel müssen vom Reichstag an gerechnet drei Monate reichen. Waffen und Bekleidung ein halbes Jahr. Wir befehlen dir streng darauf zu achten, dass du in Ruhe und Frieden den genannten Ort erreichst, durch welche Teile unseres Reiches dein Marsch dich auch führen mag.

4 Zählt alle Ausrüstungsgegenstände auf, die der Abt und seine Krieger mitbringen mussten.

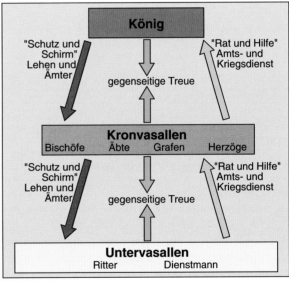

4 Lehnsherr und Lehnsmann.

5 Überlegt, was Kaiser Karl meinte, wenn er dazu aufforderte, den Ort in Ruhe und Frieden zu erreichen.

6 Beschreibt die Vorgänge auf der Abbildung und erzählt, was ein Abt oder Herzog alles tun musste, wenn er zum Heeresdienst gerufen wurde.

7 Überlegt, was es für die Bauern bedeutete, wenn Karl fast jedes Jahr Krieg führte.

89

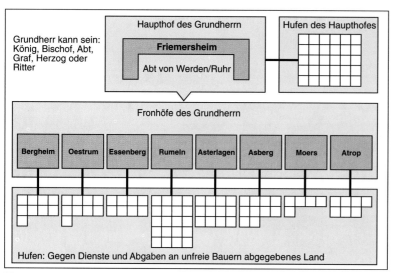

Grundherr kann sein: König, Bischof, Abt, Graf, Herzog oder Ritter

Haupthof des Grundherrn

Friemersheim

Abt von Werden/Ruhr

Hufen des Haupthofes

Fronhöfe des Grundherrn

Bergheim | Oestrum | Essenberg | Rumeln | Asterlagen | Asberg | Moers | Atrop

Hufen: Gegen Dienste und Abgaben an unfreie Bauern abgegebenes Land

1 Der Fronhofsverband Friemersheim um 900.

Im Mittelalter lebten die meisten Menschen von der Landwirtschaft. Zur Zeit Karls des Großen besaßen die meisten Bauern eigenes Land, von dessen Erträgen sie lebten. Doch innerhalb von 200 Jahren verloren die meisten Bauern ihr Land. Aus freien Bauern wurden Unfreie. Auf den folgenden Seiten könnt ihr erarbeiten, wie die Bauern ihre Freiheit verloren und wie sich ihr alltägliches Leben abspielte.

Die Entstehung der Grundherrschaft
Auf einer Reichsversammlung im Jahre 811 berichtete Karl der Große:

Q1 Die armen Bauern klagen: ... wenn jemand sein Grundstück einem Bischof, Abt, Grafen ... nicht geben will, dann lassen diese ihn immer wieder ins Feld ziehen, bis er schließlich verarmt ist und ihnen wohl oder übel sein Grundstück übereignet oder verkauft. Die anderen aber, die ihr Eigentum schon übereignet haben, bleiben ohne Belästigung durch irgendjemanden auf ihrem Hof sitzen .

In einer Urkunde des Bistums Freising aus dem Jahre 957 heißt es über eine Familie:

Q2 ...
Die genannten Männer und Frauen waren ehemals frei, aus eigenem Antrieb haben sie sich dem Joch der Knechtschaft unter Abraham, dem Bischof der Freisinger Kirche, unterworfen, und zwar deshalb, weil die Grundstücke, die sie besaßen, zu ihrem Lebensunterhalt nicht hinreichten.

Aus einem Bericht des Klosters Muri im Aargau 1040:

Q3 In Wohlen lebte einst ein sehr mächtiger Mann namens Guntram; obwohl er hier und an anderen Orten viele Besitzungen hatte, war er dennoch gierig auf das Eigentum seiner Nachbarn. Einige

Freie nun, die in diesem Dorf wohnten, übergaben ihm in der Meinung, er sei gütig und milde, ihr Land gegen den üblichen Zins mit der Bedingung, dass sie unter seinem Schutz und Schirm sicher sein könnten ... Jener begann zunächst sie um einen Dienst zu bitten, dann aber machte er von seiner unbeschränkten Machtfülle Gebrauch und befahl ihnen ihm Dienst zu leisten, und zwar in seiner Landwirtschaft beim Schneiden und Einbringen des Heues ... Die Bauern, unfähig sich zu wehren, taten unter Zwang, was er befahl.

1 *Erklärt mithilfe von Q1–3, wie aus freien Bauern unfreie werden konnten.*
2 *Sprecht mithilfe des Schaubildes und Q1–3 über die Folgen für den Grundherrn und den Bauern, der sich in die Abhängigkeit begab.*
3 *Spielt folgende Szene: Zwei freie Bauern unterhalten sich darüber, ob sie sich in die Abhängigkeit eines Grundherrn begeben sollen.*

Es gab viele Bauern, die ihr Eigentum an Bischöfe, Äbte, Grafen, Ritter usw. übergaben: Diese wurden dadurch Grundherren* der Bauern. Als Grundherren verfügten sie über den Grund und Boden; ferner übten sie die Herrschaft über die abhängigen Bauern aus, die diesen Boden bewirtschafteten. Der Grundherr konnte sie, zusammen mit dem Land, jederzeit verschenken oder verkaufen. Zur Grundherrschaft gehörte ferner die Gerichtsbarkeit des Grundherrn. Im Mittelpunkt der häufig ganz zerstreut liegenden Güter eines Grundherrn stand der Fronhof*.

2 **Bauern bei der Fronarbeit.** Buchmalerei aus dem 15. Jahrhundert.

Hier lebte und wirtschaftete der vom Grundherr eingesetzte Verwalter. Das übrige Land wurde an die abhängigen Bauern ausgegeben.

Als Gegenleistung mussten sie einen bestimmten Anteil der Erträge an den Grundherrn abliefern. Hinzu kamen Dienste auf den Gütern des Fronhofs. Der Bauer erhielt dafür vom Grundherrn Schutz und Sicherheit.

Abgaben und Dienste

4 *Seht euch das Bild genau an. Versucht euch in eine dieser Personen hineinzuversetzen. Sprecht darüber, was ihr als Aufseher oder Bauer auf dem Bild gerade denkt oder empfindet.*

Den Umfang der Abgaben und Frondienste* kann man einem Bericht des Klosters Prüm in der Eifel aus dem Jahre 893 entnehmen. Zu diesem Kloster gehörten auch dreißig hörige* Bauern in Rommersheim. Einer dieser Bauern war Widrad.
Von ihm schreibt der Abt des Klosters:

Q4 Widrad gibt an das Kloster jedes Jahr 1 Eber, 1 Pfund Garn, drei Hühner, 18 Eier. Er fährt 5 Wagenladungen von seinem Mist auf unsere Äcker, bringt 5 Bündel Baumrinde für die Beleuchtung und fährt 12 Wagenladungen Holz zum Kloster. Dieses Holz dient im Winter zum Heizen. Ferner liefert Widrad dem Kloster jährlich 50 Latten und 100 Schindeln für Dachreparaturen.

Sein Brot bäckt Widrad in unserem Backhaus und das Bier braut er in unserem Brauhaus. Hierfür zahlt er an das Kloster eine Gebühr.
Eine Woche in jedem Jahr verrichtet er den Hirtendienst bei unserer Schweineherde im Wald. Er bestellt drei Morgen Land, das ganze Jahr hindurch, jede Woche drei Tage. Das bedeutet: Er muss bei der Einzäunung unserer Äcker und Weiden helfen, zur rechten Zeit pflügen, säen, ernten und die Ernte in die Scheune bringen.
Bis zum Dezember, wenn das Getreide gedroschen wird, muss er es zusammen mit anderen Hörigen bewachen, damit es nicht von Brandstiftern angezündet wird. Wachdienst muss ebenfalls geleistet werden, wenn der Herr Abt kommt, um ihn vor nächtlicher Gefahr zu beschützen.
Wenn Widrad 15 Nächte den Wachdienst verrichtet, das Heu geerntet und auf unseren Äckern gepflügt hat, erhält er in einem guten Erntejahr Brot, Bier und Fleisch; in anderen Jahren erhält er nichts. Die Frau Widrads muss leinene Tücher aus reinem Flachs anfertigen, 8 Ellen lang und 2 Ellen breit. Sie fertigt daraus Hosen für die Mönche an.

5 *Einen Überblick über Abgaben und Dienste eines hörigen Bauern erhaltet ihr, wenn ihr folgende Tabelle zeichnet:*

Jährliche Abgaben	Frondienste	Weitere Belastungen
...	...	...

1 Dorfgericht unter der Linde. Aus einer Schweizer Bildchronik von 1513.

Das Gericht des Grundherrn

Das Kloster Ettenheimmünster besaß den Fronhof Münchweier. In der Hofordnung dieses Fronhofes hieß es um 1100:

> **Q** Der Abt oder der Bevollmächtigte des Klosters richten über das Zertreten, Abweiden und Überschreiten der Saaten, Weinberge und Wiesen, das Stehlen der Feldfrüchte und das Überpflügen der Äcker und über Schuldner ...
> Über alles, was immer dort zu richten ist, richtet der Bevollmächtigte des Abtes und der Mönche. Ausgenommen sind drei Fälle: über Diebe, über

die, die dem Abt ... selbst in irgendeiner Sache ungehorsam sind, ... und über die, die sich frech erdreisten gegen das Recht zu handeln ...
Die Bußen aber, die der Vogt ..., der diese drei Fälle aburteilen muss, vom Diebstahl oder vom Frevel erhebt, fallen zu zwei Teilen an den Abt zu einem Teil an den Vogt ...
Der Hof hat das Gefängnisrecht, was „Stock" heißt. Wenn der Dieb gefangen worden ist, muss er mit allem, was bei ihm gefunden worden ist, dem Fronhof übergeben werden ... Andere, die schuldig scheinen, werden im Hof bewacht, bis ihr Fall entschieden ist.
Die Angeklagten und Diebe werden aber derart bewacht: Die Bauern ... müssen die Gefangenen tagsüber statt eines Frontages, nachtsüber statt zweier Frontage bewachen.

Rechte und Pflichten der abhängigen Bauern wurden seit dem 11. Jahrhundert in so genannten Hofrechten festgehalten. Geringfügige Übertretungen konnten vom Grundherrn bestraft werden. Er berief dazu eine Gerichtsversammlung ein. Gewählte oder ernannte Bauern, die Schöffen, fällten das Urteil, das der Gerichtsherr vollziehen ließ. Vergehen wie schwerer Diebstahl, Raub, Mord und Todschlag, die mit dem Abschlagen einer Hand oder auch dem Tod bestraft wurden, unterstanden der Blutgerichtsbarkeit der Herzöge und Grafen. Bischöfe und Äbte durften an der Blutgerichtsbarkeit nicht mitwirken. Sie übertrugen daher schwere Vergehen einem Vogt (von latein. advocatus = Beistand), meist einem Adligen, zur Aburteilung. Während die Hofgerichte für Streitfälle der Bauern eines Grundherrn zuständig waren, kamen vor das Dorfgericht alle Angelegenheiten, die das Dorf insgesamt betrafen.
1 *Stellt fest, über welche Vergehen der klösterliche Gerichtsherr urteilen darf, über welche der Vogt.*

Seit dem 13./14. Jahrhundert entstanden zahlreiche Weistümer (Gesetzessammlungen von mündlich überlieferten Gewohnheitsrechten), die das Zusammenleben aller Dorfbewohner regelten. Das Dorfgericht, das häufig unter der Dorflinde zusammentrat, wurde vom Schultheiß* geleitet. Das war ein besonders angesehener Bauer aus dem Dorf, der von den Dorfbewohnern gewählt wurde.
2 *Beschreibt die Gerichtsszene auf dem Bild. Überlegt euch mithilfe der Quelle einen Streitfall. Spielt eine Gerichtsszene.*

1 Die Arbeit des Bauern in den zwölf Monaten eines Jahres. Aus einer französischen Handschrift um 1480.

Bäuerliche Arbeit

In einem Buch, das um 1000 n. Chr. in England geschrieben wurde, steht folgendes Gespräch:

Q Lehrer: Nun, Pflüger, wie verrichtest du deine Arbeit?

Bauer: O Herr, meine Arbeit ist sehr schwer. Ich stehe auf, wenn es tagt, treibe die Ochsen auf das Feld und spanne sie vor den Pflug. Sei der Winter auch noch so streng, ich wage es nicht, im Haus zu bleiben, aus Furcht vor meinem Herrn. Jeden Tag muss ich einen vollen Morgen Land pflügen, nachdem ich die Ochsen eingespannt und die Pflugschar angehängt habe ...

Lehrer: Was tust du sonst noch den Tag über?

Bauer: Freilich ist das nicht alles. Ich muss die Krippen der Ochsen mit Heu füllen, ihnen Wasser geben und den Dung fortschaffen.

Lehrer: Ja, ja, das ist sehr schwere Arbeit!

Bauer: Ganz recht, es ist sehr schwere Arbeit und ich muss sie tun, denn ich bin nicht frei.

3 *Berichtet mithilfe des Textes und der Bilder über die bäuerlichen Tätigkeiten im Ablauf eines Jahres.*

4 *Erzählt, was ihr vom Leben der Bauern heute wisst.*

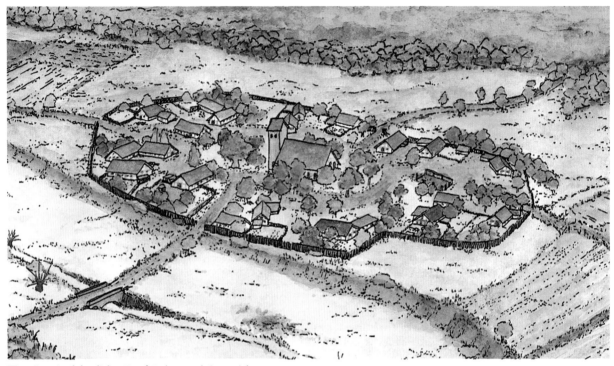

1 **Ein mittelalterliches Dorf.** Rekonstruktionszeichnung 1984.

Die bäuerliche Familie

Im Jahre 789 erließ Karl der Große ein Verbot, auf das in den folgenden Jahrhunderten von der Kirche wiederholt hingewiesen wurde:

> **Q1** Wir bestimmen auch ..., dass an Sonntagen keine Knechtsdienste betrieben werden ... dass die Männer keine Landarbeit leisten, nicht den Weinberg bebauen noch auf den Feldern pflügen, mähen, Heu schneiden oder Zäune errichten, noch in den Wäldern roden oder Bäume fällen, noch in Steinbrüchen arbeiten, Häuser errichten oder im Garten arbeiten ... Ebenso sollen die Frauen am Sonntag keine Textilarbeit leisten, noch Kleider zuschneiden, nähen oder stricken, noch Wolle rupfen, Flachs dreschen, öffentlich Kleider waschen oder Schafe scheren.

1 *Nennt die von Karl d. Gr. angeführten Tätigkeiten und vergleicht sie mit den Darstellungen auf den Bildern der nächsten Seite. Welche Arbeiten werden hier von den Bäuerinnen ausgeführt?*

Die Bilder der gegenüberliegenden Seite stammen aus dem 16. Jahrhundert. Wissenschaftlerinnen und Wissenschaftler sind aber der Ansicht, dass diese Darstellungen wohl auch für die vorhergehenden Jahrhunderte zutreffen. Eine strenge Arbeitsteilung zwischen Bäuerinnen und Bauern scheint es in Wirklichkeit nicht gegeben zu haben. Besonderen Belastungen scheinen die Bäuerinnen ausgesetzt gewesen zu sein.

In einem 1985 erschienenen Buch über die Bauern im Mittelalter heißt es:

> **M** Neben der Hilfe bei der Heu- und Getreideernte verrichten sie eine Fülle von Tätigkeiten in Haus, Garten und Feld, wie Dreschen des Korns; Versorgung des Groß- und Kleinviehs, Weiterverarbeitung der Milch zu Butter und Käse und Schlachten von Haustieren ... Zu den üblichen Arbeiten der Frau im bäuerlichen Haushalt gehörten die Betreuung des Herdfeuers, die Zubereitung der Speisen und die Anlage von Vorräten ... Typisch weibliche Tätigkeiten waren die Verarbeitung von Hanf und Flachs und das Spinnen und Weben von Leinen ... Für den Zusammenhalt der bäuerlichen Hausgemeinschaft und

für das Funktionieren der Bauernwirtschaft überhaupt übte die Bäuerin also eine unersetzbare Funktion aus. Einen Bauernhaushalt ohne Frau zu führen war schlechterdings nicht möglich. Harte entsagungsvolle Arbeit vom Morgen bis zum Abend bestimmte den Alltag der Bäuerin.

Obwohl die Bäuerin in besonderem Maße mithalf die anfallenden Arbeiten zu bewältigen, war sie ihrem Mann rechtlich nicht gleichgestellt. So heißt es in einem Rechtssatz von 1424: „ain frow mus tun, was ain mann will."

2 *Schülerinnen und Schüler, deren Eltern einen Bauernhof haben, können von den Arbeiten und einer möglichen Arbeitsteilung dort berichten.*

Geburt und Kindheit

In dem Rechtsbuch des Klosters Weißenau im Schwarzwald aus dem Jahre 1344 heißt es:

Q2 Der Propst (= Vorsteher) des Klosters soll jedem Bauern des Klosters, der 18 oder 20 Jahre alt ist, bei Strafe … gebieten eine Frau zu nehmen. Der Propst soll jeder Frau des Klosters, die 14 Jahre alt ist, bei Strafe … gebieten einen Mann zu nehmen.

Die frühen Heiraten führten zu zahlreichen Geburten. Kinderkankheiten, der Schmutz in den Bauernhäusern und die fehlende Hygiene ließen viele Kinder im Säuglings- oder Kleinkindalter sterben; von 12–14 Neugeborenen blieben in der Regel nur 3–5 Kinder am Leben. Sobald sie dazu in der Lage waren, mussten sie im Haushalt, Garten oder Stall mithelfen um möglichst bald mit allen anfallenden Arbeiten vertraut zu werden.

Die Arbeitszeit war abhängig von der Jahreszeit. Wenn es hell wurde, stand man auf, im Sommer zwischen 4 und 5 Uhr. Die Mahlzeiten bestanden aus Brot, Haferbrei, Weizenbrei oder aus gekochtem Gemüse. Gearbeitet wurde bis zum Anbruch der Dunkelheit. Sobald es dunkel wurde, ging man schlafen, denn eine Beleuchtung gab es kaum.

Eine willkommene Gelegenheit der täglichen schweren Arbeit zu entgehen boten allein die Familienfeste und die kirchlichen Feiertage.

3 *Überlegt, welches Interesse der Propst an einer möglichst frühen Verheiratung der zum Kloster gehörenden Bäuerinnen und Bauern besaß.*

2 Heuernte. Monatsbild Juli von Simon Bening (1483–1561).

3 Bäuerliches Leben. 16. Jahrhundert.

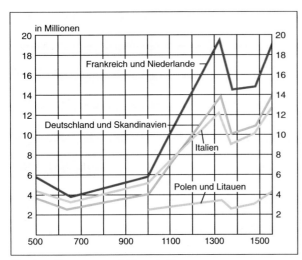

1 Bevölkerungsentwicklung in Europa.

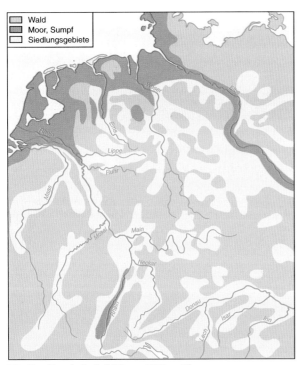

2 Das Landschaftsbild um 1100 n. Chr.

Auf der Suche nach neuem Ackerland

1 *Seht euch Grafik 1 an. Sprecht über mögliche Folgen der Bevölkerungszunahme.*

2 *Spielt folgende Szene: Ein Bauer hat mehrere Söhne, die auch Bauern werden möchten. Sein Ackerland ist zu klein um es unter die Söhne aufzuteilen. Gemeinsam überlegen sie, welche anderen Möglichkeiten es gibt. Beachtet bei eurer Antwort auch Bild 2.*

Um das Jahr 1000 lagen die Dörfer Europas weit verstreut inmitten riesiger Wälder. Die meisten Flusstäler waren sumpfig und für den Ackerbau nicht geeignet.

Durch die starke Bevölkerungszunahme in Westeuropa seit dem 11. Jahrhundert gerieten zahlreiche bäuerliche Familien in Not. In Norddeutschland erbte nur der älteste Sohn den Hof, alle anderen erhielten nichts. Wie sollten sie sich ernähren? In Süddeutschland wurde das vorhandene Ackerland unter alle männlichen Erben aufgeteilt. Schon bald aber reichten die kleinen Äcker kaum noch aus um eine Familie zu versorgen. Naturkatastrophen verschlimmerten die Situation zusätzlich.

Viele Bauern begannen in den noch menschenleeren Gebieten Deutschlands Wälder zu roden und Moore oder Sümpfe trockenzulegen. Bäume wurden gefällt, das Unterholz abgebrannt. Die Arbeit war schwer. Doch es ergaben sich neue Chancen. Die Grundherren waren daran interessiert, dass aus ihrem „wertlosen" Besitz neues Ackerland entstand. Deshalb boten sie den Rodungsbauern günstige Bedingungen, z. B. war das neue Land für eine längere Zeit von Abgaben befreit. Ehemalige Leibeigene und Tagelöhner konnten auf diesem Weg sogar die Freiheit erlangen.

Unzählige Dörfer wurden neu gegründet. Viele Ortsnamen erinnern noch heute an diese Art der Urbarmachung mit der Axt, der Säge und dem Spaten. Es sind die Orte, deren Namen enden auf:
-rode, -rad, -reuth, -wald, -brand oder -hau. Wenn Sümpfe trockengelegt wurden, lauten die Endungen -moos, -ried oder -bruch.

3 *Tragt in eine Liste all jene Arbeiten ein, die die Bauern verrichten mussten, wenn sie ihr neues Siedlungsgebiet erreicht hatten.*

4 *Erkundigt euch, wann euer Heimatort gegründet wurde.*

Andere Bauern suchten neues Ackerland jenseits der deutschen Ostgrenze, in den nur wenig besiedelten Gebieten der Slawen. Mit ihrem Zug nach Osten begann die deutsche Ostsiedlung.

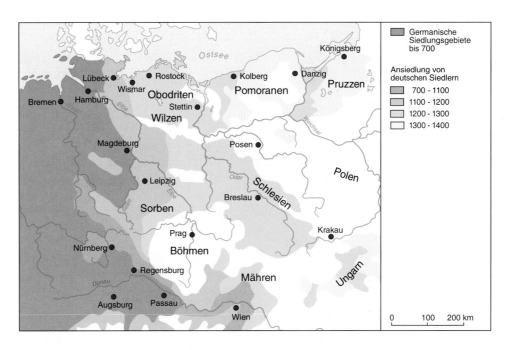

3 Deutsche Ost-
siedlung.

Gewaltsame Besiedlung

5 *Beschreibt mithilfe der Karte und eures Atlas den Verlauf der Ostgrenze des Deutschen Reiches.*

Die Not vieler Bauern in Westeuropa nutzten sächsische Adlige um ihre Herrschaft nach Mecklenburg auszudehnen, wo der slawische Stamm der Obodriten siedelte. Die Obodriten wurden besiegt und das Land von deutschen Siedlern in Besitz genommen. In einem Aufruf der sächsischen Adligen aus dem Jahre 1108 hieß es:

Q ... Die Heiden haben sich mit unvergleichlicher Grausamkeit gegen uns erhoben und richten uns fast zugrunde. ... Diese Heiden sind zwar verdorben und schlecht, aber ihr Land ist erstaunlich reich: Dort fließen Milch und Honig und die Ernten sind unvergleichlich gut ... Auf denn, ihr Sachsen, Franken, Lothringer und Flamen ... Hier könnt ihr euer Seelenheil erwerben und, wenn es euch gefällt, noch das beste Siedelland dazu.

6 *Überlegt gemeinsam, warum die Slawen in diesem Bericht als verdorben und grausam bezeichnet werden. Denkt daran, von wem der Aufruf stammt.*
7 *Stellt Vermutungen an, wie dieser Aufruf auf deutsche Bauern gewirkt haben mag.*

Friedliche Besiedlung

Anders als in Mecklenburg verlief die Ostsiedlung in Schlesien. Die slawischen Bewohner hier waren schon seit langer Zeit Christen. Ihr Herzog Heinrich I. holte deutsche Bauern, Handwerker und Mönche ins Land um einen wirtschaftlichen Aufschwung einzuleiten. Die Siedler erhielten große Vorrechte zugesagt. Beauftragte der Fürsten reisten nach Westen und führten dort regelrechte Werbekampagnen durch. Angesichts der Not dort entschieden sich Tausende einen Neuanfang im Osten zu versuchen. Siedlertrecks waren Monate unterwegs, bis sie die neue Heimat erreichten. Hier wurde das zugewiesene Land unter den Siedlern verlost. Land zu roden, war sehr mühsam. Oft konnten erst die Enkel voll genießen, was die Vorfahren dem Land abgerungen hatten. Ein alter Siedlerspruch lautete:
Der erste hat den Tod,
der zweite die Not,
der dritte das Brot.
Gleichzeitig mit den Dörfern wurden auch zahlreiche Städte gegründet. Viele dieser Städte, wie z. B. Breslau und Danzig, Posen und Stettin, wurden berühmt wegen ihrer Größe und ihres Reichtums.
8 *Erläutert den Spruch der Siedler.*
9 *Ein slawischer Bauer berichtet seinem Nachbarn von der Ankunft deutscher Siedler. Welche Empfindungen könnte er dabei gehabt haben?*

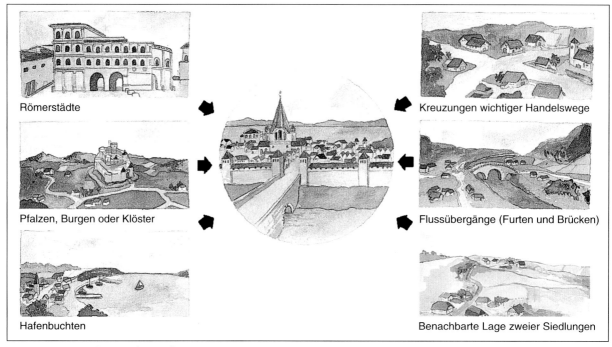

Römerstädte

Pfalzen, Burgen oder Klöster

Hafenbuchten

Kreuzungen wichtiger Handelswege

Flussübergänge (Furten und Brücken)

Benachbarte Lage zweier Siedlungen

Voraussetzungen einer Stadtentstehung.

Wir können uns kaum noch vorstellen, dass es in Deutschland einmal eine Zeit ohne Städte gab. Aber die meisten unserer Städte sind erst im Mittelalter entstanden.

Auf den folgenden Seiten könnt ihr erarbeiten, wie die Städte entstanden und wie das Leben in ihnen aussah.

1 *Nennt die Gründe, warum die Voraussetzungen in der Abb. für die Entwicklung von Städten günstig waren.*

Städte entstehen

Städte gab es bis zum frühen Mittelalter nur dort, wo einst Römer geherrscht hatten, also vor allem entlang des Rheins. Köln, Mainz, Worms, Speyer, Straßburg, Basel und Konstanz sind römische Gründungen. Nun entstanden neue Städte. Aus schriftlichen Quellen erfahren wir, wie sie entstanden sind. Ein Bericht aus dem 9. Jahrhundert teilt uns über die Entstehung der Stadt Brügge im heutigen Belgien mit:

Q1 … Vor dem Burgtor, an der Brücke, sammelten sich allmählich Gewerbetreibende, um für die zu arbeiten, die in der Burg wohnten. Außer Kaufleuten, die alles mögliche feilboten, gab es Schank- und Gastwirte. Sie machten es sich zur Aufgabe, diejenigen, die beim Grafen zu tun hatten, zu köstigen und zu beherbergen. Mit der Zeit begannen die Zuzügler Häuser zu bauen und sich wohnlich einzurichten; dort fanden alle Aufnahme, die nicht in der Burg selbst wohnen konnten. Die Siedlung wuchs, sodass in kurzer Zeit ein großer Ort entstand…

2 *Für welche der obigen Abbildungen passt dieser Quellentext?*

3 *Erstellt aus der Quelle eine Liste der aufeinander folgenden Schritte: 1. Ein Graf wohnte in einer Burg. 2. Vor der Burgbrücke sammelten sich Gewerbetreibende, dazu gehörten … 3. … usw.*

4 *Überprüft die Aussage: Die meisten unserer Städte sind im Mittelalter entstanden. Nehmt ein Lexikon zur Hilfe. Ihr könnt diese Aufgabe auch in der Klasse verteilen.*

Die Bürger erringen die Macht

Zwischen 1100 und 1400 errangen die Bürger immer mehr Anteil an der Herrschaft. Allerdings mussten sie diese Rechte den Stadtherren abnehmen. Dies geschah in einigen Städten friedlich, in anderen kriegerisch. Auf dieser Seite könnt ihr erarbeiten, auf welche Weise und mit welchen Methoden die Bürger versuchten an die Macht zu gelangen.

Der Stadtherr

In der Regel ging die Entstehung einer Siedlung auf einen Fürsten zurück. Er hatte alle Macht. Aber auch die Bürger wollten an der Verwaltung teilhaben. Aus einer Urkunde des Bischofs von Halberstadt von 1105 erfahren wir etwas über ihre Verhandlungen mit dem Stadtherrn:

Q2 ... Die Einwohner unseres Ortes ... sind mit der demütigen Bitte an uns herangetreten, Wir sollten die bürgerlichen Rechte und Satzungen*, die Unsere Vorgänger ... ihnen nur mündlich zugestanden haben ... durch Wort, Schrift und Siegel bekräftigen und bestätigen. Wir gestehen ihnen daher zu:
1. In dieser ganzen Siedlung soll die gesamte Überprüfung von Qualität und Maß bei Kauf und Verkauf von Fleischwaren wie bisher ihrer Befugnis und Aufsicht unterliegen. ... 3. Sie sollen für gleiches Maß und Gewicht sorgen ... 4. Wenn irgendein Streit entsteht oder jemand Verkauf und Kauf auf unerlaubte Weise zu tätigen wagt, sollen sie selbst oder diejenigen, die in ihrem Auftrag dieses Amt ausüben, diesen Fall ... entscheiden ...

5 *Sucht Halberstadt auf einer Karte.*
6 *Untersucht, wie der Bischof von sich selbst und wie er von den Einwohnern spricht.*
7 *Überlegt, warum die Einwohner die bereits vom Vorgänger gewährten Rechte schriftlich festlegen wollten.*

Das Münzrecht in der Hand der Bürger

Eines der wichtigsten Rechte einer Stadt war das Münzrecht. Es ist für uns heute schwer verständlich, dass eine Stadt eine eigene Währung haben konnte. Die Münzprägung brachte dem Stadtherren, als dem Besitzer der Münze, hohe Einkünfte. In Hildesheim zum Beispiel hatten die Geldstücke nur ein Jahr lang Gültigkeit. Dann mussten sie gegen neue Geldstücke umgetauscht werden. Dafür mussten die Bürger dem Stadtherren eine Gebühr bezahlen. Wie ein Stadtherr sein Münzrecht verlieren konnte, zeigt das Beispiel des Bischofs von Hildesheim:

Q3 ... Wir, Magnus, Bischof von Hildesheim, bekennen ... dass Wir ... von Bürgermeister und Rat unserer Stadt Hildesheim, empfangen haben 700 gute Rheinische Gulden, wofür Wir verpfändet haben Unsere Münze ..., sodass sie uns nun gänzlich aus den Händen genommen ist.
(Die Bürger) sollen den Gewinn von der Münze zu ihrem Nutzen verwenden, solange Wir die vorgenannte Summe nicht wieder eingelöst haben ... Im Jahre 1428 nach Christi Geburt am 8. Januar.

8 *Stellt gegenüber, was die Bürger geben und was sie vom Bischof erhalten.*
9 *700 Gulden waren damals eine riesige Summe. Vermutet, welche Bürger in der Lage waren, dem Bischof dieses Geld zu leihen.*

Der Kampf der Handwerker

Es waren die reichen Kaufleute, die immer mehr stadtherrliche Rechte an sich zogen. Sie saßen im Rat und regierten über die Stadt. Dagegen empörten sich im 14. Jahrhundert in vielen Städten die Handwerker erfolgreich. Sie wollten mitregieren, schließlich zahlten sie auch Steuern. An vielen Orten kam es zu Kämpfen. Über die Braunschweiger Handwerker beklagten sich die Ratsherren:

Q4 ... machten (die Handwerker) einen Auflauf. Sie setzten den Rat gefangen, dem sie Beistand ... geschworen hatten ... Sie fingen den Rat, schlugen Brun von Gustede und Hans von Göttingen tot und plünderten ihre Häuser. Tile von dem Damme brannten sie sein Haus ... nieder. Kurt Doring und Brosius Sonnenberg gaben sie Sicherheit für Leib und Gut, ... dann hieben sie auch ihnen die Köpfe ab und plünderten ihre Häuser ...

10 *Sprecht über Q4 und fasst zusammen, was in Braunschweig passiert ist.*
11 *Überlegt, inwieweit man der Schilderung glauben darf.*
12 *Benennt die drei unterschiedlichen Methoden, mit denen Bürger versuchten an die Macht zu kommen.*

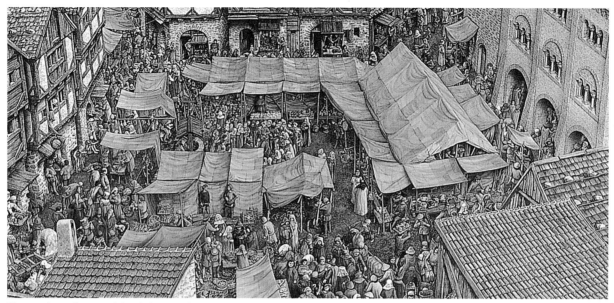

1 Markt in der mittelalterlichen Stadt. Rekonstruktionszeichnung.

Die Stadt als Markt

Die ganze Stadt war ein Markt, denn überall wurde gearbeitet, gehandelt, wurden Waren eingekauft und verkauft. Zentrum aller Geschäfte aber war der Marktplatz. Das gesamte Leben unterstand der Aufsicht des städtischen Rates, der dafür einen Marktvogt ernennen konnte, wie der folgende Bericht aus Hildesheim zeigt.

> **Q1** ... Im Jahre des Herren 1441 ernannte der Rat Hans Knoke zum Marktvogt: „Ihr schwört, dass ihr treulich den Fischmarkt kontrolliert ... Auch sollt Ihr an Markttagen das Banner, das als Marktzeichen dient, zur rechten Zeit aufrichten und einholen ... und Ihr sollt kontrollieren, dass man keine Hühner, Gänse, Butter, Käse, Eier und dergleichen ... zum Wiederverkauf anbietet. Auch sollt Ihr kontrollieren ..., dass keinerlei unzulässige oder verfälschte Ware auf den Markt kommt und zum Verkauf angeboten wird. Wenn Ihr jemand mit solcher Ware antrefft, der körperliche Züchtigung oder andere große Strafe verdient, sollt Ihr ihn vor den Rat bringen. Auch sollt Ihr aufpassen, dass Fremde mit Fremden keinen Handel treiben und falls solche Fremde ankommen, die das tun, sollt Ihr von denen sofort die Strafe fordern, die dafür vorgesehen ist. ... Ihr sollt auch den Marktplatz reinigen lassen ... und diejenigen, die den Markt mit ihrer Ware beschicken, sollt Ihr anweisen, dass jeder seine Ware zum gebührenden Preis anbietet. Auch sollt Ihr kontrollieren, dass die Maße eines jeden (Kaufmanns) – seien es nun Kornmaße, Biermaße oder andere Maße – und auch alle Arten von Gewichten den Vorschriften entsprechen und stimmen. Wen Ihr mit falschen Maßen und Gewichten antrefft ..., sollt Ihr dem Rat melden. ... Für diese Dienstleistungen will Ihm der Rat in jedem Jahr ein graues und ein blaues Gewand stellen und dazu fünf neue Pfund Silber." ...

1 *Beschreibt nach Abb. 1 das Marktleben.*

2 *Listet die einzelnen Aufgaben des Marktvogtes auf (Q1).*

3 *Ermittelt den Sinn der einzelnen Anordnungen.*

4 *Findet heraus, warum von fünf Pfund „neuen" Silbers gesprochen wird (vgl. S. 97).*

5 *Vergleicht das Gehalt des Marktvogtes mit dem Reichtum des Regensburger Kaufmanns (S. 105).*

6 *Erkundigt euch bei der Gemeinde, wie die Marktkontrolle heute geregelt ist.*

7 *Das Bild zeigt, wie sich ein Maler heute das Treiben auf dem Markt der alten Stadt vorstellt. Könnt ihr ihm zustimmen? Ergänzt seine Vorstellungen und malt ein eigenes Bild.*

Der Marktplatz

An Markttagen durfte nur an festgelegten Plätzen gehandelt werden. Der Rat kennzeichnete den Marktbezirk. Solche Marktzeichen lassen sich noch heute in alten Städten finden. Oft kann man an den Namen der Plätze ablesen, ob hier früher gehandelt wurde. So findet man häufiger einen Schlossplatz, einen Stadtmarkt, Holzmarkt, Ziegenmarkt und Kornmarkt.

Zum Viehmarkt setzt der Rat der Stadt Osnabrück fest:

> **Q2** … Niemand darf auf den Wegen und Straßen, auf der Weide oder an anderen Orten seine Ochsen, Kühe, Rinder, Schweine, Schafe und dergleichen verkaufen und kaufen. Er darf es nur dort, wo innerhalb dieser Stadt an 4 Wochentagen Markt gehalten wird: nämlich am Montag, Mittwoch, Freitag und Samstag. Wer dagegen handelt, soll bestraft werden …

8 *Benennt mit eigenen Worten, was der Rat von Osnabrück bestimmte, und überlegt euch, welche Gründe ihn dazu bewogen haben.*

9 *Stellt fest, welche Plätze es in eurer Stadt gibt, und versucht herauszufinden, ob es sich um alte Marktplätze handelt. Fragt z. B. im Museum, im Archiv oder beim Fremdenverkehrsverein.*

Wiegen und Messen, Feilschen und Streiten

Am Markttag strömten viele Menschen in die Stadt. Sie alle wollten kaufen und verkaufen – und dabei gab es häufig Streit. So hatte in der einen Stadt ein Scheffel* 30 Liter Inhalt, in einer anderen aber 300 Liter. Oder: Die Elle* maß in Goslar 68 cm, in Braunschweig nur 57,1 cm. In vielen Städten hängte man daher die Elle öffentlich aus. Lange Zeit hing am Rathaus von Celle die eiserne Elle (Abb. 2) mit dem Spruch: „Ein ehrlicher Bürger hier ermisst, was eine Elle wirklich ist." Um solchem Streit vorzubeugen, richtete der Rat öffentliche Waagen ein. In manchen Orten schrieb man vor, dass Fremde und Bürger zur Waage gehen mussten. Es wurden sogar die Waren festgelegt, die nur hier gewogen werden durften: Gewürze, Farben, Metalle, Getreide, Fleisch, Wein, Bier, Fische, Mandeln, Reis, Feigen usw.

10 *Überlegt euch einen Streit zwischen Käufer und Verkäufer und spielt ihn.*

11 *Seht euch den Kaufmann auf Abb. 4 an. Beschreibt, was er tut, und überlegt, warum er so ein Gesicht macht.*

2 Elle der Stadt Gelnhausen am Rathaus.

3 Scheffel der Stadt Lübeck.

4 Nürnberger Stadtwaage, 1497.

101

1 **Fleischbank der Knochenhauer.** Holzschnitt 1499.

Das Leben in Organisationen

Das Leben der Menschen in den Städten war eingebunden in Organisationen, die man Gilden, Ämter und Zünfte oder auch Innungen nannte. Manche ihrer Aufgaben nehmen heute Berufsgenossenschaften, Vereine, Versicherungen, Gewerkschaften und Krankenkassen alle zugleich wahr. Wer einen Beruf ausüben wollte, musste Mitglied in einer solchen Organisation sein, der reiche Kaufmann ebenso wie der kleine Handwerker.

1 *Erklärt die Tätigkeiten, die auf dem Bild dargestellt sind, und vergleicht sie mit heute.*
2 *Erkundigt euch, welche Aufgaben heute Berufsgenossenschaften, Vereine, Versicherungen, Gewerkschaften und Krankenkassen haben.*

Der Hildesheimer Rat „verleiht eine Innung"

Nur der Stadtherr konnte die Gründung einer Innung genehmigen. Früher lag dieses Recht beim Bischof, später beim Rat der Stadt. Aus einer Urkunde der Stadt Hildesheim aus dem Jahre 1310 erfahren wir:

> **Q1** … Wir … derzeitige Ratsherren der Stadt Hildesheim erkennen an, …, dass zu uns gekommen sind unsere Mitbürger, nämlich die Kramer, die Harnischmacher, die Handschuhmacher und die Riemenschneider – obgleich diese verschiedene Handwerke betreiben, wollen wir dennoch, dass sie alle „Kramer" genannt werden. Sie haben uns dargelegt, dass Fremde aus verschiedenen Gegenden hierher kämen und zu ihrem Nachteil hier ihre Waren verkauften, nach deren Verkauf wieder die Stadt verließen, ohne unserer Stadt rechtlich zu etwas verpflichtet zu sein und ohne Abgaben zu leisten. Sie beantragten, ihnen die Innung zu verleihen … Wir konnten ihr Vorbringen und ihr Ansinnen nicht zurückweisen, weil sie bei uns wohnen und mit uns die (öffentlichen) Lasten tragen, jeder nach seinen wirtschaftlichen Möglichkeiten.
> Deshalb haben wir ihnen einstimmig die Innung verliehen mit der Auflage, dass sie jedes Jahr (unter sich) zwei Innungsvorsteher wählen sollen. Jene sollen … dafür sorgen, dass … der Innung die fällige Gebühr bezahlt (wird).
> Wenn jemand bei uns wohnt, der nicht unser Mitbürger ist, der nicht die Lasten der Stadt trägt und nicht ihre Innung hat und doch ihr Handwerk ausübt, dann sollen die Kramer das Recht haben ihm zu sagen, dass er die Ausübung des Handwerks unterlassen oder aber ihre Innung erwerben soll, so wie es in dieser Urkunde beschrieben ist.
> Gegeben im Jahre des Herrn 1310 am Tage vor Christi Himmelfahrt. …

3 *Klärt aus der Quelle, wer in Hildesheim das Recht hatte eine Innung zu vergeben.*
4 *Erarbeitet aus der Quelle, worin das gemeinsame Interesse dieser verschiedenen Handwerke an einer Innung liegt.*
5 *Untersucht, wie die Handwerker ihren Antrag begründen und ob der Rat dem entspricht.*
6 *Überlegt, wie ihr entschieden hättet. Spielt die Szene. Lasst dabei auch die „Fremden" zu Wort kommen.*

2 Laternenmacher, 1536.

3 Drahtzieher, 1425.

4 Harnischpolierer, 15. Jahrhundert.

Frauen als Handwerksmeisterinnen

In den meisten Handwerksberufen gab es keine Meisterinnen. Die Frauen leiteten in der Regel den Haushalt, zu dem auch Lehrlinge und Gesellen gehörten, und sie halfen dem Mann im Beruf. In einigen Fällen sind allerdings Frauen als selbstständige Kaufmannsfrauen und Handwerkerinnen nachgewiesen. So gab es in Köln Frauen als Meisterinnen der Garnmacherinnen sowie der Gold- und Seidenspinnerinnen.

In der Satzung der Kölner Goldspinnerinnen* von 1397 wurde festgelegt:

Q2 ... Wenn eine Goldspinnerin, die vier Jahre ausgedient hat, sich als Selbstständige niederlassen und ihr Handwerk ausüben will, so soll sie die Bruderschaft mit zwei Gulden* ... gewinnen. Die Goldschläger* und die Goldspinnerinnen sollen jedes Jahr unter sich zwei Meister und zwei Frauenmeisterinnen wählen. ... Und die zwei Meister sollen das Handwerk regieren und mit der Stadt Zeichen und Siegel zeichnen. ...

7 *Erarbeitet aus Q2, welche Berufe in der Zunft der Goldspinnerinnen zusammengeschlossen waren und wer zu bestimmen hatte.*

8 *Beschreibt die auf den Bildern dargestellten Tätigkeiten. Klärt, warum das damals notwendige Berufe waren und warum wir sie heute nicht mehr benötigen.*

Ein Ausbildungsvertrag

Aus Köln ist aus dem Jahre 1413 ein Lehrvertrag überliefert:

Q3 ... Ich, Johan Toynburch ..., Bürger zu Coeln, tue kund allen Leuten, dass ich vermietet habe ... Ailf Bruwer, dem Goldschmiede, meinen Sohn Toenis, der seinen eigenen Willen dazu gegeben hat, das Goldschmiedeamt ... zu lernen und ihm zu dienen 8 Jahre lang, die (unmittelbar) einander folgen und die angehen sollen auf St. Mathias Tag (25.2.). Auch soll Meister Ailf meinen Sohn in seiner Kost behalten. Und ich, Johan, soll den Toenis ... die ganzen 8 Jahre lang ... kleiden. Und wäre es die Sache, dass Toenis ... stürbe binnen dem ersten Jahr, so soll mir Meister Ailf 8 Gulden 16 wiedergeben, die ich ihm zuvor gegeben habe. ... Weiter, wäre es Sache, dass ich, Toenis, meinem Meister Ailf in diesen 8 Jahren ... entliefe ... so soll ich mit Strafe von 42 Gulden ... verfallen sein ...

9 *Schreibt eine Übersetzung der Quelle.*

10 *Erarbeitet aus der Quelle die Bedingungen des Lehrvertrages (Vertragspartner, Leistungen, Dauer, Strafgeld).*

11 *Überlegt, warum ein solcher Vertrag schriftlich aufgesetzt wurde.*

12 *Besorgt euch (z.B. bei der Handwerkskammer) heutige Lehrverträge und vergleicht.*

1 **Prüfen einer Währung.** Gemälde von Marinus van Reymerswaele, 16. Jahrhundert.

2 **Der Kaufmann.** Holzschnitt 1473.

Jede Stadt hatte eine eigene Währung

Jeder Kaufmann, der gute Waren verkaufte, wollte dafür auch gutes Geld haben.

Aber jede größere Stadt hatte ihre eigene Währung. Und diese konnte auch noch jedes Jahr neu geprägt werden und damit ihren Wert verändern (vgl. S. 99). So musste er herausfinden, wieviel dieses Geld jeweils wert war.

Im Unterschied zu heute berechnete sich der Wert des Geldes im Mittelalter nach seinem Gehalt an Edelmetall, d.h. nach dem Silber oder Gold, das in der jeweiligen Münze eingeschmolzen war. Papiergeld gab es nicht.

1 *Mithilfe von Abb. 1 könnt ihr herausfinden, wie der Kaufmann den Wert einer Münze prüfte.*

2 *Beschreibt für Abb. 1, welche Rolle die Frau einnimmt.*

3 *Vergleicht Aufgaben und Stellung der Frauen in den beiden Bildern.*

Die Kaufleute

3 Die schmalste Stelle auf dem Handelsweg Frankfurt–Leipzig.

4 Inschrift in der Fahrgasse in Gelnhausen. Gelnhausen wuchs im 12. und 13. Jahrhundert schnell zu einer bedeutenden Handelsstadt aufgrund seiner günstigen Verkehrslage an der Kreuzung zweier wichtiger Handelswege.

Die Kaufleute

Die Kaufleute förderten durch ihre Handelstätigkeit das Erwerbsleben in der ganzen Stadt. Sie ließen von auswärts Waren importieren* und sie exportierten* die Produkte der eigenen Stadt. Um eine Kontrolle zu haben führten sie Buch über den Warenverkehr. Gewinn und Verlust wurden genau notiert. In einer Chronik* aus dem Jahr 1330 heißt es über sie: „Die Obersten (der Stadt), das sind die Reichsten, also die Tuchhändler und die übrigen Kaufleute." (1)

Als man 1462 in Augsburg einen Kaufmann, der zugleich Ratsherr war, des Steuerbetrugs überführt hatte, bestrafte man ihn so:

Q1 … Er soll sein Leben lang in der Stadt bleiben; er darf kein Messer bei sich führen, er darf weder Pelz, Seide noch Samt, weder Silber noch Gold tragen …

4 *Beschreibt anhand der Abb. 3 und 4 den Reichtum des Kaufmanns und seiner Frau.*

5 *Entscheidet, ob eine Ausweisung aus der Stadt eine härtere Strafe gewesen wäre.*

Das Testament eines Kaufmanns

Der Regensburger Kaufmann Mathäus Reich verordnete 1367 in seinem Testament:

Q2 … Meinen Vettern soll zufallen: an barem Geld 800 Pfund Silber … von Herzog Rupprecht von Bayern 300 Pfund, vom Herzog von Teck 625 Pfund, vom Markgrafen 500 Pfund …
Ich vermache meiner Frau Agnes 1600 Pfund, meinen Töchtern Katrin und Anne je 200 Pfund; ich vermache meinen vier Söhnen Hans, Matthäus, Wolfgang und Jörg mein Wohnhaus, meine zwei Badstuben, mein Brauhaus und meine übrigen Höfe und Häuserteile in Stadt und Umgebung. Ich vermache meinem Sohn Hans mein Münzamt, meinem Sohn Wolfgang mein zweites Münzamt, meinem Sohn Matthäus mein Brauamt, allen vieren das Kaufmannsgeschäft …

6 *Überlegt, warum er sein Barvermögen in Pfund Silber angibt (vgl. S. 104).*

7 *Bildet euch ein Urteil: Reich oder nicht reich? Vergleicht mit den Geldangaben auf S. 99 (Münze) und S. 103 (Lehrvertrag).*

1 Das Jüngste Gericht. Holzschnitt in Hartmann Schedels Weltchronik, Nürnberg 1493.

Alles was ihr bisher über das Leben in der mittelalterlichen Stadt erfahren habt, ähnelt in vereinfachter Form dem Leben in unseren Städten heute. Ihr könnt euch dies alles vorstellen. Die Bedeutung der Religion aber, die Vorstellung der mittelalterlichen Menschen von Gott und seinem Einwirken auf den menschlichen Alltag, ist für uns heute nur schwer vorstellbar. Auf den folgenden Seiten könnt ihr die Rolle der Religion im Leben der Menschen in der mittelalterlichen Stadt untersuchen.

Ein Leben in Angst

Der mittelalterliche Mensch lebte in Angst. Er hatte Angst vor Gott und vor dem Jüngsten Gericht. Er hatte Angst vor der Natur. Gewitter, Blitze, Überschwemmungen, Krankheiten, Hungersnöte, all das konnte er sich nicht so erklären, wie wir das heute tun. Für ihn waren dies Zeichen für den Zorn Gottes. Gott zürnte den Menschen wegen ihrer Sünden. Das kurze Leben war nur ein Durchgang zum ewigen Jenseits. Und was im Jüngsten Gericht passieren wird, stand klar und deutlich im Neuen Testament*. Für die Menschen, die nicht lesen konnten, war es über dem Kircheneingang, auf Bildern im Inneren der Kirche oder in Büchern dargestellt. Jedermann hatte es immer vor Augen.

2 **Braunschweig von Westen.** Kolorierter Holzschnitt um 1545.

Das Jüngste Gericht

Im Neuen Testament (Matthäus 25, 31 ff.) heißt es:

> **Q** … Wenn aber des Menschen Sohn kommen wird in seiner Herrlichkeit und alle heiligen Engel mit ihm, dann wird er sitzen auf dem Stuhl seiner Herrlichkeit und werden vor ihm alle Völker versammelt werden. Und er wird sie voneinander scheiden, gleichwie ein Hirte die Schafe von den Böcken scheidet; und wird die Schafe zu seiner Rechten stellen und die Böcke zu seiner Linken … Dann wird er sagen zu denen zur Linken: Gehet hin von mir, ihr Verfluchten in das ewige Feuer, das bereitet ist dem Teufel und seinen Engeln! … Und sie werden in die ewige Pein gehen …

Die Kirchenbauten

Die Menschen versuchten Gott durch Gebete, Almosen*, gute Werke und großartige Kirchenbauten gnädig zu stimmen. Viele Jahrzehnte, manchmal Jahrhunderte bauten sie an ihren Kirchen. Ein großer Dom war wie ein „Gebet aus Stein". Zugleich waren diese Bauten aber auch ein Zeichen der kirchlichen Macht. Die Kirche und ihre Priester standen zwischen den Menschen und Gott. Sie erklärten Gottes Wort und zeigten den Weg zur Vergebung der Sünden.

Die sozialen Aufgaben der Kirche

Die Kirche war zugleich auch eine mächtige Organisation. Bischöfe gründeten und regierten Städte, begleiteten den König auf seinen Feldzügen, erhoben Steuern von ihren Untertanen. Einen Teil dieser Gelder verwendete die Kirche für die Armen, die in den meisten Städten mehr als die Hälfte der städtischen Bevölkerung ausmachten.

3 **Straßburger Münster.** Foto.

1 *Untersucht an Abb. 1, wie der Künstler die Beschreibung des Jüngsten Gerichts aus der Quelle umgesetzt hat.*

2 *Erklärt an Abb. 2 und 3, wie Baumeister und Künstler Rolle und Macht der Kirche darstellten.*

Alte Menschen in der Gesellschaft

Heute gibt es mehr Menschen als früher. Das bedeutet auch mehr Menschen, die nicht mehr im Berufsleben stehen. Wie die Menschen im Mittelalter mit dem Alter umgingen, könnt ihr am Beispiel eines Handwerksmeisters erarbeiten.

Sorge für das Alter

Schnell konnte man in Not oder Abhängigkeit geraten. Wenn man selbst nicht vorgesorgt hatte, war man auf Betteln oder auf Hilfe durch die Kirche angewiesen. In einer erfundenen Geschichte von Eva-Maria Linert aus dem Jahre 1994 steht Meister Laubenhard vor dem Problem der „Altersvorsorge":

M … Martinitag 1288 – Der alte Böttchermeister* Veit Laubenhard kehrt vom Begräbnis seiner jüngsten Tochter Elisabeth heim. Sie ist bei der Geburt ihres achten Kindes gestorben … Erst im März hat Veit Laubenhard seine Frau verloren …

Wer wird demnächst in der Küche am Herd stehen? Sicher, sein Schwiegersohn, der mit im Hause wohnt, wird wieder heiraten. Er braucht eine Frau, die sich um die fünf Kinder kümmert. Aber wird der alte Meister für die neue Frau nicht immer ein Fremder bleiben? Zu seiner ältesten Tochter Anna kann er nicht ziehen, sie hat einen Meister in der nächsten Stadt geheiratet – doch dort darf Veit nicht als Böttchermeister arbeiten …

Müde setzt er sich aufs Bett und denkt an seine Kinder: elf hat ihm seine Frau geboren. Vier sind in einer Woche am Fieber gestorben, das älteste war gerade sieben. Auch drei andere haben das 20. Lebensjahr nicht erlebt. Sein ältester, der seine Werkstatt übernehmen wollte, wurde von einer Fuhre Holz erschlagen und der andere Sohn ist mit dem Burgherren gezogen um das Heilige Grab* von den Ungläubigen zu befreien … Nikolaus, sein Schwiegersohn, ist gleichzeitig sein Geselle und könnte die Werkstatt übernehmen. So war es auch ausgemacht, als Elisabeth noch lebte. Doch jetzt? Wer soll den alten Veit versorgen, wenn er einmal nicht mehr aufstehen kann? Wer wird ihn füttern, wenn seine Hände so zittern, dass sie die Suppe nur noch verschütten? Wer wird ihm den Rosenkranz* in die Hand legen, wenn er ihn selbst nicht mehr findet?

(Der Pfarrer hat ihn schon gefragt), ob er sich nicht … in das Spital einkaufen will. Dazu müsste aber Veit Laubenhard sein Haus mit der Werkstatt dem Spital vererben. Gleichzeitig verspricht sein Schwiegersohn ihm, ihn immer gut zu versorgen …; er könne Haus und Werkstatt unbesorgt ihm übergeben … Was soll er tun? …

1 *Könnt ihr dem alten Meister einen Rat geben?*
2 *Aus Q1 auf S. 102 könnt ihr erfahren, warum Veit in einer anderen Stadt nicht als Meister arbeiten darf.*
3 *Erkundigt euch, wer heute die Kosten für ein Altenheim trägt. Fragt auch, was mit dem Vermögen eines alten Menschen geschieht, wenn er in ein Altenheim geht.*

Das Spital

Eines der berühmtesten Spitäler war das Heilig-Geist-Hospital zu Lübeck. Es war Krankenhaus, Alters- und Pflegeheim zugleich. Es lag innerhalb der Mauer. Aufgenommen wurden Pflege- und Hilfsbedürftige sowie Kranke, wenn ihre Krankheit nicht ansteckend war. Bei der Aufnahme ins Spital mussten die Kosten für die künftige Beerdigung im voraus bezahlt werden. Aufgenommen wurde nur, wer Lübecker oder Lübeckerin war.

4 *Versucht auszudrücken, was Schaubild 1 aussagt.*

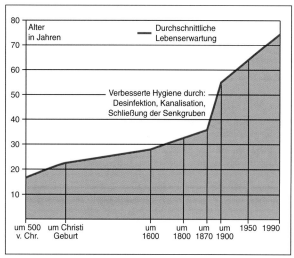

1 Durchschnittliche Lebenserwartung in Deutschland.

Kindersterblichkeit

Die Bevölkerungszahl stieg im Mittelalter nur langsam. Die Ursachen waren Kriege und Seuchen, aber auch eine hohe Kindersterblichkeit. Verantwortlich dafür waren die mangelnden medizinischen Kenntnisse, aber auch schlechte hygienische Verhältnisse. Jedes zweite Kind starb in den ersten Jahren nach der Geburt.

Das Ende der Kindheit

Die Zeit im Elternhaus endete für ein Kind mit dem siebten Lebensjahr. Ein Junge kam in diesem Alter zu einem Kaufmann oder einem Handwerksmeister in die Lehre. Er wohnte dann auch in dessen Haus. Für Mädchen gab es weniger Möglichkeiten einer Ausbildung. Sie blieben oft bis zur Heirat in der Familie. Mit 12 bis 15 Jahren galt ein Kind als erwachsen und musste für seinen Lebensunterhalt arbeiten.

Kinderspiele

5 *Seht euch die Bilder und Funde an und findet heraus, um welches Spielzeug es sich handelt.*
6 *Sprecht darüber, wer ähnliches Spielzeug besitzt oder schon selbst damit gespielt hat.*

2 **Kinderspielzeug aus Ton.** Funde aus Niedersachsen, 14. Jahrhundert.

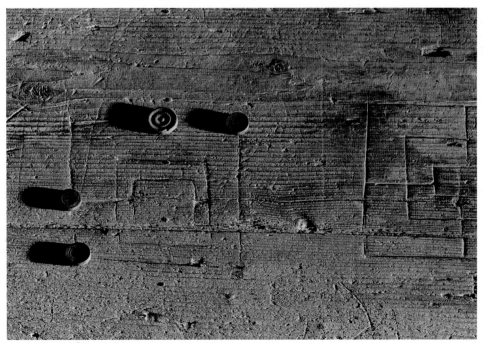

3 **Fußbodendiele mit eingeritzten Spielbrettern.** Göttingen um 1370. Vier Spielsteine aus Holz, Göttingen 14./15. Jahrhundert.

4 **Kinderspielzeug aus Holz.**

1 Eine vornehme und eine einfache mittelalterliche Stadtwohnung. Rekonstruktionszeichnung nach wissenschaftlichen Erkenntnissen, 1994.

Arm und reich – auch beim Wohnen ein großer Unterschied

Nur sehr reiche Händler oder Stadtadlige konnten sich Wohnhäuser aus Stein leisten. Dieses teure Baumaterial verwendete man normalerweise nur beim Bau von Kirchen, Klöstern oder Rathäusern. Meistens baute man Fachwerkhäuser. Dicke Balken bildeten das Gerüst. Die Zwischenräume (Gefache) wurden mit Flechtwerk und Lehmschichten zu Wänden geschlossen. Viele Menschen wohnten zur Miete. Die Wohnungen hatten meist nur einen oder zwei Räume. Wer nicht einmal dafür Geld hatte, lebte in Bretterhütten unter den Bögen der Stadtmauer.

Nur wenige Innenräume mittelalterlicher Wohnungen haben sich bis heute erhalten. Die meisten kennen wir von alten Bildern oder Berichten. Alte Möbel, Öfen und Hausgeräte werden heute in Museen verwahrt.

1 *Vergleicht die beiden Räume und notiert Unterschiede von Bauweise und Ausstattung. Bedenkt dabei auch, dass das Zimmer der vornehmen Familie nur eines von mehreren war.*

2 *Sammelt Bilder von Wohnungen und Möbeln aus verschiedenen Zeiten.*

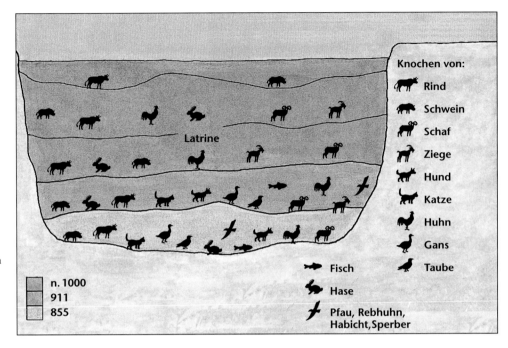

2 Grabungsschnitt durch eine Latrine in Konstanz. In die Toilettengrube warfen die Menschen früher auch Essensreste und Abfall. Archäologen haben die Schichten verschiedener Jahre aufgezeichnet.

Bildlegende:
Latrine

n. 1000
911
855

Knochen von:
Rind
Schwein
Schaf
Ziege
Hund
Katze
Huhn
Gans
Taube
Fisch
Hase
Pfau, Rebhuhn, Habicht, Sperber

Zwischen natürlicher Ernährung und Hungersnot

Im Mittelalter gab es manchmal Festessen, bei denen sich jeder mit guten Sachen vollstopfte, als käme bald eine Hungersnot. Denn der Alltag der meisten Menschen war eben kein Festtag: Der tägliche Brei wurde aus ungeschälten Getreidekörnern, Wasser und Salz zubereitet. Im Sommer gab es viel Gemüse: Erbsen, Bohnen, Rüben und Kohl. Auch Obst kam dann auf den Tisch: Äpfel, Birnen, Pflaumen und allerlei Beeren. Aus Milch wurde Quark und Käse gemacht. Gern trank man Molke* oder Bier.

Die meisten Lebensmittel waren naturbelassen und deshalb gesund. Obst und Gemüse wurden nicht chemisch behandelt. Im Viehfutter – und deshalb später auch in Fleisch und Eiern – gab es keine künstlichen Hormone und Medikamente. Die Aufbewahrung erforderte allerdings viel Sorgfalt: Viele Lebensmittel verdarben schnell. Im Winter und im Frühjahr, wenn nichts Frisches im Garten und auf den Feldern wuchs, drohte der Hunger.

3 *Überlegt, was im heutigen Sinne „gesund" an der Ernährung im Mittelalter war?*

4 *Prüft nach, wie heute auch im Winter Fleisch, Gemüse und Obst frisch gehalten werden kann.*

Nicht unser Fall: Fleisch von Vögeln und Katzen

Neben Brei, Gemüse und Brot wurde auch Fleisch gegessen. Auf den Tischen der Adeligen fanden sich viele Wildgerichte. Reiche Kaufleute ließen sich auch Schwäne und andere Vogelarten servieren. Arme Leute mussten manchmal ekelhafte Reste kochen, die sonst niemand wollte. Auf den Märkten erhielt man minderwertiges Fleisch an der „Kotzbank".

5 *Notiert anhand von Abb. 2, welche Tiere die Menschen zu welcher Zeit gegessen haben. Fallen Unterschiede auf? Warum fehlen manche Tiere?*

6 *Leert euren Abfalleimer auf eine Unterlage aus und notiert, was ihr findet. Stellt euch vor, 600 Jahre später fände jemand den Inhalt. Was würde er über unsere Essgewohnheiten denken?*

111

1 – 4 Situationen in Groß- und Kleinstädten.

Dorf oder Stadt?

Wo lebt man besser: in kleineren oder größeren Gemeinden? Die meisten Menschen haben sich an ihren Wohnort gewöhnt. Sie finden das normal, was sie kennen. Andere Lebenssituationen werden dann oft vorschnell beurteilt. Dabei wird vergessen, dass nicht alle Menschen gleiche Vorlieben haben. Will man etwas genauer beurteilen, muss man verschiedene Meinungen anhören und prüfen.

1 *Schaut die Bilder an und besprecht eure Eindrücke. Schlagt mögliche „Titel" vor.*

2 *Lest die folgenden Meinungen und teilt euch zu einem Rollenspiel in zwei Gruppen:*
Gruppe A: „Wir leben lieber auf dem Land oder in einer kleinen Gemeinde."
Gruppe B: „Wir leben lieber in einer großen Stadt."

3 *Haltet die Argumente in einer Tabelle nach folgender Vorlage fest. Fallen euch weitere Argumente ein?*

	größere Stadt	*kleinerer Ort*
Vorteile	...	...
Nachteile	...	...

5 Tanjas Erlebniskarte.

Wie Mädchen und Jungen ihre Umgebung erleben

Nur wenige Jugendliche finden Schule, Läden, Spiel- und Sportmöglichkeiten direkt vor der Haustür. Oft müssen sie eine Strecke zu Fuß gehen, das Fahrrad oder den Bus benutzen. Nicht alles, was man unterwegs erlebt, ist schön. Da muss man endlos auf den Bus warten. Autofahrer passen nicht auf, wenn man mit dem Fahrrad über die Straße fährt. Oder ältere Jugendliche pöbeln einen an, wenn man irgendwo spielen will.

Eine Stadtplanerin hat versucht etwas über derartige Erlebnisse zu erfahren. Sie bat 12- und 13-jährige Schülerinnen und Schüler eine „Erlebniskarte" zu malen. Diese Zeichnungen sollten mithelfen nötige Veränderungen zu planen. Tanja ist 13 Jahre alt und besucht die 7. Klasse. Sie hat in Abb. 5 gezeichnet, was ihr an ihrer Wohngegend gefällt und was sie ärgert.

4 *Schaut euch Abb. 5 an und zeichnet eure eigene Erlebniskarte. Verwendet die gleichen Farben wie Tanja (vgl. Abb. 5).*

5 *Stellt die gezeichneten Karten in der Klasse aus und erklärt sie euren Mitschülerinnen und Mitschülern.*

Bei der Auswertung erfahrt ihr etwas über Probleme und Wünsche eurer Mitschülerinnen und Mitschüler. Das eine oder andere kennt ihr selbst. Sicher wundert ihr euch über Erlebnisse, die ihr euch so nicht vorgestellt habt. Macht den anderen Mut ihre Meinungen und Gefühle auszusprechen.

6 *Überlegt, welche lästigen Probleme als Erstes abgestellt werden müssten. Diskutiert, was ihr tun könnt und wie es zu machen wäre. Wer könnte euch einen Rat geben, wer könnte helfen?*

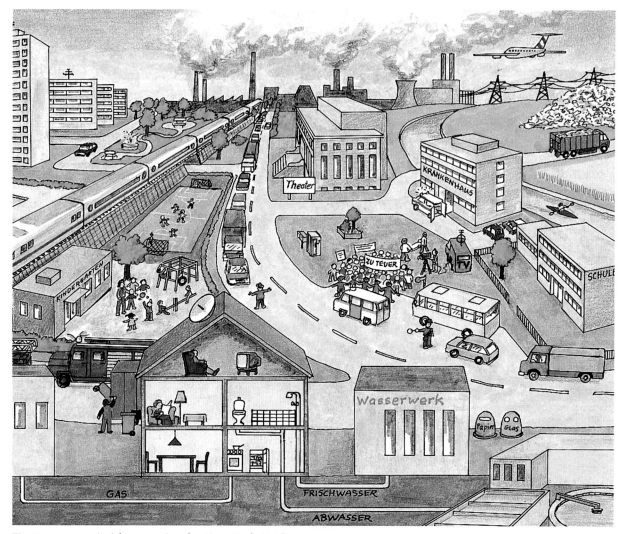

1 Versorgungseinrichtungen einer heutigen Stadt. Zeichnung 1996.

Was gehört heute zu einer guten Versorgung?

Stellt euch vor, in eurem Ort gäbe es kein elektrisches Licht und keine Wasserleitung. Das wäre sicher unbequem und würde Probleme machen. Deshalb wollen die Bewohner nicht auf „Versorgungseinrichtungen" verzichten, die ihnen das Leben erleichtern. Dazu gehören gute Straßen, Wasserversorgung, Abfallbeseitigung und vieles mehr.

1 *Schaut euch Abb. 1 an und versucht möglichst viele Einzelheiten zu erkennen. Vergleicht und ergänzt eure Ergebnisse in der Klasse.*

2 *Sortiert die gebundenen Einzelheiten unter folgenden Überschriften: Grundversorgung, Verkehr, Kultur und Ausbildung, Gesundheit, Öffentliche Ordnung (z. B. Polizei), Sport und Spiel, Entsorgung (Müll, Abwasser).*

3 *Überlegt, wo in eurem Ort (oder Vorort) solche Versorgungseinrichtungen liegen. Was fehlt? Was wird als störend empfunden?*

114

Supermarkt und Spielplatz sollen leicht erreichbar sein

Damit Menschen sich an ihrem Wohnort wohl fühlen, sollten sie wichtige Einrichtungen zu Fuß erreichen können. In der Grafik (Abb. 2) haben Stadtplanerinnen und Architekten Entfernungen zwischen Wohnung und bestimmten Einrichtungen zusammengestellt, die sie für günstig halten.

4 *Überprüft, ob von eurer Wohnung die genannten Plätze in der in Abb. 2 angegebenen Zeit zu erreichen sind! Probiert aus, wie viele Minuten ihr zu folgenden Einrichtungen braucht: a) Schule; b) Bücherei; c) Sportplatz; d) Schwimmbad; e) Postamt; f) Sparkasse oder Bank; g) Apotheke; h) Geschäft für Sportschuhe usw. (Statt der U-Bahn-Station könnt ihr auch die Bushaltestelle einsetzen.)*

Wenn Schule und Arbeitsstelle nicht mehr „vor der Haustür" liegen

Für die Menschen in der mittelalterlichen Stadt war das alles kein Problem: Bis auf die Fernhändler hatte kaum jemand lange Wege zurückzulegen. Heute können viele Menschen ihre Schule oder ihren Arbeitsplatz nicht mehr zu Fuß erreichen. Sie alle legen den Anfahrtsweg auf zwei verschiedene Arten zurück: Entweder mit öffentlichen Verkehrsmitteln (Bus, Bahn), oder mit privaten (Fahrrad, Mofa, Auto). Zu den Hauptverkehrszeiten wird es dann eng: Auf überfüllten Straßen müssen die einen in die Stadt hinein, die anderen fahren zur selben Zeit heraus.

5 *Führt in der Klasse eine Befragung durch:*
Wie viel Personen fahren in eurer Familie zur Arbeit oder zur Schule?
Wie viele benutzen öffentliche/wie viele private Verkehrsmittel?
6 *Notiert die Ergebnisse wie in Abb. 3.*

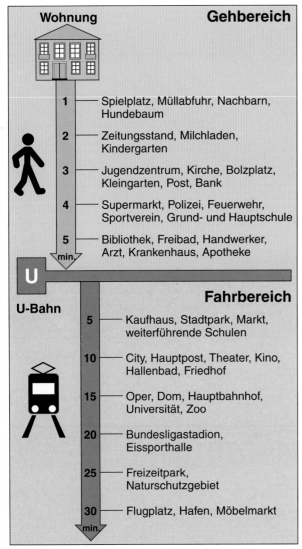

2 Geh- und Fahrbereiche.

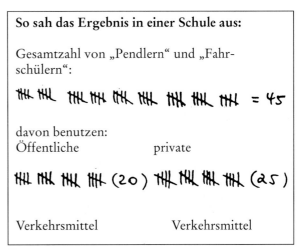

3

Einstimmiges Nein
zur
Bio-Kompostanlage

Politiker dürfen nicht über die Köpfe der Bevölkerung hinweg entscheiden. Auch unabhängig von Wahlen haben Bürger das Recht, ihre Interessen zu formulieren und durchzusetzen.

Eine bekannte und häufig auch erfolgreiche Möglichkeit stellt das Engagement in einer Bürgerinitiative dar.

Im folgenden Kapitel werdet ihr Gelegenheit haben, die Arbeit einer Bürgerinitiative mit zu verfolgen, die in Kassel erfolgreich gegen eine Bioabfallkompostanlage in unmittelbarer Nähe zur Wohnbebauung vorgegangen ist. Ihr werdet die Grundlagen der Biomüllkompostierung kennenlernen. Ihr könnt erarbeiten, warum die Bürger eines Kasseler Wohngebietes diese Anlage nicht länger in ihrer Nähe dulden wollten. Ihr könnt euch ein Bild darüber verschaffen, wie Verwaltung und Bürger miteinander unsere Lebensumwelt planen und welche Einflussnahmen jeder Einzelne dabei haben kann.

1 **Gefüllte Biotonne.** Foto 1998.

Immer wieder fühlen sich Bürgerinnen und Bürger von Entscheidungen der zuständigen Behörden, in den Gemeinden und Kreisen, oder auch auf Landesebene, übergangen. In den zuständigen Gremien werden ihre Argumente von den Parteien oder Verwaltungen nicht berücksichtigt oder aber nicht ernst genug genommen. Bei den Wahlen, die nur alle vier oder fünf Jahre stattfinden kommt der Protest der Bürgerinnen und Bürger gegen eine lokale Entscheidung kaum zum Ausdruck.

Mit einer „Bürgerinitiative" können sich Bürgerinnen und Bürger dagegen unmittelbar Einfluss verschaffen, wenn genügend Menschen sie unterstützen.

In diesem Kapitel könnt ihr an einem Fallbeispiel untersuchen, wie es Bürgerinnen und Bürgern gelang, eine Entscheidung der zuständigen Behörden zu verändern. Zunächst könnt ihr untersuchen, wie das Problem entstand, dann wie sich die Bürgerinnen und Bürger wehren und was am Ende aus dem Projekt wurde.

Die Grünabfallkompostierung
M1 Seit Juni 1991 wurde am Standort „Langes Feld" in Kassel-Niederzwehren eine Kompostierungsanlage für Garten- und Parkabfälle vom

Kasseler Reinigungsamt (später „Stadtreiniger") betrieben. Auf einer Fläche von ungefähr 11 000 m² wurden Gras, Laub sowie Baum- und Heckenschnitt aus dem Kasseler Stadtgebiet in Kompost umgewandelt. Jährlich rund 6000 Tonnen geschichteter und nach drei Monaten umgelagerter Grünabfall verwandelte sich auf dieser ehemals landwirtschaftlich genutzten Fläche in rund 3 000 Tonnen Kompost. Der Kompost wurde über die Landwirtschaft und Gärten wieder in den Naturkreislauf zurückgegeben.

Gesetzliche Grundlagen der Bioabfallentsorgung
M2
Auszug aus:
Abfallentsorgungsplan Hessen
Teilplan 1 Siedlungsabfälle
(Wiesbaden 23. 9. 1994)

2.2.3 Bioabfälle
2.2.3.1 Organische Küchen-, Markt- und Gartenabfälle, sowie pflanzliche Abfälle von Friedhöfen oder aus Grün- und Gartenanlagen sind stofflich zu verwerten. Soweit keine Eigenkompostierung durchgeführt wird, sind Bioabfälle mittels geeigneter Sammelsysteme getrennt zu erfassen.
2.2.3.2 Die getrennt gesammelten Bioabfälle sind zu kompostieren. Die Entsorgungspflichtigen haben entsprechene Anlagenkapazitäten vorzuhalten.
2.2.3.3 Die Entsorgungspflichtigen haben sicherzustellen, dass die notwendigen Kompostierungsanlagen spätestens am 1. 1. 1996 in Betrieb genommen werden. …

Die Bioabfallkompostierung
M3 1994 wurde der Erweiterung der Anlage um eine Bioabfallkompostierung zugestimmt. Nach den erforderlichen Genehmigungsverfahren sah es danach aus, dass es mit dieser weiteren Nutzung der Anlage keine Probleme geben würde. Seit Oktober 1995 wurde schließlich in einem zweiten Teil der Anlage zusätzlich derjenige organische Abfall kompostiert, den Kassels Bürger in braunen Biomülltonnen sammeln: Garten- und Küchenabfälle.

118

Stellungnahme des Reinigungsamtes Kassel zur Standortentscheidung „Langes Feld"

M4 ... Die Stadt Kassel machte sich die Standortentscheidung nicht leicht, schließlich sollen keine Beeinträchtigungen in der Umgebung zu spüren sein. 40 Standorte wurden nach verschiedenen Kriterien (Lage in Wasserschutzgebieten, Abstandssituation zur Wohnbebauung, Ver- und Entsorgung, Verkehrsanbindung usw.) geprüft.

Lediglich der Standort Niederzwehren ist geeignet. Gutachten zur hydrologischen Situation (Bodensituation hinsichtlich des Grundwasserschutzes) durch die Hessische Landesanstalt für Bodenforschung, zu möglichen Geruchsbelästigungen durch den TÜV Rheinland und zu Lärmauswirkungen durch den TW Hessen bestätigen die Genehmigungsfähigkeit des Standortes und schließen Beeinträchtigungen der Bevölkerung durch die Anlage aus. ...

Stellungnahme des Ortsbeirates Niederzwehren zur Standortentscheidung „Langes Feld"

M5 Grünzeugkompostierungsanlage in Niederzwehren, ja oder nein?

Vor dieser Frage stand der Ortsbeirat, als die Vorlage der Planung der Stadtverwaltung auf dem Tisch lag.

Dass eine Kompostierung von Baum- und Heckenschnitt sowie von Baum- und Gartenabfällen erfolgen muss, ist unbestritten. Leider kompostieren viele Gartenbesitzer ihre Abfälle nicht selbst, was ökologisch am sinn-

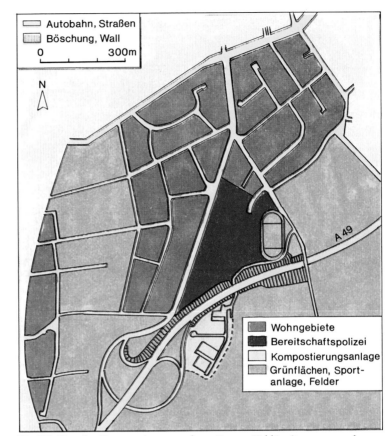

Autobahn, Straßen
Böschung, Wall
0   300m

N

A 49

Wohngebiete
Bereitschaftspolizei
Kompostierungsanlage
Grünflächen, Sportanlage, Felder

2 Die Kasseler Kompostierungsanlage „Langes Feld" mit angrenzenden Wohngebieten.

vollsten wäre, sondern vertrauen diese der Mülltonne und somit der Müllverbrennungsanlage an. Eine völlig unwirtschaftliche und unsinnige Handlungsweise, denn Kompost gibt Humus, dies spart den Einsatz von Torf und schützt somit unsere Moore. Aber nicht nur die privaten Abfälle, sondern mehr noch die der öffentlichen Anlagen fallen an. Diese müssen kompostiert und der Natur wieder zugeführt werden.

Als die Standortsucher dann nach Niederzwehren kamen, hat sich der Ortsbeirat dem Problem gestellt. Ein Ortsbeirat hat nicht nur Verantwortung für seinen Stadtteil, sondern auch in bestimmten Fällen für die gesamte Stadt und ihre Bewohner. Dies sei den Ortsbeiräten gesagt, die bereits im Vorfeld Standorte in ihrem Gebiet ablehnten. ... Dieser Standort ist nach Aussage der Gutachten genehmigungsfähig. Da vom Betrieb der Anlage keine Beeinträchtigungen des nahen Wohngebietes zu erwarten ist, gab der Ortsbeirat seine Zustimmung ...

1 *Welche Bedenken gab es gegen den Standort „Langes Feld"?*

2 *Warum haben sich die entscheidenden Stellen für den Standort „Langes Feld" entschieden?*

Der Kreislauf biologischer Wertstoffe. Grafik.

Funktionsweise der Bioabfallkompostierung

M1 Die organischen Abfälle aus den Bio-Müll-tonnen werden bei dem in Kassel verwendeten Verfahren in einer Halle abgeladen, so weit möglich von Fremdkörpern befreit und zerkleinert. Dann kommt das Material in so genannte „Rotte-boxen", in denen ein nach außen dicht abge-schlossener, kontrollierter und intensiver Kompostierungsvorgang abläuft. Diese Kompostierung erfolgt durch Kleinstlebewesen (Mikroben), die in diesen Boxen ideale Lebensbedingungen vorfinden und sich stark vermehren. Die entstehende Wärme wird sogar zum Heizen der anderen Räume der Anlage benutzt. Eine Filteranlage soll die entweichende Abluft vor dem Austritt ins Freie reinigen. Zusätzlich herrscht in der Halle ein Unterdruck, um das Entweichen von Gerüchen zu verhindern.

Der so nach kurzer Zeit entstehende Frischkompost kann direkt an Abnehmer (beispielsweise aus der Landwirtschaft) vergeben werden oder in einer sogenannten „Nachrotte" noch drei bis vier Wochen zu einer Kompostgüte reifen, die im Garten- und Landschaftsbau und bei privaten Abnehmern verwendet werden kann. Diese Nachrotte findet nicht mehr in einer geschlossenen Halle, sondern lediglich unter einer Überdachung statt.

1 *Stellt zusammen, wie viele verschiedene Abfallbehälter es bei euch zu Hause gibt.*

2 *Nach welchen Gesichtspunkten trennt ihr den Müll?*

3 *Welche Mengen fallen dabei an (Größe der Behälter)?*

4 *Wie verfährt eure Stadt-/Gemeindeverwaltung mit biologischen Abfällen?*

5 *Stellt eine Liste zusammen, was bei euch normalerweise als biologischer Abfall anfällt.*

6 *Was ist mit „Wertstoffen" und was ist mit „Restmüll" gemeint?*

7 *Befragt ältere Leute, wieviel Abfälle es in ihrer Kindheit gab und was damit gemacht wurde.*

8 *Kläre anhand eines Biologiebuches, welche Stoffe aus biologischem Abfall möglicherweise anderen Pflanzen als Dünger dienen könnten.*

9 *Erkundigt euch (bei Eltern, Biologielehrer, Gärtnerei …), was sich in einem Komposthaufen abspielt.*

**Interview mit einem Mitglied der
Bürgerinitiative Kompostwerk Langes Feld e.V.,
Teil 1:**

M2

Frage: Was hat Sie als Bewohner in der Nähe des Kompostwerkes gestört?

Antwort: Es gab einen sehr intensiven, fäkalienhaften Gestank, der von der Biokompostierung ausging; etwa so, als ob man im eigenen Garten Gülle ausgebracht hätte. Das war nicht ständig, aber mitunter stunden-, manchmal tagelang zu spüren. Dann war es unmöglich sich im Garten aufzuhalten oder mit geöffneten Fenstern zu schlafen.

Frage: Hatten Sie schon während der Planungsphase des Kompostwerkes Befürchtungen?

Antwort: Nein, wir betrachteten die Anlage als ungefährlich. Seit einigen Jahren gab es an dem Standort ja schon die Grünzeugkompostierung, deren Gerüche wir duldeten. Das war auch nicht so schlimm, da es nur modrig roch, so ähnlich wie im Wald. Von den Gesundheitsgefahren, die auch das mit sich bringt, wussten wir damals noch nichts.

Im Übrigen lehnen wir, oder die meisten von uns, die Abfallkreislaufwirtschaft nicht grundsätzlich ab, wir finden sie sogar als Gesamtkonzept gut. Der Standort der Anlage Langes Feld war nur falsch geplant, zu nah an der Wohnbebauung Aber das hatten auch wir damals noch nicht vorhergesehen.

Gesundheitsstörungen

Frage: Welche Gesundheitsstörungen traten auf, die Sie mit der Kompostierung in Verbindung bringen?

Antwort: Da gab es unterschiedliche Auswirkungen. Wir waren schließlich mit Keimen konfrontiert, die bei uns in der freien Natur nicht vorkommen, in Konzentrationen wie bisweilen in der Kompostanlage selbst. Zunächst erhöhte sich die Häufigkeit von allergischen Reaktionen nachweislich und Personen mit Atemwegsproblemen hatten verstärkt Beschwerden. Bei einigen stellten Ärzte plötzlich Pilzbefall fest. Obwohl dies vorher noch nicht aufgetreten war, konnte jedoch niemand einen eindeutigen Nachweis bezogen auf die Kompostanlage führen. Zudem haben natürlich die Anwohner mit dem geringsten Abstand zur Anlage eine weitere Verschlechterung ihrer Lebensqualität erdulden müssen; die leiden ja schon unter dem Verkehrslärm so nah an der Autobahn. Das alles brachte auch psychische Belastungen mit sich.

Frage: Wann waren die Probleme am größten?

Antwort: Bei bestimmten Witterungslagen, insbesondere in kalten, windstillen Nächten. Es gab aber auch Phasen mit Tag und Nacht ununterbrochenem Gestank, einmal sogar zwölf Tage und Nächte ununterbrochen. Unterschiede gab es auch je nach der Zusammensetzung des Bioabfalls: im Sommer zum Beispiel durch viele Obstabfälle.

Reaktionen

Frage: Wie haben die Menschen auf die Beeinträchtigung ihrer Lebensqualität reagiert?

Antwort: Sehr unterschiedlich. Bei vielen lagen bald die Nerven blank, einige waren sogar fast aggressiv gestimmt wegen der Hilflosigkeit von den politisch Verantwortlichen mit den Problemen allein gelassen worden zu sein. Viele resignierten jedoch von vornherein. Leider hatten auch viele junge Leute das Gefühl keine Chance auf Verbesserungen zu haben.

Frage: Wie sind Ihre Probleme von offizieller Seite, also von der Stadtverwaltung, den Stadtreinigern usw., aufgenommen worden?

Antwort: Erst dachte man wohl, dass wir uns da in etwas hineinsteigern würden. Später, durch die Arbeit der Bürgerinitiative mit ihren vielen Informationen und auch der Unterstützung durch die wissenschaftlichen Gutachten, nahmen die offiziellen Stellen unsere Ängste mehr und mehr ernst.

10 *Schreibt aus dem Interview heraus, wie sich die Anwohner zunächst gegenüber der geplanten Anlage verhielten.*
11 *Stellt auf einer Wandzeitung die Belästigungen zusammen, die das neue Kompostwerk hervorrief.*
12 *Berichtet in welch unterschiedlicher Weise die Menschen reagierten.*

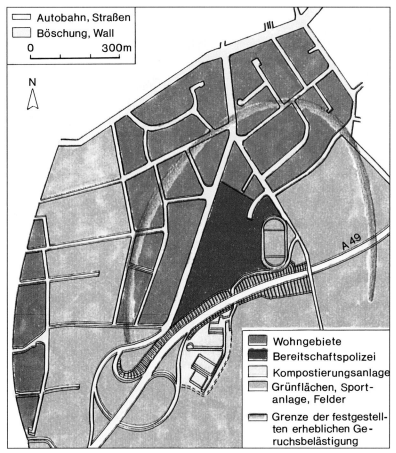

1 Geruchsbelastung im Umfeld der Anlage.

Legende zur Karte:
- Autobahn, Straßen
- Böschung, Wall
- 0 ———— 300m
- N
- A 49
- Wohngebiete
- Bereitschaftspolizei
- Kompostierungsanlage
- Grünflächen, Sportanlage, Felder
- Grenze der festgestellten erheblichen Geruchsbelästigung

2 Dampfender Komposthaufen. Foto 1997.

Neue Gutachten

Doch entgegen der Annahmen in den Genehmigungsverfahren beklagten sich die Anwohner nahe gelegener Wohngebiete über starke Geruchsbelästigungen aus dem Kompostwerk. Aufgrund der Beeinträchtigung der Wohn- und Lebensqualität der nur etwas mehr als hundert Meter entfernt beginnenden Wohngebiete formierte sich eine Bürgerinitiative, die auf die Belästigungen und möglichen Gesundheitsgefährdungen hinwies. Im Zuge dieser Proteste wurden neue Gutachten erstellt, die tatsächlich in einigen Bereichen wesentlich stärkere Belastungen nachwiesen als zunächst vorausgesagt worden war.

Schwellenwerte für Geruchsbelastungen

M1 Ständig sind wir von Gerüchen umgeben. Vieles in unserer Umgebung macht sich unseren Nasen bemerkbar: Gerüche aus der Natur, Autoabgase, Abluft aus Küchen usw. Auch in KasselNiederzwehren ist das nicht anders, denn in der Nähe befindet sich die Autobahn A 49 und eine Brauerei, die ihre typischen Gerüche ab-

geben. Dennoch musste zur Genehmigung der Bioabfallkompostierung festgestellt werden, welche zusätzlichen Geruchsbelastungen für die Menschen noch erträglich sind. Dies legte die gültige Hessische Geruchsimmissionsrichtlinie (GIRL) in ihrer Fassung aus dem November 1996 folgendermaßen fest:

In 10 % der Jahresstunden darf es in Wohn- und Mischgebieten zusätzlich nach Kompostierung riechen. Erst wenn diese zehnprotentige Belastung überschritten wird, ist die Geruchsbelastung zu hoch. Das bedeutet, dass es insgesamt an 36,5 Tagen oder entsprechend 876 Stunden im Jahr zusätzlich nach der Kompostierungsanlage riechen darf. Über die genaue Art und die Stärke der Geruchsbelastungen gibt es dagegen keine Festlegungen.

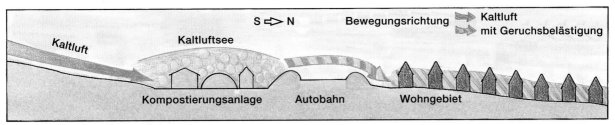

S ⇨ N   Bewegungsrichtung ▶ Kaltluft
▶ mit Geruchsbelästigung

Kaltluft   Kaltluftsee

Kompostierungsanlage   Autobahn   Wohngebiet

3 Die Geruchsbelastung im Wohngebiet.

1 *Testet eure Umgebungsluft: Welche unterschiedlichen Gerüche könnt ihr feststellen? Lassen sie sich eindeutig bestimmten Quellen zuordnen? Gibt es bei den vorherrschenden Gerüchen Veränderungen nach Tageszeiten, Wochentagen, Jahreszeiten, Temperaturen, Windrichtungen o. ä.?*
2 *Informiert euch über Allergien: Gründe, Auslöser, gesundheitliche Beeinträchtigungen.*
3 *Welche Hilfen gibt es bei Allergien?*
4 *Haben Schüler unter euch Allergien? Wie leben sie damit?*
5 *Warum kann es schwierig sein bestimmten Stoffen in der Umgebung (z. B. in der Luft) auch bestimmte gesundheitliche Risiken zuzuordnen?*

Gesundheitsgefährdungen durch Kompostierungsanlagen?

M2 Den betroffenen Anwohnern der Kompostierungsanlage ging es nicht nur um die unangenehmen Gerüche, sondern vor allem auch um die Frage, ob und inwieweit sich gesundheitsgefährdende Stoffe in der Luft befinden. Denn das Zersetzen organischen Materials erfolgt schließlich durch Kleinstlebewesen, die selbst oder deren Ausscheidungsprodukte für den Menschen schädlich sein könnten. Da der Kompostierungsvorgang zudem bei hohen Temperaturen abläuft, finden viele Kleinstlebewesen optimale Lebens- und Vermehrungsbedingungen vor, möglicherweise auch solche, die bei uns in der freien Natur gar nicht lebensfähig sind; diese könnten aufgrund fehlender Anpassung unserer Abwehrkräfte besonders gefährlich sein. Dazu gibt es aber bisher noch zu wenige Forschungsergebnisse. Folgende Personengruppen, deren Abwehrkräfte geschwächt sind, könnten von solchen Luftbelastungen besonders betroffen sein: ältere Men-

schen, Neugeborene, Allergiker sowie Kranke und Genesende, deren Abwehrkräfte durch Medikamente beeinträchtigt sind.
Da das bei der Planung der Kompostanlage nicht bekannt zu sein schien, war die Belastung der Anwohner viel höher, als vorher angenommen wurde.

Meteorologische Besonderheiten des Standortes „Langes Feld"

M3 Das Kompostwerk „Langes Feld" liegt südlich beziehungsweise südöstlich der angrenzenden Wohngebiete. Da die Winde hier zumeist aus westlichen Richtungen wehen, hatten die Gutachter für die erteilte Betriebsgenehmigung gefolgert, dass eine Geruchsbelästigung der Anwohner an den wenigen Tagen im Jahr, an denen Luftströmungen aus südlichen oder südöstlichen Richtungen kommen, zumutbar wäre. In der Tat klagten die Anwohner bei solchen Witterungslagen über Gestank aus der Kompostierung.
Eine weitere meteorologische Besonderheit des Gebietes hatten die ersten Gutachter aber nicht berücksichtigt: Die Wohngebiete und das „Lange Feld" stehen durch eine so genannte Frischluftschneise miteinander in Verbindung. Das bedeutet, dass auch unabhängig von vorherrschenden Windrichtungen Luftbewegungen in Richtung der Wohngebiete erfolgen. Dies liegt daran, dass sich gerade an windstillen Tagen abends abgekühlte Luft im Bereich des Kompostwerkes ansammelt, das durch die Böschung der Autobahn wie in einer Mulde liegt. Häufig fließt diese Luft dann wie aus einem überfüllten See ab und durchströmt die Wohngebiete zusammen mit den Stoffen, die sie durch den Kompost aufgenommen hat.

Im Inneren der Kompostierungsanlage. Foto 1997.

Wende durch neue Gutachten

In den folgenden Auszügen (M1–M3) berichtete die Hessische Allgemeine vom 26. März 1997 über die Ergebnisse einer Studie des Instituts für Hygiene- und Umweltmedizin der Universität Gießen zu den Belastungen durch Kompostierungsanlagen:

M1 … Abfallkompostierungsanlagen belasten nach neuesten Erkenntnissen die benachbarte Bevölkerung deutlich stärker als bisher angenommen. Bei ungünstigen Wetterbedingungen sei sie unter Umständen einer genauso hohen Belastung durch schädliche Keime ausgesetzt wie die in den Anlagen beschäftigten Mitarbeiter. … An den Arbeitsplätzen seien bis zu 100 000 Keime pro Kubikmeter Luft gemessen worden. Grenzwerte sollen erst demnächst festgelegt werden.

M2 … Professor Thomas Eyckmann … meinte, auch die bei den Betreibern von Kompostierungswerken häufig vertretene Auffassung, die Geruchsbelästigung reiche höchstens 300 Meter weit, habe sich als falsch erwiesen. Tatsächlich hätten sich Geruchsfahnen „im weiten Umkreis" der Anlagen ausgebreitet. Untersuchungen hätten außerdem die Behauptungen einiger Betreiber widerlegt, wonach ihr Kompostwerk geruchsfrei sei, erklärte Eyckmann. Noch nicht restlos geklärt sei die Frage nach möglichen gesundheitlichen Folgen der Geruchs- und Keimbelastung für Menschen, die in der Nähe von Abfallkompostierungsanlagen leben. Untersuchungen von Patientenakten der insgesamt 928 untersuchten Anwohner von Kompostwerken zeigten, dass eine ganze Reihe von ihnen über Beschwerden im Atemtrakt und Schleimhautreizungen klagten.

… Eyckmann forderte deshalb Klagen von Anwohnern über Geruchsbelästigungen künftig ernster zu nehmen. Bisherige Prognosen über Belastungen der Anlagen seien offenbar von falschen Datengrundlagen ausgegangen.

Schlussstrich unter die Biomüllkompostierung

In der Hessischen Allgemeine vom 23. 9. 1997:

M3 Kassel: … Einstimmig hat die Stadtverordnetenversammlung sich gestern der Vorlage des Magistrats angeschlossen, die Bioabfallkompostierung im Langen Feld in Niederzwehren dauerhaft zu schließen. [Der] Bürgermeister … hatte noch einmal erläutert, dass man sich aufgrund neuester Untersuchungsergebnisse zu Gesundheitsgefährdungen der Anwohner dazu entschlossen habe. Da niemand Erfolge für die Alternativen wie die Einhausung der Anlage oder Änderungen der Biofilteranlage garantieren könne, sei es nicht zu verantworten, erneut viele Millionen Mark auszugeben. …

Interview mit einem Mitglied der Bürgerinitiative Kompostwerk Langes Feld e.V., Teil 2:

M4 *Frage:* Was würden Sie an der Arbeit der Bürgerinitiative als erfolgreich bezeichnen?

Antwort: Natürlich das Ergebnis, dass die Anlage geschlossen worden ist. Wir haben unser Ziel weitgehend erreicht, die Gesundheitsgefährdung zu beseitigen und einen Teil der vorher gegebenen Lebensqualität zurückzugewinnen.

Da ist aber auch das gute Gefühl, dass man etwas erreichen kann, wenn man den Mut hat, etwas anzugehen. Dass man Erfolg haben kann, wenn man bereit ist viel Arbeit zu leisten und Freizeit zu investieren. Und die Sache hat den Nebeneffekt, dass wir Nachbarn uns näher kennengelernt haben, die wir jahrelang eher nebeneinander herlebten; da ist ein besseres Zusammengehörigkeitsgefühl im Wohnviertel entstanden.

Frage: Haben sich viele an der Bürgerinitiative beteiligt?

Antwort: So etwa dreihundert, von denen sich einige aber besonders stark engagiert haben.

Frage: Standen alle Bewohner der betroffenen Gegend hinter der Arbeit der Bürgerinitiative?

Antwort: Nein, durchaus nicht. Die Belastungen waren ja räumlich sehr unterschiedlich verteilt. Nicht das gesamte Gebiet war gleichmäßig von einem Geruchsteppich überzogen, das konnte von Grundstück zu Grundstück verschieden sein. Schließlich wurden die Gesundheitsgefahren auch nur von denen ernst genommen, die sich informierten.

Organisationsfragen

Frage: Wo lagen Probleme bei der Arbeit der Bürgerinitiative?

Antwort: Wir waren ja alle Neulinge auf dem Gebiet. Wir mussten versuchen, die anfallende Arbeit entsprechend der persönlichen Möglichkeiten aufzuteilen, ohne einzelne zu überfordern. Es musste die Fülle der Informationen, die es zu dem Thema gibt, gesichtet, ausgewertet und bearbeitet werden. Wir mussten Kontakte zu politischen Entscheidungsträgern, Betreibern der Anlage, Wissenschaftlern und anderen herstellen und pflegen. Wir mussten unsere Mitglieder und Nachbarn angemessen über den jeweils neuesten Stand informieren. Wir mussten auch zunächst lernen, mit der Sprache der Verwaltungsjuristen umzugehen. Und wir merkten bald, dass wir zudem der drohenden Mutlosigkeit begegnen mussten, die immer wieder um sich griff.

Frage: Wie war die Zusammenarbeit mit Behörden und Institutionen?

Antwort: Da hat ein Entwicklungsprozess stattgefunden. Anfangs wurden wir mit unseren Problemen nicht ernst genommen, da wurde auch einiges als lächerlich abgetan. Man argumentierte, dass es sich bei der Anlage um den gleichen Prozess wie in der Natur, wie im Wald beispielsweise, handeln würde. Das kann aber nicht miteinander verglichen werden, denn im Wald handelt es sich um Schichten von einigen Zentimetern, in der Anlage lagert der Kompost meterdick und unter wesentlich höheren Temperaturen, die ganz andere Keime entstehen lassen als in der Natur. Nachdem wir den Verantwortlichen zeigen konnten, dass wir uns fachkundig gemacht hatten und über Informationen verfügten, die uns einen Kenntnisvorsprung vor den offiziellen Stellen gaben, wurden wir mehr und mehr ernst genommen.

Unterstützung

Der eigentliche Durchbruch kam dann durch die beiden wissenschaftlichen Gutachten, das vom TÜV Hessen und die Keimmessung der Universität Gießen. Alle waren von den Ergebnissen verblüfft, die unseren Befürchtungen Recht gaben. Obwohl die Behörden die maßgeblichen Grenzwerte dreimal nach oben korrigiert hatten, waren auch diese dann überschritten worden.

Es war aber dann sehr mutig vom Bürgermeister, die Anlage schließen zu lassen. Das war schließlich noch nie gemacht worden und brachte für die Verwaltung neue Probleme.

1 *Stellt die Aussagen der Gutachten M2 und M3, S. 123 sowie M1 und M2, S. 124 in Überschriften oder Schlagwörtern zusammen.*

2 *Stellt Gründe zusammen, warum die Stadtverordnetenversammlung einstimmig die Schließung des Kompostwerkes beschlossen hat.*

3 *Erklärt mithilfe des Interviews auf dieser Seite, warum die Bürgerinitiative Erfolg hatte. Stellt die wichtigsten Gründe in einer Übersicht zusammen.*

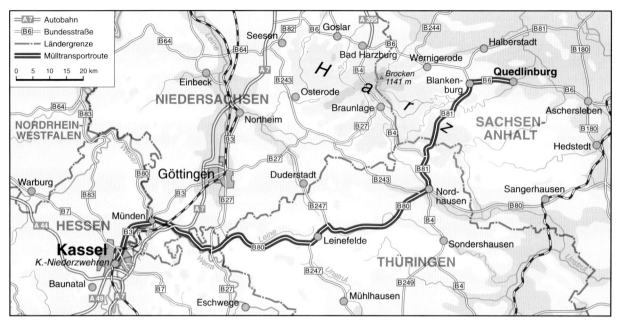

Mülltransporte über Ländergrenzen.

Die Kompostanlage „Langes Feld" im Kasseler Stadtteil Niederzwehren

4. Die Folgen

M1 Die politisch Verantwortlichen handelten und die Biokompostierung wurde im September 1997 geschlossen.

Doch der Protest der Anwohner ging weiter und erstreckte sich nun auch auf die weiterhin betriebene Grünzeugkompostierung. Auch diese würde gesundheitlich bedenkliche Ausdünstungen verursachen.

Ein weiteres Gutachten schien auch diese Bedenken zu bestätigen: Anfang 1998 wurde auch die Grünzeugkompostierung eingestellt, lediglich Restbestände sollten noch verarbeitet werden. Nun sollte die Anlage lediglich noch der Zerkleinerung von Grünzeug ohne längere Lagerung und Kompostierung dienen.

Aber die Anwohner haben ihre Bedenken auch dagegen schon vorgebracht ...

In Quedlinburg rümpft keiner die Nase ...

Am 21. März 1998 berichtete die Hessische Allgemeine:

M2 Einfache Technik, Lagerung im Ex-Futtersilo, keine Wohnbevölkerung darum geht der Kasseler Biomüll preiswert nach Sachsen-Anhalt.

... Hier, mitten in Sachsen-Anhalt, rümpft niemand die Nase. Hier stinkt keinem der Müll. Das liegt an einer ganz einfachen Tatsache: Rund um die Kompostierungsanlage der „Harz-Humus-Recyling GmbH" wohnt niemand. Die Magdeburger Börde ist ein weites, dünn besiedeltes Land. Gut geeignet, um sich des Mülls möglichst belästigungsfrei zu entledigen.

Obwohl: Biomüll, sagt der Chef der Kompostanlage [...], sei für ihn kein Abfall, sondern ein Rohstoff. Einer, der gleich in der Nachbarschaft gebraucht und geschätzt wird: Eben auf den Feldern der Magdeburger Börde. ...

Für den Transport ... nach Quedlinburg sorgt ein 25-Tonnen-Lkw ... Wenn morgens die Tonnen geleert werden, soll der Müll mittags schon bei Quedlinburg sein. 8 000 Tonnen will man so pro Jahr von Kassel nach Sachsen-Anhalt schaffen. ... In Sachsen-Anhalt jedenfalls freut man sich auf dem Müll aus Kassel. ...

1 *Der Kasseler Bioabfall wird derzeit in Quedlinburg kompostiert. Stellt anhand der Karte fest, welche Fahrstrecke das für einen Lkw bedeutet. Wieviele Fahrten ergibt das im Jahr?*

2 *Diskutiert die Frage, ob dieser „Mülltourismus" noch mit dem Gedanken des Umweltschutzes vereinbar ist.*

Interview mit einem Mitglied der Bürgerinitiative Kompostwerk Langes Feld e. V., Teil 3:

M2 *Frage:* Jetzt habe ich noch einige Fragen über Ihre allgemeinen Erfahrungen mit der Arbeit in einer Bürgerinitiative.

Ist es schwierig eine Bürgerinitiative zu gründen?

Antwort: Wir als betroffene Bürger haben uns erst organisiert, als die Probleme unerträglich wurden. Man braucht wohl zunächst ein hinreichendes Maß an Betroffenheit, bevor man gemeinsam aktiv wird. Für die Gründung selbst gibt es gewisse Rechtsgrundlagen, die mit dem Vereinsrecht zusammenhängen. Wir haben ja auch einen Verein gegründet (e. V., d. h. eingetragener Verein). Eigentlich geht das aber ziemlich einfach Es sollten möglichst viele Leute nicht nur allgemein interessiert sein, sondern wirklich mitmachen.

Frage: Was muss alles für eine erfolgreiche Bürgerinitiative getan werden?

Antwort: Es ist ungeheuer hilfreich, schon bei der Gründung Mitglieder aus verschiedenen Lebensbereichen zu gewinnen, also solche mit Erfahrungen mit Behörden, der Presse usw. Die Mitglieder sollten den Mut zur Mitgestaltung haben oder entwickeln. Man muss bereit sein sich breit zu informieren und diese Informationen auch untereinander auszutauschen. Alle müssen ehrlich sagen, welche Aufgaben sie wirklich übernehmen können und wollen, damit nicht Einiges später liegenbleibt. Da gemeinsame Ziele im Mittelpunkt stehen, muss man sich aufeinander verlassen können, das gilt besonders für einzuhaltene Termine.

Frage: Gibt es typische, aber vermeidbare Fehler?

Antwort: Man muss aufpassen, dass man sich nicht von einer Seite zu sehr vereinnahmen lässt. Politische Parteien neigen manchmal dazu, das sollte man aber vermeiden, weil man sich dann von dieser Gruppierung abhängig machen könnte. Man sollte alle gleichermaßen ansprechen und einbeziehen um Hilfe von allen zu erbitten.

Frage: Was würden Sie im Nachhinein betrachtet anders oder besser machen?

Antwort: Auch nachträglich finde ich unsere Vorgehensweise richtig. Wir waren immer sachlich im Ton, aber beharrlich in der Sache. Wir haben uns stets um Sachkundigkeit bemüht und versucht genau zu argumentieren. Dafür, dass wir nur Laien waren, denen es nicht um Rechthaberei, sondern um ihre Lebensqualität ging, waren wir sehr erfolgreich

Vielleicht hätte es uns gelingen sollen, mehr Mitglieder mit in die direkte Arbeit einzubeziehen …

Frage: Welche Tips können Sie darüber hinaus anderen geben, die Ähnliches planen?

Antwort: Wir waren ja Laien und, was den Vorstand betrifft, auch nicht politisch engagiert. Wir hatten also keine Erfahrungen damit, aber wir hatten den Mut und die Entschlossenheit, die Situation zu verändern und dabei von Null anzufangen. Man sollte sich nicht scheuen als Anfänger ins kalte Wasser zu springen. Man muss bereit sein sich einzuarbeiten, dazuzulernen und sich gegenseitig zu helfen. Man darf keine Angst davor haben Fehler zu machen.

Darüber hinaus ist es sinnvoll, mit anderen Bürgerinitiativen Kontakt aufzunehmen, die ähnliche Ziele verfolgen. Uns wurde von anderen geholfen und jetzt helfen wir anderen, die sich an uns wenden.

3 *Führt zum Thema Biokompostierung ein Gespräch am „runden Tisch" (Teilnehmer: Politiker, Bürger, Müllentsorger, Experten, Vertreter einer Bürgerinitiative).*

4 *Formuliert einen Leserbrief für eine Tageszeitung, in dem ihr euch zu den Vorgängen um die Kasseler Kompostierungsanlage äußert.*

5 *Erkundigt euch bei eurer Stadt-/Gemeindeverwaltung/Abfallentsorgungsunternehmen nach möglichen Gefahren durch Kompostierungsanlagen. Welche Antworten bekommt ihr? Ist der Kasseler Fall dort bekannt?*

6 *Welche Bürgerinitiative(n) kennt ihr? Was wollen/wollten sie erreichen? Was haben sie erreicht?*

7 *Stellt zusammen, was sich eurer Meinung nach in eurer Umgebung unbedingt ändern müsste. Könnte das mithilfe einer Bürgerinitiative vorangetrieben werden?*

Das Große Bild dieser Auftaktseite führt uns in das Niger-Delta nach Westafrika. Es zeigt die Hinterlassenschaft der Erdölförderung eines internationalen Ölkonzerns in Zusammenarbeit mit der nigerianischen Militärregierung.

Das Ölfördergebiet ist zugleich Lebensraum des Ogoni Volkes, dessen Proteste vergeblich blieben.

Das kleine Bild zeigt die Folgen der schwersten Umweltkatastrophe Spaniens. Beim Abbau von Schwefelkies und Metallen blieben Säuren und Schwermetallabfälle zurück, die in zwei Staubecken gesammelt wurden. Als die Dämme im April 1998 brachen wälzte sich eine Giftflut gegen Süden. 5 Millionen Tonnen Gift wurden freigesetzt. Die Folgen für Mensch und Natur sind nicht absehbar.

Zwei Momentaufnahmen aus unserer Zeit, wie sie jeden Tag durch neue Meldungen übertroffen werden können. Plötzlich hereinbrechende Umweltkatastrophen oder die Zerstörung der Umwelt über einen längeren Zeitraum – die Sicherung unserer Umwelt bleibt eine weltumspannende Herausforderung. Im folgenden Kapitel könnt ihr euch mit den Ursachen und Folgen von Umweltveränderungen am Beispiel des Regenwaldes vertraut machen.

1 Verkarstete Landschaft in Griechenland.

Umweltzerstörung im Altertum

Die Veränderung der Umwelt durch den Menschen beginnt mit seinem Eintritt in die Geschichte. Mit dem Aufkommen von Ackerbau und Viehzucht musste der Natur der Boden dafür abgerungen werden: Dörfer, Felder. Weideland erforderten oft umfangreiche Rodungsmaßnahmen. Der Bedarf an Bau- und Brennholz stieg mit der Bevölkerungszahl und schlug schneisen in die z. T. riesigen Wälder.

So war der Aufstieg Athens zur führenden Macht in Griechenland (vgl. Kap. 1) auf der Basis einer starken Flotte begleitet vom „Waldsterben" auf den Hügel und Bergen.

Platon (427–347 v. Chr.), ein bedeutender griechischer Gelehrter, schrieb in einem seiner Werke:

Q   … Ringsum ist aller fette und weiche Boden weggeschwemmt worden und nur das magere Gerippe des Landes ist übrig geblieben. Aber früher war dieses Land noch unversehrt, mit hohen, von Erde bedeckten Bergen, und die Ebenen, die man heute als rauh und steinig bezeichnet, hatten fetten Boden in reichem Maße und auf den Höhen gab es weite Wälder, von denen heute noch deutliche Spuren sichtbar sind.

Einige von diesen Bergen bieten jetzt einzig den Bienen noch Nahrung; … Und auch sonst trug das Land hohe Fruchtbäume in großer Zahl und den Herden bot es unbeschreiblich reiche Weideplätze. Und vor allem bekam es von Zeus jedes Jahr sein Wasser, und dieses ging nicht wie heute verloren, wo es aus dem kärglichen Boden ins Meer fließt, sondern weil das Land reichlich Erde hatte und das Wasser damit auftrank und es in dem lehmhaltigen Boden bewahrte, ließ es das Nass von den Höhen herab in die Talgründe fließen und bot allerorten den Brunnen und Bächen reichlich Bewässerung …

Wie man das bei den kleinen Inseln sehen kann, ist also, wenn man den heutigen Zustand mit dem damaligen vergleicht, gleichsam noch das Knochengerüst eines Leibes übrig, der von einer Krankheit verzehrt wurde. …

1   *Stellt in eigenen Worten dar, welchen Prozess Platon in Q1 beschreibt.*

2   *Seht euch Abb. 1 an und erläutert den Satz: „Die Sünden einer frühen Zivilisation treffen diejenigen, die heute auf demselben Boden leben, mit voller Wucht."*

Mittelalter und Neuzeit

In Deutschland kam es erst viel später zu einer ähnlich dichten Besiedlung, wie wir sie von den Zentren der Antike kennen (vgl. Kap. 4). Hier geht es um die Veränderung der Umwelt durch aufblühenden Dörfer und Städte. Davon legt das Landschaftsbild von Albrecht Dürer (Abb. 2) in sehr genauer Weise Zeugnis ab. Ein Spezialist für Siedlungsgeografie hilft uns das Bild zu entschlüsseln:

M   Die hier dargestellte Landschaft (Abb. 2) trägt alle Zeichen einer strapazierten Wirtschaftslandschaft, deren Aussehen weitgehend das – im Bild nicht erkennbare – Vieh bestimmt. Sie ist durchzogen von „lebenden Zäunen" (Hecken) und Gattern, die das Vieh aus den Obstgärten, Wiesen und Feldern halten sollen. Durchlässige Hecken werden sorgfältig durch Lattenzäune geschlossen. Dort, wo das Vieh Zutritt hat, ist nirgendwo Aufwuchs erkennbar. Die wenigen Bäume sind bis zur Bißhöhe der Tiere entastet und entlaubt. Die Gemeindeweide, die Allmende, ist wegen der intensiven Nutzung von Bodenabtrag bedroht. Der offene Boden tritt als helle Fläche beidseits des Daches des höchsten Hauses der Mühle hervor.

Die unmittelbare Wassernähe der im Vordergrund abgebildeten Siedlung ist bedenklich, denn Hochwasser droht. Doch nimmt man dies wegen des Lagevorteiles an einer Furt, an der eventuell Wegzoll erhoben werden konnte, in

2 **Die Drahtziehmühle an der Pegnitz.** Gemälde von Albrecht Dürer um 1494.

Kauf. Außerdem vermag allein das Wasser als einziger Energieträger die Räder der Drahtziehmühle kontinuierlich anzutreiben. Im Gegensatz zur ungeschützten Mühlensiedlung erhebt sich im linken Hintergrund ein gesicherter Ort: Nürnberg. ... Am Horizont sind die Berge der Fränkischen Alb zu erkennen. Ihre Höhen sind teilweise entwaldet, da die nahen Städte Nürnberg und Schwabach viel Holz brauchen; alle Gebäude der Mühle sind in Fachwerk oder ganz aus Holz gebaut.

3 *Erläutert anhand von Abb. 2 und M, was mit „strapazierter Wirtschaftslandschaft" gemeint ist. Ist Umweltschädigung unvermeidlich?*

Neue Verkehrswege verändern die Landschaft

Das dritte Bild steht für eine Zeit des Übergangs. Das Wachstum von Wirtschaft und Verkehr erforderte neue Verkehrswege, die Technik erlaubte den Bau neuer Schifffahrtswege. Ein Beispiel für die immer größeren Eingriffe in die Landschaft. Der nächste Schritt führt uns in die Epoche der Industrie und damit in unsere Zeit mit ihren weltumspannenden Umweltveränderungen.

3 **Beim Bau des Canal du Midi in Südfrankreich (1666–1681) Der Gesandte des Königs besichtigt die Baustelle.** Gemälde von N. Sylvestre, 1876.

131

1 Tropischer Regenwald.

Unberührte Natur

Ein Reisender berichtet 1995:

M1 … Zwischen den zentnerschweren Stauden grüner, harter Kochbananen liege ich nicht sonderlich bequem. 50 Meter unter den Baumkronen führt eine Schneise durch den Wald von meeresgleicher Ausdehnung. Der Kleinlaster, auf dessen Fracht ich mir einen Platz erkauft habe, bringt es bestenfalls auf doppeltes Schrittempo. Die längst blankgefahrenen Reifen finden kaum Halt in dem nach langer Regenzeit zu bodenlosem Morast verwandeltem Grund.

So angestrengt ich auch von meinem schwankenden Beobachtungsstand schaue – außer Schmetterlingen entdecke ich keine Lebewesen. Ein dichter Vorhang von Lianengewächsen, die das Lichtangebot an der für die Piste geschlagenen Schneise zu schnellem Wachstum genutzt haben, verwehrt jeden Einblick in den Wald.

Dass ich nichts entdecken kann, beflügelt meine Phantasie. Ich weiß, dass in den Tiefen dieses grünen Universums Millionen Kreaturen hausen. Der Ituri-Regenwald im entlegenen Osten von Zaire liegt weithin noch so unberührt, dass er für die Entdeckung jeglichen Geheimnisses gut ist …

Aus einem Reisetagebuch 1995:

M2 … Alfonso war ein guter Führer, da bestand überhaupt kein Zweifel. Er kannte sich im Regenwald wie in seiner Westentasche aus. Aber nun saßen wir mitten in der Nacht zu dritt in einem Einbaum auf einem kleinen Nebenfluss des großen Amazonas, um doch noch die kleine Siedlung mit der Missionsstation zu erreichen, die wir für einen Ausflug am Morgen verlassen hatten. Am Nachmittag war der Außenbordmotor ausgefallen. Nur Rudern konnte uns in eine, wenn auch primitive Zivilisation zurückbringen. Durch diese Panne überraschte uns die Nacht. Das Geräusch der eintauchenden Ruder weckte den Wald auf. Flügelschlag und seltsame Schreie von offensichtlich beunruhigten Vögeln und anderen Tieren drangen durch die Nacht. Und dann diese verfluchten Moskitos, die in Schwärmen über uns herfielen, um uns auch noch den letzten Blutstropfen auszusaugen …

1 *Beschreibt mithilfe von M1 und M2 die Eindrücke der Reisenden vom Regenwald.*

2 *Sammelt Fotos, Zeitungsartikel und sonstige Berichte über den Regenwald.*

3 *Besorgt euch Bücher aus der Gemeinde- oder Stadtbücherei über Regenwälder.*

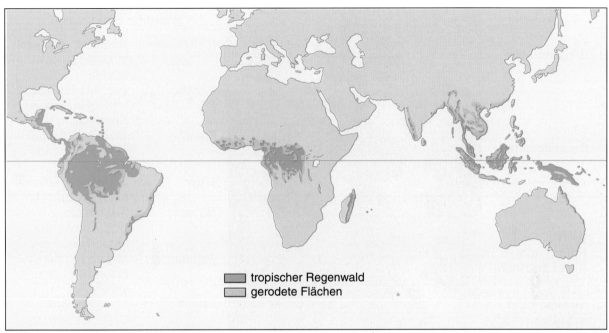

tropischer Regenwald
gerodete Flächen

2 Verbreitung der tropischen Regenwälder.

Menschenarme Großräume

Die tropischen Regenwälder sind ähnlich wie Wüsten menschenarme Großräume unserer Erde. Sie ziehen sich nördlich und südlich des Äquators als breiter Gürtel um den Globus. Begünstigt durch ein das ganze Jahr andauerndes feuchtwarmes Klima, wachsen hier unvorstellbar viele Pflanzenarten, die wiederum Nahrung und Lebensraum für unzählige Tierarten bieten.

Es ist erst 500 Jahre her, dass die ersten Europäer Regenwälder zu Gesicht bekamen. Seit dieser Zeit gibt es eine Menge abenteuerlicher Berichte von seltsamen Pflanzen, Tieren und auch Menschen, die in den Regenwäldern zu Hause sind.

In neuerer Zeit befassen sich Wissenschaftler besonders intensiv mit den Regenwäldern, und dennoch hat dieser Wald noch nicht alle seine Geheimnisse preisgegeben. Fast täglich werden neue Pflanzen- und Tierarten entdeckt, die natürlich noch keine Namen haben. Auch stellt man inzwischen fest, dass es „den" Regenwald nicht gibt. Regenwälder in Afrika sind anders als in Süd-Ostasien oder in Südamerika. Eines aber haben alle gemeinsam: Sie sind artenreiche Wälder, wachsen nur dort, wo die Jahresniederschlagsmenge mindestens 2000 mm beträgt und die Temperaturen gleichbleibend zwischen 25 °C und 27 °C liegen (zum Vergleich: Hannover hat 661 mm Jahresniederschlag und 8,7 °C Durchschnittstemperatur).

Gemeinsam ist allen Regenwäldern auch, dass jeder Wald ein geschlossenes Ökosystem bildet, in dem schon die kleinste Störung große Auswirkungen haben kann. Pflanzen und Tiere haben sich im Laufe von Jahrtausenden den schwierigen Lebensbedingungen angepasst und sind im extremen Maße aufeinander angewiesen. Das geht so weit, dass das Verschwinden oder die Vernichtung einer Tier- oder Pflanzenart das Absterben anderer Arten zur Folge hat.

4 *Listet auf, auf welchen Kontinenten es heute noch Regenwälder gibt. Findet heraus, welche Staaten über solche Wälder verfügen. Benutzt dazu auch den Atlas.*

5 *Versucht in Bibliotheken alte Berichte über die ersten Erfahrungen des Menschen mit dem Regenwald zu bekommen. Wertet sie aus.*

Stockwerke		Wichtige Baumarten	
60 m **Urwaldriesen**		**Mahagoni:**	Bootsbau, Möbel-industrie, Innen-ausbau
50 m		**Limba:**	Furniere für Möbel und Innenausbau, Sperrholz
40 m **Baumschicht**		**Teak:**	Schiffbau, Möbel-industrie, Innen-ausbau
30 m		**Lara:**	Schiffbau, Hafen-anlagen, Brücken
20 m **Baum- und Strauchschicht**		**Balsa:**	Fischnetze, Schwimmkörper, Modellflugzeuge
10 m **Strauch- und Kräuterschicht**		**Palisander:**	Möbel, Furniere, Gebrauchsgegen-stände
		Ebenholz:	Musikinstrumente, Griffe, Stöcke, In-tarsien

1 Stockwerkbau und Holzarten.

Stockwerkbau

Regenwälder erscheinen wie eine undurchdringliche grüne Wand, lassen aber mehrere Stockwerke erkennen. Am Boden, dort wo nur wenig Sonnenlicht hinfällt, wachsen Kräuter und Sträucher. Die „Stockwerke" bilden die kleinen und größeren Bäume. Das oberste Stockwerk sind schließlich die Wipfel der über 50 m hohen Baumriesen.

Die Tropenwälder sind immergrün. Selbstverständlich werfen auch hier die Bäume ihre Blätter ab. Das geschieht aber bei jedem Baum zu einer anderen Zeit. Manchmal erkennt man sogar an einer Pflanze belaubte, unbelaubte, blühende und früchtetragende Äste.

Licht – Wasser – Nahrung

Im Regenwald strebt alles zum Licht. Der Lichtmangel ist z.B. für viele Pflanzen der Ausgangspunkt für die Anpassung gewesen. Pflanzenarten, besonders in Bodennähe, kompensieren den Lichtmangel durch die Ausbildung riesiger Blattflächen. Kletterpflanzen nutzen Baumwirte um ans Licht zu kommen, und Aufsitzer wachsen hoch oben in den Astgabeln. Selbst wenn das Lichtproblem gelöst war, mussten noch andere Probleme durch Anpassung gelöst werden, z.B. das Nahrungs- und Wasserproblem. Viele Pflanzen erreichen das durch die Ausbildung von Luftwurzeln.

Lebensgemeinschaften sichern das Überleben

Die meisten Tiere bevorzugen die Baumkronen. Hier finden sich Affen und vor allen Dingen Vögel und Insekten, weil diese Etage täglich von Sonnenlicht durchflutet wird und hier eine Vielzahl nahrhafter Früchte wachsen. Genau wie die Pflanzen, haben sich auch die Tiere den Bedingungen im Wald angepasst. Die Überlebensstrategien gehen so weit, dass Tier und Pflanze eine Lebensgemeinschaft eingehen, bei der ein Partner nicht ohne den anderen existieren kann. Das Zusammenspiel zwischen Pflanzen und Tieren macht den Regenwald als geschlossenes System so effektiv. Dieses System reagiert aber auf den kleinsten Eingriff sehr empfindlich und kann bei größeren Eingriffen sogar zusammenbrechen.

1 *Versucht in der Bücherei Literatur über das Zusammenleben von Tier und Pflanze auch aus unserem Lebensraum zu bekommen.*

2 Wohnplatz im Regenwald.

3 Früchte aus dem Regenwald. Fotos 1995.

Menschen im Regenwald

Regenwälder und Wüsten waren früher ausschließlich Rückzugsräume für wenige Menschen, die aus unterschiedlichen Gründen von anderen Bevölkerungsgruppen dorthin abgedrängt worden waren. Obgleich sie im Regenwald eine so große Artenvielfalt bei Pflanzen und Tieren vorfanden, hatten sie immer Schwierigkeiten, ihre Ernährung zu sichern. Nur wer sich ganz den Bedingungen des Waldes anpasste, erhielt die Chance zu überleben.

Wahrscheinlich waren die ersten Bewohner nur Jäger und Sammler, die mit ihrer Sippe als Nomaden in einer großen Waldregion herumzogen. Da aber die Jagd- und Sammelergebnisse oft für die Ernährung nicht ausreichten, entwickelte sich daneben eine besondere Feldbaumethode. Sie wird als Brandrodungs-Wanderfeldbau* bezeichnet.

Durch das Abbrennen von Bäumen und Strauchwerk auf kleinen Waldflächen entstehen die notwendigen Feldflächen. Die Asche dient als Dünger. Mithilfe eines Grabstocks oder einer Hacke werden Saatgut oder Ableger von Nutzpflanzen in den Boden gebracht. Bevorzugt werden Bataten*, Maniok*, Mais und Bananen. Die Böden im Regenwald sind nährstoffarm. Die Feldflächen müssen daher nach wenigen Jahren aufgegeben, und der Wald muss an anderer Stelle für neue Flächen gerodet werden.

Die ausgelaugten Felder konnte sich der Wald früher zurückerobern, weil es Jahrzehnte dauerte, bis sie erneut für den Feldbau genutzt wurden.

Gefahr für die Naturvölker

Durch das große Bevölkerungswachstum in den Ländern mit Regenwald drängen immer mehr Menschen in die Waldregion, um durch Ackerbau auf von ihnen gerodeten Flächen ihre Lebenssituation zu verbessern. Andere hoffen bei Firmen Arbeit zu finden, die die Rohstoffe im Wald ausbeuten.

Durch die fortschreitende Vernichtung des Regenwaldes infolge des verstärkten Holzeinschlages werden die Nutzflächen für die Naturvölker immer kleiner. Dadurch erfolgt die erneute Nutzung aufgegebener Feldflächen in immer kürzeren Zeiträumen. Die Böden erhalten daher keine ausreichende Zeit sich zu erholen. Das hat einen schnellen Rückgang der Ernteerträge zur Folge. Die Naturvölker sind daher immer mehr durch fehlenden Lebensraum in ihrer Existenz bedroht.

2 *Berichtet über die besondere Feldbaumethode im Regenwald.*

3 *Nennt Faktoren, die die immer geringer werdenden Ernteergebnisse auf den Rodungsinseln bewirken. Warum sind die Naturvölker in Gefahr?*

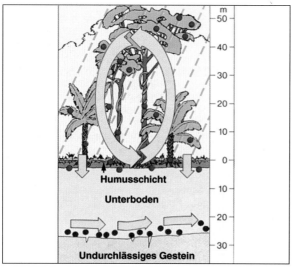

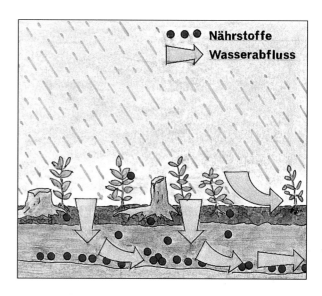

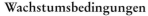

1a/b Der Weg der Nährstoffe.

Wachstumsbedingungen

In einer Ausstellung über den Regenwald konnte man diese Texte lesen:

M1 … Die Grundbedingungen für ein günstiges Wachstum von Pflanzen sind an einem Klimadiagramm aus dem Regenwald sofort abzulesen: Temperaturen zwischen 24 °C und 27 °C und hohe Niederschläge das ganze Jahr über. Es gibt offensichtlich keine Jahreszeiten wie bei uns, in denen Temperaturen und Niederschläge größeren Schwankungen unterliegen. Im Regenwald sprechen wir daher von einem Tageszeitenklima im Gegensatz zu unserem Jahreszeitenklima, in dem Temperaturen und Niederschläge im Jahresverlauf große Unterschiede aufweisen.

Was macht aber den Regenwald so fruchtbar? Für das Wachstum braucht eine Pflanze neben Wärme und Wasser auch Nährstoffe, die sie meistens aus dem Boden bezieht. Die Vermutung liegt also nahe, dass die Qualität des Bodens im Regenwald sehr gut sein muss. Das genaue Gegenteil ist der Fall. Die Böden der Regenwälder sind äußerst nährstoffarm. Auch fehlt ihnen die Möglichkeit Nährstoffe zu speichern, wie das viele Böden in unseren Breiten können…

Nährstoffkreislauf

M2 … Das üppige Pflanzenwachstum im Regenwald ist dadurch zu erklären, dass sich der Wald durch abgestorbenes Pflanzenmaterial selbst düngt. Herabgefallene Blätter oder Tierkadaver sind schon nach wenigen Tagen von Würmern, Insekten und anderen Nutzern verwertet und in den Nährstoffkreislauf eingebracht.

Daneben ist der Regenwald auch noch gegen Nährstoffverluste auf andere Weise geschützt. Die dichte Krautschicht am Boden und die unzähligen Feinwurzeln der Sträucher und Bäume verhindern weitgehend das Ausspülen der Nährstoffe. Selbst Nährstoffe, die in tiefere Bodenschichten durchzusickern drohen, werden von einer Bodenpilzart aufgefangen und gespeichert. Da diese Pilze in einem dichten Geflecht die Wurzeln der Pflanzen umgeben, können sie die gespeicherten Nährstoffe bei Bedarf den Sträuchern und Bäumen wieder zur Verfügung stellen.

Die ungeheuer erscheinende Fruchtbarkeit im Regenwald ist also nicht auf gute Böden zurückzuführen. Die Nährstoffe sind weitgehend unabhängig von den Böden in den lebenden Pflanzen und Tieren selbst vorhanden und stehen nach deren Absterben für neues Leben wieder zur Verfügung. Voraussetzung ist allerdings, dass dem Kreislauf nichts entnommen wird…

1 *Beschreibt mithilfe von M1 und M2, warum der Regenwald so fruchtbar ist.*

2 *Überlegt, was es bedeutet, wenn der Mensch in den Kreislauf des Regenwaldes eingreift.*

3 *Erläutert den Nährstoffkreislauf im intakten und abgeholzten Regenwald mithilfe von Abb. 1.*

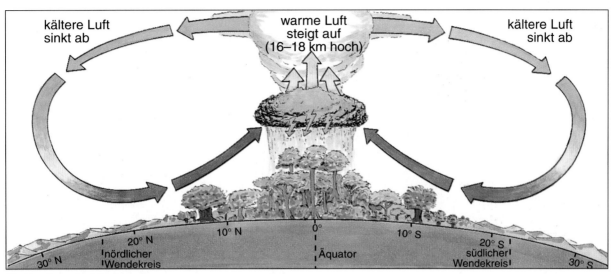

kältere Luft
sinkt ab

warme Luft
steigt auf
(16–18 km hoch)

kältere Luft
sinkt ab

30° N

20° N
nördlicher
Wendekreis

10° N

0°
Äquator

10° S

20° S
südlicher
Wendekreis

30° S

2 Der Passatkreislauf.

Woher kommt der viele Regen?

Eigentlich ist es doch verwunderlich, dass es am Äquator, wo auf der Erde die Sonneneinstrahlung am höchsten ist, täglich regnet. Der Wetterablauf an jedem Tag im Jahr bleibt im Regenwald immer gleich. Nach dem Sonnenaufgang und mit steigenden Temperaturen beginnt die Verdunstung des Wassers auf den Blättern, das sich zum größten Teil durch die nächtliche Abkühlung der Luft als Tau niedergeschlagen hat. Zum anderen Teil kommt das Wasser aus den Blättern selbst.

Wie ihr vielleicht schon aus dem Physikunterricht wisst, kann Luft um so mehr Wasser aufnehmen, je wärmer sie ist. Allerdings gibt es für jede Lufttemperatur einen Sättigungsgrad. Ist dieser erreicht, kann sie kein Wasser mehr aufnehmen. Wird gesättigte Luft abgekühlt, so kommt es zur Kondensation*. Ein Teil des Wasserdampfes wird wieder flüssig.

Diesen Vorgang kann man in jedem Badezimmer beobachten. Teile des heißen Badewassers verdunsten und kondensieren nach kurzer Zeit am Spiegel, am Fenster und an den Fliesen, weil diese Materialien kühler sind als die sie umgebende Raumluft. Der gleiche Vorgang lässt sich auch an kalten Tagen an der Frontscheibe eines Autos beobachten, wenn diese durch den Fahrtwind kühler ist als der Innenraum.

Ewiger Kreislauf

Im Regenwald ist es nicht anders. Durch die steigende Temperatur am Vormittag, wird auch die Aufnahmefähigkeit der Luft für Wasser größer. Die Verdunstung nimmt mit jedem Grad Celsius zu. Warme Luft steigt nach oben. Das weiß jeder, der schon einmal dem Start eines Heißluftballons zugesehen hat. Und genau so steigen die warmen Luftmassen über dem Regenwald mit dem Passagier „Wasser" raketengleich bis in Höhen von mehr als 13 000 Metern.

Spätestens dort hat die tolle Fahrt ein Ende. Denn mit der Höhe nimmt die Temperatur pro 200 Meter um 1 °C ab. Durch die Abkühlung der Luft wird der Sättigungsgrad überschritten. Die Kondensation beginnt. Und es regnet, regnet, regnet. Am späten Nachmittag hat der Regenwald sein Wasser wieder. Der Wasserkreislauf wird sich am folgenden Tag wiederholen.

Aber nur ein Teil des Regens stammt aus der Verdunstung im Regenwald selbst. Ein ebenso großer Teil wird als regenreiche Luft durch Winde aus nordöstlicher bzw. südöstlicher Richtung zum Äquator geweht. Diese Winde werden Passate genannt.

4 *Beschreibt das tägliche Wettergeschehen im Regenwald. Benutzt auch die Abb. 2.*

5 *Informiert euch im Physikbuch über Verdunstung und Kondensation.*

137

1 Vernichtung des Regenwaldes.

In den letzten 25 Jahren hat die Bevölkerung in den Entwicklungsländern um etwa 55 % zugenommen. Man kann davon ausgehen, dass um die Jahrtausendwende ein Viertel der Weltbevölkerung in den Tropen leben wird. Um die Ernährung für diese Menschen sicherzustellen, sehen die Regierungen der betroffenen Staaten wohl in Zukunft keine andere Möglichkeit, als noch mehr Waldflächen durch Rodung in Acker und Weideland zu verwandeln.

Auch für den Abbau der ständig wachsenden Auslandsschulden der Regenwaldländer gehen riesige Flächen von Regenwald verloren, denn Plantagen und Pflanzungen für Produkte wie Bananen, Kaffee, Kakao und Kautschuk und der Einschlag von Tropenholz als Devisenbringer für den Weltmarkt vernichten den Wald.

In vielen Ländern ist Holz die einzige Energiequelle. Deshalb gehen viele Bäume in Flammen und Rauch auf.

In den Regenwäldern lagern riesige Bodenschätze wie Gold, Aluminium, Bauxit, Eisen und Erdöl. Bei der Rohstoffgewinnung, für die besonders die Industrieländer große Summen investieren, muss der Wald weichen.

Auf den folgenden Seiten findet ihr Beispiele dafür, wie man den Regenwald in verschiedenen Ländern auf unterschiedliche Weise vernichtet. Viele Regenwaldländer halten das für den einzigen Ausweg, um aus ihrer Unterentwicklung* heraus zu gelangen.

Die Beispiele könnt ihr in Gruppen bearbeiten oder als Grundlage für ein Referat benutzen.

Regenwald für Feuer und Flamme

Wie viele Länder in Afrika, war auch Äthiopien früher stark bewaldet. Noch vor etwa hundert Jahren bedeckten tropische Wälder zu 40 % das Land. Heute sind es nicht einmal mehr 7%. Der Wald ist im Laufe der Zeit im wahrsten Sinne des Wortes in Flammen aufgegangen.

Ein Experte berichtet:

M1 ... Holz ist in Äthiopien auf dem Land der einzige Energieträger. Täglich ziehen ganze Heerscharen von „Holzhändlern" in die größeren Siedlungen und Städte um Brennholz zu verkaufen. Außerdem sorgen Frauen und vor allem junge Mädchen durch tägliches Holzsammeln dafür, dass in ihrer eigenen Familie das Fladenbrot gebacken oder das „Wot" (eine Art Gulasch) gekocht werden kann. An den Hauptstraßen bieten Händler Holzkohle in Säcken an, deren Preis sich nach der Entfernung zur Hauptstadt Addis Abeba richtet. Je weiter die Entfernung, desto geringer ist der Preis. Da sich Holzkohle im Gegensatz zu Schnittholz besser transportieren und sich der Energieverbrauch besser dosieren lässt, ist dieser Energieträger besonders in den Städten beliebt.

Weil das Holz immer knapper wird, macht man inzwischen selbst vor kleinsten Bäumen und Sträuchern nicht halt. Dadurch ist der Boden schutzlos den tropischen Regenfällen ausgesetzt. Bodenerosion schlimmsten Ausmaßes ist die Folge. Mit Holz- oder Holzkohlehandel erzielt man in Äthiopien zur Zeit ein besseres Auskommen als mit der Bestellung eines Ackers. ...

Der äthiopische Wissenschaftler Professor Seyum Selasse hat in einem Bericht zum Energieproblem seines Landes 1995 folgendes ausgeführt:

M2 ... Die einzigen Grundlagen für die Energiegewinnung des Landes sind im Moment ausschließlich Holz und Wasserkraftwerke zur Erzeugung von Elektrizität. Unser Energieproblem wird sich in der Zukunft noch verschärfen, da die Bevölkerung in den letzten 10 Jahren um 15 Millionen auf 55 Millionen angewachsen ist. Sie wird sich bis zum Jahre 2000 um weitere 10 Millionen erhöhen.

Außerdem ist nachgewiesen, dass wir jährlich eine Waldfläche von 750 000 Hektar verlieren, weil nur 15 % aller Flächen nach der Abholzung

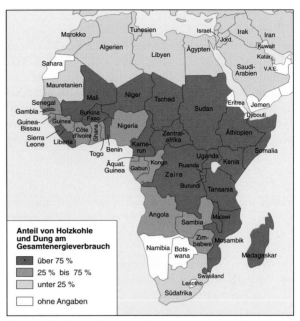

2 Holzkohle und Dung als Energieträger in Afrika.

3 Holzmarkt in Äthiopien.

wieder aufgeforstet werden. Man muss darüber nachdenken, ob an Stelle von Holz die Häuser in ländlichen Gegenden nicht ebenso gut aus Ziegeln gebaut werden können, um den Verbrauch an Bauholz einzuschränken, wie das in anderen afrikanischen Staaten schon längst üblich ist ...

1 *Sucht Äthiopien im Atlas auf und orientiert euch über seine Lage in Afrika.*

2 *Erläutert die Gründe für die Vernichtung der Waldbestände in Äthiopien.*

3 *Lest M 2 und stellt zusammen, welche Wege es geben könnte einen Teil des Waldes zu retten.*

Sie wollen nur das Beste

Viele Entwicklungsländer mit tropischen Regenwäldern, besonders in Afrika, sahen noch vor 20 Jahren die Möglichkeit, ihr Land durch den Export von wertvollen Tropenhölzern aus eigener Kraft zu entwickeln. Zu diesem Zweck verkauften sie an ausländische Holzfirmen aus Europa Konzessionen für den Holzeinschlag und die Vermarktung. Meistens wurden Absprachen getroffen, bei der Holzgewinnung nur die Bäume zu schlagen, deren Holz sich gut auf dem Weltmarkt verkaufen ließ. Damit sollte der Eingriff in das „Ökosystem Wald" möglichst klein gehalten und dem Restwald die Möglichkeit gegeben werden, sich in kurzer Zeit zu erholen. Eine solche Holzgewinnung wird als selektiver Holzeinschlag bezeichnet.

M ... Zunächst müssen die Bäume durch Waldläufer gesucht, markiert und in eine Zeichnung eingetragen werden. Die wertvollen Bäume stehen natürlich nicht dicht nebeneinander, sondern oft Hunderte von Metern voneinander entfernt. Dadurch ergibt sich später die Notwendigkeit, Schneisen in den Wald zu schlagen, um mit dem notwendigen Gerät an die Bäume heranzukommen und um sie später abtransportieren zu können.

Aber allein durch den Schneisenbau gehen unzählige Bäume und andere Regenwaldpflanzen verloren. Auch beim Fällen eines einzigen Baumriesen, der manchmal über 40 m hoch sein kann, werden weitere in der Fallrichtung stehende Bäume umgerissen oder stark beschädigt. Dazu kommt noch die Vernichtung seltener Pflanzenarten und die Vertreibung oder Ausrottung vieler Tierarten.

Oft ist es so, dass nach Abzug der Holzfäller andere Bevölkerungsgruppen versuchen, dieses Waldstück jetzt für ihre Zwecke zu nutzen. Da es nun Schneisen, Pisten oder manchmal auch schon Straßen gibt, rücken nun andere Holzfäller an, um sich über den Restwald herzumachen und die von ihnen geschlagenen Bäume als Bauholz oder Brennholz zu verkaufen. Häufig versucht die landlose Bevölkerung durch Kahlschlag oder Brandrodung Anbauflächen zu gewinnen, um sie landwirtschaftlich zu nutzen. Meistens entstehen auf den einst mit Regenwald bewachsenen Flächen große Plantagen oder Pflanzungen, um Kaffee, Kakao, Bananen, Tee oder Kautschuk anzubauen. ...

1 Schneisen im Regenwald.

2 Brettwurzeln.

140

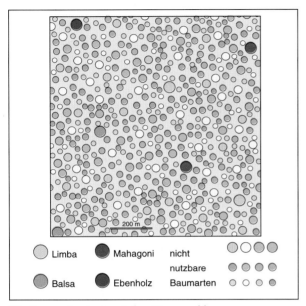

3 Baumarten im tropischen Regenwald.

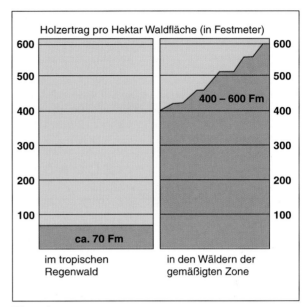

4 Holzerträge.

1 *Beschreibt mit M und den Abbildungen das Vorgehen beim selektiven Holzeinschlag.*
2 *Warum gehen mehr Bäume verloren, als man geplant hat? Benutzt Abb. 3.*

3 *Fragt in einer Holzhandlung nach, welche Tropenhölzer sie im Angebot hat oder besorgen kann.*
4 *Ermittelt die Größe der Waldfläche in Abb. 3. Zählt aus, wie viele wertvolle Bäume (Limba, Balsa, Mahagoni, Ebenholz) geschlagen werden können.*

5 Fällen.

6 Holzlagerplatz.

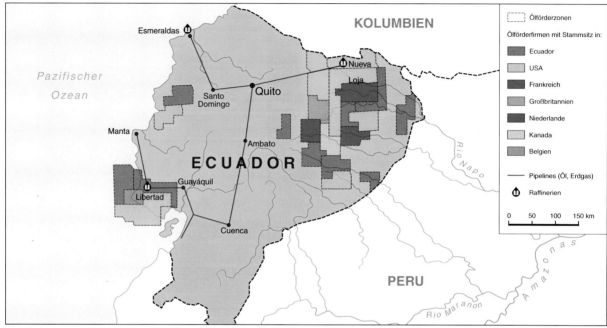

1 Ölförderzonen.

Rohöl im Amazonasgebiet ausgelaufen

Die Zeitung El Comercio berichtete am 31. 7. 1992:

M1 … Ein technischer Defekt auf einem Ölfeld im Amazonasgebiet führte in der letzten Woche zu einer Umweltkatastrophe, deren Ausmaß noch nicht abzuschätzen ist. Mehr als 3000 Barrel (1 Barrel = 165 l) liefen aus einem schlecht funktionierenden Kontrollventil aus. Inzwischen lässt sich eine mindestens 60 Kilometer lange Öllache auf der Wasseroberfläche des Rio Napo feststellen. Die ökologischen Schäden sind schon jetzt beträchtlich, denn Tausende von toten Fischen treiben auf dem Napo. Sprecher der Erdölgesellschaft Petro-Amazonas versuchen die Schäden herunterzuspielen und behaupten, dass man schon etwa 2900 Barrel mithilfe von Spezialeinrichtungen auf dem Fluss zurückgewonnen habe. An unzugänglichen Stellen gehe man dazu über das Öl abzubrennen, um eine weitere Ausbreitung der Verschmutzung zu verhindern. Auch würden Spezialtrupps die Uferzonen reinigen, Pflanzen und Tiere seien nicht in Gefahr. Die Sprecher geben allerdings zu, dass auf diesem Ölfeld in der Vergangenheit schon öfter Öl ausgelaufen sei. „Wir hatten aber zu jeder Zeit alles im Griff. Wie übrigens heute auch." …

Erdöl aus dem Regenwald

M2 … Der Andenstaat Ecuador ist eines der kleinsten Länder in Südamerika mit einer Fläche von 283 561 Quadratkilometern. Von dieser Fläche ist fast die Hälfte mit Regenwald bedeckt, in dem nur 2 % der Bevölkerung leben. Ecuador hat seit 1970 für ein südamerikanisches Land eine untypische Entwicklung durchgemacht. Früher machten landwirtschaftliche Erzeugnisse wie z. B. Bananen und Kaffee etwa 80 % des gesamten Exports aus. Auch wurde mehr eingeführt als ausgeführt. Das änderte sich, als man daran ging, die reichen Erdölvorkommen im Regenwald auszubeuten. Der größte Devisenbringer des Landes mit 49 % ist heute das Öl. Die Exporterlöse sind seit langem höher als die Kosten für Importe*. …

1 *Sucht Ecuador im Atlas auf.*

2 *Wertet die Karte Abb. 1 aus. Stellt fest und listet auf, welche ausländischen Firmen bei der Erdölförderung beteiligt sind.*

3 *In Ecuador spielt die Holzgewinnung eine untergeordnete Rolle. Welche Gefahr besteht dennoch für den Regenwald? Wertet M1 aus. Warum werden die Unfälle so heruntergespielt?*

2 Erdölleitung in Ecuador.

Erdölförderung

Der gesamte Regenwald ist inzwischen in Ölförder-zonen eingeteilt (Abb. 1), in denen die staatliche Erd-ölgesellschaft CEPE gemeinsam mit ausländischen Firmen nach Öl bohrt.

Eine 400 km lange Pipeline transportiert das Öl von Nueva Loja über die Hauptstadt Quito zum Pazifik-Hafen Esmaraldas. Ihr Bau war außerordentlich schwierig, weil die Anden in 4 000 m Höhe überquert werden mussten (Abb. 2). Parallel zu dieser Pipeline verläuft bis Quito eine zweite für Erdgas. Seit 1970 haben sich große Teile des ecuadorianischen Regen-waldes verändert. Straßen wurden gebaut, um die nötigen Bohrwerkzeuge transportieren zu können, und Siedlungen wurden gegründet. An vielen Stellen ist der Wald verschwunden. Die Indios, die früher vom Wald leben konnten, verloren ihre Ernährungs-grundlage. Einige fanden bei den Ölgesellschaften Arbeit.

Seit der ersten Bohrung kam es immer wieder zu Umweltschäden durch auslaufendes Öl. Ganze Waldstücke wurden vom Öl überflutet. Dabei ge-langte das Öl oft auch in die Bäche und Flüsse, die in den Amazonas münden. Solche Unfälle hielt man früher geheim. Heute werden sie in Zeitungen be-kannt gemacht oder von Umweltgruppen diskutiert. Das Öl, bisher als Devisenbringer* in Ecuador gefei-ert, erscheint vielen inzwischen als der größte Feind für den Regenwald.

1977	
Einfuhr:	1278 Mio. $
Ausfuhr:	1179 Mio. $
Handelsdefizit:	99 Mio. $
1997	
Einfuhr:	4656 Mio. $
Ausfuhr:	5190 Mio. $
Handelsüberschuss:	584 Mio. $
Exportprodukte 1997	
Rohöl	27 %
Bananen	26 %
Garnelen	17 %
Industrieprodukte	17 %

3 Wirtschaftsentwicklung in Ecuador.

4 *Wertet die Wirtschaftsdaten im Übersichts-kasten aus. Überlegt, was passieren würde, wenn man zum Schutz des Regenwaldes die Erdöl-förderung einstellt. Bedenkt: Auch für Bananen-plantagen muss der Regenwald weichen.*

5 *Überlegt, was der verstärkte Anbau von Bana-nen für den Erhalt des Regenwaldes bedeutet.*

1 Kakao-Plantage.

2 Kakaobohnen.

Raubbau am Regenwald

Als eines der eindringlichsten Beispiele der Vernichtung des tropischen Regenwaldes kann Côte d'Ivoire (Elfenbeinküste) in Westafrika gelten. Von ehemals 15 Millionen Hektar Regenwaldfläche sind heute nur noch 4 Millionen Hektar übrig geblieben. Auch deutsche Firmen waren an dem Raubbau beteiligt. Wiederaufforstung oder Maßnahmen zur Regeneration des Waldes wurden sträflich vernachlässigt. Côte d'Ivoire setzt bis heute auf den Holz- und den Agrarexport von Kakao, Kakaoprodukten und Kaffee, obgleich diese Produkte auf dem Weltmarkt großen Preisschwankungen unterliegen und die Preise auf dem Weltmarkt für Kakao und Kaffee seit Jahren niedrig sind.

Das Wirtschaftswachstum des Landes wurde mit einer hohen Verschuldung erkauft. Sie betrug 1991 fast 19 Milliarden US $. Man sieht heute nur noch die Möglichkeit durch eine weitere Steigerung der Exportmengen die Schuldzinsen bei den ausländischen Banken und Staaten zu bezahlen. Das wird allerdings immer schwieriger. Die Böden in den Plantagen und Pflanzungen verlieren mit der Zeit an Fruchtbarkeit. Eine Steigerung des Exports von Agrarprodukten ist nur über eine Erweiterung der Anbauflächen zu erreichen. Das wiederum geschieht auf Kosten des Regenwaldes. In wenigen Jahren wird er ganz verschwunden sein. Der Ausverkauf des Landes lässt sich nicht mehr stoppen.

	1980	1990	1997
Cote d'Ivoire	400	815	1070
Brasilien	318	356	350
Ghana	250	295	282
Malaysia	32	240	120
Indonesien	15	154	450
Kamerun	117	105	120
Nigeria	155	100	155

3 Ernteerträge von Kakaobohnen (in 1000 t).

1 *Sucht Côte d'Ivoire im Atlas auf.*
2 *Nennt die Ursachen für die Regenwaldzerstörung in diesem Land.*
3 *Wertet die Statistik aus. Welche Länder setzen ebenfalls auf den vermehrten Kakaoanbau? Stellt im Atlas fest, wo sie liegen und ob es dort auch Regenwälder gibt.*

4 Flussfischer auf dem Essequibo.

Katastrophe im Regenwald

In der Hannoverschen Allgemeinen Zeitung vom 4. August 1995 stand folgende Meldung:

M ... Georgetown. Im südamerikanischen Staat Guyana ereignete sich die größte Umweltkatastrophe des Landes. Nach Bruch des Abwasserbeckens eines Goldwerkes im tropischen Regenwald strömt der hochgiftige Zyanidschlamm* aus. Tote Fische und Kadaver* von Schweinen treiben im Essequibo, dem größten Fluss des Landes.

Seit dem Bruch der Rückhaltemauer sind aus dem Abwasserbecken über 1,2 Milliarden Liter zyanidhaltigen Wassers in den Fluss Omai und von da in den Essequibo gelangt.

Von Booten, Lastwagen und Hubschraubern aus wird die Bevölkerung mit Lautsprechern aufgefordert jeden Kontakt mit dem zyanidverseuchten Wasser zu vermeiden. Betroffen sind bis jetzt etwa 18 000 Indios, Holzfäller und Goldgräber, die aus dem Fluss ihr Trinkwasser beziehen. Der Staatspräsident erklärte die ganze Region zum Notstandsgebiet. ...

Gold aus dem Regenwald

1994 wurden in der Regenwaldregion des südamerikanischen Staates Guyana 252 000 Unzen* Gold gefördert. Und das von einem einzigen Betrieb. Die Betreibergesellschaft Omai Gold Mines Ltd. ist ein Gemeinschaftsunternehmen von Firmen aus den USA und Kanada. Guyana selbst ist daran nur mit 5 % beteiligt. Das Land erzielt aber allein durch eine Fördersteuer, welche die Gesellschaft für jede geförderte Unze Gold zu zahlen hat, ein Viertel seiner Staatseinnahmen. Der Staat lebt von Krediten aus dem Ausland. Seine Schulden betragen das 800fache aller Gehälter, Löhne und Gewinne der Bürger des Landes, die während eines Jahres erzielt werden.

4 *Sucht Guyana im Atlas auf.*

5 *Wertet M aus. Diskutiert in der Klasse, welche Maßnahmen nach der Katastrophe eigentlich erforderlich gewesen wären. Denkt daran, dass ein Mensch täglich etwa 7 Liter Trinkwasser benötigt.*

6 *Stellt Gründe zusammen, warum Guyana die Zerstörung des Regenwaldes zulässt.*

1 Riesige Waldbrände auf Kalimantan hatten eine Smogkatastrophe zur Folge, die bis in das über 1000 km entfernte Kuala Lumpur und Singapur reichte. Tausende von Bewohnern der Region erlitten schwere Rauchvergiftungen. Foto April 1998.

Indonesien – Land der 13 000 Inseln

Die Republik Indonesien besteht aus 13 376 Inseln, die nahezu alle seit Tausenden von Jahren bewohnt sind. Die Böden vieler Inseln weisen eine hohe Fruchtbarkeit auf, weil mehr als 400 Vulkane im Laufe der Zeit durch verwitterte Lava den Dünger geliefert haben oder, so weit sie noch tätig sind, ihn heute noch liefern. Wahrscheinlich waren in früherer Zeit alle Inseln mit Regenwald bewachsen. Heute findet man diesen nur noch auf Sumatra, Kalimantan, Sulawesi und Irian Jaya. Auf den anderen Inseln musste der Regenwald dem intensiven Ackerbau weichen. Das gilt besonders für Java und Bali.

Es gibt 181 Millionen Indonesier. Sie sind aber ungleich auf den verschiedenen Inseln verteilt. So leben im Durchschnitt auf Java 813 Menschen auf einem Quadratkilometer, auf Bali 500, auf Sumatra 78 und in Irian Jaya nur 4. Besonders auf Java und Bali besitzen viele Bewohner kein eigenes Land und sind überdies auch noch unterbeschäftigt oder arbeitslos. Andere verfügen nur über so kleine Feldflächen, dass diese gerade zum Überleben ausreichen.

Neue Siedlungsräume

Aus diesem Grund versucht die indonesische Regierung, neue Siedlungs- und Wirtschaftsräume außerhalb Javas und Balis auf anderen Inseln zu er-
schließen. Dazu wurde sogar ein eigenes Ministerium geschaffen, das sich ausschließlich um die Anwerbung und Umsiedlung kümmert. Dadurch haben inzwischen über 6 Millionen Menschen, vor allem aus Java, eine neue Heimat auf Kalimantan oder Sumatra gefunden.

Ehe es zu einer Umsiedlung kommt, wird der Regenwald gerodet und ein Dorf geplant. Schließlich entstehen Straßen, Wohnhütten, eine Schule und eine Krankenstation. Die Neusiedler erhalten nach ihrer Ankunft Werkzeug und Saatgut. Sie sollen sich nach kurzer Zeit von der eigenen Ernte ernähren und von dem Überschuss durch Verkauf sogar Geld für Kleidung, Pflegemittel u. a. erzielen.

Währen die Neusiedler meistens froh darüber sind, endlich eine ausreichende Lebensgrundlage zu haben, wird die Umsiedlung von der Urbevölkerung mit Argwohn betrachtet. Viele schimpfen über die Vernichtung des Regenwaldes und die Verdrängung ihrer eigenen Kultur und Sprache.

1 *Sucht auf einer Karte im Atlas die im Text genannten Inseln auf.*

2 *Fasst die Begründung für die Umsiedlungsmaßnahmen zusammen.*

3 *Überlegt, ob die Kritik der Urbevölkerung berechtigt ist.*

146

Rohstoffe
Gold, Eisenerz, Bauxit,
Kupfer, Mangan

Holz
als Bau- und
Möbelholz

Acker- und Weideflächen

Plantagen
Kakao, Bananen,
Kautschuk, Kaffee, Tee

Siedlungen und Straßen

Energie
Brennholz, Erdöl,
Erdgas

Das frisst den Regenwald auf.

Der Regenwald hat viele „Feinde"

Regenwälder waren noch bis vor hundert Jahren Räume, in denen Menschen auf Dauer nur existieren konnten, wenn sie sich ganz den Bedingungen des Waldes anpassten. Mit der Industrialisierung, besonders in Europa, Nordamerika und Japan, machte die Suche nach Rohstoffen und Energie auch vor den Regenwäldern in Afrika, Asien und Südamerika nicht halt. Zunächst dachte niemand daran, dass durch die Ausbeutung der Rohstoffe aus den Wäldern ein empfindliches Ökosystem beeinträchtigt und schließlich an vielen Stellen zerstört werden könnte.

Doch nicht nur die Rohstoffgewinnung allein ließ die Wälder schrumpfen, auch die Bevölkerungszunahme in den Regenwaldländern machte die Rodung des Waldes notwendig, um landwirtschaftliche Nutzflächen zu schaffen. Damit wollte man die Ernährungslage der wachsenden Bevölkerung sicherstellen und Devisen für die Entwicklung des Landes erwirtschaften.

Was kann zur Erhaltung des Regenwaldes getan werden?

Direkte Möglichkeiten, die Vernichtung des Waldes aufzuhalten, gibt es nur wenige. Dennoch haben bei uns viele Menschen, auch Schülerinnen und Schüler, in der letzten Zeit unterschiedliche Aktionen gestartet, um mit Geldspenden den Naturvölkern zu helfen oder eine Wiederaufforstung zu ermöglichen. Eine Schule in Süddeutschland kam sogar auf die Idee mit Spendenmitteln Regenwald in Südamerika zu kaufen, um ihn vor der Vernichtung zu bewahren.

Viel wirkungsvoller wären die indirekten Möglichkeiten etwas für den Erhalt der Regenwälder zu tun, indem man seinen persönlichen Konsum drosseln würde. Das wäre nicht nur bei den Rohstoffen notwendig, sondern auch bei den Nahrungsmitteln. Viele Nahrungsmittel werden nämlich auf ehemaligen Regenwaldflächen produziert: als Fleisch, als Südfrüchte, als Futtermittel oder als Genussmittel.

Arbeit und Umwelt

Ulf Merbold, deutscher Wissenschaftsastronaut 1983: „... die meiste freie Zeit verbrachte ich im Cockpit um aus dem Fenster zu schauen, hinaus in den Himmel, hinunter auf die Erde und auf den hauchdünnen blauen Saum dazwischen, die Atmosphäre. Unsere Erde ist ein faszinierender Planet. Man erkennt bei einem solchen Flug aber auch, wie zerbrechlich sie ist."

7 WIRD DAS KLIMA SICH VERÄNDERN?

Auf den nächsten Seiten könnt ihr euch über das Klimasystem der Erde informieren. Damit ihr erkennen könnt, welche Bedeutung das Klima hat, lernt ihr auch den Umgang mit Klimadiagrammen. Wie der Mensch das Klima durch sein Handeln beeinflussen kann und welche Gefahren eine Klimaveränderung mit sich bringt, darüber wird in diesem Kapitel anschließend nachgedacht.

Prüft schließlich die Äußerungen von Politikern, ob den Worten zum Klimaschutz auch Taten folgen, und denkt darüber nach, welchen Beitrag jeder Einzelne zum Klimaschutz leisten kann.

3.00 Uhr

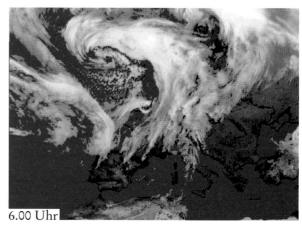

6.00 Uhr

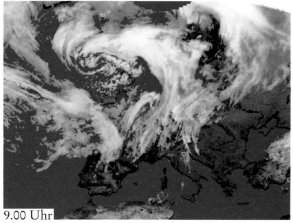

9.00 Uhr

12.00 Uhr

1 – 4   Satellitenfotos vom 24. 2. 1997 (3.00 bis 12.00 Uhr).

Unser Wetter

Das Wetteramt Offenbach schrieb zu dem Satelliten-
foto vom 24. Februar 1997, 9.00 Uhr:

M1   Dichte Wolken atlantischer Tiefdruckgebie-
te überdecken das Seegebiet zwischen Island,
Schottland und Norwegen sowie Südskandinavi-
en und Westeuropa. Aufgelockerte Schauerwol-
ken sind über den Britischen Inseln und westlich
davon zu erkennen. Ein neues atlantisches Tief
hat mit seinen Wolken das Seegebiet südwestlich
von Irland erreicht. Wolkenarm und sonnig zeigen sich Südosteuropa und Süditalien.

Aus dem Wetterbericht vom 24. Februar 1997:

M2   Wetterlage:
Ein Sturmtief über dem Nordmeer lenkt zunächst
milde, später frische Meeresluft nach Deutschland. Eingelagerte Tiefausläufer bringen reichli-
che Bewölkung und Regen. Hessen: Vorherr-
schend stark bewölkt und zeitweise Regen . 9 bis
13 Grad, in der Nacht zum Mittwoch 8 bis 4
Grad, in Böen stürmischer Südwestwind. Wettervorhersage für Dienstag, 25. 02. 1997: Bewölkt
mit Regen.

1   *Die weißen Flecken auf den Satellitenbildern
(siehe Abb. 1–4) sind Wolken. Vergleicht die Satel-
litenbilder und stellt die Veränderungen in der Wol-
kenverteilung fest.*

2   *Gebt an, welche Informationen die Satelliten-
bilder, M1 und der Wetterbericht (M2) liefern.*

Wetterelemente und Klima

3 *Überlegt, für welche Berufe das Wetter und die Wettervorhersage von großer Bedeutung sind.*

Jeden Tag wird mit einem enormen Aufwand eine Wettervorhersage erstellt, sodass wir entscheiden können, ob wir zum Beispiel einen Besuch im Schwimmbad einplanen können. Täglich fliegen Millionen von Menschen mit dem Flugzeug und ihre Sicherheit hängt davon ab, dass der Pilot über das Flugwetter informiert ist. In Gebieten, in denen schwere Stürme und Unwetter vorkommen, können durch genaue Wettervorhersagen viele Menschenleben gerettet werden.

4 *Sammelt eine Woche lang die Wettervorhersagen aus einer Zeitung und beschreibt die Wetterveränderungen.*

5 *Überprüft, ob die Wettervorhersage und das tatsächliche Wetter übereinstimmen. Legt euch dazu ein Wettertagebuch an. Wie oft war die Wettervorhersage richtig?*

6 *Die Schüler einer siebten Klasse haben angefangen zum Thema „Wetter und Klima" einen Fragenkatalog zusammenzustellen (Abb. 5). Möglichst viele Fragen sollen mit diesem Kapitel beantwortet werden. Ihr seht, dass auf dem Plakat noch Platz für andere Fragen ist. Schreibt ebenfalls auf einem Poster auf, was ihr über „Wetter und Klima" wissen möchtet.*

„Wetter" bezeichnet den Zustand der Lufthülle der Erde, der Atmosphäre (siehe Seite 10), an einem bestimmten Ort und zu einer bestimmten Zeit.
Alle Angaben zum Wetter beruhen auf Messergebnissen, die in Wetterstationen regelmäßig ermittelt werden. Dabei werden nach festgelegten Verfahren Wetterelemente wie z.B. Lufttemperatur, Luftdruck, Niederschlagsmengen, Windrichtung, Windstärke, Sonnenstrahlung und Verdunstung gemessen. Durch jahrelange Beobachtung der Wetterabläufe entwickeln Wetterforscher, die Meteorologen, Daten für Wettervorhersagen.
Die „Witterung" ist die Abfolge des Wetters an einem Ort oder in einem Gebiet während mehrerer Tage.
Liegen Messungen der Wetterelemente über einen längeren Zeitraum (mindestens 30 Jahre) vor, kann man aussagekräftige Durchschnittswerte berechnen und so Aussagen zum Klima eines Ortes machen.

7 *Erklärt mit eigenen Worten die Begriffe „Wetter", „Witterung" und „Klima".*

5 Fragenkatalog zum Thema „Wetter und Klima". Foto 1997.

Wetterkarte und Wettervorhersage

Bis im Fernsehen, in den Rundfunksendern oder in den Tageszeitungen die Wettervorhersagen verlesen und abgedruckt werden können, müssen umfangreiche, weltweite Messungen ausgewertet werden. Eine besondere Bedeutung für die Wetterbeobachtung haben heute die Satelliten. Einer von ihnen mit dem Namen METEOSAT fliegt in 36000 km Höhe über die Erde. Alle 30 Minuten – auch nachts – sendet METEOSAT ein Funkbild zur Erde. Die Satelliten erkennen mittels Radare, Infrarotstrahlen oder auch mit Fotos die gegenwärtige Wettersituation.

8 *Besucht die eurem Schulort nächstgelegene Wetterstation, Niederschlagsmessstelle und Klimastation. Wenn ihr nicht wisst, wo sich diese Messstationen befinden, erkundigt euch bei eurem Lehrer oder schreibt an:*
Deutscher Wetterdienst
Postfach 100465
63004 Offenbach.
Notiert, welche Beobachtungen und Messungen an den einzelnen Stationen gemacht werden.

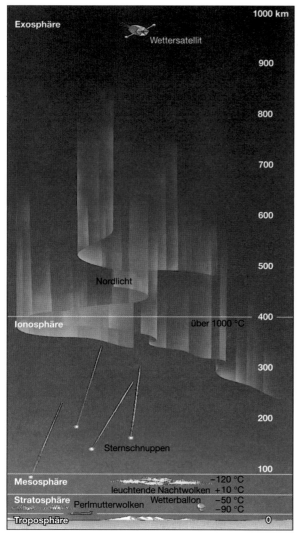

1 Stockwerkbau der Atmosphäre. Grafik.

2 **Astronaut Jim Irwin auf dem Mond.** Foto.

Auf den Seiten 152 bis 155 könnt ihr euch über die Atmosphäre und die verschiedenen Klimaelemente (Klimabausteine) und Klimafaktoren (Klimabeeinflusser) informieren. Ihr könnt dabei in Gruppen arbeiten.

Ohne Atmosphäre kein Leben

1 *Überlegt gemeinsam, warum Astronauten Raumanzüge tragen müssen (Abb. 2).*

Wetter, Witterung und Klima beeinflussen das Leben auf der Erde. Alle drei Begriffe hängen mit dem Zu-

stand der Atmosphäre zusammen. Die Atmosphäre ist die schützende und wärmende Lufthülle der Erde. Das Wort kommt aus dem Griechischen (atmos = Dunst, Luft; sphaira = Kugel, Hülle). Atmosphäre heißt also „Lufthülle".

Die Luft ist ein Gemisch aus Stickstoff (etwa vier Fünftel), Sauerstoff (etwa ein Fünftel), Wasserdampf, Kohlendioxid und Spuren von anderen Gasen. Von allen Planeten, die um die Sonne kreisen, besitzt nur die Erde eine solche lebensfreundliche Atmosphäre.

2 *Stellt dar, welche Bedeutung die Atmosphäre für das Leben auf der Erde hat.*

Die Troposphäre – die „Wetterküche" der Erde

Auslöser unseres täglichen Wetters und des Klimas insgesamt ist die Sonne. Ihre Strahlung liefert die nötige Energie für die Vorgänge in der Atmosphäre. Die Lufthülle der Erde, die Atmosphäre, wird nach der Art der Temperaturänderung in der Höhe in verschiedene „Stockwerke" unterteilt (siehe Abb. 1). Die alltäglichen Wettervorgänge spielen sich nur in der untersten Schicht der Erdatmosphäre, der Troposphäre, ab. Sie ist die „Wetterküche" der Erde. Sie ist am Äquator bis 18 Kilometer, bei uns bis 12 Kilometer und an den Polen nur acht Kilometer mächtig.

3 *Untersucht die Abbildung 1 und stellt die Beobachtungen für die einzelnen Schichten der Atmosphäre in einer Tabelle zusammen.*

152

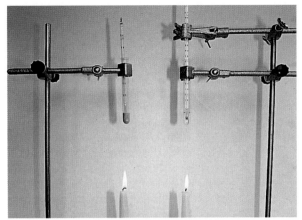

3 Experiment zum Wärmehaushalt von Sand und Wasser. Foto.

4 Vorgänge in einem Tiefdruckgebiet und in einem Hochdruckgebiet. Grafik.

Sonneneinstrahlung und Temperatur

Das Leben auf unserer Erde ist nur möglich, weil die Sonne die Erde bescheint. Pflanzen können nur wachsen, wenn sie Sonnenlicht empfangen. Von der unvorstellbar großen Energie, die die Sonne jeden Tag abstrahlt, erreicht nur etwa ein Zweimilliardstel die Erde. Dies ist jedoch die richtige Menge für ein Klima auf der Erde, bei dem Pflanzen, Tiere und Menschen existieren können.

Ein Teil der Sonnenstrahlung wird von der Erdoberfläche aufgenommen und führt dort zur Erwärmung. Wie bei einer Herdplatte gibt die Erdoberfläche dann die Wärme an die darüber liegende Luft ab. Die Erwärmung der Luft geschieht also von unten, weshalb mit zunehmender Höhe in der Troposphäre die Lufttemperatur abnimmt. Wie stark die Erdoberfläche und damit auch die Luft erwärmt werden, hängt von der Strahlungsdauer, der Strahlungsintensität und der Beschaffenheit der Erdoberfläche ab. Strahlungsdauer und Strahlungsintensität sind stark von der Jahreszeit und der Breitenlage eines Ortes abhängig.

Einen Versuch zur Wärmespeicherung bei unterschiedlich beschaffener Erdoberfläche zeigt die Abbildung 3. Sand, der das Land darstellen soll, und Wasser werden drei Minuten erhitzt und dann fünf Minuten abgekühlt.

4 *Messt die Temperaturen von Sand und Wasser zu Beginn, nach der Erwärmung und der Abkühlung.*

5 *Formuliert mithilfe des Vergleichs aller Temperaturen Aussagen zur Erwärmung und Abkühlung von Land und Wasser.*

Luftdruck

Man kann Luft nicht sehen und nicht anfassen. Aber wenn ihr mit ausgebreiteten Armen und Händen schnell rennt, könnt ihr den Widerstand der Luft spüren. Auch Luft besitzt ein Eigengewicht. Die Atmosphäre ist über 600 km dick. Diese Luft drückt auf die Erdoberfläche. Das Gewicht der Luftteilchen übt auf die Erdoberfläche einen Druck aus – den Luftdruck.

Wo sich viele Luftteilchen befinden, herrscht ein hoher Druck – ein Hochdruckgebiet (H). Wo weniger Luftteilchen vorhanden sind, herrscht tiefer Druck – ein Tiefdruckgebiet (T). Mit zunehmender Höhe nimmt der Luftdruck ab. Der höchste Druck herrscht demnach in Bodennähe. Der Luftdruck wird mit einem Barometer gemessen.

6 *Beschreibt die Vorgänge in einem Hoch- und in einem Tiefdruckgebiet. Verwendet dazu Abb. 4.*

7 *Zeigt auf einem Satellitenbild von Seite 150, wo sich vermutlich Gebiete mit hohem oder tiefem Luftdruck befinden. Zeigt die Gebiete auch auf der Abbildung auf Seite 148.*

1 **Windenergieanlage.** Foto 1994.

Wind

Der Luftdruck ist auf der Erde nicht gleichmäßig verteilt und ändert sich ständig. Ursachen hierfür sind die unterschiedliche Erwärmung der Luft vor allem durch die Erdoberfläche und Bewegungsvorgänge in der Atmosphäre. Erwärmte Luft wird leichter und steigt auf, sich abkühlende Luft wird dagegen schwerer und sinkt ab, sodass es zu Luftdruckveränderungen kommt. Die Luft gleicht diese Druckunterschiede aus, indem sie vom Gebiet mit höherem Luftdruck zum Gebiet mit tieferem Luftdruck strömt.

Bei diesem Transport der Luftteilchen entstehen Winde. Je größer der Luftdruckunterschied ist, desto stärker weht der Wind. Er flaut ab, wenn die Druckunterschiede ausgeglichen sind.

Die Windfahne zeigt die Windrichtung. Weist die Fahne zum Beispiel nach Osten, herrscht Westwind. Es wird also angegeben aus welcher Richtung der Wind kommt. Die Geschwindigkeit des Windes wird in verschiedene Windstärken eingeteilt.

1 *Begründet, warum der Luftdruck auf der Erde verschieden ist.*

2 *Gebt die Windrichtung an, wenn die Windfahne a) nach Süden zeigt, b) nach Osten zeigt.*

3 *Überlegt, warum auf Autobahnbrücken Windsäcke angebracht sind.*

4 *Informiert euch in einem Lexikon über die Bedeutung der verschiedenen Windstärken.*

5 *Nennt Beispiele, wo der Wind dem Menschen nützt oder ihm schadet. Berücksichtigt dabei auch die Abbildung 1.*

Luftfeuchtigkeit und Niederschlag

Das in der Atmosphäre vorhandene Wasser ist für das Wetter sehr bedeutsam. Bei der Erwärmung feuchter Oberflächen wird Wasser zu unsichtbarem Wasserdampf. Man spricht von Verdunstung. Warme Luft kann mehr Wasserdampf aufnehmen als kalte.

Wenn feuchte Luft abkühlt, bilden sich umgekehrt aus dem gasförmigen Wasserdampf wieder winzige Wassertröpfchen. Man nennt diesen Vorgang Kondensation. Schließlich entstehen Nebel oder Wolken. Kühlt die Luft weiter ab, fällt Niederschlag in Form von Regen, Schnee, Hagel oder Graupel.

Niederschläge werden mit dem Niederschlagsmesser gemessen. Ein Millimeter Niederschlag entspricht einem Liter pro Quadratmeter Bodenfläche.

6 *Erklärt anhand des Textes die Entstehung von Niederschlag. Denkt daran, dass die Lufttemperatur mit der Höhe abnimmt.*

7 *An einem Regentag werden 20 mm Niederschlag gemessen. Wie viele Liter Wasser hat dann ein ein Hektar großes Feld (entspricht etwa einem Fußballfeld) erhalten?*

8 *Informiert euch bei der nächstgelegenen Wetterstation über die jährliche Niederschlagssumme. Vergleicht den Wert mit den Angaben in der Übersicht oben.*

9 *Sucht die in der Übersicht oben genannten Orte in einem Atlas.*

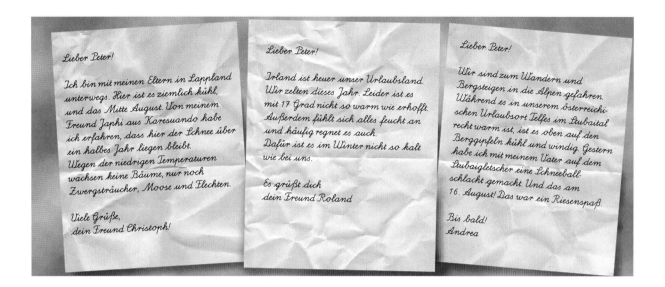

Lieber Peter!

Ich bin mit meinen Eltern in Lappland unterwegs. Hier ist es ziemlich kühl, und das Mitte August. Von meinem Freund Japhi aus Karesuando habe ich erfahren, dass hier der Schnee über ein halbes Jahr liegen bleibt. Wegen der niedrigen Temperaturen wachsen keine Bäume, nur noch Zwergsträucher, Moose und Flechten.

Viele Grüße,
dein Freund Christoph!

Lieber Peter!

Irland ist heuer unser Urlaubsland. Wir zelten dieses Jahr. Leider ist es mit 17 Grad nicht so warm wie erhofft. Außerdem fühlt sich alles feucht an und häufig regnet es auch.
Dafür ist es im Winter nicht so kalt wie bei uns.

Es grüßt dich
dein Freund Roland

Lieber Peter!

Wir sind zum Wandern und Bergsteigen in die Alpen gefahren. Während es in unserem österreichischen Urlaubsort Telfes im Stubaital recht warm ist, ist es oben auf den Berggipfeln kühl und windig. Gestern habe ich mit meinem Vater auf dem Stubaigletscher eine Schneeballschlacht gemacht. Und das am 16. August! Das war ein Riesenspaß.

Bis bald!
Andrea

Urlaubsgrüße

Kurz vor den Sommerferien hat sich Peter ein Bein gebrochen. Deswegen haben seine Eltern beschlossen die schon lange geplante Urlaubsreise ausfallen zu lassen. Die Klassenkameraden haben Peter versprochen, dass sie ihm Ansichtskarten von ihren Urlaubsorten schicken werden um ihn zu trösten.

11 *Ermittelt in eurem Atlas die Urlaubsgebiete von Peters Freunden.*

12 *Vergleicht die Angaben über das Wetter, das in den jeweiligen Gebieten herrscht.*

Klimafaktoren

Neben der Breitenlage ist auch die Lage eines Gebietes zum Meer für dessen Klima sehr wichtig. Wasser benötigt zu seiner Erwärmung größere Energiemengen als die feste Landoberfläche. Außerdem dringt die Sonnenstrahlung viel tiefer ins Wasser ein. Wasser nimmt große Mengen an Sonnenenergie auf und bildet damit einen guten Wärmespeicher. Im Sommer erwärmt sich das Meer nur allmählich. Im Winter gibt das Meer die gespeicherte Wärme langsam ab und erwärmt damit die Luft. Das Festland erhitzt sich dagegen im Sommer bei entsprechender Einstrahlung schnell und stark, im Winter aber kühlt es dafür auch rasch ab. Deshalb können wir zwischen Seeklima und Landklima unterscheiden.

Ferner ist das Klima eines Gebietes von seiner Höhenlage abhängig. In der Regel nimmt die Lufttemperatur je 100 m Höhe um 0,5 bis 1 Grad ab.

Daneben beeinflusst auch die Neigung eines Hanges das Klima dieses Raumes sehr stark. So liegen Nordhänge oft im Schatten, Südhänge dagegen sind klimatisch begünstigt. Bodenbeschaffenheit und Vegetation sind weitere wichtige Klimabeeinflusser. So führt die Beseitigung der Vegetation, zum Beispiel des Regenwaldes, häufig zu einem trockeneren Klima.

12 *Beschreibt mithilfe des Textes die Klimafaktoren mit eigenen Worten.*

13 *Unterscheidet mithilfe von Abb. 2 Klimaelemente und Klimafaktoren.*

14 *Nennt die Klimafaktoren, die an den Urlaubsorten von Christoph, Roland und Andrea vermutlich eine wichtige Rolle spielen.*

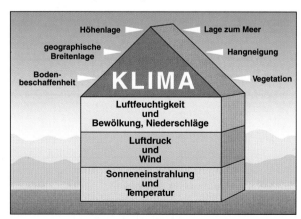

2 Klimaelemente und Klimafaktoren.

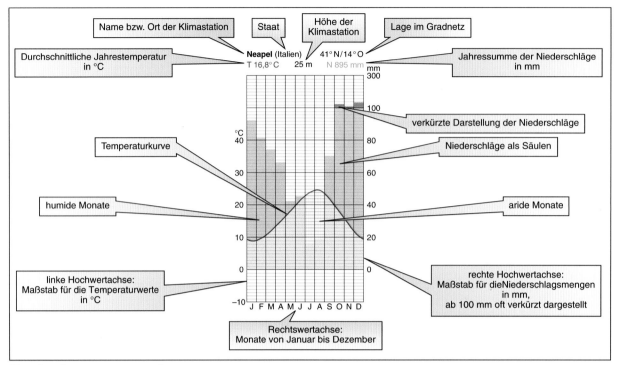

1 Klimadiagramm von Neapel.

Klimadiagramme können euch auf anschauliche Art sehr viele Informationen über das Klima eines Ortes geben. Mithilfe von Klimadiagrammen lassen sich die Werte verschiedener Orte schnell und leicht miteinander vergleichen. Um Informationen aus einem Klimadiagramm entnehmen zu können, solltet ihr es zunächst lesen und danach auswerten.

Wir lesen ein Klimadiagramm

In der Abbildung oben ist das Klimadiagramm von Neapel dargestellt. Die Temperaturwerte sind als rote Kurve und die Niederschläge als blaue Säulen dargestellt. Die Werte für Temperatur und Niederschlag sind im Verhältnis 1 : 2 eingezeichnet das heißt dem Temperaturwert 20 °C auf der linken Skala steht der Niederschlagswert 40 mm auf der rechten Skala gegenüber. Dies hat den Vorteil, dass man mit einem Blick erkennen kann, ob ein Monat feucht oder trocken ist.

Wenn ihr ein Klimadiagramm lesen und auswerten wollt, könnt ihr in folgenden Schritten vorgehen:

1. Allgemeine Stationsangaben:
■ Nennt die Klimastation, den Staat, die Höhe der Station und die Lage im Gradnetz.

2. Temperatur:
■ Nennt die Jahresdurchschnittstemperatur und den wärmsten und den kältesten Monat.
■ Errechnet den Temperaturunterschied zwischen den beiden Monaten.
■ Stellt fest, welche und wie viele Monate heiß (über 20 °C), warm (15 bis 20 °C), mild (5 bis 15 °C), kühl (0 bis 5 °C), kalt (0 bis 10 °C), sehr kalt (unter 10 °C) sind.
■ Zeigt die Monate auf, in denen die Vegetation wachsen kann (Durchschnittstemperatur über 5 °C).

3. Niederschlag:
■ Nennt den Jahresniederschlag. Bezeichnet die Monate, in denen die Niederschläge am höchsten, gering oder überhaupt nicht vorhanden sind.
■ Berechnet den Unterschied zwischen dem niederschlagsreichsten und -ärmsten Monat.
■ Gebt an, ob die Niederschläge gleichmäßig auf das Jahr verteilt sind oder zu bestimmten Zeiten fallen.

4. Zusammenwirken von Temperatur und Niederschlag

■ Überlegt, was die Temperaturwerte der Station und ihr Verlauf während des Jahres für das Leben der Menschen bedeuten.

■ Stellt fest, welche und wie viele Monate feucht oder trocken sind.

■ Überlegt, was die Niederschlagsmenge und ihre Verteilung über das Jahr für das Leben der Menschen bedeuten.

■ Bedenkt, welche Schlüsse sich aus dem Klima der Station für das Wachstum der Pflanzen und das Leben der Tiere ziehen lassen.

1 *Schlagt die drei Orte aus den Klimadiagrammen (Abb. 3) im Atlas nach.*

2 *Lest und wertet die in Abb. 3 dargestellten Klimadiagramme aus. Geht dabei nach der oben gezeigten Methode vor.*

3 *Bringt die Klimadiagramme (Abb. 3) zum „Reden", indem ihr die erarbeiteten Informationen in einem zusammenhängenden Text darstellst.*

4 *Vergleicht das Klima der drei Stationen (Abb. 3).*

Wir zeichnen ein Klimadiagramm

■ Besorgt euch Karo- oder Millimeterpapier.

■ Zeichnet im unteren Teil des Blattes eine 12 cm lange Rechtsachse und tragt darauf die Monate ein.

■ Zeichnet nun ausgehend von der Rechtsachse rechts und links zwei 18 cm lange Hochachsen.

■ Tragt 4 cm über der Rechtsachse die 0 °C-Linie ein.

■ Beschriftet die Achsen des Klimadiagramms (2cm = 10 °C = 20mm Niederschlag).

■ Zeichnet mithilfe von Abb. 2 das Klimadiagramm von Nürnberg. Tragt die Werte für Temperatur und Niederschlag ein und zeichnet die Temperaturkurve und die Niederschlagssäulen. Kennzeichnet die einzelnen Angaben farbig.

■ Zeichnet ein Klimadiagramm für eine Stadt in eurer Region. Besorgt euch die entsprechenden Werte für Temperatur und Niederschläge in der nächstgelegenen Wetterstation.

	J	F	M	A	M	J	J	A	S	O	N	D	Jahr
°C	0	1	4	8	13	15	17	16	13	9	4	1	8
mm	44	36	35	44	49	55	74	64	52	53	42	47	595

2 Klimawerte von Kassel.

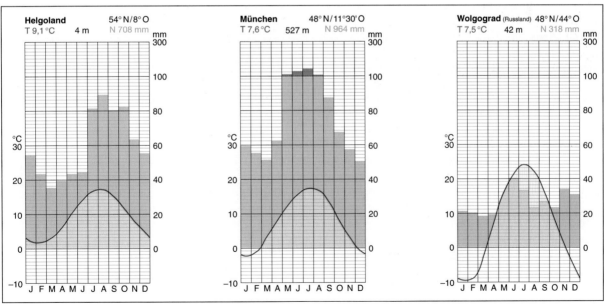

3 Klimadiagramme.

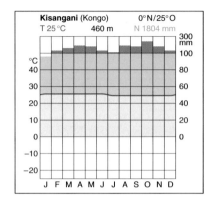

Kisangani (Kongo) 0°N/25°O
T 25°C   460 m   N 1804 mm

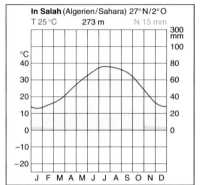

In Salah (Algerien/Sahara) 27°N/2°O
T 25°C   273 m   N 15 mm

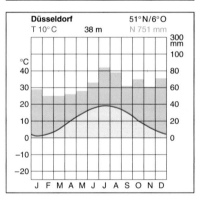

Düsseldorf   51°N/6°O
T 10°C   38 m   N 751 mm

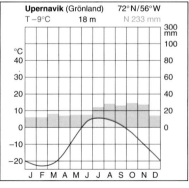

Upernavik (Grönland) 72°N/56°W
T −9°C   18 m   N 233 mm

158

Klimazonen und Landschaftsgürtel

Wer sich aus dem sonnigen Süden eine Palme mitnimmt, wird sie nicht lange in seinem Garten bewundern können. Im Sommer gibt es keine Probleme, wohl aber im Winter. Denn in unseren Breiten ist es kälter als in der Heimat der Palme. Jämmerlich würde die Palme in unserer Klimazone erfrieren.

Klimazonen sind große Teilräume der Erde, in denen die wesentlichen Klimaelemente gleichartig sind: die Temperaturen und die Niederschläge im Jahresverlauf sowie die Regen- und Trockenzeiten.

Die klimatischen Bedingungen in den Klimazonen der Erde bestimmen in erster Linie, welche Pflanzen dort wachsen und wie die natürlichen Landschaften der Erde aussehen. Die Erdoberfläche gliedert sich daher in Landschaftsgürtel. Ihre Lage und Grenzen weisen Übereinstimmungen mit den Klimazonen auf. Da sich die Pflanzen den natürlichen Bedingungen anpassen müssen, weist jeder Landschaftsgürtel einen typischen Pflanzenbewuchs auf. Man kann Pflanzen als Anzeiger für das Klima betrachten.

Die Tropen

Beiderseits des Äquators liegen die immerfeuchten Tropen. Das Wetter ist immer warm und feucht. Es gibt keine Jahreszeiten. Die mittlere Jahrestemperatur liegt bei etwa 25 °C. Tagsüber ist es feuchtheiß, nachts kühlt es etwas ab. In dieser Klimazone wächst der tropische Regenwald (vgl. Kap. 6). Seine Pflanzenwelt ist artenreich, ein Dschungel von Bäumen, Sträuchern, Orchideen und Lianen.

Die wechselfeuchten Tropen schließen sich nördlich und südlich an die immerfeuchten Tropen an. Es gibt dort einen deutlichen Wechsel von Regen- und Trockenzeit innerhalb eines Jahres. Die Temperatur kann tagsüber bis auf über 50 °C ansteigen und nachts bis auf 10 °C absinken. Die Savannen sind der beherrschende Landschaftsgürtel der wechselfeuchten Tropen. Je länger die Trockenzeit dauert, desto spärlicher ist der Pflanzenwuchs. Man unterscheidet daher die Dorn-, Trocken- und Feuchtsavanne.

Die Subtropen

Weiter nördlich und südlich schließen sich die Subtropen an. An den Wendekreisen liegen die subtropischen Wüsten. Hier überleben nur Pflanzen, die auch viele Trockenjahre überdauern können.

An den Westseiten der Kontinente gibt es in den Subtropen Winterregengebiete. Ihr Klima ist durch Trockenheit im Sommer und Niederschläge im Winter gekennzeichnet. Die Pflanzen, wie zum Beispiel Pinie, Zypresse oder Lorbeer, sind der sommerlichen Trockenheit besonders angepasst.

An den Ostseiten der Kontinente ist das Klima dieser Zone immerfeucht. Hier finden sich Feuchtwälder, die vor allem aus Magnolien, Rhododendron, Bambus, Farnen und Lianen bestehen.

Die gemäßigte Zone

In der gemäßigten Zone bestimmt die unterschiedliche Verteilung von Licht und Wärme im Laufe eines Jahres die verschiedenen Jahreszeiten. Einen Wechsel von Regen- und Trockenzeiten gibt es nicht. Niederschläge fallen zu allen Jahreszeiten. In den wärmeren Bereichen dieser Zone, zum Beispiel in Deutschland, wachsen vor allem Laub-, in höheren Breiten Nadelwälder. Mit zunehmender Entfernung vom Meer nehmen die Niederschläge ab bis hin zur winterkalten Trockenzone mit ihren Steppen und Wüsten.

Die Polarzone

Auf die gemäßigte Zone folgt polwärts auf beiden Erdhalbkugeln jeweils die subpolare Zone. Hier wird in keinem Monat eine Mitteltemperatur von über 12 °C erreicht. Die Winter sind sehr lang: bis zu 300 Tage kann eine Schneeschicht den Boden bedecken. Der kurze Sommer lässt den Pflanzen nur wenig Zeit zum Wachsen. In Sibirien nennt man die Nadelwälder aus Fichten, Kiefern, Lärchen und Birken in dieser Zone Taiga. Die baumlose Tundra aus Moosen, Flechten, Gräsern und Zwergsträuchern schließt sich polwärts an.

In der hochpolaren Zone herrscht nach unseren Klimavorstellungen ewiger Winter. Die Monatsdurchschnittstemperaturen liegen meist unter −10 °C. Diese Eis- und Schneewüsten sind fast ohne Bewuchs.

1 *Bildet vier Gruppen. Jede Gruppe übernimmt eine Klimazone.*
- *Notiert mithilfe des entsprechenden Textes Merkmale „eurer" Klimazone.*
- *Sucht die Klimastationen von Seite 158 im Atlas.*
- *Wertet die Klimadiagramme von Seite 158 aus.*
- *Stellt den anderen Gruppen „eure" Klimazone vor. Begründet, welche Abbildung und welches Klimadiagramm auf Seite 158 zu „eurer" Klimazone gehören.*
- *Benennt mithilfe des Atlas und der Karte auf S. 159/160 Länder, die in „eurer" Klimazone liegen.*

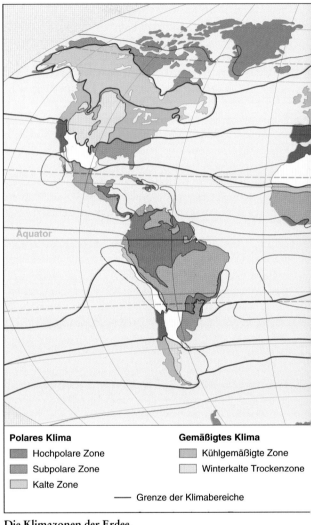

Polares Klima

- Hochpolare Zone
- Subpolare Zone
- Kalte Zone

Gemäßigtes Klima

- Kühlgemäßigte Zone
- Winterkalte Trockenzone

—— Grenze der Klimabereiche

Die Klimazonen der Erdee.

1   *Gebt an, welche Klimazonen ihr zwischen Nordeuropa und Südafrika (zwischen Nordkanada und der Südspitze Amerikas) findet.*
2   *Nennt die Kontinente, in denen einzelne Landschaftsgürtel besonders großräumig ausgebildet sind.*

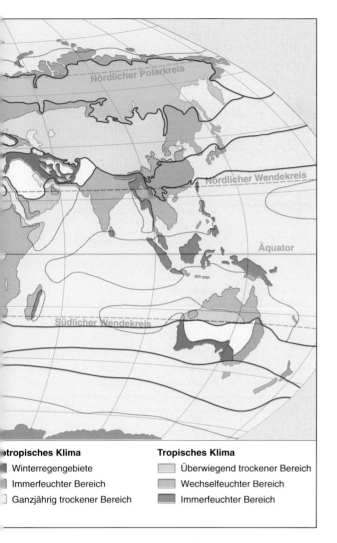

...tropisches Klima

- ▪ Winterregengebiete
- ▫ Immerfeuchter Bereich
- ▫ Ganzjährig trockener Bereich

Tropisches Klima

- ▫ Überwiegend trockener Bereich
- ▫ Wechselfeuchter Bereich
- ▪ Immerfeuchter Bereich

3 *Beschreibt die Bilder und versucht sie den Klimazonen zuzuordnen.*
4 *Erstellt auf einer Wandzeitung eine Übersicht mit den Klimazonen der Erde. Ergänzt sie durch typische Abbildungen aus Zeitschriften und Reiseprospekten, die ihr den Klimazonen zuordnet.*

1 Robbenjagd. Foto.

2 Inuit mit Offroadfahrzeug. Foto 1995.

Inuit – Leben in der Kälte

Selbst an den polaren Rändern Asiens und Nordamerikas sowie an den eisfreien Küstenstrichen Grönlands haben sich Menschen niedergelassen und dem widrigen Klima angepasst. Das bekannteste dieser Völker sind die Inuit.

Vor über 10 000 Jahren wanderten die Inuits aus Sibirien in Nordamerika ein und besiedelten die arktischen Küsten. Ihre Lebensgrundlage bildeten über lange Zeit im Sommer und Herbst der Fischfang (z. B. Lachsfischerei) sowie die Robben- und Rentierjagd, im Winter überwiegend nur die Jagd auf Robben. Fischfang war Frauensache, während die Robbenjagd von den Männern ausgeübt wurde. Die Inuit verzehrten Fleisch und Fisch meist roh, weil Vitamine beim Kochen zerstört werden. Benachbarte Indianerstämme im Norden Kanadas verspotteten die Inuit als „Eskimo" (Rohfleischfresser). Diese bezeichnen sich aber selbst als „Inuit" (= Menschen).

Während die Inuit in den Sommermonaten meist in Zelten aus Rentierfellen lebten, zogen sie im Winter in einfache Häuser. Sie wurden aus Steinen aufgeschichtet, mit Grassoden und Torf abgedeckt und mit Fellen ausgelegt. Zur Jagd auf die Robben mussten die Inuit weit auf das Packeis hinaus und bauten dort aus Schneeblöcken Notbehausungen, die Iglus.

1 *Sucht die Wohngebiete der Inuit auf einem Globus und im Atlas.*

2 *Berichtet anhand des Textes und der Abb. 1 über die frühere Lebensweise der Inuit.*

3 *Die Inuit waren früher Selbstversorger. Begründet diese Aussage anhand des Textes.*

Das Leben der Inuit heute

Als Walfischfänger und Pelzhändler in den Norden Kanadas vordrangen, änderte sich die bisherige Lebensweise der kanadischen Inuit. Die Pelzhändler interessierten sich hauptsächlich für die wertvollen Felle der weißen und blauen Polarfüchse. Aus den Inuit, die sich bisher vom Jagen und Fischen selbst versorgten, wurden Pelztierjäger. Sie tauschten Felle gegen Gewehre, Munition, Außenbordmotoren sowie Nahrung und Kleidung. Viele Tiere wurden durch die Jagd mit den neuen Jagdgeräten fast ausgerottet. Umiapik, der auf der Baffininsel lebt, erinnert sich:

M Als die Preise für Felle fielen, lohnte sich für uns die Jagd nicht mehr. Die Preise waren so niedrig, dass wir dafür nicht einmal genügend Munition kaufen konnten. Viele von uns wurden arbeitslos.

Gut bezahlte Jobs bieten Ölfirmen und Bergwerksgesellschaften im Westen an, aber mit dem Nachteil, dass diese Arbeiter weitab von ihren Familien in Camps leben müssen.

Die Regierung hat uns vorgefertigte Holzhäuser, die bunten „matchboxes", zugewiesen. Innen ist in drei bis vier Räumen Platz für 15 Personen.

Für viele von uns ist die Siedlung ein Gefängnis, aus dem man am liebsten ausbrechen möchte. Besonders Jüngere greifen deshalb zur Flasche oder nehmen Drogen.

4 *Vergleicht die frühere Lebensweise der Inuit mit der heutigen (Fotos und Text).*

5 *Welche Auswirkungen hatte für die Inuit die Umstellung vom Jäger zum Lohnarbeiter?*

162

3 **Tuareg-Nomade auf seinem Kamel vor Lehmhütten in Mali.** Foto um 1990.

5 **Bauarbeiten an einem Staudamm in Mali.** Foto um 1993.

4 **Blick in eine Rundhütte der Yanomami, dem letzten steinzeitlichen Stamm im Amazonas Regenwald.** Foto 1991.

6 **Abholzung des Regenwaldes im Yanomamigebiet durch Goldschürfer.** Foto um 1990.

6 *Informiert euch in einer Bibliothek über die Lebensverhältnisse der Tuareg. Berichtet in einem Kurzreferat über ihr Leben früher und heute. Bezieht dabei die Abbildungen 3 und 5 mit ein.*

7 *Beschafft Informationen (Lexikon; Bibliothek) über die Lebensverhältnisse der Yanomami im tropischen Regenwald. Stellt mithilfe der Abbildungen 4 und 6 Veränderungen in ihrem Leben kurz dar.*

1 Erkenntnisse aus dem Eis: Ein Eiszeitforscher zersägt eine durch Tiefenbohrung gewonnene Probe aus der Antarktis. Die im Eis eingeschlossenen Pflanzenpollen und Luftbläschen, die viele tausend Jahre alt sind, geben Auskunft über die Vergangenheit von Erde und Atmosphäre. Foto.

Innlandeis	Tundra	Waldgrenze
Eiszeitliche Küste	Steppe	Lössanwehung*
Heutige Küste	Wald	

2 Die Vereisung in Europa während der letzten Eiszeit.

Epochen der Klimageschichte

1 *Berichtet, was ihr aus der Abb. 1 über die Arbeitsweise eines Klimaforschers erkennen könnt.*

Durch Untersuchungen von Geologen wissen wir, dass sich seit der Entstehung der Erde das Klima auf unserem Planeten mehrmals verändert hat. So gab es Warmzeiten, auf die wieder Kaltzeiten folgten. Mitteleuropa liegt heute in einer gemäßigten Klimazone (siehe Seite 160). Das war aber nicht immer so.

Vor ungefähr 60 Millionen Jahren herrschte ein Steppenklima, vor 20 Millionen Jahren bedeckten ausgedehnte tropische Wälder das heutige Mitteleuropa. Vor etwa 20 Millionen Jahren begann eine Periode von Eiszeiten. Während der Eiszeiten waren große Teile Nordeuropas, einige Mittelgebirge und die Alpen unter dicken Eispanzern begraben. Die letzte Eiszeit endete vor etwa 10000 Jahren.

Soweit man heute weiß, gingen die Veränderungen so langsam vor sich, dass sich Tiere und Pflanzen über viele Jahrtausende den sich ändernden Bedingungen anpassen konnten.

Über die Ursachen der Eiszeiten weiß man noch nicht sehr viel. Vielleicht waren es besonders heftige Vulkanausbrüche, die große Mengen Staub in die Luft schleuderten. Die Sonneneinstrahlung wurde dadurch so gebremst, dass die Temperaturen absanken. Setzte sich der Staub langsam ab, konnte die Sonne wieder ihre volle Kraft entwickeln und es wurde allmählich wärmer. Andere Forscher meinen die Klimaänderungen wurden durch Schwankungen in der Zusammensetzung der Erdatmosphäre ausgelöst. Langsam bildete sich nach der letzten Eiszeit das heutige Klima heraus. Einiges spricht dafür, dass sich das Klima bereits wieder verändert.

2 *Versucht mithilfe der Abb. 2 einzelne Länder und Gebiete Europas zu benennen, die während der letzten Eiszeit unter einer dicken Eisschicht begraben waren.*

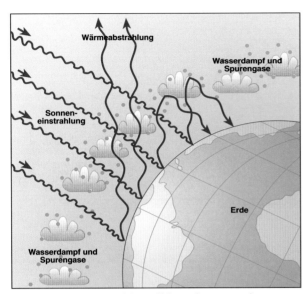

3 Der natürliche Treibhauseffekt in der Atmosphäre.

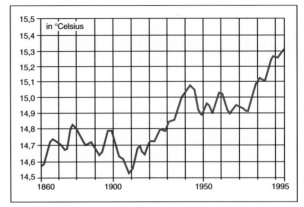

4 Mittlere Temperatur der Erde 1860–1995.

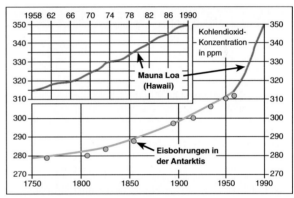

5 CO_2-Konzentrationen in der Atmosphäre 1750–1990.
Rekonstruiert aus Eisbohrkernen und seit 1958 direkt gemessen auf dem Mauna Loa (Hawaii).

Der natürliche Treibhauseffekt

Tritt man in das Treibhaus einer Gärtnerei kann man feststellen, dass die Luft im Innern wärmer ist als die Außenluft. Die Gärtner machen sich den so genannten Treibhauseffekt zunutze: Durch die Glasflächen dringen die Sonnenstrahlen fast ungehindert ein. Der Boden nimmt das Licht auf und erwärmt sich dadurch. Diese Wärme bleibt durch die Glasumrahmung im Treibhaus erhalten.

Auch auf der Erde gibt es einen natürlichen „Treibhauseffekt", ohne den kein Leben möglich wäre. Nur dadurch kann die Erde ihre Durchschnittstemperatur von ca. +15°C halten. Ohne das Vorhandensein der „Treibhausgase" in der Atmosphäre lägen die durchschnittlichen Temperaturen der Erdatmosphäre in Bodennähe bei -18 °C.

3 *Erläutert mithilfe der Abbildung 3 den natürlichen Treibhauseffekt in der Erdatmosphäre.*

Der Mensch beeinflusst das Klima

In der Zeitschrift „GEO" hieß es im Juli 1993:

M … Sie ist von faszinierender Unerbittlichkeit, diese Kurve von Hawaii – die Fieberkurve der Erde. Seit Wissenschaftler 1958 begonnen haben auf dem 4 000 Meter hohen Vulkan Mauna Loa den Gehalt der Luft an Kohlendioxid (CO_2) aufzuzeichnen, steigt sie … an. … Wie auf Hawaii, wo am längsten präzise und regelmäßig gemessen wird, erreicht der CO_2-Gehalt der Erdatmosphäre jedes Jahr ein neues Hoch. … Das „größte Experiment, das der Mensch je angestellt hat" – so der Klimaforscher Roger Revelle – läuft weiter auf vollen Touren: „Der Mensch verfeuert in wenigen hundert Jahren die Brennstoffe, die von der Natur … in 400 Millionen Jahren aufgebaut wurden." In diesem ahnungslos begonnenen und bis heute unbekümmert fortgeführten „Experiment" gehen beim Verbrennen von Kohle, Erdöl und Erdgas mittlerweile 22 Milliarden Tonnen CO_2 jährlich in die Luft …

4 *Beschreibt die Grafik oben (Abb. 4).*

5 *Beschreibt die Entwicklung des CO_2-Gehaltes in der Atmosphäre anhand der Grafik (Abb. 5).*

6 *Formuliert mithilfe der Grafiken (Abbildungen 4 und 5) und von M Vermutungen zur Bedeutung des Kohlendioxidgehalts für das Erdklima.*

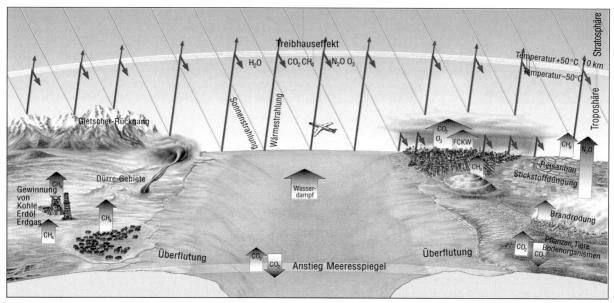

1   Verursacher des Treibhauseffektes (nach GEO und Enquetekomission Deutscher Bundestag). Die Prozentangaben beziehen sich auf den Anteil der einzelnen Treibhausgase am durch den Menschen verursachten Treibhauseffekt in den 80er-Jahren.

Treibhauseffekt durch den Menschen

Seit rund 100 Jahren steigt der Kohlendioxidgehalt der Atmosphäre ständig an. Diese Entwicklung ist in erster Linie auf menschliche Einflüsse zurückzuführen. Der wichtigste Eingriff ist dabei die Verfeuerung von Erdöl, Kohle, Gas oder Holz. Dabei entsteht unvermeidbar Kohlendioxid.

Zum Teil höhere Zuwachsraten als das Kohlendioxid weisen andere Gase auf. Ihre Treibhauswirksamkeit ist zum Teil um ein Vielfaches größer als die von Kohlendioxid (siehe „Kleines Treibhaus-Lexikon"). So hat sich der Methangehalt der Atmosphäre in den letzten 100 Jahren mehr als verdoppelt. Methan ist etwa 30-mal „treibhauswirksamer" als Kohlendioxid.

Ein höherer Gehalt an „Treibhausgasen" bedeutet aber auch, dass mehr Wärme in der Atmosphäre zurückgehalten wird. Es kommt zu einer zusätzlichen Erwärmung. Diese Erscheinung wird als „künstlicher Treibhauseffekt" bezeichnet.

1   *Beschreibt mithilfe der Abb. 1 und des Textes auf dieser Seite, wie der Mensch durch sein Handeln den natürlichen Treibhauseffekt verstärkt.*

2   *Sammelt aus Tageszeitungen und Illustrierten Meldungen über den Treibhauseffekt. Gestaltet dazu eine Wandzeitung/Infowand.*

Kleines Treibhaus-Lexikon

Atmosphäre: Gashülle der Erde. Besteht aus Stickstoff (77 Prozent), Sauerstoff (21 Prozent), Edelgasen, Wasserdampf, Kohlendioxid (0,03 Prozent), Luftschwebstoffen.

Emission: Abgabe von Abgasen und Abfallstoffen an die Luft.

CO_2: Kohlendioxid. „Treibhausgas". Entsteht bei der Verbrennung kohlenstoffhaltiger Energieträger. Verweildauer in der Atmosphäre: ca. 50–200 Jahre.

CH_4: Methan. Hauptbestandteil des Erdgases. Unverbrannt wirkt es als „Treibhausgas". Daneben wird es frei beim Reisanbau, in Rindermägen, auf Mülldeponien und bei Brandrodungen. Verweildauer in der Atmosphäre: ca. 10 Jahre.

O_3: Ozon. Entsteht in Kraftfahrzeugmotoren. Ozonmoleküle wirken als Treibhausgas 1800-mal so stark wie Kohlendioxid. Verweildauer in der Atmosphäre: ca. 2 bis 3 Monate.

FCKW: Fluorchlorkohlenwasserstoffe. Kältemittel in Kühlschränken und Treibgas für Spraydosen. Wirkt als Treibhausgas 15 000-mal so stark wie Kohlendioxid. Verweildauer in der Atmosphäre: 65 Jahre. Wichtig für die Entstehung des Ozonlochs in der Erdatmosphäre.

166

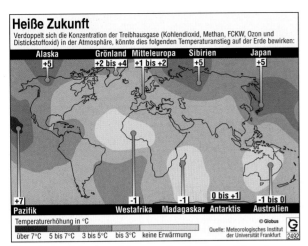

2 Vermutliche Auswirkungen des durch den Menschen bedingten Treibhauseffektes auf die Temperaturverteilung am Erdboden.

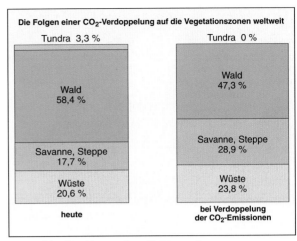

3 Kohlendioxid verändert die Vegetationszonen.

Mögliche Folgen des Klimawandels

Klimaforscher der Universität Frankfurt/M. haben folgende Vorhersage aufgestellt:

M1 ... Wenn sich die Konzentration der Treibhausgase verdoppelt, könnte dies einen weltweiten durchschnittlichen Temperaturanstieg von 2,5°C bewirken. Diese Situation könnte schon bis zum Jahre 2050 Wirklichkeit werden, wenn die Menschheit so weiter macht wie bisher ...

Der Klimaforscher Hartmut Graßl äußerte sich so:

M2 ... Unser neuer Klimabericht sagt noch schärfer als der erste aus dem Jahr 1990, dass der Klimawandel vor allem die Entwicklungsländer bedroht. Sie werden nicht nur unter einem steigenden Meeresspiegel und stärkeren Niederschlagsschwankungen leiden, sondern vermutlich auch unter einer Ausbreitung der Malaria* ...

„Der Spiegel" berichtete am 20. März 1995:

M3 ... Eine der Auswirkungen des Treibhauseffekts trifft alle Staaten: Stürme von bislang unbekannter Stärke werden sich zusammenbrauen ...

3 *Macht eine Zusammenstellung der möglichen Folgen des Klimawandels (Abb. 2 und 3, M1–M3).*

4 *Sucht im Atlas Gebiete, die durch ein Ansteigen des Meeresspiegels besonders gefährdet wären.*

5 *Erläutert anhand der Grafik (Abb. 3) Veränderungen der Vegetationszonen bei einem möglichen weltweiten Temperaturanstieg. Lest dazu auch noch einmal auf den Seiten 158 und 159 nach.*

Das „Ozonloch"

In der „Süddeutschen Zeitung" hieß es am 13. September 1995:

M4 ... Das Ozonloch über der Antarktis ist jetzt schon so groß wie Europa. Die Weltmeteorologie-Organisation (WMO) teilte mit, die Größe des Ozonlochs habe sich seit 1994 verdoppelt.

Seit 1977 beobachten Wissenschaftler über der Antarktis und neuerdings auch über der Arktis ein „Ozonloch". Es handelt sich um eine deutliche Abnahme des Gases Ozon in einer Höhe von etwa 30 Kilometern. Durch das Ozon wird ein großer Teil der für Lebewesen schädlichen UV-Strahlen ausgefiltert. Die Ozonschicht schützt wie eine gigantische Sonnenbrille. Ohne sie wäre ein Leben auf der Erdoberfläche kaum möglich. Der beobachtete Abbau der Ozonschicht geht vor allem auf die Fluorchlorkohlenwasserstoffe (FCKW, siehe Seite 166) zurück, die in manchen Sprays und Kühlschränken verwendet werden. Auch andere Gase, etwa Methan und Stickoxide, schädigen die Ozonschicht.

Die Folgen für das Leben auf der Erde sind tief greifend, wenn dieser Abbau nicht gestoppt werden kann. Beim Menschen könnten Hautkrebs und Krankheiten ausgelöst werden. Das Erbgut bei Menschen, Tieren und Pflanzen würde sich verändern.

6 *Nennt Ursachen und Folgen des Ozonabbaus in der Atmosphäre.*

7 *Macht Vorschläge, wie das weitere Ausdehnen des Ozonlochs verhindert werden kann.*

1 **Weltbürgermeisterkonferenz zum UN-Klimagipfel in Berlin.** Im Plenarsaal des Rathauses Schöneberg verfolgen Alfredo Syrkis, Umweltminister aus Rio (Brasilien), Yaya Nazanga Barry, Bürgermeister von Koutlala (Mali), Sangari Gibril (Vorsitzender der Bürgermeisterkonferenz Mali) und Sri Maheshwar Mohanty, Bürgermeister von Orissa (Indien), die Eröffnung. Foto April 1995.

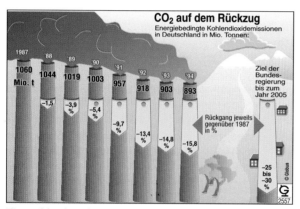

3 **Kohlendioxidemissionen durch Energieerzeugung in Deutschland 1987–1994.**

Die Weltklimakonferenz in Berlin 1995

1 *Beschreibt die Abbildungen 1 und 2.*

1995 fand in Berlin eine Weltklimakonferenz statt. Bundeskanzler Helmut Kohl sagte in seiner Rede:

> **M1** ... Angesichts des hohen Energieverbrauchs und des hohen Ausstoßes klimaschädlicher Treibhausgase in den Industriestaaten sind wir, die Industrieländer selbst, zuallererst gefordert. ... Deshalb begrüße ich, dass die Europäische Union* mit gutem Beispiel vorangegangen ist und sich verpflichtet hat auch nach dem Jahr 2000 die CO_2-Emissionen nicht wieder anwachsen zu lassen ...

2 **Demonstrationen anlässlich des Weltklimagipfels in Berlin.** Foto April 1995.

Michael Ngwalla, Teilnehmer der Weltklimakonferenz aus Nairobi, äußerte sich in Berlin so:

> **M2** ... Alle Entwicklungsländer zusammengenommen produzieren weniger Kohlendioxid als die USA! Dort muss endlich mit der Verringerung der Klimakiller Ernst gemacht werden ...

2 *Erarbeitet aus M1 und M2 Meinungen von Teilnehmern der Weltklimakonferenz zur Frage der Verringerung des Kohlendioxidausstoßes.*

Klimapolitik in Deutschland

3 *Stellt die Entwicklung der Kohlendioxidemissionen in Deutschland anhand der Grafik (Abb. 3) dar.*

In einer Zeitschrift, die vom Bundesumweltministerium herausgegeben wird, hieß es 1995:

> **M3** ... In Deutschland sanken die CO_2-Emissionen von 1987 bis 1994 um 15,8 Prozent. ... Die Klimavorsorgepolitik beginnt zu greifen. Dies ist auf die seit 1990 schrittweise umgesetzten Maßnahmen zurückzuführen. Beispiele:
> – Am 1.1.1995 ist eine neue Wärmeschutzverordnung in Kraft getreten, die den Heizwärmebedarf von Neubauten um rund 30 % senkt und einen „Energiepass" für Neubauten vorschreibt.
> – Ende 1994 hat die Bundesregierung eine neue Kleinfeuerungsverordnung vorgelegt um die Energieverluste über die Schornsteine zu vermindern.Kleinfeuerungsanlagen verursachen rund 20% der CO_2-Emissionen in Deutschland. ...
> – Das Stromeinspeisungsgesetz verpflichtet die Elektrizitätswirtschaft zur Aufnahme von Strom aus erneuerbaren Energien in das öffentliche Netz und schreibt Mindestvergütungen ... vor.

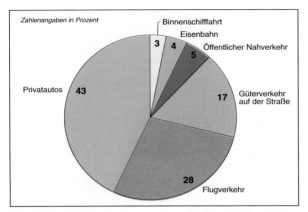

4 Kohlendioxidemissionen verursacht durch Kölner Bürgerinnen und Bürger 1992.

5 Zahl der Pkw in Deutschland 1955–2010.

– Für erneuerbare Energien stellt die Bundesregierung Zuschüsse bereit. …
– Für Wärmeschutzmaßnahmen an Gebäuden werden günstige Kredite bereitgestellt …

4 *Erkundigt euch bei einem Bauunternehmen, Energieversorgungsunternehmen und einem Schornsteinfeger nach den in M3 genannten Maßnahmen.*

5 *Informiert euch bei folgenden Institutionen über staatliche Klimaschutzmaßnahmen: Bundesumweltministerium, Referat Öffentlichkeitsarbeit, Postfach 12 06 29, 53048 Bonn; Umweltbundesamt, Postfach 33 00 22, 14191 Berlin.*

Selbstverpflichtungen der deutschen Industrie

Im März 1995 verpflichteten sich Vertreter der deutschen Wirtschaft, wie z. B. der Präsident des Bundesverbandes der Deutschen Industrie und Manager von Gas- und Wasserwirtschaft, zu einer Minderung der Emissionen von Treibhausgasen ihrer Unternehmen um 20 % bis zum Jahr 2005. Der Verband der deutschen Automobilindustrie hat der Bundesregierung im März 1995 ein Angebot zur Verminderung des Treibstoffverbrauchs neuer Pkw vorgelegt. Der Verband sagt zu den Kraftstoffverbrauch der von ihm hergestellten Pkw bis 2005 um 25 % zu senken.

Kritische Stimmen

Die Berliner Zeitung TAZ berichtete am 11. 2. 1999:

M4 Vollmundig machte sich die neue Bundesregierung Kohls Klimaschutzziel zu eigen: Bis 2005 soll der Ausstoß des Klimakillers Kohlendioxid (CO_2) um ein Viertel gesenkt werden im Vergleich zu 1990. Doch unter Forschern wächst der Zweifel, ob das überhaupt noch zu schaffen ist. Nach Schätzungen des Deutschen Instituts für Wirtschaftsforschung (DIW) wurden 1998 etwa 860 Millionen Tonnen CO_2 ausgestoßen. Berücksichtigt man die unterschiedlich kalten Winter, so bedeutet das temperaturbereinigt eine Minderung von rund 14,5 Prozent gegenüber 1990. Um das gesteckte Ziel zu erreichen, muss der heutige Ausstoß noch einmal um 14 Prozent gesenkt werden.

Doch die Entwicklung der vergangenen Jahre macht die Forscher skeptisch: Im Vergleich zum Vorjahr ist der CO_2-Ausstoß bloß um ein halbes Prozent zurückgegangen, von 1996 auf 1997 war die ausgeblasene Menge nach neuesten Rechnungen sogar um 0,1 Prozent gestiegen. Während zwischen 1990 und 1997 der Anteil der Kraftwerke am CO_2-Ausstoß (36 Prozent) sowie von Handels- und Dienstleistern (8 Prozent) etwa konstant blieb, nahm der Anteil der Industrie von 17 auf 14 Prozent ab. Dagegen blasen die privaten Haushalte statt 13 jetzt 16 Prozent des Gesamtausstoßes aus, der Verkehr legte von 16 auf 20 Prozent zu.

6 *Bewertet die staatlichen und privatwirtschaftlichen Maßnahmen in Deutschland vor dem Hintergrund der Informationen aus den Grafiken oben (Abb. 4, 5) und M3, M4.*

7 *Informiert euch bei Umweltverbänden über deren Vorschläge für Maßnahmen zum Klimaschutz. Adressen: Deutscher Naturschutzring, Am Michaelshof 8–10, 53177 Bonn; BUND Jugend, Infoservice, Im Rheingarten 7, 53225 Bonn.*

CO₂-Ausstoß eines Fernsehers im Stand-by-Betrieb pro Jahr: 120 Kilogramm.

Das Kochen einer Tasse Tee verursacht ungefähr 30 Gramm CO₂.

Ein Waschgang in einer Öko-Waschmaschine setzt 1,7 Kilogramm CO₂ frei.

1400 Kilogramm CO₂-Ausstoß muss ein 4-Personen-Haushalt pro Jahr fürs Badezimmer rechnen.

4,5 Tonnen CO₂ pro Passagier stößt ein Flugzeug auf der Reise nach Australien und zurück aus.

Bei der Produktion von holzfreiem Frischfaserpapier für ein Buch werden etwa 6 Kilogramm CO₂ freigesetzt, bei einem Buch aus Recyclingpapier nur etwa ein Achtel davon.

Für ein Essen in einem Restaurant werden durchschnittlich 4,5 Kilogramm CO₂ in die Luft geblasen.

Der Transport von einem neuseeländischen Apfel (250 Gramm) nach Deutschland verursacht 2,5 Kilogramm CO₂.

Eine Fahrt von 100 Kilometern mit dem ICE setzt pro Passagier 2,5 Kilogramm CO₂ frei.

1 Kohlendioxid im Alltag. Alle Werte basieren auf der Annahme, dass die verbrauchte Energie aus Kohle gewonnen wird.

2 Schüler beim Aufstellen der Solarmodule im Rahmen eines Projekts „Sonne in der Schule". Foto .

Selbst aktiv für den Klimaschutz

1 *Entwickelt mithilfe von Abb. 1 gemeinsam Vorschläge, wie ihr im Hinblick auf den Klimaschutz eure CO₂-Bilanz verbessern könnt.*

2 *Stellt eine Liste mit Energiespartipps zusammen.*
3 *Erkundigt euch an eurem Schulort nach Anlagen, die die Sonne als Energiequelle nutzen.*
4 *Befragt die Betreiber über ihre Erfahrungen.*
5 *In Tageszeitungen werden gelegentlich Angaben zur Lufthygiene (Luftverschmutzung, Ozonwerte) gemacht. Sammelt diese Berichte und besprecht, wie ihr euer Verhalten entsprechend ändern könnt.*
6 *Aktuelle Angaben zur Lufthygiene können auch über Videotext eingeholt werden. Erkundigt euch beim Landesamt für Umweltschutz in München, wie ihr an diese Meldungen herankommt.*

Verstärkte Nutzung erneuerbarer Energien

Der Einsatz „erneuerbarer Energien" wie Sonne, Wind, Wasserkraft, Biomasse* und Erdwärme hat keine belastende Wirkung auf das Weltklima. Sie stehen im Gegensatz zu den „erschöpflichen" Energieträgern, den fossilen Brennstoffen Kohle, Erdöl und Erdgas, die heute noch die Grundlage für unsere Energieversorgung bilden. Entstanden in einem Jahrmillionen dauernden Prozess verbrauchen wir sie, im Vergleich zur Erdgeschichte, in wenigen Augenblicken. Auch Uran, Grundlage für die Nutzung der Kernenergie, steht nicht unbegrenzt zur Verfügung.

1 Infobank zum Energiesparen. Foto 1997.

2 Karikatur.

1 Die Schüler einer siebten Klasse haben eine Infotafel zum Thema „Energiesparen und Klimaschutz" erstellt. Die mit den Hauptthemen beschrifteten Tonpapiere werden in Klarsichthüllen gesteckt, in die dahinter themenbezogene Zeitungsartikel oder Bilder eingelegt werden. In dieser „Infobank" können die Schüler ständig Informationen sammeln bzw. nachlesen. Gestaltet ebenfalls eine solche Infobank und sammelt Informationen und Bilder zum Thema „Energiesparen und Klimaschutz".

2 Interpretiert die Karikaturen vor dem Hintergrund der Informationen des Kapitels.

3 Karikatur.

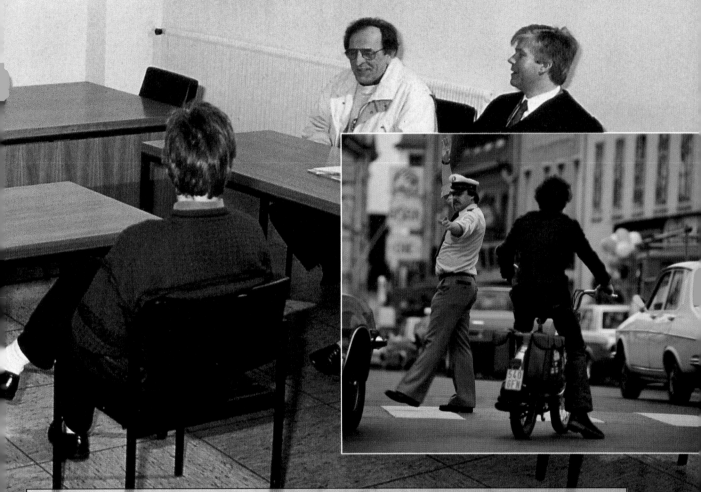

„Denen muss einer mal beibringen, was Recht und Gesetz bedeuten" – solche Sätze hört man, wenn Meldungen über Jugendbanden, Gewalt in der Schule, jugendliche Serientäter oder spektakuläre Straftaten von Jugendlichen die Medien beschäftigen. Recht und Gesetz beinhalten aber mehr als Kampfmittel gegen Jugendkriminalität. Recht und Gesetz beinhalten die Lebensregeln unserer Ge-

meinschaft. Das bedeutet auch Schutzgarantien für jeden – zur freien Entfaltung des Individuums. Recht und Gesetz waren eine großartige Erfindung der Menschen um ein friedliches Zusammenleben zu ermöglichen.
An diesem uralten Sinn des Rechts können wir unser eigenes Recht und seine Auslegung immer wieder messen.

1 **Alltägliche Begegnungen mit dem Recht.** Collage.

Recht und Rechtsempfinden

1 *Beschreibe die in der Collage dargestellten Situationen.*

2 *Diskutiert darüber, warum hier rechtliche Regelungen erforderlich sind.*

Wir sind es nicht anders gewohnt: Überall gibt es Vorschriften, Gebote, Verbote ... Manche befolgen wir automatisch, manche mit Widerstreben, manche nur von Fall zu Fall, ganz wie es uns passt.

Wir nehmen also nicht alle Regeln gleich wichtig. Dabei spielen auch die jeweiligen Folgen eine Rolle. Erscheint das Risiko, „dass etwas passiert", gering, sind wir vielleicht eher zu einem Verstoß geneigt. Empfinden wir es etwa als „Unrecht", trotz einer roten Ampel über die Straße zu laufen? Es kommt ja noch nicht einmal ein Auto! Und kleine Kinder, denen man ein schlechtes Beispiel geben könnte, sind auch nicht in Sicht. Also los!

In einem solchen Fall meldet sich unser Rechtsempfinden nur schwach oder gar nicht – auch wenn unsere Handlung gesetzlich verboten ist.

Ganz anders mag es sein, wenn uns persönlich etwas gestohlen wird. Wir regen uns auf, werden wütend: „Wenn ich den (die) erwische!" Wir würden am liebsten die Sache selbst in die Hand nehmen. Aber auch das ist verboten.

Es gibt aber auch viele Fälle, wo sich alle Menschen darüber einig sind, was Recht und Unrecht ist. Was folgt daraus?

Was objektiv Recht ist, deckt sich nicht immer mit unserem subjektiven, persönlichen Rechtsempfinden. Was gilt, ist das Recht in den Gesetzen und Vorschriften, die von staatlicher Seite erlassen werden. Jeder Staat regelt auf diese Weise das Leben seiner Gesellschaft. Und es gibt Polizei und Gerichte, die dafür sorgen, dass diese Regeln durchgesetzt werden.

3 *Findet Beispiele für den Unterschied zwischen subjektivem Rechtsempfinden und objektivem Recht.*

4 *Nennt Gründe dafür, warum ein objektives Recht notwendig ist.*

Die Entstehung des Rechts in der Geschichte

Aufgeschriebenes Recht in Form von Gesetzen und Verordnungen des Staates, Polizei und Gerichte als Teile der Staatsgewalt sind im Verlauf der Geschichte erst allmählich entstanden.

Die Jäger und Sammlerinnen der Frühgeschichte kannten noch keine Gesetze. Sie organisierten in ihren kleinen Lebensgemeinschaften ihr Leben gemeinschaftlich. Feste Regeln gab es wohl vor allem für das Zusammenleben der Geschlechter. Die frühgeschichtlichen Jägerhorden praktizierten das Verbot der Heiratsbeziehungen zwischen nahen Verwandten. Wer heiraten wollte, musste sich jemand aus einer anderen Horde suchen. Gaben und Geschenke im Zusammenhang mit Heiraten führten dann auch dazu, dass sich dafür feste Abmachungen entwickelten. Gabenaustausch und „Heiratsverträge" stehen also ganz am Anfang der Rechtsgeschichte.

Solange sich das Zusammenleben unmittelbar regeln ließ, brauchte man keine oder nur wenige Vorschriften. Mit dem Übergang zum Ackerbau und zu größeren Siedlungen wurde das anders. Es ist deshalb nicht verwunderlich, dass die ersten Gesetzessammlungen aus den frühen Staaten in den Tälern des Nils und des Zweistromlandes stammen. Die umfangreichste uns bekannte Gesetzessammlung entstand in Babylon unter König Hammurabi im 18. Jahrundert v. Chr. Hammurabi ließ 220 Gesetze in einen Basaltstein meißeln, der öffentlich aufgestellt wurde. Darauf hieß es u. a.

Q 1. Wenn ein Bürger einen anderen Bürger des Mordes bezichtigt, es ihm aber nicht beweist, so wird der, der ihn bezichtigt hat, getötet.

2. Wenn ein Bürger eine Bürgertochter geschlagen hat, und wenn diese Frau stirbt, so töte man seine Tochter.

3. Wenn er die Tochter eines Untergebenen geschlagen hat und diese Frau stirbt, so zahlt er eine halbe Mine* Silber.

4. Wenn ein Bürger einen Deich nicht gefestigt hat, in seinem Deich eine Öffnung entsteht, er gar die Flur vom Wasser wegschwemmen lässt, so ersetzt der Bürger das Getreide, das er dadurch vernichtet hat.

5. Wenn ein Baumeister einem Bürger ein Haus baut, aber seine Arbeit nicht fest genug ausführt, sodass das Haus zusammenstürzt und er dadurch den Hauseigentümer ums Leben bringt, so wird dieser Baumeister getötet.

5 *Beschreibt, wie Verbrechen von Menschen an Menschen bestraft werden.*

6 *Vergleicht die Fälle, in denen Geldstrafen angedroht werden.*

7 *Sprecht darüber, welche der Strafen ihr für angemessen haltet und welche euch zu hart erscheinen.*

8 *Überlegt Gründe dafür, warum Hammurabi seine Gesetze in Stein meißeln und öffentlich aufstellen ließ. Was sollte die Darstellung auf der Säule ausdrücken?*

2 **Gesetzessäule des Hammurabi.** Auf der Säule (2,5 m hoch) ist zu sehen, wie Marduk, der Gott Babylons, dem König Hammurabi die Gesetze übergibt. Darunter sind die Gesetze eingemeißelt. Der Basaltstein stammt aus der Zeit um 1750 v. Chr. und befindet sich heute im Louvre-Museum in Paris.

1 Justitia, die symbolische Darstellung der Gerechtigkeit. Foto 1995.

1 *Wo kann man eine Figur wie auf Bild 2 finden? Was hält sie in ihren Händen? Wofür stehen diese Gegenstände?*

Recht und Herrschaft

Der Rückblick auf die Entstehung des Rechts lässt drei wichtige Aufgaben des Rechts erkennen:
1. die Aufgabe, Ordnung im Zusammenleben der Menschen zu schaffen,
2. die Aufgabe, Gerechtigkeit im Zusammenleben der Menschen durchzusetzen,
3. die Aufgabe, Herrschaft aufrechtzuerhalten.

Für den König Hammurabi war, wie für alle späteren Herrscher, das Recht auch immer eine wichtige Säule seiner Herrschaft. Denn danach musste sich das ganze Volk richten. Was aber, wenn das Volk nicht mit dem Recht und seiner Auslegung einverstanden war? Das Volk konnte ja das Recht nicht ändern, weil es keine Teilhabe an der Macht hatte, und damit auch keine Macht über das Recht.

Das änderte sich erst mit der Erkämpfung der demokratischen Staatsform.

Der demokratische Rechtsstaat

Die Bundesrepublik ist ein demokratischer Rechtsstaat. Damit ist zunächst gemeint, dass alle Gesetze dieses Staates auf demokratischem Wege zustande kommen. Nicht ein König wie Hammurabi bestimmt, was Recht sein soll, sondern die vom Volk gewählten Vertreter, die Abgeordneten, beschließen die Gesetze. Doch auch dieses Verfahren bietet noch keine Garantie gegen Missbrauch. Trotz demokratischer Wahlverfahren kamen in Deutschland 1933 die Nationalsozialisten an die Macht und setzten viele Rechte der Bürger außer Kraft. Daraus wurden bei der Gründung der Bundesrepublik Deutschland Konsequenzen gezogen. In unserer Verfassung, dem Grundgesetz, werden im ersten Teil jedem Menschen unveräußerliche Grundrechte zugesichert. „Unveräußerlich" bedeutet, dass diese Grundrechte nicht beseitigt werden können. Keine Partei kann sie außer Kraft setzen, auch wenn sie im Parlament eine noch so große Mehrheit hätte. Die Grundrechte, die jedem Einzelnen garantiert werden, markieren gleichzeitig auch die Grenze der freien Entfaltung jeder Einzelperson. Denn diese Freiheit muss dort enden, wo sie in den grundrechtlich geschützten Bereich anderer Menschen vordringt. Diesen Schutz durchzusetzen ist Aufgabe des Rechtsstaates. Wie aber kann der Einzelne vor dem Rechtsstaat selbst, vor einem Zuviel an staatlicher Macht geschützt werden? Und wie können ganz allgemein gesetzliche Regelungen auf ihre Rechtmäßigkeit hin überprüft werden? Dazu wurde in der Bundesrepublik Deutschland als oberstes Kontrollorgan das Bundesverfassungsgericht geschaffen, das von jedem Bürger / jeder Bürgerin, aber auch von politischen Parteien angerufen werden kann, um die Übereinstimmung von Gesetzen und der Rechtspraxis mit den Grundsätzen der Verfassung zu überprüfen.

Zu den am Anfang genannten Aufgaben des Rechts kommt also im demokratischen Rechtsstaat die Kontrolle der Herrschaft als wesentliche Aufgabe hinzu.

2 *Gebt mithilfe des Textes an, wozu sich ein „Rechtsstaat" verpflichtet und was er schützt.*

Merkmale der Gerechtigkeit

Die Figur der Justitia wird als Symbol der Gerechtigkeit oft auch mit verbundenen Augen dargestellt. Damit soll verdeutlicht werden, dass Richter ohne Ansehen der Person möglichst gerecht urteilen sollen. Aber was ist damit gemeint?

Gerechtigkeit vor dem Gericht soll durch drei wesentliche Grundsätze erreicht werden:
• Gleichheit: „Alle Menschen sind vor dem Gesetz gleich" (Grundgesetz, Artikel 3/1). Niemand darf bevorzugt oder benachteiligt werden.
• Sicherheit: Jeder Bürger muss sich auf die Gültigkeit des Rechts verlassen können und wissen, was erlaubt und verboten ist. Gesetze sollen möglichst klar und widerspruchslos formuliert sein.
• Billigkeit: Dies hat nichts mit Kosten zu tun. Sondern dies bedeutet, dass bei der Rechtssprechung die Lebensumstände des Einzelnen berücksichtigt werden müssen. Wendet man das Recht in seiner Auslegung streng auf jeden Fall gleich an, so entsteht leicht neues Unrecht. So ist zum Beispiel eine Geldstrafe von 1000 DM für einen Reichen kein Problem, wohl aber für einen Arbeitslosen.

3 *Sucht ein weiteres Beispiel für den Unterschied zwischen „strenger" und „billiger" Behandlung.*

Das Recht muss durchgesetzt werden

Der Rechtsstaat schützt mit seinen Gesetzen alle Bürger. Jeder Bürger hat die Möglichkeit sich an die dafür vorgesehenen staatlichen Stellen zu wenden, um sein Recht zu bekommen. Auch dafür gibt es Regeln, an die sich jede Bürgerin bzw. jeder Bürger halten muss. Wenn jeder sich sein vermeintliches Recht selbst verschaffen wollte, entstünde schnell das größte Chaos.

Aus diesem Grund wurde das so genannte Gewaltmonopol des Staates geschaffen. Nur der Staat allein verfügt über bewaffnete Organe, die unter ganz bestimmten Bedingungen Gewalt anwenden dürfen. Für alle Bürger gilt das Verbot Waffen zu besitzen und überhaupt Gewalt anzuwenden – mit Ausnahme in einer Notwehrsituation.

Es kommt aber immer wieder zu Gesetzesübertretungen bis hin zu gewalttätigen Verbrechen. Die Gesellschaft davor zu schützen, Straftaten und Verbrechen zu verhindern bzw. die Täter zu finden und den Gerichten zuzuführen ist die Aufgabe der Polizei. Sie soll:
– die öffentliche Sicherheit und Ordnung aufrecht erhalten,
– drohende Gefahren abwenden und
– eingetretene Störungen beseitigen. Dabei muss sich aber ein Polizist wie jeder andere Bürger an die geltenden Gesetze und Vorschriften halten, sonst kann er verklagt werden.

2 **Suchkommando.** Foto.

3 **Verkehrspolizist.** Foto.

4 *Gebt an, welchen Aufgaben die Polizisten auf den Bildern 2 und 3 jeweils nachgehen. Welche weiteren Aufgaben der Polizei sind euch noch bekannt?*
5 *Erklärt die Begriffe „öffentliche Sicherheit und Ordnung".*

1 Ein Jugendlicher hat eine Cola gekauft. Der Kaufvertrag liegt im Bereich des Zivilrechts. Foto.

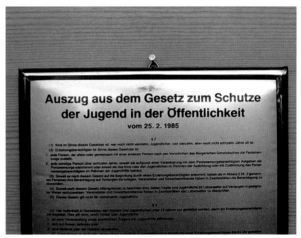

2 In jeder Kneipe hängt ein Schild, das auf das Jugendschutzgesetz hinweist: Das Verbot Alkohol an Jugendliche unter 16 Jahren auszuschenken, ist Teil des öffentlichen Rechts. Foto.

Öffentliches und privates Recht

Das Recht ist nicht einfach zu durchschauen. Deshalb gibt es Fachleute dafür, die Anwälte und Richter. Aber jeder Bürger sollte wissen, dass man das Recht in zwei große Bereiche einteilt, nämlich in das öffentliche Recht und in das Privatrecht oder Zivilrecht.

Im öffentlichen Recht stehen sich als Streitpartner meist Staat und Bürger gegenüber. Auch staatliche Behörden müssen sich an bestehende Gesetze halten und können vom Bürger verklagt werden. Es geht dabei um den Ausgleich zwischen Einzelinteresse und dem übergeordneten Gemeinwohl.

Im Strafrecht, das zum öffentlichen Recht gehört, droht der Staat jedem Strafe an, der sich mit schädlichen Handlungen am Leben, an der Gesundheit oder am Besitz anderer vergeht. Jeder ertappte Straftäter wird vom Staat, genauer: von der Polizei oder vom Staatsanwalt, angezeigt und vor Gericht gebracht.

Das Strafgesetzbuch (StGB) enthält dazu wichtige Regelungen.

Im Zivilrecht geht es um Streitfragen zwischen Privatpersonen. Sie sind vor Gericht gleichberechtigt. Ein unabhängiges Gericht entscheidet, wer von wem geschädigt wurde und wer welchen Schadensersatz zu leisten hat. Das rechtliche Verfahren wird im Zivilrecht nicht vom Staat, sondern von privater Seite in Gang gesetzt. Im Normalfall geschieht das über Rechtsanwälte. Die bestehenden Gesetze im Bürgerlichen Gesetzbuch (BGB) sollen besonders die schwächeren Vertragspartner schützen.

1 *Gebt mithilfe des Textes an, wie sich Zivilrecht und Strafrecht unterscheiden.*

2 *Verdeutlicht Unterschiede zwischen Zivil- und Strafrecht an Beispielen.*

3 *Nennt anhand der Übersicht wichtige Bereiche des öffentlichen Rechts und des Zivilrechts.*

Öffentliches Recht		Privatrecht
Straftaten	beschäftigt sich z.B. mit	Scheidung
Jugendschutz		Erbschaft
Straßenverkehr		Schulden
Baugenehmigung		Erfindungen
Steuer und Rente		Handel

Fall 1: Das Baby der Familie Meier

Wenn das Baby weiter schreit, kann es passieren, dass der Vermieter der Familie Meier die Wohnung kündigt.

Falls Familie Meier die Kündigung nicht für gerechtfertigt hält, kann sie der Kündigung widersprechen. Wenn der Vermieter die Kündigung dann doch noch durchsetzen will, muss er vor dem Amtsgericht klagen.

(Wichtige Gesetze bei Mietstreitigkeiten: Bürgerliches Gesetzbuch (BGB) Paragraph 535 und folgende, besonders Paragraph 565)

3 **Mietstreit.** Karikatur.

Fall 2: Der Einbrecher

Der ertappte Einbrecher wird vor dem Strafrichter landen. Je nach der Schwere der Tat urteilt am Amtsgericht ein Einzelrichter oder ein Schöffengericht (ein oder zwei Berufsrichter mit zwei Laienrichtern). (Wichtige Gesetze im Strafrecht: Strafgesetzbuch (StGB), Strafprozessordnung (StPO))

4 **Einbruch.** Karikatur.

Fall 3: Das verrostete Auto

Wenn sich Käufer und Verkäufer nicht einig werden, kann der Autokäufer vor dem Gericht den Autohändler auf Herausgabe des Kaufpreises und Rücknahme des Autos verklagen.

(Wichtige Gesetze bei Kauf und Verkauf: BGB Paragraph 433 und folgende und Paragraph 459 und folgende)

4 *Entscheidet selbst, zu welchem Rechtsbereich die dargestellten Fälle gehören.*

5 *Diskutiert, wie ein Gericht vermutlich die Fälle entscheiden würde. Wenn ihr einen Gerichtsbesuch plant, dann könnt ihr auch den Richter nach seiner Einschätzung fragen.*

6 *Sammelt Artikel oder Schlagzeilen aus Zeitungen über Streitfälle vor Gericht. Ordnet die dort geschilderten Fälle den Bereichen öffentliches Recht oder Privatrecht zu.*

5 **Autokauf.** Karikatur.

1 **Vor dem Fahrradladen.** Foto 1997.

Morgen kaufe ich mir mein Rennrad!

Peter strahlt. Er hatte vor zwei Wochen Geburtstag. Allen Omas, Tanten, großen Brüdern hatte Peter erklärt, dass er sich kein Geschenk wünscht, sondern lieber Geld bekommen möchte. Er würde sich nämlich gern seinen lang ersehnten Herzenswunsch erfüllen und ein Fahrrad kaufen. Zudem hat der 13-jährige bereits ein halbes Jahr gespart und mit Zeitungen austragen, Rasen mähen und Auto waschen in der Nachbarschaft schon die Hälfte des Rades angespart. Nun endlich ist es so weit. Durch den Geburtstag hat Peter den Kaufpreis des Rades beisammen. Er kauft sich bei Zweirad-Maier ein Rennrad mit allen Schikanen. Voller Stolz und vorsichtig radelt er nach Hause und stellt seinen Eltern sein Fahrrad vor.

Groß ist seine Enttäuschung, als sein Vater ihn entsetzt anschaut und lospoltert: „Das Fahrrad bringst du auf der Stelle zurück! Unsere Straßen sind viel zu gefährlich und du bist sehr unvorsichtig. Außerdem hatten wir von einem normalen Fahrrad gesprochen, nicht von einem so teuren! Ich erlaube es nicht und der Händler darf es dir auch gar nicht verkaufen."

Du kannst dir sicher vorstellen, wie traurig Peter ist. Er versucht sein Möglichstes den Vater von seiner Entscheidung abzubringen. Sein stärkstes Argument bringt er zum Schluss vor: „Aber ich habe doch dafür gearbeitet, den Rest Geld habe ich geschenkt bekommen. Es ist mein Geld."

1 *Diskutiert darüber, ob Peter das Rad kaufen durfte. Begründet eure Entscheidung mithilfe der Informationen auf der nächsten Seite.*

Ein Graffitisprayer

Hannes ist vor vier Wochen vierzehn Jahre alt geworden. Zum Geburtstag hatte ihm sein Lieblingsonkel heimlich zusätzlich 50 DM in die Hand gedrückt und gesagt: „Du hast sicher einen Extrawunsch, den nicht alle zu erfahren brauchen. Hier, kauf dir was!" Hannes hatte tatsächlich einen Extrawunsch. Seit drei Monaten ist er unter die Graffitisprayer gegangen. Ihm gefallen die herrlich bunten Bilder auf den öden Hauswänden und den einfallslosen Vorortzügen. Die 50 DM kann er gut für neue Spraydosen gebrauchen.

Heute will er seiner Freundin Gabi seine Kunst vorführen. Die allerdings scheint nicht sehr begeistert zu sein.

„Das ist doch verboten. Und was passiert, wenn uns jemand erwischt?", fragt sie.

„Keine Sorge", erwidert Hannes, „bis jetzt hat mich noch keiner gesehen. Außerdem, was kann schon groß passieren? Bestrafen kann mich keiner. Ich bin doch noch nicht volljährig. Ich bin erst vierzehn!"

2 *Überprüft die letzte Aussage von Hannes mithilfe der Informationen der nächsten Seite.*

3 *Ordnet den folgenden Begriffen das entsprechende Alter zu: Schulpflicht, Volljährigkeit, Heiratsfähigkeit, beschränkte Strafmündigkeit, keine Strafmündigkeit.*

4 *Nennt Rechte und Pflichten eines Volljährigen.*

5 *Sucht anhand der Informationen von Seite 181 Antworten auf die folgenden Fragen:*

– Ab welchem Alter darf man mit/ohne Erlaubnis der Eltern heiraten?

– Was bedeutet Strafmündigkeit und ab welchem Alter gilt der Begriff für euch?

– Anne, 17 Jahre, interessiert sich für die Arbeit des Gemeinderates. Darf sie sich wählen lassen?

2 Tania – sieben Jahre alt. Foto 1997.

3 Sebastian – fünfzehn Jahre alt. Foto 1995.

Ab 6 Jahren
Der Schulbesuch wird zur Pflicht.

Ab 7 Jahren
Das Kind ist „beschränkt geschäftsfähig". Das bedeutet, dass das Kind über Taschengeldbeträge selbst verfügen darf. Alle Geschäfte jedoch, die über kleine Beträge hinausgehen, müssen von den Eltern genehmigt sein und können auch von ihnen rückgängig gemacht werden. Für Vergehen und Straftaten wird ein Kind nicht bestraft.

Ab 14 Jahren
Die Religionszugehörigkeit darf vom Jugendlichen frei gewählt werden, die Eltern müssen nicht mehr gefragt werden. Der Jugendliche ist nun auch „beschränkt strafmündig". Das bedeutet, dass er ab jetzt für seine Straftaten zur Verantwortung gezogen werden kann.

Ab 16 Jahren
Mit Zustimmung der Eltern kann der Jugendliche heiraten. Für ihn gelten nicht mehr die Bestimmungen des Jugendschutzgesetzes. Vor Gericht darf ein Eid abgelegt werden.

Ab 18 Jahren
Jetzt wird der junge Bundesbürger volljährig. Er darf alle Geschäfte tätigen, Verträge abschließen, heiraten

4 Claudia und Peter – achtzehn Jahre alt. Foto 1997.

ohne Erlaubnis der Eltern, er darf wählen und gewählt werden, den Führerschein für das Auto machen. Die Männer unterliegen der Wehrpflicht.
Der junge Erwachsene muss nun auch voll für seine Geschäfte und auch für mögliche Straftaten einstehen. Zwischen 18 und 21 Jahren kann noch das Jugendstrafrecht angewendet werden.

1 Erzählt die Bildergeschichte in der Gruppe nach.

2 Bildet euch zuerst selbst eine Meinung zu diesem Ereignis und zum Verhalten der Personen.

3 Versucht euch in die Lage einer Person aus der Bildergeschichte zu versetzen und schildert eure Empfindungen.

4 Erläutert, wie ihr euch in den einzelnen Szenen vermutlich verhalten würdet.

5 Diskutiert in der Gruppe das Verhalten der dargestellten Personen.

6 Überlegt zusammen, welche Folgen sich für die beteiligten Personen ergeben könnten.

Folgen einer Straftat

Ein Rechtsanwalt antwortete 1997 auf die Frage nach den Folgen für die Beteiligten der Bildergeschichte:

M Die Polizei leitet den Fall an die zuständige Staatsanwaltschaft weiter. Die Staatsanwaltschaft ist eine staatliche Behörde zur Aufdeckung und Verfolgung von Straftaten. Sie überprüft, welche Straftaten oder Ordnungswidrigkeiten die beteiligten Personen begangen haben. Im vorliegenden Fall wird sie Anklage beim Amtsgericht erheben. Da die Beteiligten jünger als 18 Jahre sind, ist das Jugendgericht zuständig und das Jugendgerichtsgesetz kommt zur Anwendung. In einem Jugendgerichtsverfahren können folgende Maßnahmen ausgesprochen werden: Ermahnung, Verwarnung, Auflage, Wochenendarrest, Dauerarrest, Jugendstrafe (mindestens sechs Monate; wird eventuell auf Bewährung ausgesetzt). Alle drei Jungen haben sich rechtswidrig verhalten. Neben dem strafrechtlichen Verfahren wird es auch ein zivilrechtliches Verfahren geben, das der geschädigte Autofahrer in die Wege leiten wird.

Zu Peter: Strafrechtlich gesehen ist er mit seinem Mofa ohne Versicherungsschutz gefahren, da es technisch verändert wurde (§ 24 StVG). Er ist ohne Führerschein gefahren, da sein Mofaführerschein nur für Fahrzeuge bis zu einer Geschwindigkeit von 25 km/h gilt (§ 21 StVG). Peter hat sich strafbar gemacht, weil er Manni ohne Fahrerlaubnis mit seinem Fahrzeug hat fahren lassen. Er hat damit „Beihilfe" zu einer Körperverletzung und einer Sachbeschädigung geleistet.

Zivilrechtlich gesehen muss Peter als Halter des Mofas dem Autofahrer Schadensersatz für die Reparaturkosten beim Auto, die Kosten der Wertminderung und ggf. die Kosten für einen Leihwagen leisten. Dies wird zunächst die Haftpflichtversicherung von Peter bezahlen; sie wird allerdings von Peter das Geld zurückverlangen. Für die Arzt- und Heilungskosten, auch die Kosten für beschädigte Kleidung, die für Manni entstehen, muss Peter auch Schadensersatz leisten (§ 7 StVG). Allerdings wird das eigene Mitverschulden Mannis eine große Rolle spielen und dies kann ggf. zum Ausschluss des Anspruchs führen. Das Nummernschild haben die Buben nicht verändert. In vielen Fällen wird dies gemacht; es handelt sich dann um eine Urkundenfälschung.

Zu Manni: Manni ist mit seinen 12 Jahren noch strafunmündig, das heißt sein Unfall hat keine strafrechtlichen Folgen. Aber er haftet für die zivilrechtlichen Folgen, und zwar für den Schaden am Auto, denn er ist mit dem Mofa gefahren (Täterschaft als Fahrer). Das Zivilgericht wird überprüfen, ob Manni wissen konnte (z. B. durch Aufklärung im Verkehrsunterricht), dass er mit seiner Mofafahrt eine Straftat beging. Wenn das Zivilgericht dies feststellt, wird Manni zur Schadensersatzleistung gegenüber dem Autofahrer verpflichtet. Auch muss Manni die Schäden an Peters Mofa ersetzen, wenn das Gericht nicht entscheidet, dass Peter ein Mitverschulden trifft. Manni hat als 12-jähriger sicher nicht soviel Geld, dass er die anfallenden Schäden bezahlen kann. Es könnte sein, dass seine Eltern eine private Haftpflichtversicherung für ihn abgeschlossen haben, die den Schaden übernimmt. Wenn dies nicht so ist, bleibt Manni Schuldner zumindest für 30 Jahre, das heißt die Ansprüche gelten 30 Jahre lang.

Zu Tom: Er hat das Mofa „aufgefrisiert". Gegen Tom wird die Staatsanwaltschaft ermitteln. Er hat Beihilfe geleistet zum Fahren ohne Fahrerlaubnis, zum Fahren ohne Versicherungsschutz und zu einer Sachbeschädigung und Körperverletzung. In diesen Punkten wird Tom wohl eine Schuld nicht nachweisbar sein, sodass das strafrechtliche Verfahren gegen ihn eingestellt wird. Er hat somit auch keine Schadensersatzpflicht. Wenn Peter an seinem Mofa aber auch noch die Kennzeichen verändert hätte, dann würde Tom aber wegen Beihilfe oder Anstiftung zur Urkundenfälschung belangt werden.

Zu den Eltern: Die Eltern haften bei allen drei Jungen nur, wenn eine Verletzung der Aufsichtspflicht nachgewiesen wird. In der Geschichte gibt es dafür keine Hinweise.

7 *Besorgt euch das Straßenverkehrsgesetz (StVG). Schlagt die in M genannten Paragraphen nach und gebt sie mit eigenen Wörtern wieder.*

8 *Diskutiert in der Klasse über die rechtlichen Folgen dieser Geschichte.*

9 *Überlegt, was es für Manni bedeuten kann, wenn er 30 Jahre lang für den Schaden haftet.*

10 *Schildert ähnliche Geschichten aus eurer Umgebung. Macht euch die rechtlichen Folgen bewusst.*

1 **Bei der morgendlichen Zeitungslektüre.** Zeichnung 1997.

Häufige Jugendstraftaten

1 *Findet ihr es richtig, was der Zeitungsleser (Abb. 1) denkt? Begründet eure Meinung.*

Jugendliche unterliegen grundsätzlich den gleichen Gesetzen wie Erwachsene. Es gibt hinsichtlich der Straftaten keine besonderen Unterscheidungen: Diebstahl ist Diebstahl und Mord ist Mord, egal ob ein Erwachsener oder ein Jugendlicher die Tat begangen hat. In der Übersicht unten sind Straftaten oder Delikte aufgelistet. Wir haben die entsprechenden Bestimmungen des Strafgesetzbuches in einer kürzeren Form wiedergegeben. Wenn euch der genaue Text interessiert, könnt ihr im Strafgesetzbuch unter den jeweiligen Paragraphen selbst nachschlagen.

Delikt	Merkmale der Tat
§ 263 StGB Betrug	Der Versuch sich oder einem anderen einen finanziellen Vorteil durch Vorspielung falscher Tatsachen zu verschaffen.
§ 259 StGB Hehlerei	Einen Gegenstand, den ein anderer sich rechtswidrig verschafft, z.B. gestohlen hat, übernehmen und an Dritte weiterverkaufen.
§ 230 StGB Fahrlässige Körperverletzung	Durch mangelnde Vorsicht und Aufmerksamkeit die Verletzung eines anderen verschulden.
§ 223 StGB Körperverletzung	Eine andere Person körperlich misshandeln oder gesundheitlich schädigen.
§ 242 StGB Diebstahl	Jemandem etwas wegnehmen um es selbst zu besitzen.
§ 303 StGB Sachbeschädigung	Eine fremde Sache beschädigen oder ganz zerstören.
§ 240 StGB Nötigung	Jemanden gegen seinen Willen durch Gewalt oder Androhung von Gewalt zu etwas zwingen.
§ 316 StGB Trunkenheit	Fahren eines Fahrzeuges, obwohl man wegen des Genusses alkoholischer Getränke nicht mehr zu einem sicheren Fahren in der Lage ist. (Dazu gibt es in der Straßenverkehrsordnung nähere Bestimmungen, z.B. Promillegrenzen.)

Wie würdet ihr reagieren?

Nach einer Klassenfete fährt der 15-jährige Gerhard mit seinem Mofa nach Hause. Um auf dem Fest richtig in Stimmung zu kommen, hat er mit seinem Freund im Verlauf von zwei Stunden eine Flasche Wein geleert.

Herr S. ist 70 Jahre alt. Er hört und sieht sehr schlecht. Dennoch sitzt er in dem kleinen Familienbetrieb täglich ein paar Stunden an der Kasse der Tankstelle. Andy und Joe haben schnell erkannt, dass hier viele Möglichkeiten gegeben sind. Während Andy ein Comicheft zahlt und Herrn S. ablenkt, stiehlt Joe in der Zwischenzeit Zigaretten und Süßigkeiten.

In der „Freinacht", der Nacht auf den 1. Mai, hängen in vielen Orten Unbekannte die Gartentüren der Nachbarn aus oder kippen die Mülltonnen vor den Haustüren aus. Solcher Spaß wird häufig geduldet, jedoch warnt die Polizei alljährlich vor gefährlichen Übertreibungen. Thomas und seine Freunde finden es einen gelungenen Scherz, in der Telefonzelle den Hörer abzuschneiden und die Telefonbücher in den nahe gelegenen Bach zu werfen.

Der 15-jährige Patrick raucht gerne. Leider reicht sein Taschengeld schon lange nicht mehr für seinen Zigarettenkonsum. Er hat nun eine ganz einfache Masche gefunden an Geld zu kommen: Er bedroht Grundschüler mit Prügel, wenn sie nicht Geld bei ihm abliefern.

Carina möchte unbedingt ein neues Fahrrad. Ihre Eltern finden jedoch, ihr altes sei noch gut genug. Deshalb meldet die Schülerin ihr Fahrrad im Rektorat als gestohlen. Sie schädigt ihrer Meinung nach niemand persönlich – die Versicherung der Schule hat ja genügend Geld.

Kevin und seine Bande fühlen sich durch eine Äußerung des 12-jährigen Peter beleidigt. Sie lauern ihm am Nachmittag im Stadtpark auf um ihm „Anstand beizubringen". Dabei verprügeln sie den Schüler und lassen ihn ohnmächtig liegen.

Katrin hat Mandy verpetzt. Diese hat daraufhin Rache geschworen. Alle haben es eilig und im letzten Moment, als Katrin nicht mehr bremsen kann, lässt Mandy ihr absichtlich die Tür vor der Nase zufallen.

2 Zerstörung aus Langeweile? Foto 1997.

Katrin rennt gegen die Tür und hat starkes Nasenbluten.

Mirko empfindet im Nachmittagsunterricht Langeweile. Das ärgert ihn. Auf dem Nachhauseweg kommt ihm ein nagelneues Auto gerade recht. Er zückt seinen Hausschlüssel und zerkratzt damit im Vorübergehen eine Seite des Wagens (Abb. 2).

Sven ist ein absoluter Autofan. Da es aber noch einige Zeit dauert, bis er selbst den Führerschein machen darf, begnügt er sich damit, eine Sammlung von Autoteilen anzulegen. Hier einen Außenspiegel abzubrechen, dort eine Antenne, manchmal auch einen Stern, das ist seine bevorzugte Freizeitbeschäftigung.

2 *Ordnet die Fallbeispiele den auf der linken Seite angegebenen Paragraphen im Strafgesetzbuch zu.*
3 *Sucht die Fallbeispiele heraus, die wahrscheinlich in der Schule passiert sind.*
4 *Berichtet über Straftaten von Jugendlichen, die in eurer eigenen Umgebung begangen worden sind.*
5 *Diskutiert darüber, mit welchen Maßnahmen nach eurer Meinung Jugendliche von Straftaten abgehalten werden können.*
6 *Sammelt Zeitungsartikel oder Zeitungsschlagzeilen, die von jugendlichen Tätern handeln. Erstellt in der Klasse ein Poster zum Thema „Jugendkriminalität".*

185

Erpresserische Gewalt

Im März 1998 wandte sich die Schulleitung einer nordhessischen Gesamtschule in einem Rundbrief an die Eltern ihrer Schülerinnen und Schüler:

Liebe Eltern,

leider ist der Anlass, mit dem wir uns an Sie wenden, kein erfreulicher: In der vergangenen Woche konnte nur durch Polizeieinsatz verhindert werden, dass … ein Zusammentreffen 60 gewaltbereiter Jugendlicher nicht eskalierte.

In einem schnell anberaumten Gespräch mit Vertretern der Institutionen, die mit den Jugendlichen vor Ort zusammenarbeiten (III. Pol. Revier, Kirche, Jugendpflege, Gemeinde, Elternvertretung, Schulleitung) wurden die Informationen über Ausschreitungen …, an denen Jugendliche im Alter von 10–20 Jahren beteiligt waren, zusammengetragen. … Wenn auch die Gruppenstrukturen nicht eindeutig auszumachen sind und die Ausschreitungen sich größtenteils nicht im Raum der Schule abspielen, so sind dennoch einige Gesamtschüler nachweislich beteiligt und diese Vorfälle wirken in die Schule hinein und beeinträchtigen unser Schulleben.

Viel belastender ist jedoch die Erkenntnis, dass viele Kinder offensichtlich Angst haben; sie werden teilweise von Größeren unter Druck gesetzt, wenn sie nicht Zigaretten oder kleinere Geldbeträge herausgeben und bedroht, falls sie nicht absolut verschwiegen bleiben.

Wir sind sicher, dass viele Eltern wie auch Kolleginnen und Kollegen nicht ahnen, was sich vor und nach der Schule zuträgt.

Um dieses Klima zu bereinigen und psychischer Gewalt keine Chance einzuräumen, bitten wir Sie, mit Ihren Kindern zu sprechen, Bereitschaft zu wecken, sich anzuvertrauen, damit wir nicht zu Rat- und Hilflosigkeit verurteilt sind.

(Wir) … brauchen Ihre Mitarbeit bei dem Bemühen, unsere Kinder zustärken, damit sie nicht den Schutz einer Gruppe suchen, deren Absichten unseren pädagogischen Zielen und den Entwicklungschancen der Jugendlichen entgegenstehen.

… Bitte wenden Sie sich an die Schulleitung, die Elternvertretung, den Klassenlehrer oder das 3. Polizeirevier, wenn Sie Rat oder Hilfe brauchen. Vertrauliche und vertrauensvolle Zusammenarbeit wird zugesichert. …

Mit freundlichen Grüßen
Ihre Schulleiterin und SEB-Vorsitzende

Dass es sich bei den Ereignissen, die zum Brief der Schulleitung an die Eltern führte, nicht um einen Einzelfall handelt, macht ein Informationsblatt der Jugendkoordinationsstelle des Polizeipräsidiums Kassel zum Thema Erpressungen deutlich. Darin heißt es:

M … In zunehmendem Maß werden Fälle bekannt, wo Mitschüler unter Anwendung oder Androhung von Gewalt Gleichaltrige oder jüngere zur Herausgabe von Geld, hochwertiger Kleidung oder anderen Gegenständen wie CDs, Walkman, Diskman u. a. erpressen. Hierbei werden auch Waffen wie Messer oder Schreckschuss- bzw. Gaswaffen eingesetzt. Bei einer anderen Variante werden die Opfer zu Ladendiebstählen gezwungen, die Beute muss später dem Erpresser abgeliefert werden. …

1 *Fasst den im Brief und in M geschilderten Sachverhalt zusammen.*

2 *Diskutiert, welche Erfahrungen es an eurer Schule bzw. in euren Wohnorten dazu gibt.*

Die folgenden Vorschläge für verschiedene Arbeitsgruppen geben Anregungen, wie ihr euch aktiv mit diesem Thema auseinandersetzen könnt. Das Ziel sollte sein, das Problem öffentlich zu machen und mögliche Hilfen gegen Erpressung kennen zu lernen und selbst zu Hilfsmaßnahmen beizutragen.

Gruppe 1 überprüft die Chancen für eine Hilfe durch ältere Mitschülerinnen und Mitschüler.
• Wäre z.B. die Einrichtung einer Patenschaft an der eigenen Schule möglich? Wie könnte eine solche Patenschaft aussehen?
• Die Gruppe entwickelt dazu Ideen und Vorschläge. Nach der Diskussion in der Klasse könnte dann

der SV ein Modell für die Schule vorgeschlagen werden.

Gruppe 2 hat folgende Aufgaben:
• Erkundet, welches Polizeirevier für die Schule zuständig ist.
• Vereinbart einen Gesprächstermin, schildert aber schon am Telefon ganz genau eure Aufgabe, Hilfsmöglichkeiten für Opfer von Erpressungen zu finden.
• Diskutiert mit der Polizei auch eigene Vorschläge, z.B. ein Sorgentelefon, bei dem sich die Anruferinnen und Anrufer nicht gleich mit Namen melden müssen.

Gruppe 3 wählt einen oder mehrere Lehrerinnen bzw. Lehrer aus, die sich für ein Interview zur Verfügung stellen. Es ist auch möglich, dieses Gespräch mit der Schulleitung zu führen. Wichtige Punkte für das Protokoll:
• Hat das Problem „Erpressung" überhaupt Bedeutung an unserer Schule?
• Sind die Schülerinnen und Schüler über den Ablauf und die Folgen einer Erpressung informiert?
• Was können Lehrerinnen und Lehrer unternehmen, wenn ihnen ein Fall bekannt wird?
• Kennen die Lehrerinnen und Lehrer die möglichen Anzeichen für eine Erpressung?

Gruppe 4 hat die Eltern als Ansprechpartner. Damit Ihr zu Hause gut ins Gespräch kommt, könnt Ihr als Einstieg die Vorschlagsliste der Polizei (s. Kasten) verwenden.

Gruppe 5 hat die Aufgabe, mögliche Hilfsangebote außerhalb der Schule zu erkunden.
• An einer Schule in Wetzlar haben sich z.B. Lehrerstudenten bereit erklärt Patenschaften für Schüler zu übernehmen.
• Die Kasseler Zeitung „Hessisch-Niedersächsische Allgemeine" (HNA) richtete am 2.8.1998 ein Sorgentelefon ein. Vielleicht wäre das auch eine Idee für andere Lokalzeitungen?
• Auch die Kirchengemeinden sind sehr aufgeschlossen, wenn es um Beratung und Hilfe geht.
Die Telefonnummern von Zeitung und Kirsche sind schnell gefunden; wenn eine Uni in erreichbarer Nähe ist, kann euch die Schulleitung helfen die Betreuer der Lehramtsstudenten zu finden.

Zum Verhalten bei Erpressungen
• Hören Sie Ihrem Kind zu, ohne ihm Vorwürfe zu machen und glauben Sie ihm!
• Raten Sie Ihrem Kind nicht zu versuchen, sich durch Süßigkeiten oder andere Geschenke von den Attacken „freizukaufen".
• Geschehen die Angriffe außerhalb der Schule, ziehen Sie einen Rechtsanwalt hinzu. Erstatten Sie Anzeige, umd die Täter dingfest zu machen und andere Opfer vor Schaden zu bewahren.
• Finden die Angriffe in der Schule bzw. auf dem Schulweg statt, informieren Sie den Klassen- bzw. Vertrauenslehrer.
• Sind mehrere Attacken vorgekommen oder wird Ihnen bekannt, dass möglicherweise auch andere Kinder betroffen sind, lassen Sie einen Elternabend einberufen um über die Überfälle zu sprechen und Lösungsmöglichkeiten zu suchen.
• Lassen Sie das Thema im Unterricht aufnehmen und Pläne zur Vermeidung von Angriffen entwickeln (z.B. Gruppenbildung auf dem Schulweg; Unterstützung älterer Schüler nach dem Motto „Schüler helfen Schülern"; Kontrollen der Schulwege und -plätze durch Eltern und Lehrer. ...

Aus einem Informationsblatt der Jugendkoordinationsstelle der Polizei Kassel

---

Gruppe 6 kümmert sich um die Darstellung der Arbeitsergebnisse der fünf anderen Gruppen. Dabei sind verschiedene Formen der Zusammenarbeit denkbar. Z.B. könnte in jeder Gruppe ein „Medienbeauftragter" sitzen. Alle Medienbeauftragten bilden dann die Gruppe 6. Sie überlegen geeignete Formen der Öffentlichkeitsarbeit.
• Mit Videokamera und Mikrofon könnten Interviews mit den Gesprächspartnern der verschiedenen Arbeitsgruppen oder auch Gruppenmitgliedern gemacht werden.
• Denkbar sind auch eine Zeitung oder eine Ausstellung, bzw. entsprechende Beiträge für eine Schülerzeitung.
• Auch eine Veranstaltung für Mitschülerinnen und Mitschüler könnte organisiert werden.
• Schließlich könnte sich die Gruppe 6 selbst an die Medien wenden um über eure Arbeit einer größeren Öffentlichkeit zu berichten.

1 **Strafvollzug im Mittelalter.** Holzschnitt aus dem Augsburger Laienspiegel, 1512.

2 **Strafvollzug heute.** Foto 1996.

Strafen – früher und heute

1 *Vergleicht die Strafmaßnahmen, die auf den Abbildungen 1 und 2 zu erkennen sind.*

Im Mittelalter waren die verhängten Strafen aus unserer heutigen Sicht sehr grausam. Bei den Todesstrafen waren besonders qualvolle Formen üblich, z. B. das Erhängen, das Vierteilen, das Enthaupten, das Rädern oder das Verbrennen. Übeltäter, die man am Leben ließ, verstümmelte man mit Leibstrafen. So hackte man einem Dieb die Hand ab oder schnitt einem Lästerer die Zunge aus dem Mund.

Freiheitsstrafen wurden in dunklen Kellern bei Wasser und Brot verbüßt. Für geringe Verfehlungen wurde man zum Spott der Mitmenschen an den Pranger gestellt, musste eine Schandmaske tragen oder wurde aus der Stadtgemeinschaft ausgeschlossen.

Heute sind die Strafen menschlicher und nicht mehr so grausam. In der Bundesrepublik sind Todesstrafe und so genannte Leibstrafen abgeschafft.

2 *Informiert euch in einem Lexikon oder in der Bücherei über Strafen früher und berichtet darüber in der Klasse.*

Es gibt heute drei Gruppen von Strafbestimmungen:
• Hauptstrafen: Das sind im Wesentlichen Freiheitsstrafen, die lebenslang, zeitlich begrenzt oder zur Bewährung ausgesprochen werden können. Zusätzlich gehören hierzu auch Geldstrafen, die nach Tagessätzen berechnet werden.
• Nebenstrafen:
Dazu zählt zum Beispiel die Erteilung eines Fahrverbots. Wer zu einer längeren Freiheitsstrafe als einem Jahr verurteilt wird, darf 5 Jahre lang kein öffentliches Amt bekleiden und nicht mehr wählen.
• Maßregeln zur Besserung und Sicherung:
Einweisung in eine Entzugsanstalt für Drogen- oder Alkoholabhängige oder Unterbringung psychisch kranker Täter in einer Anstalt.
Auch die Teilnahme zum Beispiel am Verkehrsunterricht oder eine zeitweilige Mitarbeit beim Roten Kreuz kann angeordnet werden.
Für Jugendliche (14–18 Jahre) gelten vor Gericht andere Strafbestimmungen als für Heranwachsende (18–21 Jahre) oder Erwachsene (vgl. dazu S. 190/191).

3 *Nennt die Unterschiede zwischen den heutigen Strafbestimmungen.*

„Strafe muss sein" – weshalb?

Nicht nur Familien und Schulen strafen, sondern auch der Staat durch seine Gerichte. Die Richter verfolgen mit ihren Auflagen konkrete Ziele. In einem Lexikon heißt es dazu:

M1 … Die Strafe soll die Schuld des Täters ausgleichen und ihm die Möglichkeit zur Sühne geben; sie soll die verletzte Rechtsordnung wahren und den Rechtsfrieden wieder herstellen. Im Einzelfall können mit der Verurteilung, vor allem durch die Strafzumessung, verschiedene Strafzwecke verfolgt werden, die sämtlich das Ziel haben künftigen Straftaten vorzubeugen: … Abschreckung des einzelnen Täters von erneuter Straffälligkeit, … Erziehung (Besserung) im Sinn einer Wiedereingliederung in die Gesellschaft. … andere von der Begehung gleichartiger Straftaten abzuschrecken …

4 *Gebt anhand von M1 an, welche Zwecke Strafen verfolgen.*

5 *Diskutiert, wem Strafen nützen. Wem können Strafen helfen?*

Die meisten Gerichtsverhandlungen enden mit Geldstrafen oder mit der Aussetzung einer Freiheitsstrafe zur Bewährung. Bewährung bedeutet, dass ein Verurteilter die Strafe nicht antreten muss, solange er sich in einer festgelegten Bewährungszeit tadellos benimmt. Nur bei schweren Vergehen oder wiederholter Straffälligkeit kommen die Verurteilten sofort hinter Gitter.

Viele Menschen denken, dass lange Haftstrafen zur Sicherheit der Gesellschaft beitragen. Wenn gefährliche Straftäter hinter Schloss und Riegel sind, seien sie unschädlich. Aber ewig kann man die Menschen nicht einsperren. Haben sie nicht gelernt mit ihrem Leben in Freiheit zurechtzukommen, so werden sie rückfällig. Deshalb ist es wichtig, Straftäter darauf vorzubereiten, ein Leben ohne Straftaten führen zu können. Dies ist Bestandteil der so genannten Resozialisierung, der Wiedereingliederung in die Gesellschaft. Mit folgenden Maßnahmen wird dies unter anderem versucht:

– Vermittlung von Schulabschluss und Berufsausbildung,

– Gewöhnung an regelmäßige Arbeit, zum Teil auch außerhalb des Gefängnisses,

– sinnvolle Freizeitgestaltung,

– psychologische Betreuung und Behandlung.

Menschen, die ihre Strafe verbüßt haben, erhalten danach häufig nur noch mit Mühe einen Arbeitsplatz oder eine Wohnung. Sie verlieren oft frühere Freunde, die von ihnen nichts mehr wissen wollen. Auf diese Weise wird ihnen ein Neuanfang nicht selten schwer gemacht.

6 *Überlegt, warum viele Menschen mit einem ehemaligen Straftäter nichts zu tun haben wollen.*

7 *Denkt auch an die Opfer von Straftaten und an deren Angehörige, die zum Beispiel Vergeltung fordern. Wie kann man ihnen helfen?*

In der Zelle

Ein Häftling hat in einem Gedicht seine Gedanken und Gefühle beschrieben:

M2 Die Zelle als solches
Die Zelle besteht aus vier grauen Wänden,
einer Toilette, einem Bett, Schrank und Tisch.
Auch ein Stuhl zum Sitzen steht darin,
doch das Fenster aus Gitter macht einsam.

Die Zelle macht einen fertig,
sie ist kahl und eintönig.
Sie ist erdrückend, grauenvoll.
Ein Mensch wird darin zum Nervenbündel.

Was macht man in dieser Zelle,
auf und ab laufen, mit der Zeit verblöden?
Es fehlt ein Mensch, mit dem man reden kann,
mit der Zeit erstickt man an seinen Problemen.

Was erreicht man, wenn man einen Menschen
darin einsperrt,
darin quält, ein Nervenwrack daraus macht?
Die meisten schmieden neue Pläne,
wie man draußen weiter durch Gewalt, Skrupel
und Terror weiterleben und dahinvegetieren kann.

Diese Zelle, diese Zeit, sie bleibt,
bleibt ein Leben lang im Herzen sitzen.
Man verliert sein Ich, seine Prinzipien,
man hört auf zu leben in dieser Welt.

8 *Lest das Gedicht des Häftlings (M2) und setzt dazu folgende Aussage in Bezug: „Jeder hat das Recht auf einen neuen Anfang!"*

1 Festnahme. Foto 1996.

Ab in den Knast?

Der junge Mann in der Abbildung wurde bei einem Einbruch ertappt. Ihn erwartet nun ein Strafverfahren. Allerdings ist Thomas erst 16 Jahre alt. Daher wird sein Strafverfahren vor dem Jugendrichter bzw. bei einer schweren Straftat vor dem Jugendschöffengericht stattfinden.

Das Jugendstrafrecht ist eine besondere Form des Strafrechts, man kann auch sagen die sanftere Art. Da der Gesetzgeber davon ausgeht, dass Jugendliche in ihrem Denken und Verhalten eher erziehbar und beeinflussbar sind als Erwachsene, zielt auch das spezielle Jugendstrafrecht darauf ab, dass dem Jugendlichen sein Fehlverhalten bewusst wird und er durch geeignete Maßnahmen des Richters erzogen wird.

Natürlich kann auch jemand unter 14 Jahren eine Straftat begehen. Da er aber noch nicht strafmündig ist, das heißt noch nicht verantwortlich für seine Taten, gibt es für Kinder unter 14 Jahren keine Gerichtsverfahren. Allerdings kann das Jugendamt verständigt werden, vor allem, wenn das Kind öfter an einer Straftat beteiligt ist. Das Jugendamt sorgt dafür, dass ein Erziehungsbeistand der Familie hilft. Nützt auch das nichts, kann das Jugendamt dafür sorgen, dass das Kind einen Platz in einer Pflegefamilie oder in einem Erziehungsheim bekommt.

Anders sieht es bei Jugendlichen zwischen 14 und 18 Jahren aus. Hier gibt es durchaus Gerichtsverfahren. Wenn nun gegen Thomas ermittelt würde, so beurteilt der Jugendstaatsanwalt die Schwere der Tat. Er kann dann, vor allem in leichten Fällen bei Ersttätern, von der weiteren Verfolgung der Straftat absehen. Wird dagegen Anklage eingereicht, kommt es zu einem Jugendstrafverfahren vor dem Jugendrichter.

Der Richter hat verschiedene Möglichkeiten einen jugendlichen Straftäter zu behandeln. Im Fall der Erziehungsmaßregeln kann er die Hilfe eines Erziehungsbeistandes für die Familie anordnen oder aber auch, wie bei einem Kind, die Unterbringung in einem Heim. Als Weisung kann er auch Vorschriften für den Alltag des Jugendlichen erlassen.

Auch kann der Richter so genannte Zuchtmittel anwenden. Spricht er eine Auflage aus, muss der Jugendliche sich intensiv mit der Tat auseinandersetzen, zum Beispiel den Schaden wieder gutzumachen versuchen. Eine Verwarnung soll den Jugendlichen auf die Folgen seines Tuns aufmerksam machen. Beim Arrest muss der Straftäter unterschiedlich lange Zeit in einem Jugendgefängnis verbringen, jedoch sozusagen nur „zur Anschauung". Dabei handelt es sich schon um eine drastische Abschreckungsmaßnahme als letzten Schritt vor der Jugendstrafe.

Erst bei einer Jugendstrafe sitzt der Täter ein. Diese Strafe wird auch, wie die Erwachsenenstrafe, in ein Zentralregister eingetragen.

1 *Fasst mithilfe des Textes in eigenen Worten zusammen, warum es spezielle Jugendgerichte gibt.*

2 *Ordnet die folgenden Beispiele für Strafen, die ein Richter verhängen kann, den jeweiligen Oberbegriffen aus dem Text zu:*

- *Rolf muss wegen wiederholten Diebstahls in Tateinheit mit Einbruch für zehn Monate in die Jugendstrafanstalt.*
- *Karin muss drei Wochenenden lang in einem Altersheim helfen.*
- *Der Richter erklärt Peter sehr eindringlich, welche Folgen das Fahren ohne Führerschein haben kann, vor allem, wenn ein Unfall passiert.*
- *Joseph soll ein Wochenende in der Jugendstrafanstalt verbringen.*
- *Ayse erhält die Anweisung sich nicht mehr in der Gaststätte „Sonnenschein" aufzuhalten, da sie dort Rauschgift bekommen hatte.*

2 **Das Jugendstrafrecht – zwei Meinungen.** Zeichnung.

Wie läuft eine Verhandlung vor dem Jugendgericht ab?

Eine Gerichtsverhandlung läuft, ob im Erwachsenenrecht oder im Jugendstrafrecht, nach festen Regeln ab:

• Der Richter eröffnet die Verhandlung, stellt die Anwesenheit sowie die Personalien der Beteiligten fest. Entweder ist der Richter allein oder bei schweren Fällen stehen ihm zwei Laienrichter, so genannte Schöffen, zur Seite.

Anschließend wird der Angeklagte über seine Person und seine Lebensverhältnisse vernommen.

• Jetzt verliest der Staatsanwalt die Anklage. Der Beschuldigte muss sich dazu nicht äußern, da er sich nicht selbst belasten muss.

• In der Beweisaufnahme werden Zeugen vernommen und Sachverständige befragt.

• In einer zusammenfassenden Rede, dem Plädoyer, stellen Staatsanwalt und Verteidiger noch einmal ihre Sicht der Lage dar.

• Der Angeklagte hat das Schlusswort.

• Nach der Beratung verkündet das Gericht das Urteil: Freispruch oder: Erziehungsmaßregeln, Zuchtmittel, Jugendstrafen.

3 *Notiert die verschiedenen Phasen einer Gerichtsverhandlung. Sucht die an der Gerichtsverhandlung beteiligten Personen aus dem Text heraus.*

4 *Es wäre sicher interessant für euch, einen Prozess „live" mitzuerleben. Ihr könnt dazu das nächstgelegene Amtsgericht besuchen. Wie ihr den Besuch vorbereitet, könnt ihr mithilfe der Methodenseite erarbeiten.*

5 *Vielleicht hat ein Schüler aus eurer Klasse einen Vater oder eine Mutter, die als Rechtsanwalt oder Staatsanwalt arbeiten oder ehrenamtlich als Schöffe tätig sind. Ihr könnt sie oder ihn in die Klasse zu einem Gespräch einladen.*

6 *Diskutiert über die unterschiedlichen Meinungen in Abbildung 2.*

7 *Stellt Gründe für oder gegen eine Veränderung des Jugendstrafrechts zusammen.*

Kratzer im Lack

Der Schreck kommt beim Mittagessen, als Herbert schon gar nicht mehr darauf gefasst ist.

„Jemand hat heute Nacht das Auto zerkratzt, das rote von dem Kerl", sagt die Mutter.

„Von der Kaminski?" – „Ja."

„Wer war das?", fragt der Vater, aber nicht sehr interessiert.

„Das weiß man nicht. Die Polizei ist heute Morgen hier gewesen und hat alle gefragt, ob sie etwas gesehen haben. Frau Schwab war in der Drogerie und hat es mir erzählt."

„Und wann soll das gewesen sein?"

„Irgendwann zwischen acht und zwei Uhr nachts. Da hat der Kerl es gemerkt." Die Mutter schüttelt den Kopf. „Dass der sich nicht geniert zur Polizei zu gehen. Mit einem Schraubenzieher oder so was soll es gemacht worden sein."

„Wenn das einer mit meinem Auto machen würde", sagt der Vater, „ich glaube, den würde ich erschlagen."

Herbert zuckte zusammen. Nur nichts anmerken lassen, denkt er. Die Erbsensuppe schmeckt auf einmal schal, aber er kann nicht aufhören zu essen, jetzt nicht. Ruhig weiter essen, das ist ganz wichtig. Er hält den Kopf über den Teller gesenkt und zerquetscht die Erbsen in seinem Mund zu einem dicken Brei, bevor er sie runterschluckt. Trotzdem hat er das Gefühl Steine in seinem Bauch zu haben.

Was rumpelt und pumpelt in meinem Bauch, sagte der Wolf. Ich dachte, ich hätte Geißlein gefressen, und jetzt sind es lauter Pflastersteine.

Herbert nimmt das Bauchweh an wie eine Strafe. Er schluckt und schluckt und bittet um noch einen Teller Erbsensuppe. Sein Bauch wird immer voller und tut ihm jetzt richtig weh.

„Wie der Junge heute isst", sagt die Mutter. „Das ist was ganz Neues, wie der essen kann."

„Hast du das Messer noch?", fragt der Vater.

Herbert erschrickt. „Ja", sagt er. „Natürlich habe ich es noch. Oder glaubst du, ich hätte es so schnell verloren?"

Das Messer drückt gegen seinen Oberschenkel. Holz kann man mit dem Messer bearbeiten, aber davon wird es nicht schartig. Coca Cola, das ist es. Ich habe eine Colaflasche damit aufmachen wollen, wird er sagen. Weil ich keinen Öffner mithatte. Und damit ist es passiert.

Jeder weiß, dass er gern Coca Cola trinkt. Die Erbsen drücken ihn jetzt weniger, aber der Vater fragt nicht weiter.

„Ich fahre nachher zu Tante Irmgard", sagt die Mutter. Sie hat ihren freien Nachmittag. „Kommst du mit, Herbert?"

Er schüttelt den Kopf. „Ich muss lernen."

Es fällt ihm schwer, seine Angst zu verbergen. Die Polizei ist da gewesen. Kann sie herausfinden, wer es getan hat? Vielleicht mit Fingerabdrücken?

„Haben die Polizisten Fingerabdrücke genommen?", fragt er.

Wie es mit Herbert weitergeht, erfahrt ihr in der Geschichte „Kratzer im Lack" von Mirjam Pressler, Weinheim/Basel 1992.

Spannender als über eine Gerichtsverhandlung zu lesen ist es, eine Gerichtsverhandlung zu beobachten. Auf dieser Seite könnt ihr erarbeiten, wie ihr euch am besten darauf vorbereiten könnt.

Eine Arbeitsgruppe nach der Verhandlung. Foto.

Schritt 1: Kontaktaufnahme
■ Wer einen Gerichtsbesuch plant, sollte zunächst Kontakt mit dem Gericht aufnehmen. Es muss geklärt werden, wann ein solcher Besuch sinnvoll ist. Nicht jede Verhandlung ist dazu geeignet.
Nach der Verhandlung sollte der Richter Zeit für ein Gespräch mit eurer Klasse haben.

Schritt 2: Vorbereitung
■ Um die Ereignisse im Prozess verstehen zu können, muss man einiges wissen. Informiert euch im Unterricht
a) über den Ablauf einer Verhandlung und b) über die beteiligten Personen und deren Aufgaben.
c) Haltet offene Fragen fest, die ihr dem Richter stellen könnt.
■ Besprecht, was ihr während der Gerichtsverhandlung beobachten wollt. Erstellt genaue Beobachtungsaufträge für jede Gruppe. Einige Vorschläge:
Gruppe 1 achtet genau darauf, welche Aufgaben der Richter erfüllt und wie sich der Angeklagte verhält.
Gruppe 2 protokolliert den Prozessverlauf und vergleicht mit dem im Unterricht erarbeiteten Ablaufschema.
Gruppe 3 macht sich Notizen zum verhandelten Fall. Welches Vergehen liegt vor? Wie hat sich die Tat abgespielt?
Gruppe 4 beobachtet den Verteidiger und den Staatsanwalt. Wie argumentieren beide?
Gruppe 5 könnte den Sitzplan im Gericht festhalten oder die Zeugen und deren Aussagen aufschreiben.

Schritt 3: Durchführung
■ Jede Gruppe nimmt Block, Stift und Schreibunterlage mit in den Gerichtssaal und protokolliert, was für die gestellte Aufgabe wichtig ist.
Während der Verhandlung müssen sich Besucher absolut ruhig verhalten. Ihr dürft nicht lachen, klatschen, pfeifen oder euch laut unterhalten. Bei Störungen müsst ihr sonst den Raum verlassen. Notiert auch, wenn euch etwas auffällt oder unklar bleibt. Vielleicht könnt ihr im Anschluss an die Verhandlung den Richter dazu befragen.

Schritt 4: Auswertung
■ Die Gruppensprecher berichten über ihre Beobachtungsaufträge.
■ Schildert euch gegenseitig eure Eindrücke und Empfindungen (feierlich, sehr nüchtern und förmlich, viel zu schnell ...).
■ Nehmt Stellung zum Ergebnis der Verhandlung (gerechtes Urteil, weil ...; ungerechtes Urteil, weil ...).

1 *Vielleicht habt ihr Lust eine Gerichtsverhandlung nachzuspielen. Überlegt euch dazu einen Fall und verteilt die Rollen.*

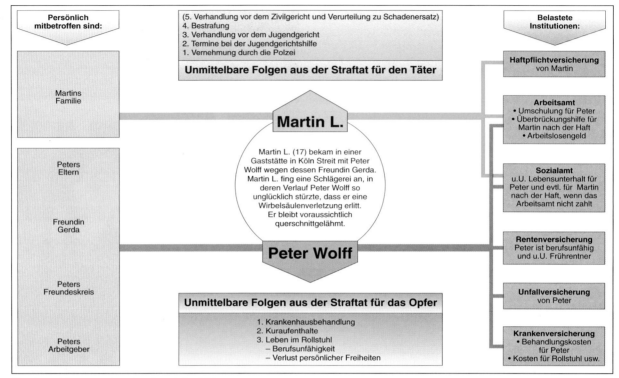

1 Auswirkungen einer Straftat. Schaubild.

Alles fing so harmlos an ...

Wenn jemand eine Straftat begeht, hat es nicht nur auf ihn selbst Auswirkungen. Eine ganze Menge von Menschen und Einrichtungen sind davon betroffen. Das Schaubild soll euch die Folgen einer Schlägerei vor Augen führen.

1 *Untersucht die Grafik:*
- *Welche Personen sind von der Schlägerei betroffen?*
- *Welche Einrichtungen werden durch die Straftat finanziell belastet?*
- *Welche Folgen ergeben sich für das Opfer?*
- *Welche Folgen hat der Täter zu erwarten?*
- *Welche Personen aus Martins Umgebung leiden unter seiner Tat?*

Na – alles klar?

2 *Beantwortet die folgenden Aussagen mit „richtig" oder „falsch". Begründet eure Antwort.*
A) Der sechsjährige Peter darf sich von seinem Taschengeld Buntstifte und Süßigkeiten kaufen.
B) Peter (14) kann vor dem Supermarkt rauchen, da seine Eltern es ihm erlaubt haben.
C) Elkes Mutter ist Lehrerin. Sie schickt ihr Kind nicht zur Schule, sondern unterrichtet es selbst. Als Lehrerin darf sie das.
D) Das Strafrecht ist ein Teil des öffentlichen Rechts.
E) Herr Müller möchte seinen Nachbarn verklagen. Er muss dazu ein Zivilgerichtsverfahren anstrengen.
F) Ayse (15) bekommt von ihrer Großmutter 5 000 DM geschenkt. Sie will gegen den Willen ihrer Eltern ein Mofa kaufen. Sie darf das tun, das Geld gehört ja ihr.
G) Man braucht für Geschäfte keinen Kaufvertrag. Ein Handschlag genügt auch heute noch.
H) Die Merkmale des Begriffs „Gerechtigkeit" sind: Gleichheit, Billigkeit und Freiheit.
I) Jugendliche zwischen 14 und 18 Jahren können noch gar nicht straffällig werden.

194

Gleiche Rechte, gleiche Pflichten.
(Sprichwort)

Das Recht des Stärkeren ist das stärkste Unrecht.
(Marie von Ebner-Eschenbach)

Allen Menschen recht getan,
ist eine Kunst, die niemand kann.
(Sprichwort)

Wer sein Recht nicht wahret, gibt es auf.
(Ernst Raupach)

Wenn wir uns bei einem Streit
nicht einigen können, pflegen wir
den anderen Rechthaber zu nennen.
(Adolf Speemann)

Enges Recht – weites Unrecht.
(Sprichwort)

2 **Zitate zum Thema Recht.** Collage.

3 *Versucht die Zitate (Abb. 2) mit eigenen Worten zu erklären.*
4 *Sucht zu einem der Sprichwörter ein passendes Fallbeispiel oder gestaltet in der Gruppe ein Rollenspiel.*
5 *Beschreibt die Karikatur von Marie Marcks.*
6 *Versucht die folgenden Fragen zu beantworten:*
– Welche Personen bzw. welche Berufe könnt ihr erkennen?
– Warum werden Paragraphen quer durch den Saal geworfen?
– Was sagen wohl die beiden Zuschauer in der Mitte zueinander?
– Was bedeutet die Figur an der Wand?
7 *„Entschlüsselt", was die Karikatur aussagen will.*

3 **Karikatur von Marie Marcks.**

195

Muslime aus aller Welt pilgern zur Kaaba im Innenhof der Haram-Moschee von Mekka. Sie ist das
wichtigste Heiligtum des Islam. Mehr als 6000
Muslime aus Deutschland sind 1993 nach Mekka
zur Kaaba gepilgert. Ob wohl auch Familienan-
gehörige eurer muslimischen Mitschülerinnen und
Mitschüler schon dort waren?

Muslime nennen wir die Angehörigen der islamischen Religion. In Deutschland leben etwa 2 Millionen Muslime, die meisten davon türkischer Herkunft. In vielen anderen Staaten, sind fast alle Menschen Muslime. Der Islam ist die zweitgrößte Religion der Welt mit über eine Milliarde Gläubige.
Die Zahl der Anhänger wächst weiter, vor allem in
Afrika und Asien.

In diesem Kapitel könnt ihr erarbeiten, wie der
Islam das Leben der Muslime prägt, wie er
entstanden ist und welche Berührungspunkte es
mit der Entwicklung Europas gab. Ein besseres
Verständnis ihrer Religion kann helfen, auch das
Zusammenleben mit den Muslimen bei uns zu
verbessern.

1 Türkische Jungen in einer Koranschule in Rüsselsheim. Foto 1995.

2 Mädchen in einer Koranschule im Ruhrgebiet. Foto 1989.

Jugendliche aus türkischen Familien in Deutschland haben fast alle eigene Erfahrungen mit dem Leben in beiden Kulturkreisen. Ob sie sich nun mehr an ihrer deutschen oder mehr an ihrer türkischen Umgebung orientieren: Den meisten gelingt es, ihren eigenen Weg durchs Leben zu finden. Hin und wieder gibt es aber auch Fälle, in denen es zu schweren Konflikten zwischen Jugendlichen und ihren Familien kommt, weil sich unterschiedliche Vorstellungen nicht vereinigen lassen.

Auf dieser Doppelseite könnt ihr erarbeiten, wie in Deutschland lebende Kinder und Jugendliche aus türkischen Familien ihr Leben und ihr Verhältnis zu ihrer Familie sehen.

Kultur und Religion

Aziz, ein dreizehnjähriges Mädchen, berichtete 1994:

M1 ... Für mich ist es in der Schule hier oft nicht schön. Mein Vater sagt, dass ich das Kopftuch tragen soll, das will der Koran. Aber in der Schule ist es dann oft ärgerlich. Viele Schüler gucken mich komisch an und machen dumme Bemerkungen. Einmal hat ein Junge mir das Kopftuch abgerissen und hat dann mit schlechten Wörtern darauf herumgetrampelt.

Es ist auch schade, dass mir meine Eltern nicht erlauben zum Schwimmunterricht mitzugehen. Mein Vater sagt, Schwimmen der Mädchen ist vom Koran nicht erlaubt. Wenn wir aber in den Ferien in der Türkei sind, fühle ich mich wohl. Alle sind dort Muslime. Keiner spottet über mein Kopftuch.

Der vierzehnjährige Cemal berichtete 1994:

M2 ... Bei uns zu Hause feiern wir alle muslimischen Feste. Während der Ramadans* faste ich ebenso wie mein Vater und meine Onkel. Das ist nicht immer leicht. Da habe ich oft Hunger. Aber alle echten Muslime fasten im Ramadan.

Ich ärgere mich nur darüber, wenn ich in der Schule bei den Arbeiten nicht gut abschneide. Am Ende der Fastenzeit feiern wir das große Fest Id-al-Fitr.

Da danken wir Allah, dass wir den Ramadan gut überstanden haben. Wir ziehen uns neue Kleidung an und gehen zur Moschee. Nach dem Gebet schenken wir uns gegenseitig etwas. Wir feiern dann mit einem großen Essen. Mit Musik und Tanz.

1 *Lasst euch von euren muslimischen Mitschülerinnen erklären, welche Bedeutung das Kopftuch für sie hat.*

| KSG Bosnien |
Türk Güci Dietzenbach	FC Maroc
KSF Umutspor	Türkspor	SV Yesilyurt
Türk Bv N.-Isenburg	BSV Hürriyet
BSC Göktürkspor	Burgund Birlik
BSC Agrispor	Hilalspor	Anadoluspor

3 Sportvereine von Muslimen in Frankfurt und Berlin.

4 Türkische Disko in Köln. Foto 1996.

Freizeit

Die elfjährige Oya berichtete 1994:

M3 ... Ich habe nicht viel Freizeit. Wenn ich meine Schularbeiten gemacht habe, gehe ich fast jeden Tag in die Koranschule. Das will meine Mutter. Dort lernen wir viele Verse aus dem Koran auswendig, auch etwas Arabisch. Wir üben Schönschreiben. Und manchmal erzählt der Lehrer Geschichten aus der Türkei. Aber der Lehrer ist sehr streng.

Komme ich dann nach Hause, muss ich meistens auf meine kleinen Geschwister aufpassen, weil meine Mutter zum Putzen geht. Wir spielen dann in der Wohnung. Vater will nicht, dass wir allein auf die Straße gehen.

Die dreizehnjährige Havva Gorüer lebt in Köln. Sie berichtete 1994:

M4 ... Viele meiner Freundinnen und ich – wir sind gern in Deutschland. Alles ist so sauber. Die Lehrer sind nicht so streng wie in der Türkei. Hier gibt es viele Freizeitmöglichkeiten. In der Schule mache ich in der Tanz-AG mit. Wir sind froh, dass wir hier Freunde haben, die zu uns halten. Wir kommen wirklich gut klar. Hier haben muslimische Mädchen mehr Freiheit als woanders ...

Der dreizehnjährige Osman berichtete 1994:

M5 ... Ich bin ein Fußballfan. Am liebsten wäre ich in einen türkischen Fußballverein gegangen. Aber der ist weit weg von unserer Wohnung. So bin ich mit meinem Freund Ahmet zusammen in einen deutschen Verein gegangen. Wir trainieren regelmäßig und an den Wochenenden sind oft Wettkämpfe. Ich bin stolz, wenn unsere Mannschaft gewinnt, besonders wenn ich ein Tor geschossen habe. Mit Ahmet und zwei Freunden aus der Mannschaft fahren wir oft mit unseren Fahrrädern zum Freibad. Da haben wir viel Spaß. Freitags gehe ich oft mit meinem Vater zur Moschee zum Gebet. Aber in der Woche denken wir meist nicht an die Gebetszeiten ...

2 *Vergleicht die Gestaltung eurer Freizeit mit den Berichten aus M3–5.*

Freundschaften

Ebru S., eine in Bremen geborene und aufgewachsene türkische Jugendliche, erzählte 1992:

M6 ... meine Kindheit (verlief) äußerst glücklich und problemlos. Mit Beginn der 7. Klasse fingen die intensiveren Mädchen-Jungen-Freundschaften an und hinzu kamen die Geburtstagsfeten, die auf die späten Abendstunden rückten.... Auch ich wollte an diesen neuen Gemeinschaftsunternehmungen teilhaben, und da ich bisher von meinen Eltern nie von solchen Ereignissen ausgeschlossen worden war, nahm ich es für selbstverständlich, nun auch mit meinen Freunden Spaß haben zu dürfen. Aber da hatte ich mich geirrt, diesmal untersagten sie mir die Teilnahme an den Geburtstagsfeten und ließen mich im Unverständnis. Wieso? ... Ich verstand die Welt nicht mehr.

...

3 *Schildert mit euren Worten, welche Einflüsse Ebru prägen und wie sie reagiert.*

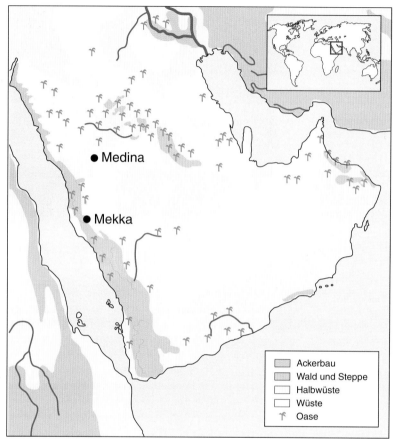

1 Die Oberflächenstruktur der arabischen Halbinsel.

Legende:
- Ackerbau
- Wald und Steppe
- Halbwüste
- Wüste
- Oase

Leben im alten Arabien

1 *Findet auf der Karte Abb. 1 die Wüstengebiete heraus.*

2 *Tragt zusammen, was ihr über Wüsten wisst.*

3 *Prüft, in welchen Gebieten der arabischen Halbinsel Menschen von der Landwirtschaft leben können.*

Arabien besteht zum größten Teil aus Wüsten. Im 6. Jahrhundert lebten die meisten Araber als Beduinen. Sie zogen mit ihren Herden von Weideplatz zu Weideplatz oder führten Karawanen durch die öden Wüstengebiete.

Die Beduinen waren in Stämmen von kaum mehr als 600 Menschen zusammengeschlossen.

An der Spitze der Stämme standen Scheichs, die in allen Streitfällen innerhalb des Stammes entschieden. In den Familien bestimmte der Mann über Frauen und Kinder. Der „Nachname" eines Kindes war immer der Vorname seines Vaters und so weiter. Frauen behielten nach der Heirat den Namen ihres Vaters, wechselten aber in die Familie des Mannes. Nur Söhne konnten den Fortbestand der Familie und damit die Altersversorgung der Eltern sichern. Einen Staat kannten die Beduinen nicht. Bei den Wanderungen kam es oft zu heftigen Kämpfen um die Wasserstellen. Rache und Beutezüge waren an der Tagesordnung.

Bei den Arabern spielte die Gastfreundschaft eine große Rolle. Einzelne Wanderer liefen in der Wüste Gefahr überfallen zu werden. Waren sie bei einem Stamm als Gäste aufgenommen, dann standen sie unter dem Schutz der Gastgeber. Niemand durfte sie angreifen, die Gastgeber sorgten für ihre Sicherheit.

4 *Beschreibt das Bild (Abb. 2) von der in der Wüste wandernden Beduinenfamilie.*

Die Religion der Beduinen

Die Religion der arabischen Beduinen um 600 n. Chr. war sehr einfach. Dämonen und böse Geister waren sehr gefürchtet. Jeder Stamm hatte seine Göttinnen und Götter Besondere Steine, Bäume und Quellen wurden angebetet. Die meisten der Göttinnen und Götter wurden an bestimmten Orten verehrt. Zu ihnen wanderten die Araber um ihre Bitten vorzutragen. So entwickelten sich Pilgerfahrten wie die zur Kaaba nach Mekka. Dort waren über 300 Statuen und Bildnisse von Göttern und Göttinnen aufgestellt. Die Kaaba war also bereits vor der Entstehung des Islam ein religiöser Mittelpunkt der Beduinenstämme.

5 *Findet heraus, wodurch sich der Glaube der Beduinen vom christlichen Glauben unterscheidet.*

2   Wandernde Beduinenfamilie in der arabischen Wüste. Foto 1982.

Mekka

Mekka war in der Zeit vor Mohammed die bedeutendste Stadt in Arabien. Hier kreuzten sich verschiedene Karawanenstraßen, sodass in der Stadt ein reicher Handel blühte. Handel und Transport brachten den Kaufleuten Mekkas große Reichtümer. Die Kaaba in Mekka war ein wichtiges Heiligtum für ganz Arabien. Große Scharen von Pilgern kamen jährlich in die Stadt um an der Kaaba zu beten. Durch die vielen Pilger wurde wiederum der Handel angeregt, denn sie kauften auf den Märkten Mekkas vieles ein. Die reichen Kaufmannsfamilien eines Stammes bestimmten alle öffentlichen Angelegenheiten der Stadt. Es gab aber auch Unzufriedene, Arme und Sklaven.

Medina

Eine zweite wichtige Stadt in Arabien war Yathrib. Heute heißt sie Medina. Sie liegt nördlich von Mekka in einem Oasengebiet. Große Flächen mit Dattelpalmen umgaben die Stadt und auf den Feldern der Stadt betrieben Bauern Ackerbau.

Während des ganzen Jahres kamen Beduinen nach Medina. Sie tauschten Fleisch, Wolle und Leder gegen handwerkliche Waren. So lebten in Medina neben den Bauern vorwiegend Handwerker und Händler. Sie gehörten entweder zu einem der zwei arabischen Stämme oder zu jüdischen Sippen. Von den jüdischen Nachbarn kannten die Araber in Medina den Glauben an eine Religion mit einem einzigen Gott.

Anfang des 7. Jahrhunderts kam es zu einem heftigen Streit zwischen den beiden arabischen Stämmen um die Vorherrschaft. Seitdem herrschte zwischen ihnen ein blutiger Bruderkrieg. Keiner der beiden Stämme wollte nachgeben.

6   *Gebt kurz mit eigenen Worten wieder, was in den Texten über Mekka und Medina berichtet wird.*

7   *Sucht Unterschiede zwischen den beiden Städten heraus.*

201

Glaube an einen einzigen Gott beschäftigte ihn sehr. Wie andere fromme Männer zog er sich in die Einsamkeit der Wüste zurück um über Gott nachzudenken und zu beten. Die vielen Götter seiner Landsleute wurden ihm immer fremder. 595 heiratete er die reiche Kaufmannswitwe Khadidscha. Seitdem lebte er als Kaufmann und Karawanenführer. Er erweiterte seine religiösen Kenntnisse und machte sich Gedanken über die ungleichen Lebensumstände der Menschen. Ihn störte, dass die Armen und Schwachen verachtet wurden.

1 *Schildert Mohammeds Jugend und seine weitere Entwicklung.*

Mohammed, der Prophet

610 zog er sich wieder in die Einsamkeit der Berge um Mekka zurück. Hier hatte er eines Nachts eine Vision (Erscheinung), von der Mohammed seinen Freunden berichtete.

Ibn Ishak (706–768), ein arabischer Schriftsteller, schrieb Mohammeds Erzählung auf:

> **M** Als ich schlief, trat der Engel Gabriel zu mir und sprach: „O, Mohammed, du bist der Gesandte Gottes und ich bin Gabriel." Ich hob mein Haupt zum Himmel und siehe, da war Gabriel in der Gestalt eines Mannes … Und wieder sprach er: „O, Mohammed, du bist der Gesandte Gottes und ich bin Gabriel. "

Von Allah predigte Mohammed allen Menschen seiner Umgebung.

Mohammeds Frau Khadidscha gehörte zu den Ersten, die die Visionen Mohammeds ernst nahmen. Sie glaubte ihm und bestärkte ihn in seiner Berufung. In ihrem Haus versammelten sich seine Anhänger. Sie kaufte Sklaven frei, die sich zu seinem Glauben bekannten, und vermittelte Verbindungen zu anderen Familien. Dank ihrer Hilfe wuchs die Schar der Gläubigen. Immer mehr Araber bekehrten sich zum Islam. Islam ist arabisch und heißt „Ergebung in Gottes Willen".

2 *Stellt zusammen, wodurch Mohammed zum Propheten wurde.*

Auswanderung aus Mekka und Herrschaft in Medina

Die meisten reichen Kaufleute in Mekka lehnten Mohammeds Lehre von einem Gott ab. Sie fürchteten um ihr Einkommen aus den Pilgerfahrten zur Kaaba. Denn wenn der Islam sich ausbreitete, so nahmen sie

1 **Mohammed empfängt eine Offenbarung vom Erzengel Gabriel.** Türkische Buchmalerei, 16. Jahrhundert.

Mohammeds Jugend

Mohammed (auch Muhammad*) wurde um 570 n. Chr. in Mekka geboren. Noch vor Mohammeds Geburt starb sein Vater, und seine Mutter starb, als er 6 Jahre alt war. Er wuchs erst bei seinem Großvater, später bei einem Onkel in einfachen Verhältnissen auf. Dennoch erzogen ihn beide mit großer Sorgfalt. Sie ließen ihn den Beruf des Karawanenführers und Kaufmanns erlernen. In diesem Beruf bewährte er sich.

So war Mohammed häufig auf Reisen und lernte viele Menschen kennen. Besonders beeindruckten ihn Christen und Juden, die damals in Arabien lebten. Ihr

an, würden keine Pilger mehr nach Mekka kommen. Als sich der neue Glaube immer mehr verbreitete, schlug die Ablehnung der Kaufleute in Hass um. Mohammed fühlte sich bedroht und bereitete seine Auswanderung aus Mekka vor. Mit einigen Männern aus Medina, die sich schon zum Islam bekannten, verbündete er sich. Sie luden ihn nach Medina ein. Sie hofften, der Prophet würde als Schiedsrichter zwischen den verfeindeten Stämmen ihrer Stadt Frieden stiften.

622 n. Chr. wanderte Mohammed mit einer Reihe seiner Anhänger aus Mekka aus und zog nach Medina. Hier gründete er mit den Muslimen aus Mekka und denen aus Medina eine erste islamische Gemeinde. Fast alle arabischen Einwohner Medinas traten zum Islam über. Die anderen galten als Ungläubige. Sie mussten zusätzliche Steuern zahlen. Das Jahr seiner Auswanderung wurde zum Beginn der neuen islamischen Zeitrechnung.

Mohammed genoss hohes Ansehen unter den Gläubigen in Medina und konnte zwischen den verfeindeten Stämmen Frieden schaffen. Er wurde als Richter in allen Streitfragen angerufen. In Medina wurde der Prophet auch zum Stadtoberhaupt bestellt. Schon in der Person Mohammeds waren also Religion und Politik ganz eng verbunden. Die Mekkaner aber wurden als „Gottlose" bekriegt, ihre Karawanen überfallen. Nach jahrelangen Kämpfen zogen die Muslime 630 n. Chr. als Sieger in Mekka ein. Immer mehr arabische Stämme schlossen sich nun dem Islam an.

3 *Begründet, warum Medina zur zweitwichtigsten Stadt im Islam wurde.*

4 *Spielt ein Streitgespräch zwischen einem reichen Kaufmann aus Mekka und einem Anhänger Mohammeds.*

Der Koran

Die Offenbarungen, die Mohammed mündlich überlieferte, wurden nach seinem Tod im Koran festgehalten. Der Koran ist das heilige Buch der Muslime und ist für sie Glaubenslehre, aber auch Gesetzestext. Der Koran gilt den gläubigen Muslimen als Regelwerk in wichtigen Fragen des Alltagslebens. Darin werden bindende Aussagen über rechtliche Fragen gemacht wie beispielsweise über Ehe und Scheidung, Erbangelegenheiten oder die Bestrafung von kriminellen Delikten. Der Koran ist in 114 Kapitel unterteilt, die Suren genannt werden. Jede Sure ist in Reimen verfasst und in mehrere Verse unterteilt, wobei

2 **Frauen hören auf der Galerie einer Moschee der Predigt zu.** Aus einer arabischen Handschrift des 13. Jahrhunderts.

die längsten am Anfang und die kürzesten am Schluss stehen. Der Koran gilt als bedeutendstes Werk der Dichtung in arabischer Sprache. Aus ihm entwickelte sich das heutige Hocharabisch. Er wurde im Jahr 653 von einer Kommission, die vom Kalifen Osman eingesetzt war, schriftlich fixiert. In der islamischen Welt hat sich eine eigene Wissenschaft herausgebildet, die sich dem korrekten Verständnis des Koran widmet. Die Wissenschaftler werden „ulema" genannt. Im Gegensatz zum Christentum kennt der Islam keinen Priesterstand. Es gibt besondere Schulen (madrasa), in denen jeder Gläubige den Koran studieren kann.

5 *Vergleicht die Bedeutung des Korans für das Alltagsleben mit der Bedeutung der Bibel für das Leben der Christen.*

6 *Informiert euch, ob es in eurem Ort eine islamische Gemeinde und eine Koranschule gibt und erkundigt euch dort, wie der Unterricht durchgeführt wird.*

1 Muslime beim Freitagsgebet auf dem Tempelberg in Jerusalem. Foto 1988.

Der Koran und die fünf Grundpflichten

1 *Fragt muslimische Mitschülerinnen und Mitschüler, wie man als Muslim in der Moschee betet und welche Bedeutung der Freitag im Islam hat.*

Alle Muslime sollen fünf Grundpflichten erfüllen: Die erste Pflicht ist das Bekenntnis zum Glauben an Allah und den Propheten.

Die zweite Pflicht ist das tägliche Gebet. Fünfmal am Tag soll es gesprochen werden, vor Sonnenaufgang, am Mittag, nachmittags, zur Zeit des Sonnenuntergangs und vor dem Schlafen.

Die dritte Pflicht ist die Einhaltung des Fastenmonats Ramadan. Dazu war in einer deutschen Zeitung am 1. Februar 1995 zu lesen:

M Für muslimische Gläubige beginnt am heutigen Mittwoch der Fastenmonat Ramadan. … Das Essener Zentrum für Türkeistudien hat an die deutsche Bevölkerung appelliert, „besonderes Verständnis für ihre muslimischen Nachbarn und ihre islamische Tradition des Ramadan zu zeigen". Das Fasten und der möglichst allabendliche Besuch der Moschee sind ein Zeichen der Ergebenheit in Gottes Allmacht und der Bereitschaft nachzuempfinden, was es bedeutet, nicht im Wohlstand zu leben. … Der Koran legt jedem erwachsenen Muslim nahe, von Sonnenauf- bis -untergang weder zu essen, noch zu trinken, nicht zu rauchen …

Als vierte Grundpflicht müssen Muslime eine Abgabe für die Armen leisten.

Die fünfte Grundpflicht ist eine Wallfahrt nach Mekka, sofern ein Muslim sie sich finanziell leisten kann. Alle diese Pflichten sind aus dem Korane abgeleitet. Dieses Buch ist für Muslime eine heilige Schrift, weil sie glauben, dass seine Aussagen von Gott stammen und über den Engel Gabriel (vgl. S. 202) an Mohammed weitergegeben wurden. Die Vorschriften des Koran haben deshalb als göttliches Gesetz Gültigkeit für das gesamte Leben.

2 *Überlegt, was für Probleme für gläubige Muslime in Deutschland entstehen, wenn sie ihre Gebete vorschriftsmäßig ausführen wollen. Führt dazu Rollenspiele durch zwischen*
– einem muslimischen Arbeiter und einem deutschen Vorarbeiter in einer Fabrik,
– einer muslimischen Verkäuferin und einer Kundin in einem Supermarkt
– und einem muslimischen Angestellten und seinen Kolleginnen und Kollegen in einem Büro.

3 *Sprecht mit muslimischen Mitschülerinnen und Mitschülern über die Möglichkeiten ihre Glaubenspflichten in der Schule zu erfüllen.*

4 *Vergleicht die muslimischen Grundpflichten mit ähnlichen Geboten des Christentums.*

5 *Befragt muslimische Mitschülerinnen und Mitschüler über ihre Arabischkenntnisse.*

2 Muslim bei der rituellen Reinigung vor dem Moscheebesuch auf dem Tempelberg in Jerusalem. Im Hintergrund die Al-Aksa-Moschee. Foto 1995.

Die Sunna und die Rechtsfindung

Die so genannte Sunna („Brauch") entstand, weil man erkannte, dass der Koran nicht in allen Belangen des täglichen Zusammenlebens ausreichte. In der Sunna wurden Erzählungen, Verhaltensregeln, Reden und Sprüche aus dem Leben des Propheten zusammengefasst und aufgeschrieben. Aus Koran und Sunna leiten auch heute noch die Muslime die Regeln ab, nach denen sie ihr Leben führen. Dazu gehört beispielsweise, dass Alkoholgenuss, Glücksspiel oder das Essen von Schweinefleisch verboten sind. Auch die streng islamische Rechtsprechung (Scharia*) beruht auf Koran und Sunna und ihrer Auslegung durch die Rechtsgelehrten. Danach kann z.B. Ehebruch oder Gotteslästerung mit dem Tode bestraft werden. Einem Dieb kann für sein Vergehen eine Hand abgeschlagen werden. Dieses strenge islamische Recht gilt heute im Iran, im Jemen, in Mauretanien, Pakistan, Saudi-Arabien und im Sudan.

6 *Fasst zusammen, welche Informationen über den Islam die Bilder auf diesen Seiten vermitteln.*

7 *Sprecht mit muslimischen Schülerinnen und Schülern darüber, wie sie es beurteilen, dass in manchen Staaten die Religion so starken Einfluss auf Staat und Recht hat.*

8 *Fragt muslimische Mitschüler, wozu es bei Moscheen Reinigungsbecken (vgl. Abb. 2) gibt.*

3 Fünfmal täglich ruft der Muezzin* vom Minarett* zum Gebet. Hier eine moderne Moschee in Izmir in der Türkei. Foto 1988.

1 Studentinnen und Studenten im großen Hörsaal der Universität Constantine, Algerien. Foto 1991.

Bei der Begegnung mit dem Islam bereitet oft das anders gestaltete Verhältnis zwischen Mann und Frau die größten Probleme. Das gilt auch für die Bemühungen eingewanderter oder in Deutschland geborener Muslime „zwischen den zwei Welten" ihre eigene Persönlichkeit zu entwickeln. Auf dieser Doppelseite könnt ihr untersuchen, wie der Islam und unterschiedliche Traditionen in islamischen Ländern das Verhältnis zwischen Mann und Frau bestimmen. Und ihr könnt euch informieren, wie dieses Verhältnis heute in islamischen Ländern beurteilt wird.

Männer und Frauen im Koran

1 *Beschreibt das Bild und zieht daraus Schlüsse über die Rollen von Männern und Frauen im Islam.*
2 *Sprecht mit muslimischen Mitschülerinnen und Mitschülern darüber, welche Bedeutung Bekleidungsvorschriften für sie haben.*
3 *Schreibt auf, zu welchen kirchlichen Anlässen Christen sich besonders kleiden. Beschreibt diese Kleidung.*

Vor Mohammeds Auftreten waren Frauen in Arabien weder wirtschaftlich abgesichert noch rechtlich geschützt. Bei der Eheschließung ging die Frau wie bei einem Kauf als Sache in den Besitz des Mannes über. Zur Ehre eines Mannes gehörte es, Söhne zu haben. Unerwünschte Töchter wurden häufig getötet. Der Koran und die Sunna brachten viele Verbesserungen für die Lage der Frauen und Mädchen. Zur islamischen Ehe gehört ein Vertrag, der Rechte, Pflichten und Besitzverhältnisse der Eheleute genau festlegt.

Im Koran gibt es viele Aussagen über das Verhältnis von Frauen und Männern. Allein die 4. Sure mit der Überschrift „Die Frauen" hat 175 Verse. Im 34. Vers heißt es u. a.:

Q1 Die Männer haben Vollmacht und Verantwortung gegenüber den Frauen, weil Gott die einen vor den anderen bevorzugt hat und weil sie von ihrem Vermögen (für die Frauen) ausgeben. Die rechtschaffenen Frauen sind demütig ergeben … Ermahnt diejenigen, von denen ihr Widerspenstigkeit befürchtet, und entfernt euch von ihnen in den Schlafgemächern und schlagt sie. Wenn sie euch gehorchen, dann wendet nichts weiteres gegen sie an.

Auch in der Sunna finden sich viele Aussagen Mohammeds über das Verhältnis von Männern und Frauen, z. B. die beiden folgenden:

Q2 … Unter den Gläubigen zeigen diejenigen den vollkommensten Glauben, die den besten Charakter besitzen. Und die besten von euch sind diejenigen, die ihre Frauen am besten behandeln. …

Q3 … Wie kann jemand von euch seine Frau schlagen, wie man einen Sklaven schlägt, und dann ohne sich zu schämen kommen und sie umarmen? …

Zum Vergleich: Im Neuen Testament der christlichen Bibel heißt es:

Q4 Ihr Frauen, ordnet euch euren Männern unter wie dem Herrn. Denn der Mann ist das Haupt der Frau, wie auch Christus das Haupt der Gemeinde ist … Aber wie nun die Gemeinde sich Christus unterordnet, so sollen sich auch die Frauen ihren Männern unterordnen in allen Dingen.

4 *Stellt Gemeinsamkeiten und Unterschiede von Q1–3 fest. Befragt dazu auch muslimische Mitschülerinnen und Mitschüler.*
5 *Lest Q4 und vergleicht damit das Verhältnis von Frauen und Männern bei uns heute.*
6 *Überlegt, was es für Muslime bedeutet, wenn die Rollen von Frauen und Männern und Regeln für die Ehe in Koran und Sunna festgelegt sind.*

Ehe und Familie im Islam heute

7 *Beschreibt das Plakat und fasst seine Aussage in einem Satz zusammen.*

Über die Eheschließung ist im Koran, 4. Sure, Vers 3, zu lesen:

> **Q5** Und wenn ihr fürchtet, gegenüber den Waisen nicht gerecht zu sein, dann heiratet, was euch an Frauen beliebt, zwei, drei oder vier. Wenn ihr aber fürchtet, sie nicht gleich zu behandeln, dann nur eine.

Koransachverständige sagen, dass diese Sure in der Zeit entstanden sei, als in den Kämpfen der Muslime gegen die Mekkaner viele Männer getötet worden waren. Viele Frauen waren zu Witwen geworden und ihre Kinder waren als Waisen unversorgt. Deswegen habe Allah dem Propheten diese Sure verkündet. Das Korangebot über die Anzahl der Ehefrauen hat auch heute noch Gültigkeit. Die überwiegende Zahl der Muslime jedoch lebt in der Einehe. Auch zur Mädchentötung nimmt der Koran Stellung (Sure 16, Verse 58, 59):

> **Q6** Wenn einer von ihnen [den nichtmuslimischen Mekkanern] von der Geburt eines Mädchens benachrichtigt wird, bleibt sein Gesicht finster ... Er verbirgt sich vor den Leuten wegen der schlimmen Nachricht. Soll er es nun trotz der Schmach behalten oder im Boden verscharren. Übel ist, wie sie da urteilen.

Über die Rolle der Frauen in Ehe und Gesellschaft gibt es in der islamischen Welt auch heute noch sehr unterschiedliche Auffassungen. In der „Islamischen Republik Iran" schrieb 1971 der Wissenschaftler Ali Schariati ein Buch über Mohammeds Tochter Fatima, die nach ihres Vaters Tod in der islamischen Gemeinschaft eine bedeutende Rolle spielte. In diesem Buch heißt es u. a.:

> **M1** ... diese Religion befreit die Frauen. Sie bedeutet die Anerkennung der Stellung der Frau ... Gott hat nun Fatima ausersehen. In ihrer Person nimmt nun die Tochter als Erbin der ruhmreichen Tradition ihrer Familie, Bewahrerin der hohen Werte ihres Geschlechts und Fortführerin des väterlichen Auftrages die Stellung des Sohnes ein. (Das geschieht) in einer Gesellschaft, in der man glaubte, dass nur das Grab die Schande der Geburt einer Tochter bedecken würde ...

In Algerien versuchen Muslime einen islamischen Gottesstaat durchzusetzen.

2 Ägyptisches Plakat, das für Familienplanung wirbt. Der Text lautet: Kleine Familie, besseres Leben. 1985.

Zu diesem Vorhaben sagte 1991 die Frauenrechtlerin Salima Khalfi:

> **M2** ... schlimmer noch als die blutigen Überfälle [von islamischen Terroristen] ist die permanente [andauernde] Gewalt: der Bruder, der meinen Freund zusammenschlägt, mein Bankkonto überwacht ... der Vater, der meinen Schulweg mit der Uhr bemisst, der Unbekannte, der mich anpöbelt, weil ich nach 18 Uhr noch auf der Straße bin, der Beamte, der mich im Wahllokal fragt, was ich hier zu suchen hätte ... Kommt die islamische Republik, werden wir Frauen gegen sie kämpfen, notfalls mit Waffen.

8 *Überlegt, was es für die Stellung der Frauen im Iran heute bedeutet, wenn der iranische Wissenschaftler in M1 die Stellung Fatimas als „Stellung des Sohnes" umschreibt.*

9 *Vergleicht die Ansichten von Ali Schariati und Salima Khalfi zur Rolle der Frauen.*

10 *Fasst zusammen, welche Veränderungen Mohammed, der Koran und die Sunna für die arabischen bzw. muslimischen Frauen brachten.*

11 *Begründet eure Meinung über diese Stellung der muslimischen Frauen.*

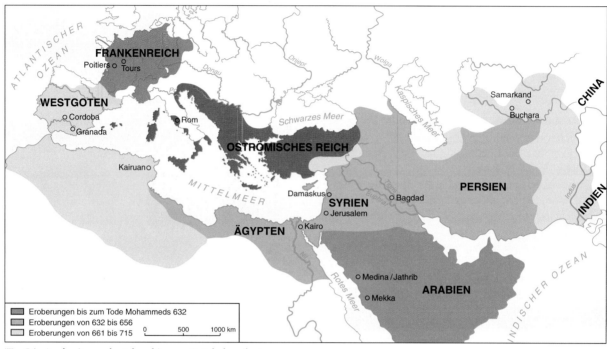

1 Die Ausbreitung des Islam bis zum 8. Jahrhundert.

Die Ausdehnung des Islam

Die Nachfolger Mohammeds als Führer der Muslime nannten sich Kalifen*. Nach dem Tode Mohammeds (632 n. Chr.) war der Islam in Arabien die herrschende Macht und Religion. 100 Jahre später reichte das islamische Reich von den Grenzen Indiens und Chinas bis nach Spanien. Weite, vormals oft von verfeindeten Herrschern regierte Gebiete waren unterworfen, darunter die Ursprungsgebiete des Judentums und des Christentums mit der Stadt Jerusalem. Die Eroberungszüge waren als Dschihad* des Schwertes geführt worden. Überall durften jedoch Juden und Christen ihren Glauben behalten. Sie hatten nach Auffassung der Muslime zwar die Lehren früherer Propheten wie Abraham, Mose und Jesus verfälscht, doch wurden sie als Anhänger des einen Gottes angesehen. Ihr Glaube finde im Islam seine Vollendung. Dieser Gedanke setzte sich auch bei vielen Christen durch. Nicht nur finanzielle Vorteile (Steuerfreiheit) bekehrten viele Christen zum Islam. Seine Glaubensregeln waren für viele einleuchtender als die des inzwischen in verschiedene Glaubensrichtungen zersplitterten Christentums.

1 *Beschreibt anhand der Karte die Ausdehnung des islamischen Weltreiches.*

Unter den Kalifen war das islamische Reich ungeheuer groß geworden. Um es regieren zu können mussten die Kalifen auch Beamte und Soldaten aus zum Islam übergetretenen Völkern in den Dienst nehmen. Heerführer dieser Völker wurden zur Kontrolle einzelner Teile des Reiches eingesetzt. Sie erhielten den Titel Sultan* oder Emir. Manche wurden zu selbstständigen Herrschern. So löste sich das islamische Reich wieder in verschiedene Teilreiche auf.

Die Eroberung Spaniens

Im Jahre 711 n. Chr. setzte der maurische* Offizier Tarik bei der Meerenge von Gibraltar* mit 7 000 muslimischen Kriegern ins heutige Spanien über. Der germanische Stamm der Westgoten hatte dort nach dem Untergang des Römischen Reiches ein Reich erobert und ausgebaut. Tarik besiegte das Heer der Westgoten und besetzte mit seinen Truppen Toledo, die Hauptstadt des Westgotenreiches. Bis 715 n. Chr. waren alle wichtigen Städte Spaniens erobert. Manche Gebiete erwarben muslimische Befehlshaber auch durch Kauf von den ehemaligen Besitzern. Nur im Nordwesten Spaniens konnte sich eine kleine christliche Herrschaft behaupten. Vorstöße muslimi-

2 Blick in das Innere der großen Mesquita-Moschee von Cordoba in Spanien. 780 n. Chr. wurde mit dem Bau begonnen. Zweihundert Jahre später war die Moschee fertig gestellt. Sie war eine der größten der Welt. Foto 1986.

scher Heere ins Frankenreich wurden 732 von Karl Martell, dem Großvater Karls des Großen, bei Tours und Poitiers abgewehrt. Karl der Große sorgte schließlich mit der Errichtung der „Spanischen Mark" für die endgültige Zurückdrängung der Mauren in das Gebiet jenseits der Pyrenäen.

Die islamischen Herren trafen in Spanien auf christliche Westgoten und Romanen* sowie Juden, die – wie in anderen eroberten Gebieten – ihren Glauben behalten durften. Islamische, jüdische und christliche Gebetshäuser existierten in Al Andalus* von nun an nebeneinander.

Die Reconquista

Unter der arabisch-islamischen Herrschaft lebten Muslime, Christen und Juden 500 Jahre lang weitgehend friedlich miteinander. Seit Mitte des 11. Jahrhunderts begann jedoch von Norden her allmählich die „Reconquista", die „Rückeroberung" des Landes durch christliche Fürsten. Dieser Kampf wurde mit Unterstützung des Papstes als Kreuzzug geführt: Kurz nachdem er zum Kreuzzug ins Heilige Land aufgerufen hatte (vgl. S. 212), forderte Papst Urban II. spanische Ritter auf auch die nordspanische

Stadt Tarragona von den Muslimen zu befreien. Christliche Wallfahrer aus ganz Europa, die Santiago de Compostela* besucht hatten, unterstützten die spanischen Christen. Begünstigt wurden die christlichen Bemühungen durch die Aufsplitterung der arabischen Herrschaft in Teilreiche.

Beide Seiten verzeichneten Erfolge und Misserfolge; immer wieder kehrte auch für einige Jahre Frieden ein. Erst langsam gewannen die Christen die Oberhand: 1236 wurde Cordoba eingenommen, 1248 Sevilla. Abgeschlossen war die „Rückeroberung" und die Vertreibung der Muslime aber erst mit der Einnahme von Granada 1492. In den nun christlichen Gebieten durften keine Muslime mehr leben, sondern nur noch Christen. Auch alle Juden wurden 1492 aus Spanien vertrieben.

2 *Vergleicht diese christliche „Rückeroberung" mit dem, was ihr über den Dschihad (vgl. S. 208) erfahren habt.*

3 *Diskutiert, was der Begriff „Rückeroberung" aussagt.*

1 Der Löwenhof der Alhambra* bei Granada in Spanien. Der Palast wurde im 13. und 14. Jahrhundert von maurischen* Herrschern erbaut. Die Wasserkanäle in den Plattenwegen führen zu weiteren Springbrunnenanlagen.

Islamische Kultur: Beispiel Baukunst

Hauptstadt des muslimischen Reiches in Al Andalus wurde Cordoba. Dort entstand 929 ein eigenständiges Kalifat.

Im 10. Jahrhundert lebten in dieser Stadt etwa 800000 Menschen in 113000 Häusern und über 60000 Villen und Palästen. Neben ungezählten Buchläden gab es 70 öffentliche Büchereien, 700 Bäder standen den Bewohnern zur Verfügung. Das Straßennetz war teilweise gepflastert und nachts beleuchtet.

Die Baukunst der muslimischen Baumeister war zu dieser Zeit ohne Beispiel – nicht nur im christlichen Europa. Die damals sehr „moderne" Mesquita-Moschee (vgl. Abb. auf der vorigen Seite) erregte auch in der islamischen Welt große Bewunderung und wurde beispielsweise mit einem Palmenwald verglichen.

1 *Schlagt im Kapitel 4 nach, seit wann Städte im christlichen Europa Bedeutung gewannen.*

2 *Beschreibt das Bild auf S. 209 und versucht den Vergleich mit einem Palmenwald zu erklären. Denkt an die Heimat der arabischen Muslime.*

3 *Schaut auf einer Spanienkarte im Atlas nach, was aus dem arabischen Namen Al Andalus geworden ist.*

4 *Schreibt auf, welche technischen, handwerklichen und künstlerischen Kenntnisse und Fertigkeiten beherrscht werden mussten um den Palast auf der Abbildung errichten zu können.*

Islamische Kultur – Beispiel Wissenschaft

5 *Beschreibt die einzelnen Geräte und Tätigkeiten auf der Abbildung 2. Was wird erforscht und zu welchen Zwecken könnten diese Forschungen dienen?*

Muslime, Juden und Christen lebten in Spanien meist friedlich zusammen und Wissenschaftler aller drei Religionen tauschten ihre Kenntnisse untereinander aus. Sie sammelten mathematische, astronomische, medizinische, religiöse und philosophische Werke in indischer, hebräischer, griechischer, lateinischer und arabischer Sprache. Von den Kalifen wird berichtet, dass sie von ihren Feldzügen Bücher aus aller Welt mitbringen ließen – Bücher über alle damals bekannten Wissenschaften und Techniken. Auch kauften sie wissenschaftliche Werke. So blieben auch Erkenntnisse aus den antiken Kulturen bewahrt, die im christlich beherrschten Teil Europas längst verloren waren.

Dieses Wissen wurde an den arabischen Hochschulen gelehrt und weitergegeben. Die meisten dieser Wissenschaften und Techniken wurden von den Muslimen weiterentwickelt. Viele Ergebnisse mathematischer, chemischer, physikalischer und anderer Studien wurden von Handwerkern und

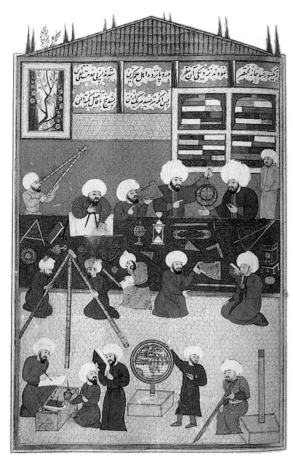

2 Der arabische Astronom Taqui-ad Din mit seinen Gehilfen in seinem Observatorium. Türkische Buchmalerei, 16. Jahrhundert.

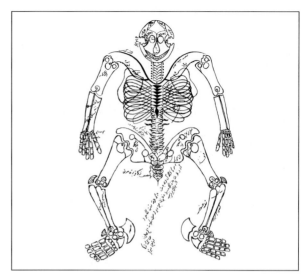

3 Anatomische* Zeichnung eines arabischen Mediziners aus dem 15. Jahrhundert. In die Skizze sind Hinweise über Verletzungen, die Bedeutung einzelner Gliedmaßen und Behandlungshinweise hineingeschrieben.

Baumeistern genutzt, etwa von Waffen- oder Goldschmieden, Schiffs- und Festungsbaumeistern, in der Stoffbearbeitung oder von Apothekern. Die Verbreitung der Bücher wurde durch die Technik der Papierherstellung erleichtert. Muslime hatten sie in Samarkand kennen gelernt (s. Karte S. 208).

Arabische Ziffern

In Indien hatten die Muslime ein neues Zahlensystem erlernt: das Dezimalsystem.

Alle Zahlen werden dazu in Ziffern von 1 bis 9 geschrieben; für volle Zehner, Hunderter und Tausender und so weiter tritt die Ziffer Null ein, der eine Ziffer von 1 bis 9 um eine Stelle vorangestellt wird. Diese von den Muslimen „indische Ziffern" genannten Ziffern erleichterten nicht nur die alltäglichen Rechenaufgaben für Händler und Kaufleute, sie ermöglichten auch die kompliziertesten Berechnungen in Wissenschaft und Technik. Als die Europäer diese Rechenmethode kennen lernten, nannten sie die neuen Ziffern „arabische Ziffern".

6 *Schreibt die Rechenaufgabe 58 : 27 = x in römischen Zahlen auf und versucht sie schriftlich (ohne Taschenrechner) zu lösen. Befragt dazu euren Mathematiklehrer.*

Kultureller Austausch

Als die Christen in den Kämpfen der Reconquista allmählich die Oberhand gewannen, gingen muslimische Kultur und Wissenschaft nicht verloren. Auch bei den Christen hatte das Interesse an der Wissenschaft zugenommen. Viele wissenschaftliche Werke wurden nun aus dem Arabischen ins Lateinische übersetzt und so für das christliche Europa lesbar.

Nicht nur aus der lateinischen und aus der griechischen, sondern auch aus der arabischen Sprache stammen viele unserer Wörter. Manche von ihnen stammen ursprünglich aus Indien und Persien und sind in arabischer Übersetzung über Spanien nach Europa gelangt, z. B. Admiral, Algebra, Alkali, Alkohol, Benzin, Chemie, Damast, Drogerie, Gitarre, Kaffee, Kali, Kattun, Konditorei, Muskat, Natron, Orange, Reis, Tarif, Zenit, Ziffer, Zucker.

7 *Erklärt die Begriffe mithilfe eines Lexikons.*

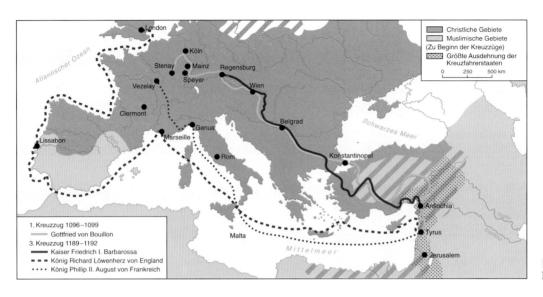

1 Karte der Kreuzzüge.

Christen kämpfen im Zeichen des Kreuzes

In Spanien führte die jahrhundertelange arabische Besetzung zu einem intensiven kulturellen Austausch zwischen Christen und Muslimen. Unter anderen Vorzeichen stand das ungekehrte Vordringen christlicher Ritter in das islamische Herrschaftsgebiet während der Kreuzzüge. Im Aufruf des Papstes Urban zum ersten Kreuzzug im Jahre 1095 heißt es:

> **Q1** … Von Jerusalem und Konstantinopel kam schlimme Nachricht zu uns. Ein fremdes und gottloses Volk hat die Länder der dortigen Christen besetzt und durch Mord, Raub und Brand entvölkert. Die Kirchen wurden gründlich zerstört oder beschlagnahmt. …
> Tretet den Weg zum Heiligen Grab an, nehmt das Land dort dem gottlosen Volk, macht es euch untertan. Jerusalem ist der Mittelpunkt der Erde, das fruchtbarste aller Länder.

1 *Stellt die Gründe dafür zusammen, warum der Papst zum Kreuzzug aufrief und warum die Ritter sich zur Teilnahme entschlossen.*

2 *Vergleicht die Eroberungszüge der Christen und der Muslime und sprecht darüber, ob es gerechte Kriege gab oder heute geben könnte.*

Blutbad in Jerusalem

Im Juni 1099 stand das Heer der Kreuzritter nach einem fast dreijährigen Kriegszug durch Kleinasien vor Jerusalem. Nach fünfwöchiger Belagerung gelang den Kreuzrittern die Eroberung der gut verteidigten Stadt. Der arabische Historiker Ibn-al Atir, der von 1160–1233 lebte, schrieb in seiner Geschichte über die Eroberung Jerusalems durch die Christen:

> **Q2** In der al-Aqsa-Moschee töteten die Franken mehr als siebzigtausend Muslims, unter ihnen viele Imame, Religionsgelehrte, Fromme und Asketen, die ihr Land verlassen hatten, um an diesem heiligen Ort zu beten …

Wilhelm von Tyrus, Kanzler des Königreiches Jerusalem und später Erzbischof von Tyrus, 1130 in Palästina geboren, schrieb 1170 eine Geschichte der Kreuzzüge aufgrund vieler schriftlicher und mündlicher Quellen. Darin heißt es über das Verhalten der Kreuzritter in Jerusalem:

> **Q3** … Das Haus aber, das einer erbrach, nahm er sich mit allem, was darin war, für immer rechtlich in Besitz. Denn man war vor der Eroberung der Stadt miteinander übereingekommen, dass jeder seine Erwerbungen nach Eigentumsrecht ohne Widerspruch für immer besitzen solle, … Deshalb durchstreiften sie die Stadt sorgfältig und drängten sehr ungestüm auf die Ermordung der Bürger …

3 *Beschreibt mithilfe der Quellen das Vorgehen der Kreuzfahrer und versucht ihr Verhalten zu erklären.*

4 *Überlegt, wie das Verhalten der Kreuzritter auf die Muslime gewirkt haben mag.*

2 **Christlicher Ritter und Muslim beim Schachspiel.** Schachbrett und Figuren wurden von Kreuzfahrern mitgebracht.

Die Rückeroberung Jerusalems

Trotz weiterer Kreuzzüge gelang es den Muslimen unter ihrem Sultan Saladin die meisten von den Christen besetzten Gebiete zurückzuerobern. Bei der Rückeroberung kam es auf beiden Seiten zu großen Grausamkeiten und Massakern. Im Jahre 1187 besetzte Saladin Jerusalem. Die Kreuzritter hatten die Stadt am Ende kampflos übergeben.
Saladin verzichtete auf Rache für die Behandlung der Muslime durch die Kreuzritter im Jahre 1099. Unter seiner Herrschaft war Jerusalem wieder für Muslime, Juden und Christen zur Verehrung ihrer heiligen Stätten gleichermaßen zugänglich.
Der christliche Chronist Ernoul schreibt um 1197:

> **Q4** Ich werde erzählen, wie Saladin die Stadt Jerusalem bewachen ließ, damit die Sarazenen (Muslime) den Christen in der Stadt nichts Übles antun konnten ... Saladin ließ die Christen Tag und Nacht vom Heer beschützen, damit ihnen kein Übel angetan werde und die Übeltäter sich nicht anschleichen konnten.

5 *Vergleicht das Vorgehen der Kreuzritter nach der Eroberung Jerusalems mit dem Verhalten des Sultans.*

Christen und Muslime im Heiligen Land

Im Heiligen Land hatten die Kreuzfahrer nicht nur feindliche Kontakte mit den Muslimen. So berichtet ein Muslim aus Spanien 1184 von seiner Reise durch die Kreuzfahrerstaaten:

> **Q5** Unser Weg führte dauernd durch bestellte Ländereien und geordnete Siedlungen, deren Bewohner alle Muslime waren und mit den Franken angenehm lebten. ... Die Christen lassen auf ihren Gebieten die Moslems eine gerecht verteilte Taxe bezahlen. Die christlichen Kaufleute ihrerseits versteuern auf islamischem Gebiet ihre Waren. Das Einverständnis unter ihnen ist vollkommen und die Gerechtigkeit wird ... gewahrt. Die Ritter sind mit ihren Kriegen beschäftigt; das Volk bleibt in Frieden ... .

6 *Berichtet mithilfe von Q5 über das Zusammenleben von Muslimen und Christen.*

Einflüsse der Araber

Über die Kreuzfahrer kamen viele Neuheiten nach Europa. Die Araber waren Meister in der Herstellung von Papier und Teppichen. Berühmt war auch der Damaszener Stahl. Die Kreuzfahrer brachten Gläser, Spiegel und Gegenstände aus Elfenbein mit nach Hause. Exotische Blumen und Obstsorten wie die Lilie, der Jasmin, der Flieder, die Melone, die Zitrone und die Aprikose wurden in Europa schnell beliebt. Gewürze wie Muskat, Pfeffer, Zimt, Ingwer, Safran und Nelken kamen in Gebrauch.

1 Die Türkei seit 1923.

Die Türkei ist ein junger Staat. Erst 1923 ging sie aus dem im Ersten Weltkrieg (1914–1918) zusammengebrochenen Osmanischen Reich hervor. Ihr Gründer Kemal Atatürk strebte einen modernen Staat nach europäischem Vorbild an. Dazu gehörte die Trennung von Religion und Staat, die aber umstritten geblieben ist. Die Auseinandersetzung um einen künftigen Beitritt zur Europäischen Union hat die Situation in der Türkei noch stärker in den Blickpunkt gerückt.

Auf den folgenden Doppelseiten könnt ihr euch einen Einblick erarbeiten, welche Ziele seit der Gründung der Türkei verfolgt werden, wie sich das Leben von Männern und Frauen dort verändert hat und welche Probleme sich heute stellen.

Der Untergang des Osmanischen Reichs

Das Osmanische Reich gehörte zu den Verlierern des Ersten Weltkriegs. Seine Weltmachtstellung war jedoch zuvor schon über Jahrhunderte immer schwächer geworden. Besonders im 19. Jahrhundert begannen die europäischen Mächte Gebiete des Osmanischen Reichs zu ihren Einflusszonen zu machen. Um ihren Einfluss zu sichern versuchten sie

sich als Freunde oder Schutzherren einzelner Bevölkerungsgruppen des Vielvölkerstaats darzustellen: Die Russen versprachen die orthodoxen Christen beziehungsweise Griechen und Armenier zu schützen, die Franzosen die katholischen Christen. Die Engländer schürten den arabischen Nationalismus*, die Deutschen dagegen stellten sich auf die Seite der Türken. Der Gedanke der religiösen Toleranz und das Miteinander der verschiedenen Völker zerbrachen an gegenseitigem Misstrauen und Nationalismus.

Mustafa Kemal Pascha genannt Atatürk

Die Siegermächte des Ersten Weltkriegs hatten 1920 im Vertrag von Sèvres die völlige Aufteilung des Osmanischen Reiches geplant. Den Türken sollte kein souveräner* Staat verbleiben. Die Randgebiete des Osmanischen Reiches wurden wie Kolonien behandelt; in das Gebiet der heutigen Türkei rückten britische, französische und italienische Truppen ein. Dagegen lehnte sich das türkische Militär unter Führung des Offiziers Mustafa Kemal Paschas auf (1882–1938). In schweren Kämpfen trieben die Türken die Besatzer zurück und erzwangen im Frieden von Lausanne 1923 die Anerkennung der Türkei als souveräner Staat.

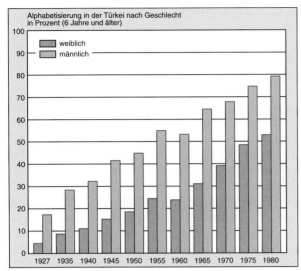

2 Schreibfähigkeit in der Türkei 1927–1980.

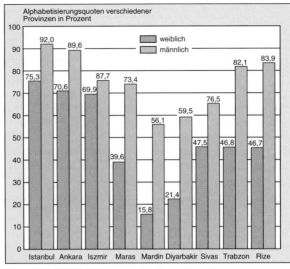

3 Schreibfähigkeit in verschiedenen Provinzen 1985.

Bei den vorangegangenen Kämpfen wurden Hunderttausende Griechen aus ihren angestammten Gebieten in Kleinasien vertrieben, während aus Griechenland alle türkischstämmigen Bewohner fliehen mussten. Schon während des Weltkrieges waren Hunderttausende Armenier Opfer blutiger Verfolgung geworden. Von „Umsiedlungen" nationaler Minderheiten versprach man sich damals auch Schutz vor andauernden Nationalitätenkonflikten.

1 *Informiert euch über Nationalitätenkonflikte, bei denen als Lösungsversuch Umsiedlungen vorgenommen wurden. Versetzt euch in die Situation der Betroffenen und diskutiert darüber.*

Kemal Atatürk als Revolutionär

Der neu gegründete türkische Staat stand 1923 vor einer Fülle schwerer Probleme. Zu ihrer Lösung wurden im Laufe der Zeit eine Reihe radikaler Maßnahmen erlassen, die alle auf ein Ziel hinausliefen: die schrittweise Angleichung des Lebens in der Türkei an europäische Verhältnisse. Dazu gehörten:

1923: Frauen sollen sich in der Öffentlichkeit ohne Schleier zeigen.

1926: Übernahme europäischer Gesetzgebung (Schweizer Bürgerliches Gesetzbuch, italienisches Strafrecht, deutsches Handelsrecht), Einführung des Gregorianischen Kalenders*, des Frauenstimmrechts und der Einehe.

1926–1928: Verbot des Fes (traditionelle Kopfbedeckung für Männer), Einführung der lateinischen Schrift anstelle der arabischen.

1922–1928: Abschaffung des Islam als Staatsreligion.

1931: Einführung metrischer Maße.

1934: Einführung von Familiennamen, des Sonntags als wöchentlichem Feiertag und des passiven Frauenwahlrechts.

1934 wurden schließlich sechs Prinzipien zum Regierungsprogramm erhoben:

– Errichtung eines türkischen Nationalstaates,
– Trennung von Staat und Religion,
– republikanische Staatsform,
– Gleichheit aller Bürger,
– bestimmende Rolle des Staates in der Wirtschaft,
– ständige Bereitschaft zu Reformen.

Die Verwirklichung der meisten dieser Maßnahmen und Grundsätze hatte in Westeuropa Jahrhunderte gedauert. Deshalb sind heute auch noch nicht alle Prinzipien eingelöst. Widerstände gab es in den letzten Jahren vor allem gegen die Verdrängung des Islam aus dem öffentlichen Leben und gegen die Unterdrückung der in der Türkei lebenden nationalen Minderheiten, vor allem der Kurden.

2 *Untersucht die Diagramme zur Alphabetisierung und stellt fest, welche Erfolge sich daran ablesen lassen und welche bis 1985 ungelösten Probleme zu erkennen sind.*

Abwanderung aus Not

Die meisten Türken leben von der Landwirtschaft. Allerdings befindet sich das Agrarland mittlerweile in den Händen einiger weniger Großgrundbesitzer. Die Bauern sind gezwungen bis zu 50 Prozent des Ernteertrags abzutreten.

Mangelnde Verdienstmöglichkeiten in den landwirtschaftlich genutzten Regionen der Türkei führten seit den 60er-Jahren des 20. Jahrhunderts zur Abwanderung der Arbeit suchenden Bevölkerungsteile in die industriellen Zentren des Landes und ins Ausland, vorzugsweise nach Deutschland.

Der in Köln lebende 13-jährige Metin berichtete 1989 über das anatolische Dorf, aus dem er mit seiner Familie vier Jahre zuvor fortgezogen ist:

> **M** … Fast alle Familien sind Bauern. … Sobald die Äcker schneefrei sind und der Boden trocken ist, beginnt die Feldarbeit – von Sonnenaufgang bis Sonnenuntergang. Die Männer und auch die Jungen in meinem Alter sind dann auf den Feldern … Die Frauen und Mädchen müssen ebenfalls hart arbeiten. Sie versorgen das Haus und den Haushalt, den Garten, das Vieh beim Haus … dann muss noch Fladenbrot gebacken, Wasser geholt, am Waschplatz die Wäsche gewaschen, gesponnen und gewebt und während der Erntezeit auf den Feldern gearbeitet werden.
>
> Seit vielen Jahren ziehen immer mehr junge Männer und Frauen, ja ganze Familien fort. Die einen wandern in die nächst gelegene Großstadt … wieder andere, wie meine Familie, verlassen das Land und ziehen ins Ausland um dort zu arbeiten. Von meinem Großvater weiß ich, dass in den letzten 40 Jahren … etwa 600 Menschen fortgezogen sind. … heute sind es gerade noch 300.
>
> … Ihr müsst wissen, dass die türkischen Familien eng zusammenhalten. Fast alle Abgewanderten schicken ihren daheim gebliebenen Verwandten regelmäßig Geld, oft mehr als man im Jahr im Dorf erzielen kann. Damit werden neue Häuser gebaut … Es gibt jetzt sogar drei kleine Traktoren im Dorf und im Nachbarort soll es sogar einen Mähdrescher geben.

1 *Fasst zusammen, welche Personengruppen Metin in seinem Bericht über das Dorf erwähnt.*

2 *Listet auf, welche Personen von Metin alle unter dem Begriff „Familie" zusammengefasst werden.*

3 *Stellt euch vor, ihr würdet in Metins Dorf umziehen. Wie würde sich euer Leben verändern?*

Veränderungen im Verhältnis der Geschlechter

Die Abwanderung hat auch in vielen ländlichen Gebieten dazu geführt, dass sich die traditionellen Rollen von Mann und Frau veränderten. Heute kann man in den ländlichen und kleinstädtischen Gebieten ganz grob drei Situationen unterscheiden:

• Die traditionelle Ordnung besteht weiter

Nach wie vor gibt es Dörfer, die von Abwanderungsbewegungen nicht berührt wurden. Männer und Jungen bearbeiten die Felder oder hüten das Herdenvieh, Frauen und Mädchen verarbeiten die Ernte und kümmern sich um den Garten und die Haustiere. Neben der Hausarbeit arbeiten sie für wenig Lohn auch als Saisonarbeiterinnen.

Normalerweise bleiben die Frauen unverschleiert und tragen zweckmäßige Arbeits- und Alltagskleidung, d.h. auch die praktischen Kopftücher.

Nicht in allen Dörfern gibt es Schulen. Die Jungen besuchen sie oft nur bis zum 14. Lebensjahr, die Mädchen noch kürzer. Die Eltern handeln mit anderen Familien aus, wen die Kinder heiraten sollen. Als Schwiegertochter wechseln alle Mädchen mit der Heirat in die Familie ihres Mannes. Sie müssen der Schwiegermutter gehorchen, wie ihr Mann seinem Vater gehorchen muss. Im Alter, in Krankheit oder Not unterstützen sich die Familienmitglieder.

• Abwanderung führt zu Veränderungen

Meist sind es die jungen Männer, die zuerst fort ziehen. Die Frauen bleiben oft für einige Zeit ohne ihre Männer im Familienverband zurück und arbeiten weiter im häuslichen Bereich. Sie übernehmen nun aber auch selbst Aufgaben in der Öffentlichkeit, die bislang den Männern vorbehalten waren.

• Die Situation in Kleinstädten

Kleinstädte werden nicht so sehr von Abwanderung erfasst. Die Männer üben Handwerksberufe aus oder arbeiten im Dienstleistungsbereich. Die Kinder erhalten eine regelmäßige Schulbildung. Den Frauen verbleibt die Arbeit im Haushalt, die weit weniger schwer ist als die landwirtschaftliche Arbeit in den traditionellen Dörfern.

4 *Ordnet den Bericht M einer der Situationen zu.*

Veränderungen des städtischen Lebens

Ziel der Abwanderung vom Land waren und sind nicht nur das Ausland, sondern auch die industriellen Zentren in der Türkei selbst. Allein Istanbul wuchs zwischen 1975 und 1980 durch Zuwanderung um mehr als 300 000 Einwohner.

Die hohen Zuwandererzahlen haben seit den 70er-Jahren des 20. Jahrhunderts nicht nur das äußere Bild der türkischen Städte umgestaltet. Auch in der türkischen Großstadt lassen sich grob drei Situationen unterscheiden:

• **Die Situation der Oberschicht**
Die Situation der kleinen städtischen Oberschicht veränderte sich wenig. Beamte mit hohem Bildungsstand und Wissenschaftler richten ihre Lebensweise schon lange an westlichen Vorbildern aus und ermöglichen ihren Kindern – Söhnen wie Töchtern – eine gute Ausbildung. Qualifizierte Frauen haben heute in der Türkei in der Regel keinen schlechteren Zugang zu Führungspositionen als in Westeuropa. Tansu Çiller, in den 90er-Jahren türkische Ministerpräsidentin, ist in dieser Schicht keine Ausnahmeerscheinung.

• **Die Situation der Mittelschicht**
Anders sieht es im Bereich der Mittelschicht aus, der Masse der Beamtenschaft, der Angestellten und der Selbstständigen. Nach der Heirat geben 80 Prozent der Frauen ihre Berufstätigkeit auf und kümmern sich um Kinder und Haushalt. Für die Kinderbetreuung gibt es in der Türkei kaum öffentliche Angebote. So genießen die Frauen aus der städtischen Mittelschicht zwar eine Reihe „westlicher" Vorteile, bleiben aber für ihren Unterhalt meist auf ihren Mann angewiesen.

• **Die Situation der Unterschicht**
Die Situation der städtischen Unterschichten ist von den stärksten Veränderungen geprägt, beginnen doch fast alle Zuwanderer ihr Leben in der Stadt als Angehörige der Unterschicht. Eine erste, oft auch

2 **Frauen in Istanbul.** Foto 1996.

dauerhafte Unterkunft finden die meisten in provisorischen Notquartieren, die die türkischen Großstädte wie ein Kranz umgeben.

Wenn die Männer Fuß gefasst haben, kommen ihre Frauen baldmöglichst nach. Die zugewanderten Frauen suchen sich eine Arbeit – nunmehr außerhalb des eigenen Hauses, in einem Gewerbebetrieb oder als Haushaltshilfe.

Damit lösen sie sich aus der traditionellen dörflichen Ordnung, der sie aber durch Briefe und regelmäßige Besuche im Heimatdorf eng verbunden bleiben. Sie müssen sich aber selbstständig in der neuen Umgebung bewegen. Viele Zuwanderer nutzen diese Chance zu neuer Freiheit und Aufstieg für sich selbst und geben ihren Kindern bewusst eine bessere Schulbildung.

Andere Zuwanderer begegnen den Herausforderungen mit Unsicherheit. Sie schließen sich islamischen Gruppen an, die in ihren Wohngebieten aktiv sind, oder suchen Halt an betont traditionellen Verhaltensweisen wie der Verschleierung der Frauen – obwohl sie in ihrem Heimatdorf vielleicht nie einen Schleier getragen haben.

5 *Ordnet die Frauen auf dem Foto einer der sozialen Schichten zu.*

6 *Erfindet anhand der Informationen der letzten beiden Doppelseiten die „Lebensgeschichte" der Frauen auf dem Foto. Lasst sie über ihre Kindheit, ihre gegenwärtige Situation, die Lage ihrer Männer und ihre Zukunftshoffnungen berichten.*

In der Türkei kam es nach 1945 dreimal zu schweren politischen Krisen, in denen das Militär zunächst mit Gewalt die Macht übernahm, um dann langsam wieder eine demokratische Entwicklung einzuleiten (1960, 1971, 1980). Auf dieser Doppelseite könnt ihr zwei Themen untersuchen, die in der letzten Zeit politisch besonders umstritten waren: der islamische Fundamentalismus und das Kurdenproblem.

Trennung von Religion und Staat

Zu den wichtigsten Grundsätzen Atatürks gehörte die Trennung von Religion und Staat. Der Grund dafür war die enge Verbindung des osmanischen Herrschaftssystems mit dem Islam. Wenn die geplanten Veränderungen gelingen sollten, musste der religiöse Einfluss radikal ausgeschaltet werden.

1 *Schlagt noch einmal auf Seite 215 nach und begründet, warum gläubige Muslime die dort erwähnten Reformen Atatürks abgelehnt haben könnten.*

Rückbesinnung auf den Islam

In der islamischen Welt kam es seit den 70er-Jahren zu einer Rückbesinnung auf den Islam. Das bekannteste Beispiel ist Iran, wo 1980 eine „Islamische Republik"" eingesetzt wurde, in der religiöse Würdenträger die Führung des Staates übernommen und eine „islamische" Ordnung aufgerichtet haben. Aber die religiösen Traditionen sind in vielen islamischen Ländern bereits durch „westliche" Reformen oder durch soziale Entwicklungen wie die Landflucht zurückgedrängt. Wesentlich wurde die Rückbesinnung auf die Grundlagen des Islam, auf die Vorschriften des Korans und der Scharia, die nun oft strenger ausgelegt werden als unter den traditionellen Verhältnissen.

Der islamische Fundamentalismus fand auch in der Türkei Anklang und wurde in den 80er-Jahren sogar Teil der Regierungspolitik.

Unter Ministerpräsident Turgut Özal wurden der Religionsunterricht in den Schulen wieder eingeführt, islamische Banken zugelassen und der Bau von Moscheen verstärkt.

Frauen übernahmen in der islamischen Bewegung eine aktive Rolle. Sie veröffentlichten beispielsweise Frauenzeitschriften mit islamischen Inhalten. Studentinnen demonstrierten 1989 gegen das Kopftuchverbot an den Universitäten.

Über ihre Gründe, sich der fundamentalistischen Bewegung anzuschließen, sagten 1990 zwei Studentinnen der Technischen Universität des mittleren Ostens in Ankara:

M1 … Hier belästigen mich die Blicke der Männer. Sie starren mich an, machen mich an, und ich frage mich immer, ob ich etwas falsch gemacht habe. Ich mache mir selbst Vorwürfe …

M2 … Wenn ich Fehler mache, habe ich Gewissensqualen und Schuldgefühle gegenüber dem Schöpfer … Hier sind die Beziehungen sehr künstlich und die Mädchen meiner Umgebung irritieren mich. Meine früheren Freundinnen, die sich angepasst haben, finden ihr Glück in Oberflächlichkeiten, amüsieren sich über Belanglosigkeiten wie zum Beispiel über Schauspieler. Als ich auf das Gymnasium ging, war ich eine Zeit lang genauso. Wenn ich zurückschaue, denke ich, dass ich meine Zeit vertan habe und das macht mich traurig …

2 *Gebt die Ansichten der beiden Studentinnen mit eigenen Worten wieder.*

3 *Informiert euch (bei den Religionslehrern eurer Schule) darüber, welche Rolle Schuld oder Schuldgefühle in der christlichen Religion spielen. Vergleicht die Einstellung der Studentinnen mit Beispielen aus dem christlichen Bereich.*

4 *Ordnet die Stellungnahmen den Lebenssituationen von S. 216/217 zu.*

5 *Sammelt aktuelle Nachrichten über den islamischen Fundamentalismus.*

Das Nationalitätenproblem in der Türkei

Unter Atatürk war der Nationalismus zur Grundlage des türkischen Staates erhoben worden (vgl. S. 215). Jeder Bewohner der Türkei sollte unabhängig von seiner Abstammung als Türke gelten, türkisch sprechen und sich als Türke fühlen. Tatsächlich lebten aber vor allem im Osten Anatoliens die verschiedensten Volksgruppen in traditionellen Stammesverbänden. An ein Eigenleben gewöhnt, betrachteten sie den türkischen Staat als etwas Fremdes. In einigen Gegenden ist es bis heute so: Wenn ein Verbrechen geschieht oder ein Streit ausbricht, ruft niemand die türkische Polizei. Blutrache oder Verhandlungen zwischen den beteiligten Clans lösen solche Fragen. Eheschließungen nimmt nicht der türkische Standesbeamte vor, sondern der Imam* und bisweilen heiratet ein Mann auf diese Weise mehrere Frauen.

1 Kurden in den ostanatolischen Bergen. Foto 1995.

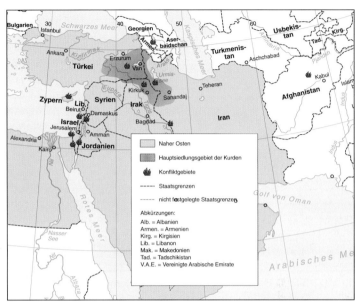

2 Hauptsiedlungsgebiete der Kurden.

Die Kurden

Alle Bewohner Anatoliens wurden zunächst als Türken behandelt. Ihre Sprachen sah man als Dialekte an, Türkisch ist bis heute in der Schule, bei Behörden oder beim Militär die einzige zugelassene Sprache. Dagegen wehrten sich vor allem die Kurden, die abwertend als „Bergtürken" bezeichnet wurden.

6 *Beschreibt noch einmal das Siedlungsgebiet der Kurden in der Türkei anhand der Karte von S. 214. Berücksichtigt dazu auch die Informationen aus den Diagrammen zur Alphabetisierung (S. 215).*

Von den Siegern des Ersten Weltkriegs war den Kurden eine Abstimmung über einen eigenen Staat zugesagt worden, die aber niemals stattfand. Besondere Schärfe bekam der Kampf um die kurdische Unabhängigkeit, seit in den 80er-Jahren die „Arbeiterpartei Kurdistans" (PKK) immer mehr Anhänger fand. Zu leiden hatte darunter vor allem die einfache Bevölkerung in Ostanatolien, die häufig zwischen den Fronten stand. Dazu zwei Beispiele:

Q1 … In Yesilyuva, Provinz Sirnak, wurde am 17. Februar 1993 [von der türkischen Armee] eine militärische Operation durchgeführt, bei der etwa 50 Personen festgenommen wurden, darunter der Dorfbürgermeister Cindi Yesinoglu. Grund wur die Weigerung den Dienst als Dorfschützer* anzutreten. Die Festgenommenen wurden vier Tage lang einer so harten Folter unterzogen, dass sie danach unfähig waren zu gehen …

Q2 … Am 12. Oktober 1992 bedrohten mehrere Guerillakämpfer* die Familie von Abdullah Altürk in ihrem Haus bei Mardin. Abdullah Altürk war Dorfschützer, ob gezwungenermaßen oder freiwillig, ist nicht bekannt. Die PKK-Kämpfer töteten die beiden Frauen Ayse und Vesile Altürk mit ihren anwesenden sieben Kindern …

Nach Angaben von Menschenrechtsgruppen wurden durch die türkische Armee über 2000 Dörfer zerstört. Durch Flüchtlinge wuchs die Provinzhauptstadt Diyarbakir von 500 000 Einwohnern Ende der 80er-Jahre zur Millionenstadt. Das Vorgehen der türkischen Behörden hatte oft eher gegenteilige Wirkung. Heute bekennt sich ein großer Teil der kurdischen Bevölkerung in der Türkei zur Forderung nach verschiedenen Formen der Selbstbestimmung. Dagegen sind die politischen Führer der Kurden nach wie vor auch untereinander zerstritten.

7 *Sammelt Informationen über die heutige Situation der Kurden. Achtet dabei vor allem auf unterschiedliche Lösungsvorschläge.*

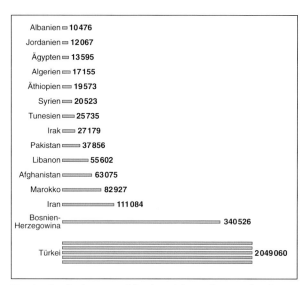

Albanien	10 476
Jordanien	12 067
Ägypten	13 595
Algerien	17 155
Äthiopien	19 573
Syrien	20 523
Tunesien	25 735
Irak	27 179
Pakistan	37 856
Libanon	55 602
Afghanistan	63 075
Marokko	82 927
Iran	111 084
Bosnien-Herzegowina	340 526
Türkei	2 049 060

1 Ausländer in Deutschland aus islamischen Herkunftsländern. Stand 31.12.1996.

Die Muslime sind in Westeuropa die zweitgrößte Glaubensgemeinschaft nach den Christen. In Frankreich sind 9% der Bevölkerung Muslime, in England sind es 4% und in Deutschland 3,4%. Die muslimischen Gemeinden in England, Frankreich und den Niederlanden wurden vor allem von muslimischen Einwanderern aus den ehemaligen Kolonien gegründet. In Deutschland hingegen setzen sie sich in erster Linie aus „Gastarbeitern" und deren Nachkommen zusammen.

Auf den Seiten 220 bis 223 könnt ihr erforschen, wie das Zusammenleben mit islamischen Mitbürgern eine neue Kultur hervorgebracht hat, die viele Chancen, aber auch Konflikte in sich birgt.

Muslime in Deutschland

1 *Befragt eure muslimischen Mitschülerinnen und Mitschüler, aus welchen Ländern sie kommen. Vergleicht ihre Angaben mit dem Schaubild (Abb. 1).*

In Deutschland lebten 1997 ca. 2,8 Mio. Muslime, drei Viertel von ihnen stammten aus der Türkei (vgl. Abb. 1). Es gibt aber auch Deutsche, die zum Islam übergetreten sind (ca. 50 000–100 000). Die meisten Muslime leben in den Städten und sind Sunniten, es gibt aber auch eine große Zahl von Alewiten*.

Bereits in den 70er-Jahren begannen sich türkische Gastarbeiter in Vereinen zusammenzuschließen. Sie gründeten Kaffeehäuser, Kultur- und Sportklubs. Seit den 80er-Jahren schlossen sich viele lokale Vereine zu überregionalen Verbänden zusammen. Ferner ist der Trend zu verzeichnen, dass islamische Fundamentalisten* immer mehr an Einfluss gewinnen. Dies spiegelt die Entwicklung in vielen islamischen Ländern, hat aber auch dazu geführt, dass Konflikte in diesen Ländern nach Europa importiert wurden. So haben Anhänger der PKK (siehe S. 206) Anschläge auf türkische Geschäfte und Gebetsräume in Europa verübt. Auch gab es Versuche von Fundamentalisten, Alewiten mit Gewalt zu ihrer Auffassung vom Islam zu zwingen.

Die Islamwissenschaftlerin Ursula Spuler-Stegemann schrieb 1998:

M1 […] In Deutschland sind die islamischen Rechtsextremisten zahlenmäßig stärker vertreten als die Linksextremisten. Dennoch bleiben die politischen Aktivitäten der fundamentalistischen Vereine der deutschen Öffentlichkeit in der Regel verborgen; denn von den Problemen wissen meist nur die Betroffenen, die aus Angst oder Scham schweigen. […] Die islamischen Fundamentalisten in Deutschland wollen jede Gelegenheit nutzen um den Islam ihrer Auslegung zu fördern […]

2 *Gib die Aussagen des Textes und von M1 in eigenen Worten wieder.*

Jugendliche und islamischer Extremismus

In einer wissenschaftlichen Untersuchung hieß es 1998:

M2 […] Ausländerfeindlichkeit, schlechte schulische Chancen, zu wenig Ausbildungsplätze und miserable berufliche Perspektiven führen Jugendliche zu denen, die ihnen Anerkennung und Selbstwertgefühl vermitteln: zu den Fundamentalisten. […] Die islamistischen Gruppen vermitteln wieder Selbstwertgefühl. Man gehört jetzt zur „besten Gemeinschaft, die unter den Menschen entstanden ist" (Sure 3.110), weil man die Religion „in der richtigen Weise" befolgt. […] Man ist nicht nur „stark und gut", sondern sogar der oder die Beste und über den „Ungläubigen" weit erhaben. Zudem bleibt man unter sich, genießt die Gruppensolidarität und persönliche Wertschätzung. […] Mit ihrem reichhaltigen Unterhal-

2 Ein türkischer Arbeitnehmer in Deutschland betet an seiner Arbeitsstelle. Foto 1978.

3 Koranunterricht in einer Berliner Moschee. Foto 1996.

4 Muslimische Gastarbeiter in Deutschland. Foto 1992.

tungsangebot stoßen die Fundamentalisten auf beachtliche Resonanz. Sie führen Wochenend-Freizeiten und mehrwöchige Sommerlager durch. In Konkurrenz zu den weltlichen Sportvereinen bieten sie Sportkurse an. Darüber hinaus geben die meisten großen Organisationen Computerkurse. Auch Religionsunterricht, dazu Näh-, Stick-, Koch- und Haushaltsführungskurse für die Mädchen, Nachhilfeunterricht in allen Fächern [...]

3 *Erläutert anhand von M2, welche Angebote islamistische Organisationen für muslimische Jugendliche bereithalten. Was macht sie so attraktiv?*

4 *Stellt mithilfe der Abbildungen dar, wie der Alltag von Muslimen in Deutschland aussieht.*

5 *Überlegt, welche Forderungen des Islam von einem gläubigen Muslim, der in Deutschland arbeitet (Abb. 2), nur schwer erfüllt werden können.*

6 *In dem Erfolg radikaler islamistischer Organisationen in Deutschland vor allem bei Jugendlichen drückt sich vielleicht auch ein Versagen der deutschen Mehrheit aus. Diskutiert über diese Aussage.*

7 *Diskutiert, was unternommen werden könnte, um die Kluft zwischen Ausländern und Deutschen zu überbrücken.*

5 Türkisches Theater in Berlin. Foto 1997.

1 Mitglieder der französischen Front National* bei einem ausländerfeindlichen Aufmarsch. Foto 1.5.1997.

2 Türkische Musiker auf einem Kulturabend in Deutschland. Foto 1998.

Muslimisches Leben in Europa

Sie gehören heute zum Straßenbild in vielen europäischen Städten: die Kneipen, Restaurants und Döner-Buden, die Gemüseläden, kleinen Kaufhäuser, Reisebüros, Banken oder Handelsvertretungen von Geschäftsleuten, die aus Nordafrika, Pakistan, Iran, der Türkei oder dem Nahen Osten eingewandert sind. In Deutschland hält der Trend zu Existenzgründungen durch Ausländer an. 1992 erwirtschafteten 208 000 ausländische Unternehmer einen Umsatz von 70 Mrd. DM (siehe Abb. 3). 1997 beschäftigten 47 000 türkische Unternehmer 206 000 Menschen und erreichten einen Gesamtumsatz von über 40 Mrd. DM.

Dabei sind die Geschäfte nicht nur Anziehungspunkt für muslimische Bürger – Pizza und Kebab sind für die Deutschen längst nicht mehr exotisch. Darüber hinaus gibt es Branchen, die ohne ihre muslimischen Angestellten kaum existieren könnten. So besteht das Personal bei der Straßenreinigung in München zu 70 % aus Muslimen, viele von ihnen stammen aus der Türkei.

Im kulturellen Leben Europas spielen die muslimischen Bürger eine wichtige Rolle. In Deutschland gehören die türkischen oder kurdischen Tanzgruppen fest zum Programm von Stadtteilfesten. Man tanzt, feiert und arbeitet zusammen, die Kinder gehen in die gleiche Schule. Trotzdem herrscht zwischen den muslimischen Einwanderern und den Alteingesessenen auch in vielen Dingen Befremden. Trotz aller Unterschiede lassen sich jedoch zwischen England, Frankreich und Deutschland parallele Entwicklungen feststellen. Die Politisierung des Islam (vgl. S. 220) hat radikale Gruppen hervorgebracht, gleichzeitig kämpfen viele Städte mit dem Problem von Jugendbanden und der Entstehung von gettoähnlichen Siedlungen. Die Frage, wie viel Toleranz eine Gesellschaft gegenüber islamischen Traditionen, wie z.B. dem Tragen von Kopftüchern an öffentlichen Schulen, zeigen sollte, hat überall zu heftigen Kontroversen geführt.

Abgrenzung oder Assimilation oder Integration?

Die Mehrheit der ausländischen Mitbürger lebt seit über zehn Jahren in Deutschland. Viele der ersten Generation sind inzwischen hier alt geworden, ihre Kinder und Enkel kennen das Land ihrer (Groß-)Eltern kaum. Ein Fünftel der in Berlin lebenden Menschen türkischer Abstammung haben z.B. die deutsche Staatsangehörigkeit. Trotzdem fühlen sich viele als Bürger zweiter Klasse.

Durch die ausländerfeindlichen Gewalttaten Anfang der 90er-Jahre haben sich die Beziehungen zwischen deutschen und ausländischen Bürgern stark verändert. Einerseits haben sich die Rufe nach Abschottung und Ausgrenzung vermehrt. Andererseits bemüht man sich von beiden Seiten darum, das Zusammenleben und die Verständigung zu verbessern. Assimilation* und Integration* lauten die Schlagworte, mit denen man Missstände im Miteinander von deutscher wie türkischer Seite beheben will.

222

1993 hieß es dazu in einer Studie des „Rats der Türkischen Staatsbürger in Deutschland":

M1 … Die islamischen Gemeinschaften lehnen die Assimilierung* der muslimischen Minderheit in die deutsche Gesellschaft ab. Dagegen hat sich die große Mehrheit der islamischen Verbände spätestens seit 1991 einhellig für die Fortsetzung eines „wohlverstandenen Integrationsprozesses" ausgesprochen und unterstützt dieser Zeit verstärkt alle Bemühungen, die zur Verwirklichung dieses Zieles notwendig sind. Unter dem Begriff „wohlverstandene Integration" verstehen die Verbände des Islamrats eine Entwicklung, die es den Muslimen und ihren Organisationen ermöglicht, ihre besondere kulturelle und religiöse Identität beizubehalten, zu fördern und zu festigen.

Die Schauspielerin Renan Demirkan:

M2 Unsere Eltern haben alles treiben und auf sich zukommen lassen. Die Trauer in den Gesichtern unserer Eltern macht uns klar: Die Stille muss aufhören. Wir wollen Gespräche, Aufklärung. Ein politisches Klima, das Einwanderer als gleichberechtigt akzeptiert. Gesetze, die die Gleichstellung unwiderruflich festlegen […]

Der Schriftsteller Zafer Senocak:

M3 Die Forderung nach geregeltem islamischen Religionsunterricht an deutschen Schulen ist berechtigt, aber wer soll ihn erteilen? Und in welcher Sprache? Wird er wie in der Türkei nur einer Glaubensrichtung im Islam folgen, das heißt der sunnitischen, oder auch die Alewiten berücksichtigen, die mehr als 20 Prozent der Türken ausmachen?

1 *Nennt mithilfe des Textes und der Abb. 1 und 2 Probleme und Chancen des Zusammenlebens von eingewanderten Muslimen und alteingesessener Bevölkerung in Europa.*

2 *Überlegt gemeinsam, welche Konflikte es zwischen beiden Gruppen geben kann. Was könnte man tun um solche Schwierigkeiten zu überwinden?*

3 *M1–3 zeigen eine Reihe von verschiedenen Meinungen, wie das Zusammenleben zwischen deutschen und türkischen Bürgern verbessert werden könnte. Stellt fest, welche Forderungen gestellt werden. Welche Forderungen richten sich besonders an Deutsche?*

4 *Sammelt weitere Informationen über den Alltag muslimischer Bürger in Deutschland (Ausländerbeauftragte, -beiräte, Moscheebesuch [vgl. S. 224]).*

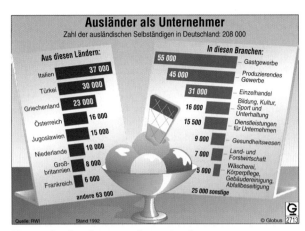

3 **Ausländer als Unternehmer.** Stand 1992.

Eine gemeinsame neue Kultur entsteht

Ein Streifzug durch die Kulturlandschaft zeigt, dass z. B. das deutsch-türkische Zusammenleben eine eigene Kultur hervorgebracht hat. So haben türkische Jugendliche, die in Deutschland geboren und aufgewachsen sind, der Musikszene neue Impulse gegeben. Ihre Musik ist Ausdruck ihrer Erfahrungen, aber auch ihrer Hoffnungen und Wünsche.

In einem Interview sagte der Sänger Ramazan 1998:

M4 Mit der Musik wollten wir raus aus dem türkischen Klischee – arbeitslos, Döner, Schläger, überladener Mercedes und Gangmentalität – rein in die revolutionäre türkische Musik. […] Wir singen über verzweifelte, miteinander kämpfende Gefühle und nicht so etwas wie: „Hey, weißt du, damals, am Valentinstag, an der Ecke stand die Kecke" […]
Ich habe aus den Fehlern meiner Familie gelernt. Aus einem nichtintakten Haus kommt meistens Mist heraus und schließlich stehst du mit deiner Bierdose vorm Supermarkt. Ich trinke keinen Alkohol und weiß auch, wie ich zu meinen Kindern sein werde. Wenn ich sehe, dass sie sich für etwas begeistern, werde ich ihr Interesse fördern.

5 *Notiert eure Wünsche und Vorstellungen für das Zusammenleben von Deutschen und Ausländern. Lest sie euch gegenseitig vor und diskutiert, wie sie verwirklicht werden könnten.*

6 *Überlegt, wie ihr selbst im Alltag zu einem guten Zusammenleben beitragen könnt.*

1 Moschee in Frankfurt-Sachsenhausen. Foto 1999.

2 Blick in eine Moschee während des Koranunterrichts. Foto 1998.

Der Besuch einer Moschee kann der besseren Verständigung zwischen Muslimen und Nichtmuslimen dienen. Dabei könnt ihr mehr über die islamische Religion erfahren, aber auch über den Alltag eurer muslimischen Nachbarn, z. B. wann und wie sie ihre hohen Feiertage feiern. Im Islam unterscheidet man zwischen Moscheen, in denen das Freitagsgebet abgehalten wird, und gewöhnlichen Gebetsräumen. Die „Freitagsmoscheen" fallen allein schon durch ihre Größe und architektonische Gestaltung auf und dienen darüber hinaus auch als Ausbildungszentren. Zudem sind an sie viele soziale und wirtschaftliche Einrichtungen angeschlossen. Ein Gebetsraum kann hingegen überall eingerichtet werden.

In einer Moschee muss man sich wie in einer Kirche oder Synagoge an bestimmte Regeln halten um die Gefühle der Gläubigen nicht zu verletzen. Deshalb solltet ihr den Moscheebesuch gut vorbereiten. Dabei könnt ihr folgendermaßen vorgehen.

Vorbereitung
– Diskussion: Warum besuchen wir eine Moschee? Was erwarten wir von einem solchen Besuch?
– Informationen zusammentragen (Mitschüler, Religionsunterricht, Nachschlagewerke).
– Literatur zur Vorbereitung suchen.
– Fragen formulieren, ordnen und zu einem „Fragenkatalog" zusammenstellen.

– Im Telefonbuch oder bei der Verwaltung nach Kontaktadressen von islamischen Zentren fragen.
– Kontakt aufnehmen und einen Besuchstermin vereinbaren, dabei klären, ob es Kleidungsvorschriften gibt.
– Organisation des Moscheebesuchs.
– Wenn möglich, sollte der Kontaktperson der „Fragenkatalog" schon vor dem Besuch zur Verfügung gestellt werden.

Der Besuch
– Notizen anfertigen zu den Antworten auf die Fragen, der Lage und räumlichen Ausgestaltung der Moschee, den Anwesenden, den Eindrücken, der Stimmung rund um die Moschee, Besonderheiten.

Auswertung
– Entscheiden, wie die Notizen ausgewertet werden sollen, z.B. als Bildergeschichte oder Rollenspiel.
– Auswertung des Fragenkatalogs und der Notizen.
– Was ist eine Moschee?
– Welche neuen Kenntnisse hat der Besuch gebracht?
– Vergleiche anstellen: Gebetsräume verschiedener Glaubensgemeinschaften.
– Abschließende Beurteilung: War die Vorbereitung gut oder hätte sie besser sein können? Hat sich unser ursprüngliches Bild von Muslimen verändert? Wie kann das Zusammenleben verbessert werden? Welche Rolle spielen Gebetsräume in unserem Leben?

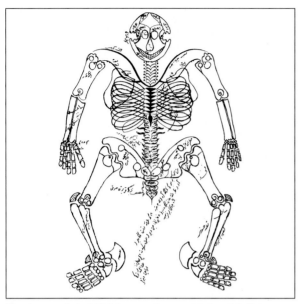

1 **Anatomische* Zeichnung eines arabischen Mediziners aus dem 15. Jahrhundert.** In die Skizze sind Hinweise über Verletzungen, die Bedeutung einzelner Gliedmaßen und Behandlungshinweise hineingeschrieben.

KSG Bosnien

Türk Güci Dietzenbach · FC Maroc

KSF Umutspor · Türkspor · SV Yesilyurt

Türk Bv N.-Isenburg · BSV Hürriyet

BSC Göktürkspor · Burgund Birlik

BSC Agrispor · Hilalspor · Anadoluspor

2 Sportvereine von Muslimen in Frankfurt und Berlin.

3 **Markt in Diyarbakir.** Foto 1995.

4 **Reisegruppe am Apollontempel in Didyma, Türkei.** Foto 1998.

Ein türkisches Sprichwort
Eine Sprache, ein Leben – zwei Sprachen, zwei Leben.

---

1 *Berichte anhand dieses Kapitels, was die Europäer im Mittelalter alles von Muslimen lernen konnten. Vergleiche dazu auch Abb. 1.*

2 *Sammelt aus Zeitungen und Zeitschriften Berichte über ausländische Jugendliche und berichtet, was ihr gefunden habt. Achtet auch auf den Sportteil eurer Lokalzeitung (Abb. 2).*

3 *Beschreibe die Aussage des Sprichworts mit eigenen Worten.*
4 *Gib an, auf welche besonderen Lebenserfahrungen es angewendet werden kann.*
5 *Stellt euch vor, eure Eltern planen eine Reise in die Türkei (vgl. Abb. 3, 4). Erarbeitet einen Kurzvortrag über das Land anhand der Informationen dieses Kapitels. Fragt auch eure türkischen Mitschüler.*

10 WIE FUNKTIONIERT UNSERE DEMOKRATIE?

Auch in Hessen dürfen Schülerinnen und Schüler neuerdings mit 16 Jahren an den Kommunalwahlen teilnehmen. Das wird für viele von euch in wenigen Jahren sein. Dann habt auch ihr die vollen Rechte einer Wahlbürgerin oder eines Wahlbürgers.

Wie funktioniert aber unsere Demokratie? Diese Frage könnt ihr mithilfe der Materialien dieses Kapitels beantworten und euch Stück für Stück die wichtigsten Regeln unserer Demokratie erarbeiten. Nur wer weiß, welche Aufgaben die Organe unseres Staates in der Gemeinde, im Land und im Bund haben, kann sich bewusst bei den Wahlen für das Programm einer Partei entscheiden. Es lohnt sich also zu wissen, wie unsere Demokratie funktioniert.

1 Jugendliche heute.

Die Materialien dieser Seite könnt ihr am besten in Gruppen bearbeiten. Verteilt die Texte unter euch und überprüft, ob ihr mit den Aussagen dieser Jugendlichen übereinstimmt oder ob ihr anderer Meinung seid.

Meinungen von Jugendlichen zur Politik

In einer großen Befragung über die Lage der Jugendlichen in Deutschland in den Jahren 1996/1997 wurde auch nach der Meinung der Jugendlichen zur Politik und den Politikern gefragt. Einige Antworten:

M1 Zu Politikern habe ich kein Vertrauen, die sind unglaubwürdig. Deshalb habe ich auch eigentlich kein großes Interesse an Politik. Die Politik ist durch Ignoranz* auf Seiten der verantwortlichen Politiker gegenüber den Problemen junger Menschen gekennzeichnet. Es müsste mehr getan werden für Ausbildungs- und Arbeitsplätze. Es wird auch zuwenig für junge Familien mit Kindern getan. (w, 29 Jahre, Ost)

M2 Man weiß nicht, wie es weitergeht, die Arbeitsplätze werden nicht mehr. Und egal, welche Partei das verspricht, man glaubt es nicht mehr. (m, 27 Jahre, Ost)

M3 Man könnte sagen: Okay ich krempel die Ärmel auf und gehe in die Politik um endlich was zu verändern. Aber da sitzen all' die alten Männer in ihren Positionen, wie kriegt man die weg?

Wer einmal eine solche Position hat, der steht freiwillig nicht auf. Wenn jemand mit neuen Ideen kommt, dann sagen die: ‚Schön, schön, aber … Die Politiker engagieren sich zuwenig für die Jugendlichen. (w, 20 Jahre, Ost)

M4 Ich bin völlig unzufrieden mit der Parteienlandschaft, man nehme zum Beispiel den Fraktionszwang*. Wenn die Politiker schon mal nachdenken, dann dürfen sie das noch nicht mal äußern. Es erschreckt mich auch zu sehen, wer alles Politiker wird. Die meisten Politiker haben noch nie richtig gearbeitet. Die haben gar keine Startbasis, keine echte Heimat. Dementsprechend gibt es immer mehr Hinterbänklertum*, das sich breit macht. Neben ein paar Vorturnern gibt es immer mehr die ruhigen Typen, die Politik durch Schweigen machen, keine Vordenker, sondern Hinterhertapser. (m, 28 Jahre, West)

M5 Unsere jetzigen Politiker tun immer so, als wenn sie als Deutsche die großen Staatsleute sind, die alles können, aber in Wirklichkeit kommen sie mit allem gar nicht klar. Politiker, das sind für mich Leute in grauen Anzügen, die erzählen, erzählen und nochmals erzählen, und eigentlich gar nichts machen. Wenn sie reden, dann schläft man ein. Da gibt es nichts Interessantes. Und vor allem, ein normaler Mensch versteht überhaupt nicht, wovon die reden. Sie sind träge, elanlos und einschläfernd. (w, 14 Jahre, Ost)

228

Wem vertraut die Jugend?

So groß ist das Vertrauen,
das die 12- bis 24jährigen den folgenden Institutionen
und Organisationen entgegenbringen

Mittelwerte auf einer Skala von
5 (= sehr viel Vertrauen) bis
1 (= sehr wenig Vertrauen)

Umweltschutzgruppen	3,8
Menschenrechtsgruppen	3,5
Gerichte	3,4
Bürgerinitiativen	3,2
Polizei	3,2
Zeitungen	3,1
Gewerkschaften	3,0
Fernsehen	2,9
Arbeitgeberorganisationen	2,6
Bundestag	2,5
Bundesregierung	2,5
Kirchen	2,5
Politische Parteien	2,4

Quelle: Shell Jugendstudie 1997
© Globus

2 Wem vertraut die Jugend?
Shellstudie 1997.

M6 Ich kenne Politiker nur vom Fernsehen, wo sie vor sich hinlabern, und keiner hört zu. Der Kohl sagt immer das gleiche, da habe ich keine Lust mehr hinzuhören. Die werden dadurch unglaubwürdig. Nur der Joschka Fischer labert nicht immer das gleiche. Er ist deshalb nicht so langweilig wie die anderen. Ich akzeptiere ihn am meisten, weil er der vernünftigste Politiker ist. Er wechselt nicht dauernd seine Meinung, steht zu seinen Worten, hängt nicht das Fähnchen nach dem Wind. (m, 13 Jahre, West)

M7 In den Jugendorganisationen der Parteien spielen der Wunsch nach Veränderungen, Verbesserungen und nach Gemeinschaftsgefühl noch eine Rolle. Aber wenn man die Leute sieht, die schon etwas höher gestiegen sind, bekommt man den Eindruck, dass die nur eigene Interessen vertreten. Dieser Eindruck entsteht, weil sie ihr Engagement als Job ansehen und nichts anderes nebenbei machen. (w, 18 Jahre, West)

M8 Politiker reden zuviel, aber machen nichts - egal, wer gewählt wird. Sie machen Versprechungen und halten sie nicht. Deswegen ist es sinnlos, mit ihnen zu reden. Wenn sie Asylhäuser aufbauen und Ausländer überhaupt reinlassen, ist das gut. Aber sie unternehmen nichts, wenn Häuser abgebrannt werden. Sie übernehmen keine Verantwortung für die Leute, die sie reingelassen haben. Wenn Politiker handeln würden, ihre Versprechen halten würden, wären sie glaubwür-

dig. Ich würde nicht Politikerin werden, weil ich den Leuten nichts versprechen will, was ich nicht halten kann. Ich könnte dann die Leute nicht mehr angucken. (w, 19 Jahre, West)

M9 Die Themen, die in der Politik aufkommen, sind nichts für Jugendliche. Die Politiker machen eigentlich nur Politik für sich selber. Gestern gab es zum Beispiel im Fernsehen etwas über den § 218*. Und wer entscheidet das? Alles nur Männer. Das stört mich: Frauen werden aus der Politik rausgehalten, dabei wären sie vielleicht feinfühliger und offener. Also, entweder ist Politik uninteressant oder man kann eh' nichts daran ändern. (w, 25 Jahre, West)

M10 Die Politiker setzen ihre Gesetze durch, denken aber nicht an die Menschen. Die regieren eigentlich nur für sich, interessieren sich nicht für unsere Probleme. ... Dadurch habe ich das Interesse an Politik verloren. Politik ist auch in meinem Bekanntenkreis kein Thema. Die fühlen sich alle alleingelassen und übergangen.(m, 29 Jahre, Ost)

1 *Sammelt aus euren Gruppen an der Tafel Stichworte zu den Meinungen von Jugendlichen zur Politik und kennzeichnet, welche Meinungen ihr richtig findet.*

2 *Befragt Jugendliche und ältere Menschen über ihre Meinungen zu Politik und Politikern und dokumentiert ihre Meinungen auf einer Wandzeitung. Vergleicht die Aussagen miteinander.*

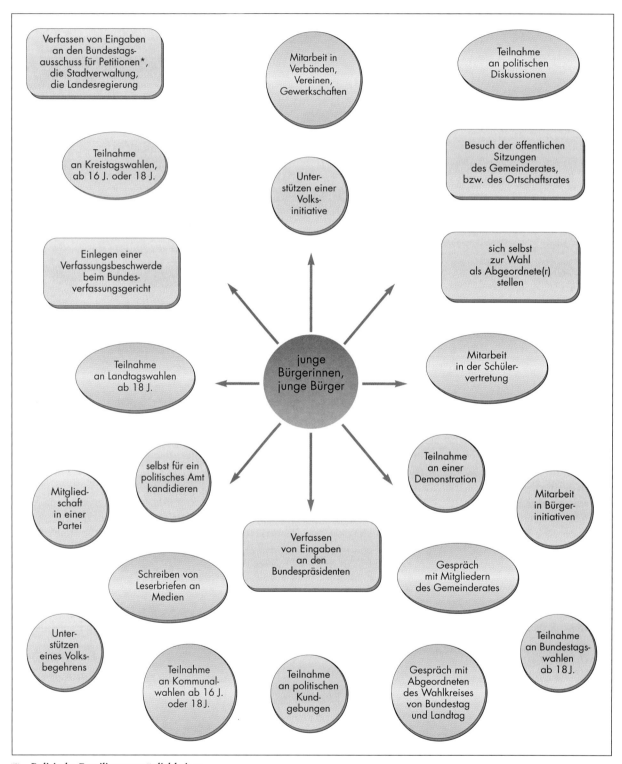

1 Politische Beteiligungsmöglichkeiten.

In den Medien wird immer wieder von aktuellen Umfrageergebnissen berichtet. Bürgerinnen und Bürger werden über ihre Wahlabsicht, ihre Meinung über die Arbeit der Regierung oder über ein aktuelles politisches Thema befragt. Nach Aufsehen erregenden Verbrechen, etwa an Kindern, werden auch Umfragen über mögliche Strafen oder die Arbeit von Polizei und Gerichten durchgeführt. Auftraggeber solcher Umfragen sind die Medien (Zeitungen, Fernsehsender) oder auch die politischen Parteien, eine Landesregierung oder die Bundesregierung. Diese Umfragen werden von Umfrageinstituten per Telefon oder mit direkten Befragungen in Fußgängerzonen oder an der Haustür durchgeführt. Wenn die Umfragen annähernd gültige Aussagen z. B. aller Deutschen über die nächste Wahl wiedergeben sollen, müssen mindestens 1000, besser 2000 Personen nach einem Zufallsprinzip befragt werden. Um den Wert einer Umfrage einschätzen zu können, ist es wichtig, dass man weiß wieviele Menschen befragt wurden.

Auch als Schülerinnen und Schüler könnt ihr eine Befragung zu einem politischen Thema vornehmen, z.B. in euer Schule oder in eurer Fußgängerzone. Besonders spannend ist das in Wahlkampfzeiten, dann könnt ihr eure Ergebnisse mit denen der Profis vergleichen.

Wichtig ist, dass ihr euch in Gruppen die Fragen überlegt und auf Fragebogen aufschreibt. Ihr könnt offene Fragen stellen und die Antworten mitschreiben oder ihr könnt Antworten zu Fragen vorgeben, die eure Interviewpartner ankreuzen. Am besten ist eine Kombination aus beiden Fragemöglichkeiten.

Nach einer Befragung müsst ihr die Antworten in der Klasse auswerten und die Ergebnisse auf einer Wandzeitung übersichtlich zusammenstellen. Diese Wandzeitung könnt ihr in der Klasse oder schulöffentlich aufhängen. Wenn es an eurer Schule eine Schülerzeitung gibt könnt ihr auch einen Bericht schreiben, falls eure Schule schon im Internet eine „Homepage" hat, könnt ihr auch dort über die Umfrageergebnisse berichten.

Vorbild Umfrage Emnid Institut
Der Fragekatalog einer Umfrage des Emnid Instituts unter 2 034 repräsentativ – ausgewählten Jugendlichen zwischen 14 und 29 Jahren im Juli 1994 kann euch Anregungen für euren Fragebogen geben und euch helfen die erhaltenen Antworten mit den Ergebnissen von 1994 einzuschätzen.

M

■ Welche der folgenden Organisationen halten Sie für glaubwürdig?

Antwort:	
Greenpeace	64 %
Amnesty International	50 %
Gewerkschaften	17 %
Unternehmer	8 %
Parteien	5 %
Minister	3 %

■ Ist Demokratie für Sie etwas Wertvolles?

Antwort:	
Ja	90 %
Nein	10 %

■ Was würden Sie zur Verteidigung der Demokratie tun?

Antwort:	
Eine Bürgerinitiative gründen	50 %
Kerzen anzünden	29 %
In eine Partei eintreten	23 %
Wände bemalen	11 %
Hungern	4 %
Bomben legen	4 %
Nichts	19 %

■ Demonstrationen sind …

Antwort:	
grundsätzlich sinnvoll	76 %
grundsätzlich sinnlos	22 %

■ Eine Mitgliedschaft in einer politischen Partei …

Antwort: kommt	
grundsätzlich nicht in Frage	69 %
kommt grundsätzlich in Frage	31 %

■ Gehen Sie wählen bzw. werden Sie wählen gehen, wenn Sie wahlberechtigt sind?

Antwort:	
Ja, jedesmal	67 %
Unregelmäßig	19 %
Nein	13 %

■ Wie stark interessieren Sie sich für Politik?

Antwort:	
Sehr stark	5 %
Stark	23 %
Mittel	41 %
Schwach	18 %
Gar nicht	12 %

1 Zug auf das Schloss Hambach am 27. Mai 1832. Zeitgenössische Darstellung.

Verweigerung der demokratischen Teilhabe

Der Weg zu einer parlamentarischen Demokratie war in Deutschland länger als in Frankreich und in Großbritannien. Im 19. Jahrhundert beharrten die Fürsten der zahlreichen deutschen Kleinstaaten auf ihrer Alleinherrschaft und verweigerten den Bürgern die politische Mitsprache. Die Ideen der Französischen Revolution von 1789, „Freiheit, Gleichheit und Brüderlichkeit" und eine Beteiligung der Bürger an der Politik über ein gewähltes Parlament, lehnten die deutschen Fürsten entschieden ab. Selbst die Teilhabe einer kleinen Gruppe wohlhabender Männer an der Macht, wie in Frankreich und Großbritannien, war in den deutschen Staaten unmöglich.

Den Machtanspruch der Fürsten begründete Carl Ludwig Haller in seiner Schrift „Restauration* der Staatswissenschaften" (1816) folgendermaßen:

> **Q1** … Die Fürsten … herrschen nicht aus anvertrauten Rechten … Es ist ihnen keine Gewalt von dem Volk übertragen worden … sie besitzen diese Macht … durch sich selbst … von der Natur …
> Das Volk ist ursprünglich nicht vor dem Fürsten, sondern im Gegenteil der Fürst vor dem Volke, gleich wie der Vater vor den Kindern, der Herr vor den Dienern, überall der Obere vor den Untergebenen, die Wurzel vor den Ästen, Zweigen und Blättern existiert.

> Die Fürsten sind nicht bloß Oberhaupt des Staats …, sondern die Fürsten sind … unabhängige Herren …

1 *Überlegt, in welchem Verhältnis – nach der Ansicht Hallers – Fürst und Volk zueinander stehen.*

Eine der Wurzeln der Demokratie in Deutschland ist das Hambacher Fest von 1832, der ersten großen Massendemonstration für Demokratie in Deutschland. Auf Einladung einiger demokratischer Bürger zogen etwa 30 000 Menschen auf das Hambacher Schloss in der Pfalz. Hier forderte der liberale Journalist Johann Jakob Siebenpfeifer demokratische Rechte. In seiner Rede sagte er:

> **Q2** … Die Natur der Herrschenden ist Unterdrückung, der Völker Streben ist Freiheit. Es wird kommen der Tag, wo der Bürger nicht in höriger Untertänigkeit den Launen des Herrschers und seiner knechtigen Diener, sondern dem Gesetz gehorcht …

Die Fürsten ließen die Anführer verhaften und unterdrückten die demokratische Bewegung.

2 **Deutschlands Zukunft.** Karikatur aus Wien 1864.

3 **Eine Sitzung des Deutschen Reichstages.** Holzschnitt 1874.

Revolution 1848/1849

In der Revolution von 1848/1949 kam es zur Wahl des ersten deutschen Parlaments, das in der Frankfurter Paulskirche eine demokratische Verfassung beschloss. Ebenso wurde nach langen Beratungen ein Wahlgesetz beschlossen, das ein geheimes und gleiches Wahlrecht für alle 25-jährigen Männer vorsah. Aber auch dieser Versuch in Deutschland eine Demokratie zu begründen scheiterte am Widerstand der Fürsten, die das Frankfurter Parlament 1849 durch preußische Soldaten auflösten und wiederum für lange Zeit demokratische Bestrebungen verboten.

Das Deutsche Kaiserreich

Im 1871 von den deutschen Fürsten gegründeten Deutschen Kaiserreich (1871–1918) gab es ein Parlament: den Deutschen Reichstag. Dieses Parlament wurde nach dem allgemeinen und gleichen Wahlrecht gewählt. Wählen und gewählt werden konnten aber nur Männer. Die Rechte des Parlaments waren bescheiden, die politische Macht lag beim Kaiser und den Fürsten. Großen Einfluss hatte das Militär, das allein dem Kaiser unterstand. Mit der Zeit setzten die politischen Parteien immer mehr Mitspracherechte in wichtigen politischen Entscheidungen im Reichstag durch. Die Frauen blieben aber von der Teilhabe an politischen Entscheidungen ausgeschlossen.

2 *Setzt die Bilder in Beziehung zueinander und erklärt, was sie über die Entwicklung der demokratischen Teilhabe in Deutschland aussagen.*

3 *Beschreibt mit dem Verfassungsschema den Einfluss von Reichstag und Reichsregierung im Kaiserreich.*

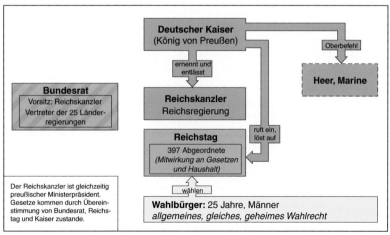

4 **Verfassungsschema des Deutschen Kaiserreichs 1871–1918.**

233

2 Blick in das Europäische Parlament. Foto.

1 Wahlaufruf an die Frauen, an der Wahl zur Verfassunggebenden Nationalversammlung im Januar 1919 teilzunehmen. Plakat.

Weimarer Republik

Die in der Revolution von 1918 am Ende des Ersten Weltkrieges gegründete Weimarer Republik (1918-1933) war die erste deutsche Demokratie in der Männer und Frauen ein gleiches und geheimes Wahlrecht hatten und über die Wahlen zum Reichstag das Recht zur politischen Mitbestimmung ausübten. Dieser erste Versuch in Deutschland eine demokratische Ordnung auf längere Zeit zu verwirklichen scheiterte in der Staats- und Wirtschaftskrise der Jahre 1928–1932. Aus Enttäuschung über die Unfähigkeit der demokratischen Regierungen, die übergroße wirtschaftliche Not und die Arbeitslosigkeit von über 6 Millionen Menschen zu beseitigen, wählten immer mehr Menschen die rechtsradikalen Nationalsozialisten mit ihrem Führer Adolf Hitler. Die am 30. Januar 1933 errichtete nationalsozialistische Diktatur (1933–1945) beseitigte alle demokratischen Einrichtungen und die Möglichkeiten von freien und geheimen Abstimmungen.

Zweite Demokratiegründung

Nach der Niederlage Deutschlands im Zweiten Weltkrieg (1939–1945) wurde 1949 im Westen Deutschlands die Bundesrepublik Deutschland gegründet, die ihren Bürgern über regelmäßige, freie und geheime Wahlen die politische Mitbestimmung ermöglichte. Die ebenfalls 1949 im Osten Deutschlands gegründete Deutsche Demokratische Republik (1949–1990) war eine sozialistische Diktatur, in der die Bürgerinnen und Bürger keine Möglichkeiten zu einer freien und demokratischen Teilhabe an der Politik hatten. Mit dem Zusammenbruch der sozialistischen Ordnung der DDR im Herbst 1989 und der Vereinigung der beiden deutschen Staaten am 3. Oktober 1990 gab es für alle Deutschen die Möglichkeit zu einer freien und demokratischen Teilhabe an der Politik über Wahlen.

Europäisches Parlament

Seit 1979 wählen alle Bürgerinnen und Bürger der Staaten der Europäischen Union (EU) alle fünf Jahre die Abgeordneten des Europäischen Parlaments und wirken auf diese Weise an der Politik der EU mit. Deutschland stellt 99 der 626 Abgeordneten.

1 *Erstellt mithilfe des Textes eine Zeittafel über die Entwicklung der demokratischen Teilhabe in Deutschland.*

234

3 Versammlung der Frauenunion. Foto 1993.

Mehr Einfluss durch die „Frauen-Quote"?

Der Kampf bürgerlicher und proletarischer Frauen-
bewegungen um politische Rechte für Frauen war in
Deutschland erst im Jahr 1918 erfolgreich (vgl. S.
234). Nach dem Ende der Monarchie erhielten Frau-
en das Recht zu wählen und gewählt zu werden. Damit war eine wichtige Forderung nach Gleichberechtigung der Frauen erfüllt. Nicht erreicht ist aber eine
wirkliche Durchsetzung der Gleichberechtigung in
Politik, Verwaltung und Wirtschaft. Um dieses Ziel
zu erreichen, wurde der Absatz I des Artikels 3 des
Grundgesetzes („Alle Menschen sind vor dem Gesetz gleich") ergänzt und im Oktober 1994 in Kraft
gesetzt. Der neue Absatz 2 lautet: „Männer und
Frauen sind gleichberechtigt. Der Staat fördert die
tatsächliche Durchsetzung der Gleichberechtigung
von Frauen und Männern und wirkt auf die Beseitigung bestehender Nachteile hin."
Im Bereich der Politik versuchen die Parteien seit
mehreren Jahren die Benachteiligung von Frauen in
ihren Organisationen zu beseitigen. Eine Möglichkeit ist die so genannte „Frauen-Quote". Mit ihr wird
der Frauenanteil, zum Beispiel bei der Vergabe von
Parteiämtern und Mandaten, festgelegt. Die Frauen-
Quote ist jedoch umstritten.

Über die Auseinandersetzung um die Einführung der
Frauen-Quote auf dem CDU-Parteitag im Oktober
1995 schrieb das Nachrichtenmagazin „Der Spiegel"
am 23. Oktober 1995:

M Deutschland, das Land der Frauen? Helmut
Kohl, ein Mann zwar, aber als Kanzler und
Parteichef auf dem Höhepunkt seiner Macht,
schlug sich denn auch auf die Seite der
Frauen, die bekanntlich die Mehrheit im Land
bilden. Seiner Partei riet er in der vergangenen
Woche „persönlich", eine Drittel-Quote zu be-
schließen. Die Frauenbewegung am Ziel? Von
wegen. Am Mittwoch entschied sich der CDU-
Parteitag gegen eine Frauen-Quote in der Politik.
Die Blockade der Männer hat gewirkt...

2 *Verdeutlicht die Spannung zwischen dem Anspruch der Frauen auf Gleichberechtigung und der
Durchsetzung dieses Anspruchs.*
3 *Fordert Materialien zur „Frauen-Quote" bei
den Parteien an, wertet sie aus und vergleicht sie.
Adressen: Sozialdemokratische Partei Deutschlands
(SPD), Ollenhauerstr. 1, 53113 Bonn; Christlich-De-
mokratische Union (CDU), Friedrich-Ebert-Allee
73–75, 53113 Bonn; Die Grünen, Colmantstr 36,
53115 Bonn; Freie Demokratische Partei (F.D.P.),
Adenauerallee 266, 53113 Bonn.*

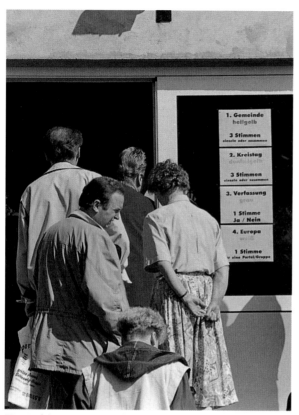

1 **Auf dem Weg ins Wahllokal.** Foto 1994.

In der parlamentarischen Demokratie wird Herrschaft auf Zeit ausgeübt. Wahlen sind das Instrument, die Macht der Wählerinnen und Wähler auf die Gewählten zu übertragen. In der Bundesrepublik Deutschland finden Wahlen auf verschiedenen Ebenen statt: zum Bundestag auf der Ebene des Bundes, zu den Landtagen auf der Ebene der Bundesländer, zu den Gemeinde- und Stadträten sowie den Kreistagen auf der Ebene der Gemeinden, Städte und Kreise. Seit 1979 gibt es Wahlen zum Europäischen Parlament. Demokratische Wahlen müssen bestimmte Voraussetzungen erfüllen. Der Rahmen dafür ist im Grundgesetz (GG) festgelegt (vgl. den Kasten). Die Grundsätze demokratischer Wahlen wurden von demokratischen Parteien und Verbänden in langen politischen Auseinandersetzungen erkämpft.

Aussagen des Grundgesetzes zu Wahlen:
Artikel 20 GG
(1) Die Bundesrepublik Deutschland ist ein demokratischer und sozialer Bundesstaat.
(2) Alle Staatsgewalt geht vom Volke aus. Sie wird vom Volke in Wahlen und Abstimmungen und durch besondere Organe der Gesetzgebung, der vollziehenden Gewalt und der Rechtsprechung ausgeübt …
Artikel 38 GG
(1) Die Abgeordneten des deutschen Bundestages werden in allgemeiner, unmittelbarer, freier, gleicher und geheimer Wahl gewählt. …
(2) Wahlberechtigt ist, wer das achtzehnte Lebensjahr vollendet hat; wählbar ist, wer das Alter erreicht hat, mit dem die Volljährigkeit eintritt.
(3) Das Nähere bestimmt ein Bundesgesetz.

Wahlen – ein Grundstein der Demokratie

1 *Sucht die Aussagen über Wahlen aus den Artikeln 20 und 38 GG heraus. Erläutert die Wahlrechtsgrundsätze des Artikels 38 Absatz 1 GG.*
2 *Tragt Kenntnisse über weitere Wahlen zusammen. Berücksichtigt dabei auch die Schule und die Arbeitswelt.*

Die Mehrheit entscheidet

Überall gibt es Streitfragen, die für alle verbindlich entschieden werden müssen. In Deutschland gilt grundsätzlich, dass die Mehrheit in politischen Fragen entscheidet. Doch weil nicht ständig alle Menschen über alle anstehenden Entscheidungen abstimmen können, wählen die Menschen in regelmäßigen Abständen ihre Vertreter. Die Gewählten bestimmen dann die Politik bis zur nächsten Wahl.

Wie Wahlen funktionieren

Der Schriftsteller Wichard Woyke erklärte 1994, wie Wahlen funktionieren:

M1 … Die Wahl ist ein Verfahren, bei dem viele (die Wähler) gemeinsam bestimmen, welche wenigen (die Gewählten) Macht erhalten sollen. Das technische Verfahren der Wahl ist, vereinfacht ausgedrückt, dies: Der Wahlberechtigte gibt eine oder mehrere Stimmen ab, die ausgezählt und nach einem vor der Wahl bekannten Verfahren verrechnet werden …

2 Wahl der Klassensprecherin. Fotos 1994.

Wahlen in der Schule

Ulla und Doris, zwei Klassensprecherinnen, beschrieben auf der Kinder- und Jugendseite der „Frankfurter Rundschau" ihre Erfahrungen:

M2 ... Geht es euch auch so? Irgendwie träumt doch jeder mal davon, Klassensprecherin oder Klassensprecher zu sein. Gewählt werden von der Mehrheit der Klassenkameraden, so richtig ausgewählt sein, das ehrt. Doch ganz so einfach ist der Job auch wieder nicht. Da kann man an Beliebtheit schnell verlieren, weil man es jetzt plötzlich allen recht machen soll und dabei auch immer noch eine eigene Meinung vertreten soll. Das erfordert schon ein bisschen Mut und es ist ja auch kein Zufall, dass oft diejenigen, die die größte Klappe haben, die meisten Stimmen bekommen.

So ein Klassensprecher, der braucht die Unterstützung seiner Schulkameraden. Denn letzten Endes tut er doch nichts anderes als das, was die Klasse gemeinsam beschlossen und diskutiert hat, vor Lehrern und der Schulverwaltung vorzutragen. Die Macht liegt in den Händen aller und nicht in der Hand eines einzigen Schülers.

Und außerdem: Solltet ihr euch wirklich mal „verwählt" haben und eure Klassensprecherin oder euer Klassensprecher stellt sich als ein „mieser Streber" heraus, dann habt ihr schließlich immer noch die Möglichkeit, das „Oberhaupt" wieder abzusetzen und Neuwahlen zu verlangen...

Warum sich Politiker wählen lassen

Der Journalist Dirk Fischer untersuchte 1992 in der „Politischen Zeitung" die Frage, wie Politiker ihren Beruf verstehen:

M3 ... Das politische Geschäft handelt von der Macht. Keiner würde sich der Tortur (Quälerei) unterziehen, endlos an Sitzungen teilzunehmen, ewig Akten, Untersuchungsberichte, Protokolle, Vorstandsbeschlüsse und Grundsatzpapiere zu lesen, immer darauf zu achten, was man sagt und was man nicht sagt, und schließlich abends beim Feuerwehrfest auch noch fröhlich zu sein – wenn es nicht um mehr ginge als um Geld, Privilegien und Popularität.

Politiker, die wir gefragt haben, wie sie ihren Beruf verstehen, antworteten: Es ist eine Möglichkeit etwas zu gestalten, Ideen in die Wirklichkeit umzusetzen, Wünsche aus der Bevölkerung aufzunehmen und politische Programme daraus zu formulieren. Das ist nichts anderes als der Wunsch Macht auszuüben. Zwar Macht auf Zeit, aber immerhin Macht...

3 *Stellt zusammen, welche Wahlen ihr kennt. Denkt dabei auch an Schule, Vereine und Arbeitswelt.*

4 *Vergleicht die Schilderung der Klassensprecherinnen in M2 mit euren eigenen Erfahrungen.*

5 *Tragt anhand M2 und M3 Gründe zusammen, warum sich Menschen wählen lassen.*

1 **Plakat mit Wahlaufruf.** Foto 1994.

Gewählte Vertreter

In Deutschland sind über 60 Millionen Bürgerinnen und Bürger wahlberechtigt. Wenn diese alle wichtigen politischen Fragen selbst entscheiden wollten, wären sie überfordert. Deswegen wählen die Bürgerinnen und Bürger „Vertreter" (lat: Repräsentanten) ihres Vertrauens, die diese Fragen stellvertretend für sie entscheiden. Dieser Grundsatz wird daher auch als „repräsentatives System" bezeichnet. Eine überschaubare Anzahl von Gewählten fällt anstelle der gesamten Bevölkerung die Entscheidungen.

1 *Erklärt das so genannte „repräsentative System" mit euren eigenen Worten.*

2 *Überlegt, welche Vor- und Nachteile dieses „repräsentative System" haben kann. Denkt dabei auch an Repräsentanten, die euch vertreten. Etwa Klassensprecherinnen oder Klassensprecher, die stellvertretend für ihre Klassen entscheiden müssen.*

Wer darf wählen?

Das Grundgesetz legt in Artikel 38 (2) fest, wer bei der Wahl zum Bundestag wählen darf (vgl. Kasten S. 236).
Das Wahlgesetz für die Bundestagswahlen bestimmt, dass nur deutsche Staatsangehörige an Wahlen zum Bundestag teilnehmen dürfen. Dadurch sind die ausländischen Mitbürgerinnen und Mitbürger, die bei uns leben, arbeiten und Steuern zahlen, von der Teilnahme an den Bundestagswahlen ausgeschlossen.
Seit 1994 dürfen Ausländer, die aus den Ländern der Europäischen Union* kommen, an den Wahlen zu Stadt-, Gemeinde- und Kreisräten teilnehmen.

3 *Nennt Gründe für oder gegen ein Wahlrecht bei den Bundestagswahlen für ausländische Mitbürgerinnen und Mitbürger, die schon lange bei uns leben.*

Wahlregeln in Deutschland

Im Artikel 38 des Grundgesetzes werden auch die wichtigsten Grundsätze für Wahlen in Deutschland festgelegt. Diese Wahlgrundsätze erklärte der Journalist Friedemann Bedürftig 1994 in einem Buch für Jugendliche:

M1 Das Grundgesetz verlangt: Wahlen müssen *allgemein* sein. Das heißt nicht, dass alle Bewohner Deutschlands zu den Wahlen gerufen werden. Kinder und Jugendliche dürfen noch nicht wählen.
Weiter fordert die Verfassung: Wahlen müssen unmittelbar sein. Die Kandidaten werden von den Bürgern direkt gewählt. Die Abgeordneten werden in gleicher Wahl ermittelt: Jedem Wähler steht die gleiche Stimmenzahl zu, jede Stimme hat gleiches Gewicht. Ob Präsident oder Azubi – beide haben mit ihrer Stimme den gleichen Einfluss auf das Wahlergebnis, und auch der Millionär kann sich keine zusätzlichen Stimmen kaufen.
Dafür sorgt ein weiterer Wahlgrundsatz: Die Stimmabgabe muss geheim sein. Niemand darf sein Kreuz auf dem Stimmzettel öffentlich machen sondern muss in die Wahlkabine gehen. Man kann nicht nur im Wahllokal sein Wahlrecht ausüben, sondern auch per Post. Damit sollen auch Menschen, die am Wahltag verreist, krank oder gebrechlich sind, Gelegenheit zur Wahl erhalten.
Der letzte Grundsatz versteht sich eigentlich von selbst: Wahlen müssen *frei* sein. Der Wählende darf weder durch Drohungen noch durch Versprechen in seiner Wahl beeinflusst werden.

4 *Untersucht die Aussage des Wahlaufrufs (Abb.1) und nehmt dazu Stellung.*
5 *Erläutert die Wahlgrundsätze (M1).*

Bürgerrechte und Staatsbürgerschaft

Nach Artikel 20 Absatz 2 GG (vgl. S. 12) wird alle Staatsgewalt „vom Volke in Wahlen und Abstimmungen … ausgeübt". Wer gehört zum „Volk"? Nach einem Urteil des Bundesverfassungsgerichts vom Oktober 1990 ist das Wahlrecht ausschließlich Menschen mit deutscher Staatsbürgerschaft vorbehalten.

Nach der gegenwärtigen Rechtslage gilt in Deutschland für den Erwerb des Staatsbürgerrechts das Abstammungsprinzip. Kinder, deren Vater und Mutter Ausländer sind, sind staatsbürgerrechtlich Ausländer. Ein anderer Grundsatz für den Erwerb einer Staatsbürgerschaft ist das Prinzip „Geburtsort", wie es zum Beispiel in Frankreich und den USA gilt. Nach dem Maastrichter Vertrag über die Europäische Union von 1993 soll bis 1999 eine „europäische Staatsbürgerschaft" eingeführt werden. Dann hätte jeder EU-Bürger in jedem Mitgliedsstaat das Wahlrecht bei den Kommunalwahlen* und bei der Wahl des Europäischen Parlaments.

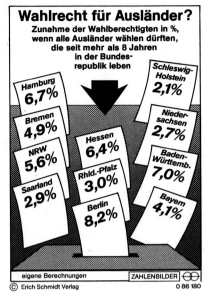

2 Ausländer und Wahlberechtigte.

Ausländerwahlrecht – politisch umstritten

Paul Castle, 30, Brite mit amerikanischem Pass und seit zehn Jahren in Deutschland, äußerte sich 1994:

> **M2** Ich kann das nicht mehr hören, Superwahljahr 1994. Super wird's nämlich nicht für all jene, die gern wählen würden und immer noch nicht dürfen. Um das Thema Ausländerwahlrecht ist es still geworden. Es stinkt mir, mehr Steuern zu bezahlen als meine 18-jährigen Nachbarskinder zusammen, ohne mitbestimmen zu dürfen, wie die Kohle ausgegeben wird. Also gut wenn es mir so gewaltig stinkt, warum bin ich noch hier? Ich bin hier, weil Deutschland ein Drittel meiner Lebenszeit ausmacht. Weil ich die deutsche Sprache liebe. Und weil ich mein Herz tatsächlich in Heidelberg verlor. Dank meiner deutschen Frau haben unsere Kinder deutsche Ausweise, dürfen vermutlich vor mir wählen.

Eckart Schiffer, Leiter der Verfassungsabteilung im Bundesinnenministerium, wurde 1991 in der „Frankfurter Rundschau" so zitiert:

> **M3** … Es ist daran festzuhalten, dass zu den realen Grundlagen eines Staatswesens neben dem Staatsgebiet und der Staatsgewalt - auch heute noch – das Staatsvolk gehört. Das Staatsvolk ist die Gesamtheit der dem Staat dauerhaft verbundenen Bürger. Im Ausland, aber auch im Inland, haben sie gelegentlich schicksalhaft mit Leben, Freiheit und Gut für das Handeln ihres Staates einzustehen. Diese schicksalhafte Verbundenheit unterscheidet den Staatsbürger wesentlich von Personen, die sich im Staatsgebiet vorübergehend oder auf Dauer aufhalten … Nur auf dem Weg über ihre Einbürgerung können wir verhindern, dass über Generationen hinweg größere Gruppen von Zugewanderten als Ausländer ohne volle politische Rechte bei uns leben. Die Einbürgerung soll allerdings am Ende eines gelungenen Integrationsprozesses stehen und nicht an dessen Anfang.

6 Arbeitet aus M2 heraus, wie Paul Castle das Wahlrecht für Ausländer aus seiner Sicht begründet.

7 Stellt fest, welche Position Eckart Schiffer in M3 zum Staatsbürgerrecht vertritt und welche Folgerungen sich für das Wahlrecht ergeben. Welchen Ausweg lässt er offen?

8 Klärt die Begriffe „Bürgerrechte" und „Staatsbürgerschaft".

9 Erörtert die beiden „Modelle" Geburtsorts- und Abstammungsprinzip.

Nehmt dazu persönlich Stellung.

10 Entwerft einen Leserbrief an eine Zeitung, in dem ihr euch zur Frage „Wahlrecht für Ausländer" äußert. Zieht auch die Grafik oben (Abb. 2) mit heran.

11 Erkundigt euch nach der Diskussion um die doppelte Staatsbürgerschaft und ihr Ergebnis.

Wie wichtig sind Wahlen?

Der Journalist Karl Starzacher berichtet 1992 über das Ergebnis einer Umfrage unter Wahlberechtigten. Die Befragten sollten bei jeder der aufgeführten Wahlen angeben, wie wichtig diese Wahlen für sie persönlich sind.

1. Kommunalwahl	Sehr wichtig	28
	Wichtig	57
	Weniger wichtig	12
	Unwichtig	2
2. Landtagswahl	Sehr wichtig	34
	Wichtig	57
	Weniger wichtig	7
	Unwichtig	1
3. Bundestagswahl	Sehr wichtig	62
	Wichtig	34
	Weniger wichtig	2
	Unwichtig	1
4. Europawahl	Sehr wichtig	15
	Wichtig	34
	Weniger wichtig	35
	Unwichtig	12

1 Umfrageergebnis (in Prozent).

2 Karikatur 1994.

1 *Seht euch die Karikatur (Abb. 2) an. Versetzt euch in die Rolle des dargestellten Wählers und formuliert in einem Satz die Gedanken, die diesem Wähler durch den Kopf gehen könnten.*
2 *Wertet das Umfrageergebnis aus. Erstellt dazu anhand der Umfrageergebnisse eine „Reihenfolge der Bedeutung" dieser Wahlen.*
3 *Schreibt zu jeder der in Abb. 1 genannten vier Wahlen auf, wie wichtig euch diese Wahlen erscheinen. Vergleicht eure Einschätzungen in der Klasse.*

1998: 10,8 Millionen Nichtwähler

Nach Wahlen werden nicht nur die Wahlergebnisse für die einzelnen Parteien, sondern auch Zahlen über die Anzahl der Wahlberechtigten und die tatsächlich abgegebenen Stimmen veröffentlicht. So haben bei der Bundestagswahl 1998 10,8 Millionen Menschen ihre Stimme nicht abgegeben. Bei Kommunal-, Landtags- und Europawahlen liegt der Anteil dieser so genannten Nichtwähler noch wesentlich höher als bei Bundestagswahlen.

Wahlberechtigte:	60 762 751
Abgegebene Stimmen:	49 947 087
Gültige Zweitstimmen:	49 308 512
Ungültige Stimmen:	638 575
Wahlbeteiligung in %:	82,2

3 Wahlbeteiligung bei der Bundestagswahl vom 27. September 1998.

4 „Herabsetzung des Wahlalters ist in Ordnung". Fotos 1995.

5 „Wahlen sind mir egal."

6 „Ich muss mich noch informieren."

4 *Entwerft Plakate, auf denen für die Teilnahme an Wahlen geworben wird. Ihr könnt euch dabei an aktuellen Wahlen orientieren.*

Wählen mit 16 Jahren

Als erstes Bundesland senkte Niedersachsen 1995 das Wahlalter für Kommunalwahlen (Wahlen der Städte, Gemeinden und Kreistage) von 18 auf 16 Jahre. Wahlberechtigt wurden damit zum erstenmal in Deutschland Jugendliche, die noch nicht volljährig sind. Nun hat auch das Land Hessen das Wahlalter gesenkt.

Die „Frankfurter Rundschau" berichtete am 29. Mai 1998:

> **M1** Im Herbst 1998 dürfen die meisten Jugendlichen in Hessen an die Urne: Der Landtag hat gestern nach jahrelangen Debatten das Kommunalwahlalter von 18 auf 16 Jahre gesenkt. Damit erhalten insgesamt 100 000 junge Frauen und Männer das aktive Stimmrecht. Die Neuerung gilt nicht nur für die Wahlen der Gemeindeparlamente und Kreistage, die in Hessen erst wieder in drei Jahren anstehen. Abstimmen dürfen die 16-jährigen auch bei den Direktwahlen der Bürgermeister und Landräte. ...
> CDU und FDP stimmten... gegen die Änderung des Kommunalwahlgesetzes. Ihnen behagt die Herabsetzung des Wahlalters nicht. Es sei absurd, einerseits 21-jährige nach dem Jugendstrafrecht zu bestrafen andererseits aber 16-jährigen die „sittliche Reife" zur Stimmabgabe zuzubilligen, sagte Volker Bouffier (CDU). Sprecher von SPD und Grünen lobten die neuen Mitwirkungsmöglichkeiten der Jugendlichen. Sie versprechen

sich dadurch ein stärkeres politisches Engagement.
> Dieser Einsatz soll sich nicht auf den Wahltag beschränken: Das Gesetz sieht ausdrücklich vor, dass Kinder und Jugendliche bei Planungen und Vorhaben, die deren Interessen berühren, „in angemessener Weise" beteiligt werden sollen. Dazu kann den Teens ein Anhörungs-, Rede- und Vorschlagsrecht in der Gemeindevertretung eingeräumt werden.

5 *Lest M1 und notiert welche Rechte Jugendliche mit 16 ab August 1998 in Hessen haben.*
6 *Stellt die Gründe zusammen mit denen CDU und FDP diese Veränderungen ablehnen. Nehmt aus eurer Sicht dazu Stellung.*

Das Nachrichtenmagazin „Der Spiegel" berichtete 1995 über Argumente der Gegner des kommunalen Wahlrechts für 16-jährige:

> **M2** ... Die Gegner der Wahlrechtsänderung verweisen auf Gespräche mit Schülergruppen im Parlament: Dort hatten sich ganze Schulklassen nahezu geschlossen gegen das neue Wahlalter ausgesprochen. Das Argument der Jugendlichen: Solange der Politikunterricht häufig ausfalle, seien sie auf die Wahl zu schlecht vorbereitet ...

7 *Erstellt eine Wandzeitung zur Streitfrage „Wahlrecht für 16-jährige? Pro und Contra".*
Dazu könnt ihr die Meinungen und Argumente aus M1 und M2 herausschreiben und verwenden.
8 *Befragt in eurer Schule Jugendliche nach ihrer Meinung zur Herabsetzung des Wahlalters. Schreibt die Antworten auf und wertet sie aus.*

1 Karikatur 1992.

2 Karikatur 1993.

Ein Politiker über die Parteien

Norbert Blüm, CDU-Politiker und Minister in Bonn, schrieb 1992 über Parteien:

> **M1** … Parteien bündeln die Meinungsvielfalt, ermöglichen den Wettbewerb zwischen den Parteien, sind lebensnotwendig für die Demokratie. Und die Parteien sind nun zum Brennpunkt der Politikverachtung geworden. Sicher, sie sind zu fett geworden, nehmen sich zu wichtig, haben sich eingeigelt. Aber so schlimm, wie sie gemacht werden, sind sie auch wieder nicht. Unsere Bundesrepublik wäre ohne Parteien nicht zu dem geworden, was sie ist – ein freiheitlicher und sozialer Rechtsstaat. Sie ist die beste Republik, die wir in unserer nicht immer glücklichen Geschichte auf die Beine gebracht haben …

Eine Politikerin über die Parteien

Antje Vollmer, Politikerin der Grünen und Bundestagsabgeordnete in Bonn, schrieb 1992 über die Parteien:

> **M2** … Wer heute einem jungen Menschen einen überzeugenden Grund nennen will, Parteimitglied zu werden – in welcher Partei auch immer – wird es schwer haben. … In der Partei treffen sich heute nur noch zwei Gruppen von Menschen: 1. der kleiner werdende Kreis von Menschen, der aus Tradition an der Partei als Heimat festhält; 2. diejenigen, die über die Partei „etwas werden wollen", was nicht unstatthaft ist, sondern ein ganz normaler Berufswunsch. Ansonsten ist Ebbe und viel Müdigkeit …

1 *Seht euch die beiden Karikaturen an. Beschreibt, wie die Parteien dargestellt werden.*

2 *Schreibt in Partnerarbeit die Namen der Parteien auf, die ihr kennt. Versucht herauszufinden, für welche Begriffe die Buchstabenkürzel der Parteien stehen.*

Parteien im Wahlkampf

Am Wahlabend versammeln sich die Menschen vor den Fernsehschirmen. Alle großen Fernsehsender berichten aus Bonn über die Bundestagswahl. Die Wahllokale haben kaum geschlossen, da flimmern bereits die ersten Hochrechnungen über die Fernsehschirme. Hinter Buchstabenkürzeln, die für die verschiedenen Parteien stehen, werden die ersten Prozentzahlen aufgeführt. Politiker stellen sich den Fragen der Journalistinnen und Journalisten und danken den Wählerinnen und Wählern „draußen im Lande". Wir kennen fast alle Politiker bereits aus dem Fernsehen, denn es gibt keine Nachrichtensendung, in der nicht über Parteien und Politiker berichtet wird.

In den Wochen vor der Bundestagswahl waren die Parteien besonders aktiv: Überall im Land klebten ihre Plakate mit den Abbildungen ihrer Kandidaten. Sie führten Veranstaltungen durch, zu denen die Wählerinnen und Wähler eingeladen wurden. Auf dem Rathausplatz waren Stände aller Parteien aufgebaut. Mitglieder der Parteien verteilten Flugblätter und warben für die von den Parteien für die Wahl aufgestellten Kandidatinnen und Kandidaten.

Die Aufgaben der Parteien

Parteien (von lat. pars = der Teil) sind nicht nur in Wahlkampfzeiten aktiv. In ihren Versammlungen wird regelmäßig über aktuelle Probleme in der Gemeinde, im Land und im Bund gesprochen. Die Parteien sind dabei Vermittler: Sie sammeln und prüfen die Wünsche der Bevölkerung und vertreten sie in den Parlamenten. Die genauen Aufgaben der Parteien sind im Grundgesetz und im Parteiengesetz festgelegt:

M3 Grundgesetz Artikel 21
Die Parteien wirken bei der politischen Willensbildung des Volkes mit. Ihre Gründung ist frei. Ihre innere Ordnung muss demokratischen Grundsätzen entsprechen …
Parteiengesetz § 1
(2) Die Parteien wirken an der Bildung des politischen Willens des Volkes … mit, indem sie die von ihnen erarbeiteten politischen Ziele in den Prozess der staatlichen Willensbildung einführen und für eine ständige lebendige Verbindung zwischen dem Volk und den Staatsorganen sorgen.

Merkmale einer Partei

Der Schriftsteller Friedemann Bedürftig schreibt 1994 über die Merkmale von Parteien:

M4 … Jeder darf eine Partei gründen, allerdings muss sie bestimmten Anforderungen entsprechen. Die wichtigste ist: Die Parteiführung muss von den Mitgliedern gewählt werden. Da die großen Parteien Hunderttausende von Mitgliedern haben, hat es sich eingebürgert, dass Vertreter gewählt werden, die dann auf einem Parteitag die Führungsspitze in geheimer Wahl bestimmen. Außerdem legt das Grundgesetz fest, dass Parteien die Verfassung achten müssen. Die Partei, die diesen Grundsatz nicht einhält, nennt man verfassungsfeindlich. Das Bundesverfassungsgericht entscheidet darüber, ob eine solche Partei wirklich verfassungswidrig ist und deshalb verboten werden müsste …

Wahlberechtigte	60,2 Mio.
Mitglieder	
CDU	646 000
CSU	177 000
FDP	75 000
SPD	793 000
Grüne	48 000
PDS	110 000

3 Wahlberechtigte und Mitglieder der Parteien 1997.

3 *Sammelt aus den Texten und M3 und M4 alle Informationen über Parteien. Schreibt diese Informationen in Stichworten untereinander.*
4 *Wertet die Tabelle 3 aus, indem ihr für jede einzelne Partei die Entwicklung der Mitgliederzahl zwischen 1990 und 1996 betrachtet.*
5 *Vergleicht die Beschreibungen der Parteien in M1 und M2 mit den Darstellungen der Parteien in den Karikaturen (Abb. 1 und 2).*
6 *Besorgt euch bei den Parteien in eurem Ort Informationsmaterial. Bildet Arbeitsgruppen für jede Partei und schreibt aus den Materialien heraus, was die Parteien über sich selbst schreiben.*
7 *Tragt anschließend die Ergebnisse der Arbeitsgruppen in der Klasse zusammen.*

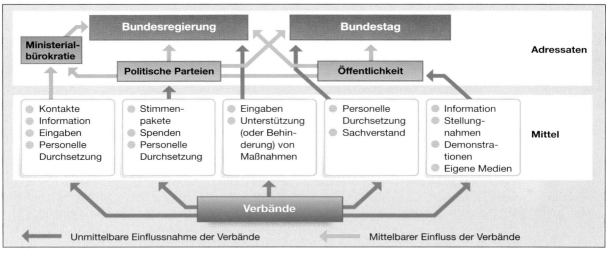

1 Einflussmöglichkeiten von Verbänden und Gewerkschaften.

Verbände beeinflussen Politik

Politische Entscheidungen treffen die gewählten Politikerinnen und Politiker in den Parlamenten des Bundes, der Länder und in den Gemeinde- und Stadträten. Im Vorfeld der Entscheidungen kommt es zu einer starken Beeinflussung der Meinungsbildung der Parteien und der Parlamentarier. Alle großen Verbände und Interessenvertretungen wie z. B. Arbeitgeberverbände und Gewerkschaften versuchen ihre Interessen durchzusetzen. Das geschieht durch
– direkte Einflussnahme
– durch die Veröffentlichung von Stellungnahmen zu wichtigen politischen Fragen und
– durch das Mitarbeiten in den Parteien.
Große Verbände können auch ihre Mitglieder dazu aufrufen bei der nächsten Wahl eine bestimmte Partei zu wählen oder von den Parteien fordern für ihre Interessen einzutreten.

1 *Untersucht das Schema und beschreibt die Möglichkeiten der Verbände zur Beeinflussung von politischen Entscheidungen.*

2 *Sammelt Titelseiten von Tages- und Wochenzeitungen und untersucht, inwieweit die Zeitungen mit ihren Titeln und Überschriften eine bestimmte politische Meinung unterstützen wollen.*

3 *Verfolgt im Fernsehen politische Magazine und Nachrichtensendungen. Prüft, ob in den Sendungen politische Meinungsbildung betrieben wird und inwieweit die Sendungen für bestimmte politische Parteien Werbung machen.*

Medien und Politik

Alle wichtigen politischen Ereignisse werden heute über die Medien, vor allem über das Fernsehen verbreitet und kommentiert. Die Parteien sind geradezu auf das Mitwirken des Fernsehens angewiesen, denn in die Parteiversammlungen kommen immer weniger Menschen. Politik findet im Fernsehen statt und wird durch und über das Fernsehen gemacht. Deswegen drängen sich Politikerinnen und Politiker in alle Sendungen, vom Sport bis zur Talkshow, weil sie auf diese Weise Millionen von Menschen erreichen können.

4 *Verfolgt das Auftreten von Politikerinnen und Politikern im Fernsehen.*

2 Titelschlagzeilen vom 12. 11. 1998.

1 Wahlplakat der Christlich-Demokratischen Union 1998.

2 Wahlplakat der Sozialdemokratischen Partei Deutschlands 1998.

Wahlplakate – „Blickfang" für Wählerinnen und Wähler

Im Kampf um Wählerstimmen setzen die Parteien neben Anzeigen in Zeitungen, Zeitschriften und Illustrierten, Flugblättern und Broschüren auch Wahlplakate ein. Dafür nehmen die Wahlkampforganisatoren die Hilfe von Werbeagenturen in Anspruch. Plakate sind vielfach eine Kombination aus Bild und kurzem, einprägsamen Text (Slogan). Die Wirkung auf das Wahlverhalten ist nicht genau einzuschätzen. Sie sollen, so ein Werbemann im Wahlkampf 1998 „die eigenen Leute ins Rennen bringen". Vor allem unentschlossene Wähler dürften durch eine geschickte Plakatwerbung zu beeinflussen sein.

Als Material zur Analyse sind zwei Wahlplakate zur Bundestagswahl vom September 1998 abgebildet. Für die Untersuchung eignen sich folgende Fragen, von denen einige – bezogen auf die Abbildung 2 – beantwortet werden:

zu 2.: Es wird keine besondere Zielgruppe angesprochen.

zu 3.: Der sprachliche Anteil des Plakats besteht aus einem Satz. Der Slogan „Deutschland braucht einen neuen Kanzler" zeigt an, dass die SPD allgemein das Gefühl vieler Wählerinnen und Wähler ansprechen will, dass 1998 nach 16 Jahren Kanzlerschaft Helmut Kohls ein Wechsel nötig sei. Über das politische Programm des Kandidaten wird nichs gesagt.

zu 4.: Die Fläche wird dominiert vom Porträt des Kandidaten, der ernst und verantwortungsbewusst auf die Wähler blickt. Das Parteisignet „SPD" rechts unten steht in Beziehung zu einem kleinen roten Quadrat links oben. Damit soll eine gewisse Dynamik angedeutet werden.

Fragen zur Analyse von Wahlplakaten:

1. Wer ist der „Urheber" des Plakats?
2. An wen richtet sich die Werbung?
3. Welche Ziele sind zu erkennen?
4. Wie ist das Plakat gestaltet?
5. Welche Wirkung soll erzielt werden?
6. Welche Rolle spielen Frauen?
7. Wie hoch ist der politische Informationsgehalt?

1 *Beantwortet die noch offenen Fragen zur Abbildung 2.*

2 *Analysiert in Partnerarbeit die Abbildung 1 mithilfe der Fragen.*

3 *Untersucht ebenso Wahlplakate aus aktuellen Wahlkämpfen.*

4 *Entwerft in Gruppenarbeit Wahlplakate aus der Sicht verschiedener Parteien.*

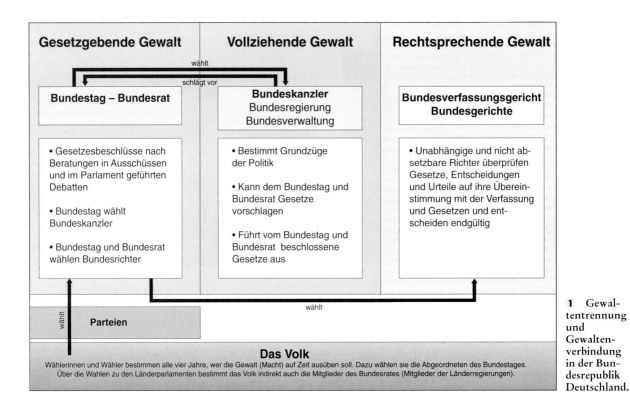

1 Gewaltentrennung und Gewaltenverbindung in der Bundesrepublik Deutschland.

„Herrschaft des Volkes" – wie wird sie ausgeübt? Vielleicht habt ihr irgendwo den Graffiti-Spruch „Alle Macht geht vom Volke aus – aber wohin geht sie?" gelesen. Er wirft die Frage auf, wie in einer Demokratie Macht ausgeübt werden soll. Die Antwort ist eigentlich klar, denn Demokratie als Regierungsform heißt: Die Regierten regieren über Vertreterinnen und Vertreter sich selbst. Dazu benötigt man aber Regeln.

In der parlamentarischen Demokratie üben drei „Gewalten" (vgl. Artikel 20, Abs.2, GG; Übersicht (S. 236) den Volkswillen stellvertretend aus. Dabei spielen die Parteien eine wichtige Rolle (vgl. S. 243). Auf den folgenden Seiten könnt ihr untersuchen, wie die Macht des Volkes ausgeübt wird und welche Probleme dabei entstehen. Zwei Schaubilder verdeutlichen die Zusammenhänge.

Geteilte Macht

1 *Beschreibt mithilfe der Grafik (Abb.1) die drei Gewalten in der Bundesrepublik, ihre Aufgaben und ihre Beziehungen zueinander.*

2 *Stellt fest, auf welche Gewalten das Volk direkten Einfluss hat und welche Gewalten nur indirekt durch das Volk bestimmt werden.*

3 *Untersucht mit der Grafik(Abb.1) den Einfluss der Parteien.*

4 *Beschreibt mithilfe des Schemas (Abb. 2) das Regierungssystem der Bundesrepublik.*

5 *Erklärt mithilfe des Schemas (Abb.2), wer zusammenwirken muss, damit ein Gesetz zustande kommt.*

In den alle vier Jahre stattfindenden Wahlen zum Deutschen Bundestag übertragen die Wählerinnen und Wähler ihr Recht der Volksherrschaft auf die Abgeordneten des Deutschen Bundestages als ihre Vertreter. Wählen darf, wer mindestens 18 Jahre alt ist. Die Kandidaten werden von den politischen Parteien vorgeschlagen, nur in Ausnahmefällen kandidieren auch Einzelpersonen.

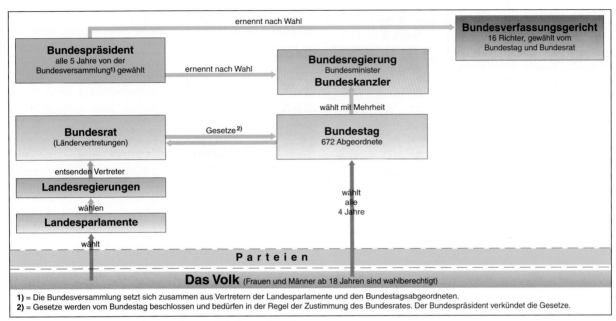

2 Das Regierungssystem der Bundesrepublik Deutschland.

Der Bundestag – Zentrum der Demokratie

Als einziges Verfassungsorgan wird der Bundestag direkt von den wahlberechtigten Bürgerinnen und Bürgern gewählt. Für vier Jahre gelangen die Abgeordneten je zur Hälfte über Wahlkreise (Erststimme) und über Listen der Parteien (Zweitstimme) in das Parlament. Die Zweitstimme entscheidet über die Zusammensetzung des Bundestages. Zu den wichtigsten Aufgaben des Bundestages gehören:
– die Wahl des Bundeskanzlers,
– die Gesetzgebung zusammen mit dem Bundesrat,
– die Beschlussfassung über den Bundeshaushalt,
– die Billigung von Verträgen mit dem Ausland,
– die Kontrolle der Regierung und
– die Vertretung der Meinungen und Interessen der Bevölkerung.

6 *Klärt anhand der Grafik (Abb. 3), welche Parteien zur Zeit die Regierungskoalition beziehungsweise die Opposition bilden.*

7 *Beschreibt anhand der Grafik (Abb. 4), wie sich der Anteil der Frauen unter den Abgeordneten verändert hat. Vergleicht ihn mit dem Anteil von Frauen in der Bevölkerung.*

8 *Fordert weitere Informationen zur Arbeit des Bundestages an. Kontaktadresse: Deutscher Bundestag, Referat Öffentlichkeitsarbeit, 53113 Bonn.*

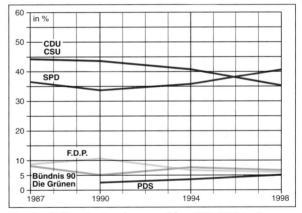

3 Ergebnisse der Bundestagswahlen 1987–1998 (in Prozent der Zweitstimmen).

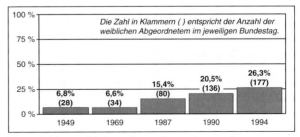

4 Zahl der weiblichen Abgeordneten im Bundestag (1949–1987 nur alte Bundesrepublik).

1 – 3 Auf den Kanzler kommt es an. Wahlplakate.

4 Regierung und Opposition.

Der Bundestag ist ein „Arbeitsparlament". Das bedeutet, dass die wichtigste Arbeit in seinen zahlreichen Ausschüssen stattfindet. Hier werden die Gesetze beraten und in die endgültige Textfassung gebracht. Die meisten Vorschläge für Gesetze stammen heute von der Regierung mit ihrem großen Verwaltungsapparat (Ministerien). In den Bundestagsdebatten werden die Entscheidungen aus den Ausschüssen und Parteisitzungen nur öffentlich gemacht.

Wo die Entscheidungen wirklich fallen, könnt ihr auf dieser Doppelseite untersuchen.

Machtausübung in der heutigen Demokratie

Über die Wahl des Bundeskanzlers bestimmt das Grundgesetz in Artikel 63:

M1 … (2) Gewählt ist, wer die Stimmen der Mehrheit der Mitglieder des Bundestages auf sich vereinigt …

Seit den Bundestagswahlen im Jahre 1953 haben immer bereits die Wählerinnen und Wähler über den künftigen Bundeskanzler entschieden, da alle Parteien mit einem Kandidaten für dieses Amt in den Wahlkampf gingen. Die jeweils siegreichen Parteien schlugen dann ihren Kandidaten zum Bundeskanzler im Bundestag vor. Der Bundestag vollzog dann nur noch die Entscheidung der Wähler nach. Nur wenn der Bundeskanzler während einer Wahlperiode zurücktritt oder seine Mehrheit verliert, hat der Bundestag ein echtes Wahlrecht.

1 Prüft die Aussagen der Wahlplakate auf ihre politische Aussage.

2 Lest noch einmal die Aufgaben des Bundestages auf S. 247 nach. Überprüft mithilfe der Grafik (Abb. 4), welche Gruppe im Bundestag die Entscheidungen trifft.

3 Bildet in der Klasse zwei Gruppen, eine mit mehr als der Hälfte der Schülerinnen und Schüler (Regierungsparteien) und die andere aus den restlichen Schülern (Oppositionsparteien). Aus der Gruppe der „Regierungsparteien" wird eine Schülerin/ ein Schüler zum Bundeskanzler bestimmt. Spielt eine Debatte, in der die Oppositionsparteien Rechenschaft von der „Regierung" fordern, zum Beispiel „Falsche Planung der Klassenfahrt". Die Regierungsparteien verteidigen ihre Regierung, die Opposition klagt an. Die Debatte soll mit einer Abstimmung enden.

4 Wertet euer Spiel aus: Kann die Opposition Kontrolle ausüben? Kann sie ihre Forderungen durchsetzen?

Die Rolle der Abgeordneten

Über die Rechtstellung der Abgeordneten bestimmt das Grundgesetz in Artikel 38:

M2 … Die Abgeordneten des Deutschen Bundestages … sind Vertreter des ganzen Volkes, an Aufträge und Weisungen nicht gebunden und nur ihrem Gewissen unterworfen …

In der täglichen Parlamentsarbeit sind die Abgeordneten vielerlei Zwängen unterworfen, die ihre eigene Entscheidungsfreiheit stark einengen. Dieses hängt mit den Grundbedingungen eines parlamentarischen

Regierungssystems zusammen. Regieren heißt vor allem mit der Mehrheit der Abgeordneten (mindestens 50,1 Prozent) im Bundestag den Bundeskanzler zu wählen und Gesetze mit Mehrheit zu beschließen. Die Parteien, die diese Mehrheit in der letzten Wahl erhalten haben, sind die Regierungsparteien. Ihr Kandidat für das Bundeskanzleramt erhielt die Mehrheit und damit den Auftrag zu regieren.

Interesse am Machterhalt

Die Regierungsparteien haben kein Interesse, ihre Mehrheit bei Abstimmungen im Bundestag zu verlieren. Dies könnte geschehen, wenn die Abgeordneten der Regierungsparteien in allen Fragen frei nach ihrer Meinung entscheiden würden. Um die Mehrheit jederzeit zu bewahren, legen die Parteien vor den Sitzungen des Bundestages fest, wie sie in einer Sache stimmen werden. Dies findet in den Fraktionssitzungen* der Parteien statt. Diese Sitzungen werden wiederum im kleinen Kreis weniger Führungspersonen, zum Beispiel in Beratungsrunden beim Bundeskanzler, vorbereitet. Dort fallen die wichtigen Entscheidungen, die dann von den Abgeordneten der Regierungsparteien nur noch öffentlich nachvollzogen werden.

Da eine Regierung nur solange an der Macht ist, wie sie über die Mehrheit bei Abstimmungen verfügt, ist jede Abgeordnete und jeder Abgeordnete der Regierungsparteien praktisch gezwungen, so zu stimmen, wie die Parteiführungen der Regierungsparteien und der von ihnen gewählte Bundeskanzler es vorgeben. Einfluss auf Entscheidungen können sie nur im Vorfeld der Sitzungen des Bundestages ausüben.

5 **Die „vierte Gewalt".** Beispiele: „Focus", „Stern" und „Der Spiegel".

Prinzipiell verfügen die in der Bundestagswahl unterlegenen Parteien (Opposition) nicht über die Mehrheit. Deswegen können sie im Bundestag alleine keine Beschlüsse durchsetzen. Die Opposition kann durch ihre Arbeit nur die Wählerinnen und Wähler auffordern, bei der nächsten Wahl eine andere Regierung zu wählen.

5 *Erläutert mithilfe des vorhergehenden Textes, wie in unserer Demokratie die Macht faktisch ausgeübt wird.*

6 *Prüft, ob Abgeordnete der Regierungsparteien ihre Entscheidungen nur nach ihrer eigenen Meinung treffen können (vgl. M2).*

7 *Führt aus, was es bedeutet, wenn in einer wichtigen Frage die Regierungsparteien nicht den Vorstellungen des Bundeskanzlers und der Parteiführungen folgen.*

8 *Vergleicht die im Text beschriebene Praxis mit M2.*

Die „vierte Gewalt"

9 *Sucht anhand der Abbildung 5 Gründe dafür, warum die Medien oft als »vierte Gewalt" in unserem Staat bezeichnet werden.*

Die Regierungsparteien haben wenig Interesse daran, Fehler ihrer Regierung aufzudecken. Die Opposition kann solche Vorgänge nur öffentlich machen, ohne etwas zu ändern. Deswegen ist die Kontrolle politischer Vorgänge auf die Medien übergegangen. Berichte in der Presse, Magazinsendungen im Fernsehen und Hörfunk haben oft dazu beigetragen, politische Skandale im Bereich von Regierung, Verwaltung, Verbänden und Gewerkschaften aufzudecken. Die Veröffentlichungen setzen Politiker und Behörden unter Rechtfertigungszwang und veranlassen häufig Staatsanwälte zu ermitteln.

In vielen Fällen hat der Bundestag nach Medienberichten Untersuchungsausschüsse eingesetzt, die den Vorwürfen nachgingen.

10 *Verfolgt in den Medien Berichte über politische Vorgänge auf Landes- und Bundesebene und prüft, wie Politiker auf sie reagieren.*

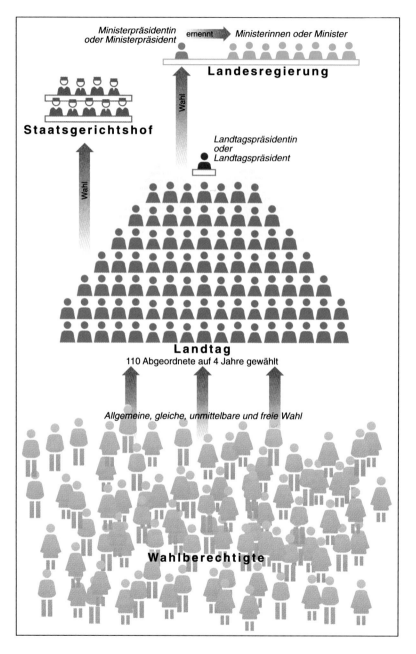

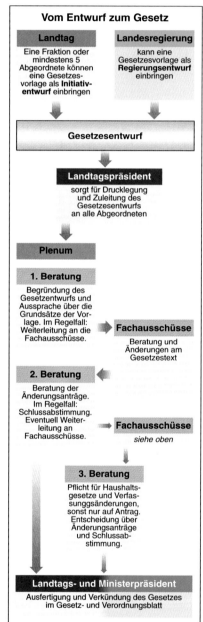

Politik im Land

Hessen ist ein Teil der Bundesrepublik Deutschland. Ähnlich wie auf Bundesebene wird in Hessen die Macht nach den Regeln der Hessischen Verfassung durch vom Volk gewählte Vertreterinnen und Vertreter auf Zeit ausgeübt. Daneben gibt es noch die Möglichkeit der direkten Gesetzgebung durch die Wahlbürgerinnen und Wahlbürger durch einen Volksentscheid (vgl. S. 28).

1 *Beschreibt mithilfe der Abb. 1 und 2 die Machtausübung und den Gang der Gesetzgebung in Hessen.*
2 *Kennzeichnet mithilfe der Karte die Lage Hessens in der Bundesrepublik Deutschland.*

Legend:
- Staatsgrenze
- Landesgrenze
- Grenze der Regierungsbezirke
- *Köln* Name eines Regierungsbezirks
- ■ Hauptstadt eines Staates
- ■ Sitz der Regierung
- ● Landeshauptstadt
- ○ Verwaltungssitz eines Regierungsbezirks

0   50   100km

3 Die politische Gliederung Deutschlands seit 1990.

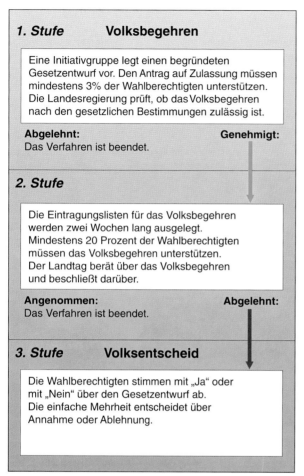

1. Stufe   Volksbegehren

Eine Initiativgruppe legt einen begründeten Gesetzentwurf vor. Den Antrag auf Zulassung müssen mindestens 3% der Wahlberechtigten unterstützen. Die Landesregierung prüft, ob das Volksbegehren nach den gesetzlichen Bestimmungen zulässig ist.

Abgelehnt: **Genehmigt:**
Das Verfahren ist beendet.

2. Stufe

Die Eintragungslisten für das Volksbegehren werden zwei Wochen lang ausgelegt. Mindestens 20 Prozent der Wahlberechtigten müssen das Volksbegehren unterstützen. Der Landtag berät über das Volksbegehren und beschließt darüber.

Angenommen: **Abgelehnt:**
Das Verfahren ist beendet.

3. Stufe   Volksentscheid

Die Wahlberechtigten stimmen mit „Ja" oder mit „Nein" über den Gesetzentwurf ab. Die einfache Mehrheit entscheidet über Annahme oder Ablehnung.

Volksgesetzgebung in Hessen.

Mit ihrer Stimmabgabe bei der Wahl übertragen die Wählerinnen und Wähler ihre „Macht" für eine Wahlperiode auf die gewählten politischen Vertreter. Kritiker der parlamentarischen Demokratie fordern, die Beteiligungsmöglichkeiten der Bürgerinnen und Bürger zu verstärken.

Mehr Demokratie?

Im Zusammenhang mit der Diskussion um eine neue Verfassung für das seit 1990 vereinte Deutschland wurde die Einführung von Volksabstimmungen auf Bundesebene in das Grundgesetz gefordert. Eine „Verfassungskommission" hatte zu prüfen, ob mehr direkte politische Einflussnahme durch die Bevölke-

rung nach dem Vorbild der Schweiz ermöglicht werden sollte. Nach ausführlichen Beratungen in den Jahren 1991–1993 fanden solche Vorschläge in der Verfassungskommission jedoch keine Mehrheit.

Argumente der Befürworter von Volksabstimmungen

– Die Bürgerinnen und Bürger müssen über die Wahlen hinaus mehr unmittelbare Einflussnahme bekommen.
– Viele Bürgerinitiativen haben sich aktiv für das Gemeinwesen eingesetzt und an der politischen Lösung von Problemen mitgewirkt.
– Die Volksgesetzgebung in verschiedenen Bundesländern (vgl. Schema) hat sich bewährt und wird von der Bevölkerung angenommen.
– Die wachsende Zahl von Nichtwählern und das Auftreten radikaler Parteien zeigen, dass sich viele Wählerinnen und Wähler von den gewählten Vertretern nicht ausreichend vertreten fühlen.
– Volksabstimmungen können die repräsentative Demokratie ergänzen und die Zufriedenheit mit dem parlamentarischen System erhöhen.

Argumente der Gegner von Volksabstimmungen

– Volksabstimmungen widersprechen der modernen pluralistischen Demokratie, die von der Vielfalt und Verschiedenheit der Meinungen lebt.
– Volksabstimmungen schränken die Vielfalt von Meinungen und Möglichkeiten auf Ja oder Nein, Schwarz oder Weiß ein.
– Das politische Entscheidungs- und Gesetzgebungsverfahren erfordert bereits ein hohes Maß an Kompromisssuche und Kompromissfindung.
– Es besteht die Gefahr, dass bei Volksabstimmungen nicht nach sachlichen Gesichtspunkten abgestimmt wird, sondern nach persönlicher Betroffenheit und Stimmung.
– Volksabstimmungen könnten von aktiven Minderheiten und Interessenverbänden genutzt werden, ihre Macht noch stärker auf Bundesebene durchzusetzen.

1   *Erläutert die Argumente der Befürworter und der Gegner von Volksabstimmungen, vergleicht sie und nehmt dazu Stellung.*
2   *Klärt die Begriffe: Volksinitiative, Volksbegehren und Volksentscheid.*
3   *Nennt Bereiche, in denen ihr eine direkte Beteiligung der Bevölkerung sinnvoll findet.*

1 Greenteam in Hamburg. Foto 1995.

2 Schülerdemonstration in Göttingen. Foto 1995.

Kinder verschaffen sich Gehör

Der Journalist Friedemann Bedürftig riet 1994 Kindern und Jugendlichen:

> **M1** ... Du darfst zwar noch nicht wählen, doch du hast eine Stimme wie jeder Erwachsene. Und wie ein Chor lauter singt als ein Solist, hört man dich auch besser, wenn dich andere unterstützen. Du muss also, wenn dir etwas wichtig ist, möglichst viele dafür interessieren, am besten auch Erwachsene. Du wirst sehen, dass das nicht nur mit Arbeit verbunden ist, sondern auch mit Spaß. Du lernst Leute kennen, Niederlagen einstecken, demokratische Spielregeln einzuhalten, vor vielen Leuten zu sprechen, und du lernst aus Fehlern und durch Erfolge. Was hat das alles mit Politik zu tun? Jede öffentliche Betätigung ist politisch, und die Entscheidungsfindung in Gruppen ist eine Einübung in Demokratie. Da bestimmt nicht einer, und schon gar kein Erwachsener, was gemacht wird, da wird diskutiert und abgestimmt. Erfolge wie Misserfolge verantworten alle gemeinsam ...

Kontaktadressen

Greenteam, Vorsetzen 53, 20459 Hamburg
Schüler Aktion Umwelt (SAU) Niedersachsen,
Seilwiederstraße 4–5, 30159 Hannover
Bonner Kinderparlament/Naturfreunde Bonn
Postfach 30 10 30, 53190 Bonn

Greenteams

Die Journalistin Beate Lakotta berichtete 1995 über die Greenpeace-Jugendorganisation „Greenteam":

> **M2** ... In Deutschland befassen sich rund 20 000 Jungen und Mädchen in knapp 1600 Greenpeace-Kindergruppen, den Greenteams, mit lokalen (örtlichen) und globalen (die Erde betreffenden) Umweltproblemen. Sie arbeiten nach dem Greenteam-Motto „Wenn viele kleine Leute an vielen kleinen Orten viele kleine Dinge tun, können sie das Gesicht der Welt verändern."
> Am Infotisch gegen Atombombenversuche haben die Greenkids aus Hamburg-Neugraben Unterschriften gesammelt. Nur ein aufgebrachter Rentner findet, dass es Wichtigeres gebe, als Atombombentests im Pazifik anzuprangern: „Warum macht ihr nichts gegen den Krieg in Bosnien?" raunzt er die Mädchen an. „Warum machen Sie denn nicht selber was?" fragte Julia zurück. Dem Mann fällt keine Antwort ein, also geht er lieber.

Schülerorganisationen der Parteien

SPD	Die Falken, Kaiserstraße 27, 53113 Bonn
FDP	Junge Liberale, Lennéstraße 30
	53113 Bonn
CDU	Schüler Union, Annaberger Straße 283
	53175 Bonn
Die Grünen	Bundesjugendkontaktstelle, Kasseler Straße 1a, 60486 Frankfurt

Menschenrechte

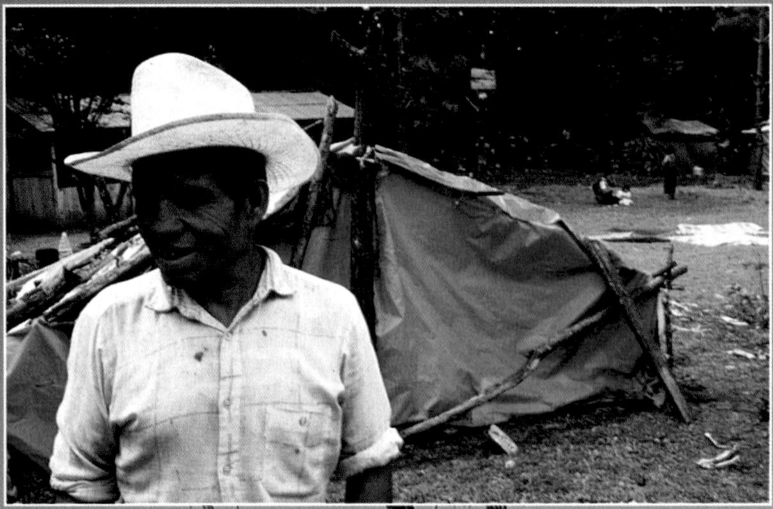

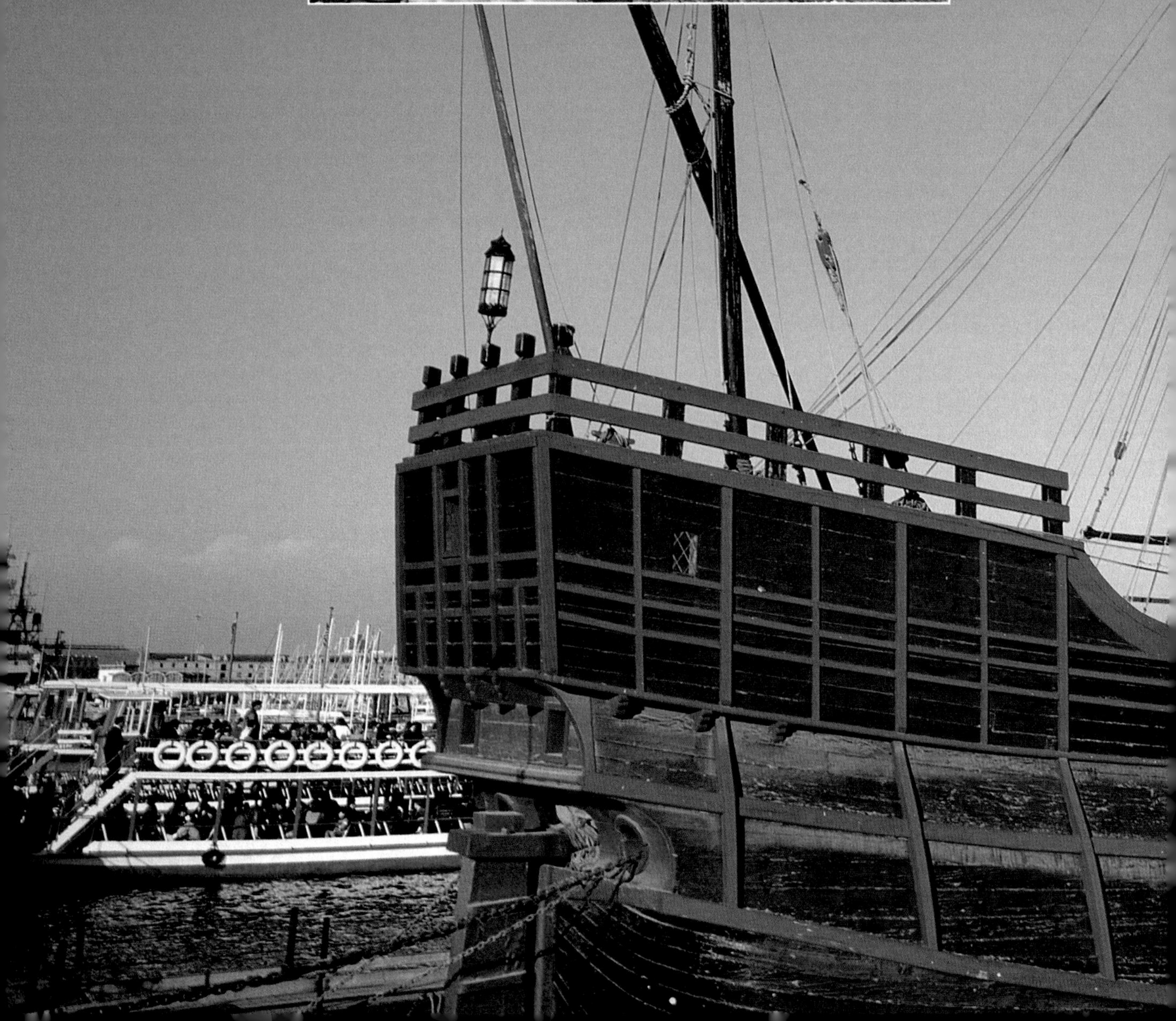

11 DIE ENTWICKLUNG DES MODERNEN WELTBILDES UND DIE EUROPÄISIERUNG DER WELT

„Ein kleiner Schritt für einen Menschen, aber ein großer Schritt für die Menschheit". Mit diesen Worten betrat am 21. Juli 1969 der erste Mensch den Mond. Fast 500 Jahre zuvor, 1492, betrat Kolumbus eine ihm unbekannte Welt, die später Amerika genannt wurde. Beide Ereignisse bedeuteten tiefe Einschnitte in der Geschichte der Menschen und sie waren nur möglich geworden durch große Veränderungen im Denken, im Handeln und in der Technik.

Die Eroberung der bis dahin unbekannten Welt durch die Europäer um 1500 veränderte das Leben der Menschen in allen Teilen der Welt mit weitreichenden Folgen bis heute.

Mithilfe dieses Kapitels könnt ihr euch diese Veränderungen und ihre Auswirkungen erarbeiten. Im ersten Abschnitt geht es um die Veränderungen in Europa. Das Schicksal der Indianer damals und heute könnt ihr mit dem zweiten und dritten Abschnitt erarbeiten.

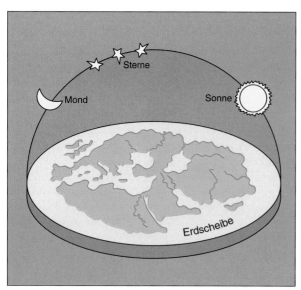

1 Bewegung des Planeten nach der mittelalterlichen Vorstellung.

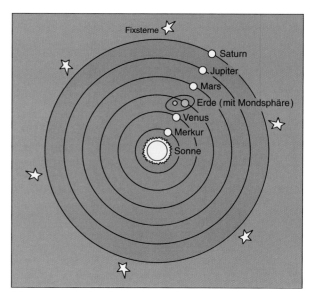

2 Bewegung des Planeten nach der Berechnung des Kopernikus.

„Es ist nur ein kleiner Schritt für einen Menschen, aber ein großer Schritt für die Menschheit." Mit diesen Worten betrat Neil Armstrong als erster Mensch am 21. Juli 1969 den Mond.

Bereits 1492 hat es einen Schritt gegeben, der mit dem von 1969 vergleichbar ist: Kolumbus betrat Amerika. Beide Ereignisse waren nur möglich auf grund tiefgreifender Veränderungen im Denken und Handeln von Menschen.

Auf den folgenden Seiten könnt ihr die Veränderung am Übergang vom Mittelalter zur Neuzeit, am besten in verschiedenen Gruppen, erarbeiten. Am Ende eurer Arbeit könnt ihr die Veränderungen auf einer Wandzeit gemeinsam darstellen.

Ein neues Denken bricht an

In Europa waren die Menschen des Mittelalters fest in den christlichen Glauben eingebunden. Zur Grundanschauung gehörte, dass alle Ereignisse dieser Welt von Gott gelenkt würden, dass die Menschen mit all ihrer Klugheit nichts dagegen ausrichten könnten, und dass die Kirche im Auftrag Gottes tätig sei.

Gegen diese Vorstellung wandten sich in der Mitte des 15. Jahrhunderts verschiedene Gelehrte. So schrieb 1451 der italienische Gelehrte Gianozzo Manetti, der schon neuzeitliche Gedanken vertrat:

Q1 Die Welt ist wohl von Gott geschaffen, aber der Mensch hat sie verwandelt und verbessert. Denn alles, was uns umgibt, ist unser eigenes Werk, das Werk der Menschen, alle Wohnstätten, alle Schlösser, alle Gebäude, ... Von uns kommt der Handel, die Wissenschaften, ... alle Erfindungen...

1 Gebt mit euren eigenen Worten den Inhalt der Quelle wieder und erläutert sie.

2 Erklärt, was sich für die Kirche verändert, wenn sich Manettis Meinung durchsetzt.

3 Überlegt, welche Konsequenzen sich für die Menschen ergaben.

Die folgenden Worte schrieb der niederländische Gelehrte Agricola an einen Freund. So wie Agricola dachten viele Menschen am Ende des 15. Jahrhunderts:

Q2 Lass dir verdächtig sein, was du bisher gelernt hast. Verurteile alles und verwirf das, für das du keine stichhaltigen Beweise findest. Auf dem Glauben beruht die Frömmigkeit, die wissenschaftliche Bildung aber sucht stets nach Beweisen.

4 Formuliert die Aufforderung des Agricola mit eigenen Worten.

5 Überlegt, worin das Neue dieser Forderung liegt.

Die Sonne als Mittelpunkt der Welt

Ein Beispiel für das gewandelte Denken der Menschen gab Nikolaus Kopernikus (1473–1543). Er war Priester in Frauenburg/Ostpreußen, hatte aber auch Medizin und Astronomie studiert: Er wollte den Lauf der Planeten erforschen und ihre Bahnen berechnen.

Jahrelang beobachtete er den Sternenhimmel. Anfangs glaubte er, wie die Kirche es lehrte, dass die Planeten und die Sonne sich um die Erde drehten. Aber die Beobachtungen sprachen dagegen. Erst als er darauf kam, dass die Erde und die Planeten sich um die Sonnne drehen könnten, passten seine Beobachtungen und Erklärungen zusammen (vgl. Abb. 2, S. 4). Diese Erklärungen widersprachen den Lehren der Kirche und den Überlieferungen. Konnten sie stimmen? Wieder beobachtete Kopernikus jahrelang den Sternenhimmel und berechnete die Planetenbahnen. Er kam zum gleichen Ergebnis. Nur wenn die Sonne im Mittelpunkt der Bewegungen stand, waren die Beobachtungen erklärbar. Die Kirche musste im Irrtum sein.

Erst 1543 veröffentlichte Kopernikus die Ergebnisse seiner Forschungen. Nach seinem Tode verbot die Kirche das Buch, weil es gegen die kirchliche Lehrmeinung verstieß. Aber die neuen Erkenntnisse setzten sich dennoch durch. Die Autorität der Kirche galt nicht mehr unangezweifelt. Dazu hatte auch die Reformation beigetragen (vgl. S. 262/263).

6 *Überlegt, warum Kopernikus so lange zögerte, seine Erklärungen zu veröffentlichen.*

7 *Nennt Gründe, warum die Kirche das Buch des Kopernikus verboten hat.*

Neuerungen in der Wissenschaft

Die Zeit um 1500 brachte nicht nur ein neues Weltbild, sondern auch Versuche, auf vielen Gebieten die Kenntnisse zu überprüfen oder neues Wissen zu erlangen. Die Ärzte hatten z.B. keine gründlichen Kenntnisse vom menschlichen Körper und den Ursachen vieler Krankheiten. Um die Unwissenheit über Krankheiten zu überwinden, führte der Arzt Giovanni Batista da Monte 1529 den klinischen Unterricht am Krankenbett in Padua/Italien ein. Seine Studenten beobachteten an den Kranken den Verlauf von Krankheiten, prüften die Wirkungen der Behandlungen und suchten nach neuen Heilungswegen. Seine Erfolge lockten Studenten aus vielen Ländern Europas nach Padua, um die neuen Methoden zu erlernen. Da die Kirche das Sezieren menschlicher Leichen verboten hatte, waren die Ärzte in der Ausbildung auf Kenntnisse angewiesen, die schon aus dem griechischen und römischen Altertum stammten und manchen Fehler enthielten.

So erregte es großes Aufsehen, als Dr. Vesalius, ein Arzt in Paris, 1531 seine Kollegen einlud. Er wollte vor ihnen die Leichen von vier Gehenkten öffnen. Der menschliche Körper galt bisher als göttliches Ebenbild; deshalb war er unantastbar. Nun wurde auch er zum Forschungsgegenstand. Viele Ärzte folgten dem Beispiel des Dr. Vesalius. Die Wissenschaft vom menschlichen Körper entstand.

8 *Prüft, ob es Ähnlichkeiten und Unterschiede im Vorgehen von Kopernikus und Vesalius gibt.*

9 *Beschreibt mithilfe der Beispiele auf dieser Seite und der Texte auf der vorigen Seite die Veränderungen im Denken der Menschen um 1500.*

3 Zeichnung aus dem Anatomiebuch des Dr. Vesalius, 1543.

1 **Druckerwerkstatt im 16. Jahrhundert.** Holzschnitt von Jost Ammann.

Gutenberg erfindet den Buchdruck

Über die Erfindung des Buchdrucks berichtete der Abt des Klosters Hirsau:

> **Q1** In dieser Zeit (1450) wurde in Mainz jene wunderbare und früher unerhörte Kunst, Bücher mittels Buchstaben zusammenzusetzen und zu drucken, durch Johannes Gutenberg, einem Mainzer Bürger, erfunden und ausgedacht. Nachdem er beinahe sein ganzes Vermögen für die Erfindung dieser Kunst aufgewendet hatte, vollbrachte er die angefangene Sache.
> Sie druckten zuerst ein Wörterbuch, indem sie die Buchstaben der Reihe nach in hölzerne Tafeln geschnitzt hatten. Allein mit diesen Tafeln konnten sie nichts anderes drucken, eben weil die Buchstaben nicht von der Tafel ablösbar und beweglich wurden. Nach diesen Erfindungen erfolgten kunstreichere. Sie erfanden die Kunst die Formen aller Buchstaben des Alphabets aus Metall zu gießen …

Die einzelnen Buchstaben konnten zu Wörtern, zu Seiten zusammengesetzt werden. Nach dem Druck wurden sie wieder auseinander genommen. Dann konnten die Buchstaben für eine neue Seite wieder „gesetzt" werden. Um 1400 hatte eine handgeschriebene Bibel mehr gekostet als ein Stadthaus. Die erste von Gutenberg gedruckte Bibel kostete nur ein Zehntel davon.

Bücherproduktion seit dem 15. Jahrhundert:	
15. Jahrhundert:	40 000 Buchtitel
16. Jahrhundert:	520 000 Buchtitel
17. Jahrhundert:	1 250 000 Buchtitel
18. Jahrhundert:	2 000 000 Buchtitel
19. Jahrhundert:	8 000 000 Buchtitel

Gutenberg hat von seinen Erfindungen keinen Gewinn gehabt. Er wurde von seinen Geldgebern übervorteilt und starb als armer Mann.

Die Druckerkunst verbreitete sich rasch in Europa. Druckereien befanden sich in Straßburg (1458), in Paris und Nürnberg (1470) usw. Um 1500 gab es allein in Augsburg 20 Druckereien, in Köln 21 und in Venedig 151. Bis 1500 gab es in 250 europäischen Städten mehr als 1 150 Druckereien.

1 *Erklärt den Vorteil beweglicher Metallbuchstaben gegenüber dem Druck mit Holztafeln.*

2 *Überlegt, wer Vorteile davon hatte, dass immer mehr Bücher gedruckt wurden.*

In der Schrift eines englischen Bischofs heißt es:

> **Q2** Ich danke Gott, wir haben keine Freischulen und keine Druckereien; und ich hoffe, es soll noch lange Zeit so bleiben, denn das Lernen hat nur Ungehorsam und Ketzerei in die Welt gebracht. Die Buchdruckerkunst aber war die Dienerin aller dieser Greuel. Gott bewahre uns vor beiden.

3 *Überlegt noch einmal, welche Wirkungen von der Erfindung des Buchdruckes ausgingen.*

Im gesamten Jahre 1991 erschienen in der Bundesrepublik Deutschland 67 890 Buchtitel mit über 150 000 000 Exemplaren. Außerdem erschienen 1992 pro Tag 26 140 000 Exemplare von Zeitungen.

4 *Überlegt, welche Bedeutung die Erfindung des Buchdrucks für die Entwicklung und Verbreitung von Wissenschaft und Technik hat.*

Ein neues Weltbild

Die Karte 1 zeigt die um 1490 verbreitete Vorstellung von der Erde. Die meisten Menschen glaubten damals, die Erde sei eine flache Scheibe, die auf dem Wasser schwimme. Die Seeleute fürchteten die Gefahren, die am Rande dieser Platte auf jeden lauerten, der sich zu sehr von der Küste entfernte. Deshalb tasteten sich die portugiesischen Entdecker an der afrikanischen Küste entlang.

Zu dieser Zeit waren an den Universitäten alte griechische Schriften bekanntgeworden. Darin hieß es, die Erde sei eine Kugel. Gelehrte diskutierten diese Behauptung.

1474 schrieb der Florentiner Gelehrte Toscanelli an den Berater des portugiesischen Königs:

Q3 Ich habe mit dir schon über einen Seeweg nach den Gewürzinseln gesprochen, der wesentlich kürzer ist, als der Weg um Afrika ... Den Beweis könnte man mithilfe eines Globus erbringen, dennoch halte ich es für einleuchtender, jenen Seeweg mithilfe einer Karte zu erläutern

5 *Prüft den Text und die Karte des Toscanelli: In welche Himmelsrichtung könnte man seiner Meinung nach fahren, um zu den Gewürzinseln zu gelangen?*

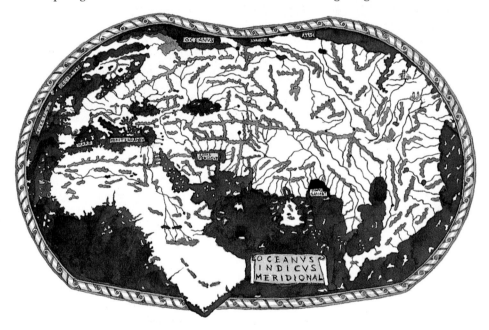

2 Zeichnung nach einer Weltkarte, die 1489 von H. Martellus Germanus gezeichnet wurde.

3 Rekonstruktion der Karte des Toscanelli.
Es bedeuten:
Lisbona = Lissabon
Cabo Verde = Kap Verde
Zippangu = Japan
Mangi = Indien
Die dunkel getönte Fläche gehört nicht zu der Karte des Toscanelli. Sie zeigt das von Kolumbus entdeckte Amerika.

1 Verkündigung. Kölner Meister um 1310.

2 Großvater und Enkel. Gemälde von Domenico Ghirlandaio, 1488.

Umwälzung in Kunst und Wissenschaft

Künstler und Wissenschaftler brachen im 15. Jahrhundert mit den Traditionen des Mittelalters. In der Malerei wird es am deutlichsten: Nicht mehr die unmittelbare Verherrlichung Gottes steht im Mittelpunkt, sondern die Darstellung von Mensch und Natur, wie sie mit den Augen zu sehen sind. Das darf man nicht so verstehen, dass die Menschen sich ganz vom christlichen Glauben abwandten, waren doch Mensch und Natur Gottes Schöpfung, bei deren Betrachtung die Menschen nun zunächst den Glauben auf ganz neue Weise vertieften. Im Menschen erkannten viele den von Gott geschaffenen Maßstab, an dem man sich orientieren wollte. Diese Denkweise bezeichnet man als Humanismus*.

Wiederentdeckung der Antike

Der italienische Schriftsteller Cyriacus von Arcona schrieb im 15. Jahrhundert:

> **Q** … in unserer Zeit sind Kunst und Wissenschaft wieder auf dem Wege, sich aus der Finsternis zu erheben. Gelehrte Männer bringen sie zu neuer Blüte, … die vor mehr als 800 Jahren verloren gegangen war. … Die Menschen unserer Tage sollten Gott danken, dass sie in dieser Zeit voller Hoffnungen und Versprechungen (leben)… Ich sehe den Tag kommen, an dem Philosophie, Wissenschaft und Kunst sich erneuern, und zwar aus der Weisheit der Griechen und Römer…

1 *Stellt fest, wie der italienische Schriftsteller seine Zeit empfand und woher die Anstöße zu den Neuerungen kamen.*

Schon seit dem 14. Jahrhundert war in Italien das Interesse an Schriften antiker Autoren erwacht. Gelehrte suchten in den Bibliotheken und Klöstern nach verschollenen Büchern des Altertums. Jeder neue Fund wurde abgeschrieben und anderen Gelehrten zugeschickt.

Als 1453 Konstantinopel von den Türken erobert wurde, flüchteten viele griechische Gelehrte nach Italien. Sie brachten große Mengen antiker Bücher mit. Das gab den Kenntnissen der antiken Wissenschaften großen Aufschwung. Diese Zeit der Wiederentdeckung der Wissenschaft und Kunst der Antike im Europa um das Jahr 1500 wird als Zeit der „Renaissance" bezeichnet. Der Begriff ist die französische Übersetzung des italienischen „rinascita", das Wiedergeburt bedeutet.

3 **Jakob Fugger mit seinem Hauptbuchhalter Matthäus Schwarz.** Gemälde 1525. Die Schilder am Schrank im Hintergrund nennen Orte, in denen die Fugger Niederlassungen hatten: Rom, Venedig, Ofen (Budapest), Craca (Krakau), Mailand, Innsbruck, Nürnberg, Antorff (Antwerpen), Lissabon.

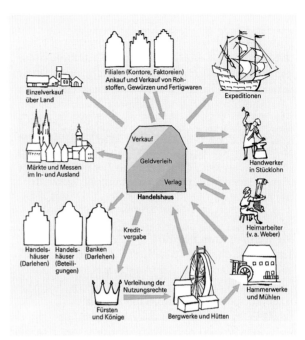

4 Aufbau einer Handelsgesellschaft um 1500.

Aus den antiken Schriften lernten die Humanisten die Methoden, den Menschen und die Erde zu erforschen. So war es nötig, selbst zu beobachten, zu sammeln, zu vergleichen, zu prüfen und eigene Schlüsse zu ziehen. Die geistige Bewegung breitete sich von Italien über ganz Europa aus.

2 *Vergleicht die Bilder dieser Seite: Wie werden die Menschen dargestellt? Wie gestalten die Künstler den Hintergrund?*

3 *Erzählt zu den Bildern je eine Geschichte.*

4 *Erklärt den Begriff*

Neue Handelshäuser

1525 ließ sich Matthäus Schwarz, Hauptbuchhalter des Jakob Fugger, mit seinem Firmenchef, am Arbeitsplatz porträtieren. Das war der Ausdruck von Selbstbewusstsein und Macht, der beiden führenden Kaufleute Europas. Schwarz verfasste eines der ersten Lehrbücher über die doppelte Buchführung. Jeder Geschäftsvorgang wird dabei auf zwei Konten verrechnet, einmal im Soll als Belastung, einmal im Haben als Gutschrift. Saldo heißt der Unterschiedsbetrag beider Konten, der zu jeder Zeit einen

Überblick darüber verschafft, ob die Firma Gewinn oder Verlust macht.

Diese neue Buchführung hatte Schwarz in Italien kennengelernt. Sie machte es möglich Geschäfte darauf zu prüfen, ob man mit ihnen einen möglichst großen Gewinn erzielen konnte. Im Mittelalter versuchte der Kaufmann ein ausreichendes Einkommen für sich und seine Familie zu erzielen. Jetzt ging es vor allem darum, den Gewinn zu steigern um damit Macht, auch politische Macht, auszuüben.

Die neuen Handelshäuser, z.B. der Fugger in Augsburg, waren moderne Firmen im heutigen Sinn: sie versuchten einen Markt allein zu beherrschen, sie beschäftigten von ihnen abhängige Kleinunternehmer und Arbeiter, sie finanzierten z.B. Bergbauunternehmen in Übersee und entwickelten das moderne Bankwesen, um das bisherige unsichere Barzahlungsgeschäft mit Metallmünzen, Gold und Silber zu ersetzen. Sie zahlten mit Schecks und Wechsel* und vergaben gegen Zinsen Kredite, auch an die Fürsten.

5 *Erläutert das Schaubild.*

6 *Erklärt die neue Form des Wirtschaftens.*

In den Jahrzehnten vor der Reformation war das Lebensgefühl der Menschen von Sorge um ihr Seelenheil geprägt. In ihrer Not erwarteten die Menschen Trost und Hilfe von der Kirche. Doch viele Priester und Bischöfe vernachlässigten zu dieser Zeit ihre Pflichten und kümmerten sich mehr um ihr eigenes Wohlergehen. So wurde der Ruf nach einer Reform der Kirche immer lauter. Mit seiner Kritik an den Missbräuchen in der Katholischen Kirche löste der Mönch Martin Luther 1517 eine der größten Veränderungen innerhalb des Christentums aus.

Die Reformation beginnt

Am 31. Oktober 1517 veröffentlichte ein junger Professor der Theologie, der Augustinermönch Martin Luther, in Wittenberg eine Schrift gegen den Missbrauch des Ablasses* durch die Kirche:

> **Q1** ... 21. Es irren die Ablassprediger, die da sagen, dass durch des Papstes Ablässe der Mensch von aller Sündenstrafe losgesprochen und erlöst werde.
>
> 27. Eine falsche Lehre predigt man, wenn man sagt: Sobald das Geld im Kasten klingt, die Seele aus dem Fegfeuer springt.
>
> 32. Wer glaubt, durch Ablassbriefe das ewige Heil erlangen zu können, wird auf ewig verdammt werden samt seinen Lehrmeistern.
>
> 36. Jeder Christ, der wahrhaft Reue empfindet, hat einen Anspruch auf vollkommenen Erlass der Schuld auch ohne Ablassbrief.
>
> 43. Man soll die Christen lehren, dass, wer den Armen gibt und dem Bedürftigen leiht, besser tut, als wer Ablassbriefe kauft...

Luther schickte seine lateinisch geschriebene Schrift an mehrere Bischöfe und bat, den Ablasshandel zu verbieten. Er erhielt aber keine Antwort.

1 *Listet Luthers Thesen mit eigenen Worten auf.*

Luthers Stellung zur Kirche

Durch Gutenbergs Erfindung des Buchdrucks wurde es möglich, dass Luthers Thesen in kurzer Zeit in ganz Deutschland verbreitet wurden. Die Bischöfe berichteten dem Papst von der Sympathie des Volkes für Luthers Lehren und dem Unmut des Volkes über die Missbräuche in der Kirche. Der Papst sandte einen Kardinal, der Luther verhören sollte. Ihm erklärte Luther 1518:

Martin Luther wurde am 10. November 1483 in Eisleben geboren. Er besuchte die Lateinschulen in Magdeburg und Eisenach und begann auf Wunsch des Vaters ein Studium der Rechtswissenschaft. Mit 22 Jahren fasste er während eines Gewitters den Entschluss, Mönch zu werden. Er trat in das Augustinerkloster ein und studierte Theologie. 1512 wurde er Professor an der

1 **Martin Luther (1483–1546).** Kupferstich von Lukas Cranach d. Ä., 1520

Universität Wittenberg. In zahlreichen Schriften entwickelte Luther eine neue Lehre des Christentums. Er übersetzte die Bibel in ein verständliches Deutsch. Luther schuf auch eine neue Ordnung für die Gottesdienste. Seine Lehren und sein Wirken führten zur Bildung der Evangelischen Kirche. 1525 heiratete Luther die ehemalige Nonne Katharina von Bora. 1546 starb Luther hochverehrt von den einen als Reformator, bekämpft und verfolgt von den anderen als Spalter der Kirche.

> **Q2** ... Zuerst bezeuge ich, Bruder Martin Luther, Augustinermönch, dass ich die heilige römische Kirche in allen meinen Reden und Taten verehre und ihr folge. Da ich weder gehört noch überwunden worden bin, protestiere ich heute: Ich bin mir nicht bewusst, etwas gesagt zu haben, was gegen die Heilige Schrift, die Kirchenväter oder die rechte Vernunft ist, sondern alles, was ich gesagt habe, erscheint mir auch heute noch als vernünftig, wahr katholisch.

2 *Gebt mit euren Worten wieder, was Luther in dem Verhör antwortete.*

Da Luther sich weigerte seine Lehre zurückzunehmen, verhängte der Papst 1521 über Luther den Bann*. Damit war Luther aus der Kirche ausgestoßen. Luthers Landesherr, der Kurfürst* Friedrich, erreichte, dass Luther von Kaiser Karl V. zum Verhör vor den Reichstag in Worms geladen wurde. Die Reise Luthers zum Reichstag wurde zum Triumphzug, überall winkten und jubelten die Menschen ihm zu.
In Worms wurde Luther in Anwesenheit des Kaisers gefragt, ob er seine Schriften widerrufe.

Luther	Die römische Kirche
– Allein der Glaube und die Gnade Gottes ist für das Seelenheil wichtig, gute Werke (Fasten, Beten, Arme unterstützen) nutzen ohne den Glauben nichts.	– Mit guten Werken (Fasten, Beten, Arme unterstützen) kann man sich den Himmel verdienen.
– Kein Christ kann gezwungen werden, etwas zu glauben, was nicht in der Bibel steht; allein das Evangelium* ist entscheidend.	– Der Papst und die Kirche bestimmen, was der richtige Glaube ist. Nur der Papst kann die Bibel richtig auslegen.
– Der Papst und die Konzilien können irren, weil sie Menschen sind.	– Der Papst und die Konzilien können nicht irren, weil sie Gottes Stellvertreter auf Erden sind.
– Es gibt keinen Unterschied von Priestern und Laien*: „Das alles kommt daher, dass wir eine Taufe, ein Evangelium und ein Glaubensbekenntnis haben … demnach werden wir allesamt durch die Taufe zu Priestern geweiht."	– Es gibt einen großen Unterschied zwischen Priestern und Laien. Nur wer durch den Papst oder den Bischof geweiht ist, darf Priester sein.
– Die Sprache im Gottesdienst soll Deutsch sein.	– Die Sprache im Gottesdienst ist Latein.

2 Die neue Lehre. Auf einem Flugblatt wurden die neue Lehre Luthers und die Meinung der römischen Kirche verglichen.

Luther bat um einen Tag Bedenkzeit und antwortete dann am 18. April 1521:

> **Q3** … Wenn Eure Majestät denn eine einfache Antwort verlangen, so werde ich sie geben: Wenn ich nicht durch die Zeugnisse der Schrift oder einen klaren Grund widerlegt werde, so bin ich durch die von mir angeführten Worte der Heiligen Schrift überzeugt. Allein dem Papst oder den Konzilien glaube ich nicht. Es steht fest, dass sie häufig geirrt und sich auch selbst widersprochen haben. Und da mein Gewissen in Gott gefangen ist, kann und will ich nichts widerrufen, weil es gefährlich und unmöglich ist, etwas gegen das Gewissen zu tun. Gott helfe mir. Amen.

3 *Erklärt, warum Luther vor dem Reichstag nicht widerruft.*
4 *Stellt fest, worauf sich Luther in seiner Antwort beruft.*
5 *Erläutert mit dem „Flugblatt" die Unterschiede der Bekenntnisse.*

Luther übersetzt die Bibel

Unmittelbar nach dem Reichstag sprach der Kaiser über Luther die Reichsacht* aus und ordnete zugleich an, seine Schriften zu vernichten (Wormser Edikt). Durch die Verhängung der Reichsacht über ihn war Luther „vogelfrei" geworden, wer ihn tötete, hatte keine Strafe zu befürchten.

Kurfürst Friedrich ließ Luther auf der Rückreise nach Wittenberg zum Schein entführen. Er wollte dadurch sein Leben vor dem Papst und dem Kaiser schützen. Von Mai 1921 bis März 1922 lebte Luther als „Junker Jörg" im Versteck auf der Wartburg bei Eisenack. Dort übersetzte Luther das Neue Testament* in eine Sprache, die jeder verstehen konnte. Luther schuf mit der Bibelübersetzung die Grundlage für eine einheitliche deutsche Schriftsprache.

Ausbreitung und Anerkennung der Reformation

In vielen Kirchen wurden die bisherigen Priester verjagt, oft kam es zu handgreiflichen Auseinandersetzungen in den Gottesdiensten. Die Bibelübersetzung und die von Luther neu gedichteten Kirchenlieder machten den neuen Glauben allgemein verständlich. Laienprediger zogen durch die Orte und predigten das Wort Gottes.

Der Glaubensstreit spaltete Deutschland und Europa. Nach langwierigen Auseinandersetzungen kam es auf dem Reichstag von Augsburg 1530 zu einem Kompromiss: Das katholische und das lutherische Bekenntnis wurden als gleichberechtigt angesehen. Allerdings mussten die Untertanen den Glauben ihres jeweiligen Landesherrn annehmen.

6 *Erkundigt euch in eurer Gemeinde über das Zusammenleben der Konfessionen heute und früher.*

1 Uhr des Peter Henlein, um 1510.

2 Globus des Martin Behaim, 1492.

Erfindungen erleichtern die Seefahrt

So wie die Gelehrten suchten die Künstler und Handwerker tiefer in die Geheimnisse der Natur einzudringen.

In einer Schilderung schrieb Johannes Cochläus 1512:

> **Q** Die Nürnberger Handwerker erfinden von Tag zu Tag immer feinere Dinge. So bringt Peter Henlein ... Werke hervor, die selbst die gelehrtesten Mathematiker in Staunen setzen. Aus wenig Eisen fertigt er Uhren an, die, wie man sie auch wendet, ohne irgendein Gewicht 40 Stunden gehen und die Stunden anzeigen, selbst wenn sie an der Brust oder im Beutel getragen werden.

Die Erfindung der Uhr, die von einer Feder angetrieben wurde, war besonders für die Seefahrt sehr nützlich. Sie ermöglichte es, dass man auf den Schiffen immer die genaue Zeit hatte. Dies war wichtig um den Standort auf See zu bestimmen.

Im Bergbau wurden mächtige Hebewerke konstruiert. Dadurch konnten die Schachtanlagen tiefer in die Erde getrieben werden. Wasserräder und Pumpen wurden bald in vielen Bergwerken genutzt.

1 *Stellt Vermutungen auf, welche Folgen von so vielen Erfindungen ausgehen könnten.*

Ganz neue Möglichkeiten für die Seefahrt eröffneten sich, als immer mehr Forscher die Ansicht vertraten, die Erde sei keine Scheibe, sondern eine Kugel. Verdeutlicht wurde diese Entdeckung mit einem Globus, den der Kaufmann Martin Behaim 1492 in Nürnberg anfertigen ließ. Eine Kugel aus Pappe wurde mit Pergamentblättern beklebt. Auf die Blätter wurden die damals bekannten Länder eingezeichnet. Wenn die Erde eine Kugel ist, dann können sich Menschen auch auf das offene Meer hinauswagen ohne befürchten zu müssen hinunterzufallen.

Wollten sie aber auf das offene Meer hinausfahren, brauchte man gute Schiffe und Messinstrumente, um wieder zurückzufinden.

Es war daher sehr wichtig, dass zu dieser Zeit gerade der Kompass so verbessert worden war, dass er auch bei rauer See verwendet werden konnte. Außerdem gab es jetzt Tabellen, die den täglichen Stand der Sterne angaben.

Wusste der Kapitän, wie hoch ein Stern über dem Horizont stand, brauchte er nur in den Tabellen nachzusehen und fand dort, auf welchem Breitengrad man sich befand.

Um die Sternenhöhe über dem Horizont zu messen benutzten die Seeleute den Jakobsstab, ein Messinstrument, das im 15. Jahrhundert verbessert wurde. Gebaut wurden jetzt auch neue seetüchtige Schiffe, Karavellen genannt. Sie hatten in der Mitte den Hauptmast mit einem großen Vierecksegel, das bei Rückenwind für eine gute Geschwindigkeit sorgte. Die kleineren Dreiecksegel am vorderen und hinteren Mast erlaubten aber auch ein Segeln fast gegen den Wind. So waren alle Voraussetzungen für weite Seefahrten geschaffen.

2 *Besorgt euch einen Kompass und lasst euch seine Funktion erklären.*

3 Modell einer Kogge, um 1350.

4 Modell einer Karacke.

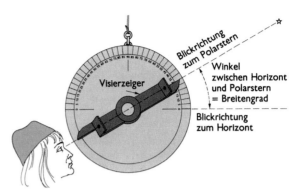

5 Astrolabium.

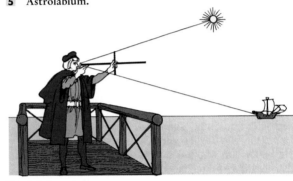

6 Jakobsstab.

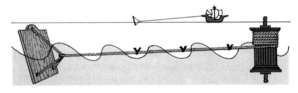

7 Log mit Knoten.

8 Sanduhr.

9 Lot: Gewicht an markierter Leine zur Messung der Tiefe.

3 *Vergleicht die beiden Schiffstypen und stellt fest, wo die wesentlichen Unterschiede liegen.*

Die Fortschritte in der Seefahrt

Im Spätmittelalter gab es in zwei Gegenden einen regen Handel zur See: Auf der Nord- und der Ostsee im nordeutschen Raum und im Mittelmeer zwischen Italien und dem Orient. Die Schiffe der italienischen Kaufleute waren langsam und nur den leichten Winden gewachsen, wie sie im Mittelmeer üblich waren. Die Schiffe der norddeutschen Seeleute konnten zwar den Stürmen besser trotzen, doch waren auch sie langsam. Für Handelsfahrten auf dem weiten Ozean waren beide nicht geeignet.

Als die Portugiesen und Spanier sich seit dem 15. Jahrhundert immer weiter auf die offene See hinaus wagten, entwickelten sie zwei neue Schiffstypen: die Karacke (etwa 30 Meter) und die Karavelle (um 20 Meter). Beide fuhren wesentlich schneller als die bisher üblichen Schiffe, da sie weniger Tiefgang und größere Segel hatten. Die gedrungene Form des Schiffskörpers machte sie dabei sehr seetüchtig.

4 *Vergleicht die Abbildungen mit dem Text Seite 264 und erklärt, wie sich die Seefahrer in der Zeit um 1500 orientierten.*

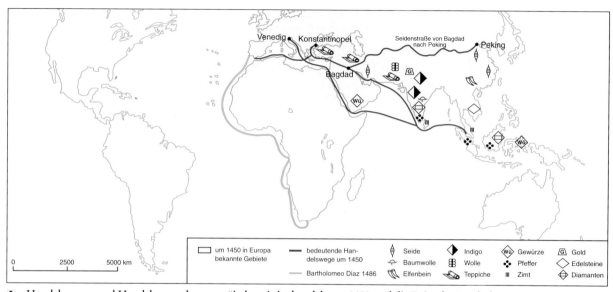

1 Handelswaren und Handelswege des europäischen Asienhandels um 1450 und die Reise des Bartholomeu Dias 1487/1488.

Auf der Suche nach neuen Wegen

1 *Sucht aus der Karte die Fernhandelsgüter heraus. Schlagt die unbekannten Wörter nach.*
2 *Verfolgt auf einer Weltkarte im Atlas die Handelswege. Überlegt dabei, welche Schwierigkeiten beim Transport zu überwinden waren.*

Um 1450 war der Handel mit Gütern aus Asien sehr wichtig. Seit Jahrhunderten führten Kaufleute aus Genua und Venedig Edelsteine, Seide, Farbstoffe und Gewürze nach Europa ein. Sie verdienten am Handel große Reichtümer. Venedig hatte 190 000 Einwohner, als im Jahre 1423 der Kaufmann Mocenego schrieb:

> **Q1** Der Jahresumsatz des Handels in Venedig betrug 10 Millionen Dukaten, welche 4 Millionen (Gewinn) abwurfen. Auf den Schiffen (Venedigs) fuhren 36 000 Seeleute. Dazu kamen noch 16 000 Schiffszimmerleute. Die ordentlichen Staatseinnahmen in diesem Jahr werden auf 1,1 Millionen Dukaten geschätzt.

3 *Vergleicht die Bevölkerungszahl Venedigs mit der Zahl der von der Schifffahrt lebenden Menschen.*
4 *Vergleicht die Gewinne aus Handel und Staatseinnahmen. Wo sammeln sich die Reichtümer?*

Die italienischen Kaufleute gründeten Handelsniederlassungen in Spanien, Portugal, England und den Niederlanden. Überall waren sie mit ihren Waren und ihrem Geld sehr willkommen. Kein König, kein Bischof wollte auf die seidenen und kostbaren Stoffe, auf Edelsteine oder Gewürze verzichten.

Die Fernkaufleute liehen auch ihr Geld an die Fürsten der verschiedenen Staaten aus, die damit die Ausstattung ihres Hofes und die Ausrüstung ihrer Heere bezahlten. Da die Fürsten immer wieder Geld liehen, wurden sie von den Kaufleuten abhängig.

Der Handel mit asiatischen Gütern wurde schwer gestört, als die Türken die östlichen Küsten des Mittelmeeres eroberten. 1453 eroberten sie auch Konstantinopel und blockierten das Schwarze Meer. Nun konnten die türkischen Herrscher die Preise bestimmen. Die Handelswaren wurden fast unbezahlbar.

5 *Bedenkt die Folgen der türkischen Handelssperre und nennt Gruppen, die sich einen ungestörten Fernhandel wünschten.*
6 *Überlegt, wie man die Sperre der Türken umgehen könnte. Prüft dazu noch einmal die Karte oben.*

Portugiesen suchen einen neuen Weg nach Indien

Schon bevor die Türken Konstantinopel eroberten, suchten portugiesische Seefahrer einen neuen Weg nach Indien. Prinz Heinrich der Seefahrer (1394–1460) hatte die Idee um Afrika herum nach Indien zu fahren. Seit 1420 schickte er Jahr für Jahr Schiffe aus, die an der Küste Afrikas immer weiter

2   Schnitt durch die Karavelle Santa Maria, das Schiff des Kolumbus. 1 Admiralskajüte, 2 Steuerruder, 3 Kompass, 4 Luke zum Schiffsladeraum, 5 Entwässerungspumpe, 6 Hebevorrichtung für Anker und Segel, 7 Waffen- und Munitionskammer, 8 geräucherte und getrocknete Fleischwaren, 9 Schiffszwieback, 10 Pökelfleisch in Fässern, 11 Vorrat, 12 Wasservorrat, 13 Schiffsladeraum, 14 Weinfässer, 15 getrocknete Hülsenfrüchte in Säcken, Zwiebeln und Knoblauch, 16 Mehlfässer, 17 Abstellkammer für Segel, 18 Laderaum für Taue, 19 Sammelraum für Kondenswasser, 20 Steine als Ballast.

nach Süden fahren sollten. Durch Erfahrung verbesserte sich das Wissen von der Erde und die Tüchtigkeit der Schiffe. Auch nach dem Tode Prinz Heinrichs wurden die Erkundungen fortgesetzt.

Ein portugiesischer Chronist, J. de Barros, schrieb 1539 über eine Fahrt des Kapitäns Bartholomeu Dias:

Q2 … (Der portugiesische König) … entschloss sich noch in jenem Jahr (1487) zwei weitere Schiffe auszusenden, um (endlich den Weg nach Indien zu finden). Zwei Schiffe von je 50 Tonnen wurden ausgerüstet … Ende August des besagten Jahres stach man in See. Befehlshaber der Entdeckungsfahrt war Bartholomeu Dias …, der bereits an Entdeckungsfahrten entlang der afrikanischen Westküste teilgenommen hatte … Vom Kongo an begann Bartholomeu Dias der Küste zu folgen … bis zum 29. Grad südlicher Breite.

Nachdem sie wieder die offene See angesteuert hatten, zwangen sie ungünstige Wetterverhältnisse dreizehn Tage lang mit gerefften Segeln zu fahren … Aber nachdem das Unwetter … sich gelegt hatte, steuerten sie ostwärts um wieder in Landnähe zu gelungen … Als sie aber nach einigen Tagen immer noch nicht auf Land gestoßen waren, gingen sie … auf einen nördlichen Kurs, der sie zu einer Bucht führte … Dort angekommen, erfüllte das Schiffsvolk große Müdigkeit und Furcht wegen der großen Meeresgebiete, die sie hinter sich gebracht hatten. Und alle … fingen an … sich zu beklagen und zu verlangen, dass die Fahrt nicht fortgesetzt werde … Es sei für eine Reise genug, so viel Küste erforscht zu haben … Alle fürchteten zu verhungern … Und so kehrte man um.

Nachdem sie dort aufgebrochen waren, bekamen sie … ein großes Kap zu Gesicht … Bartholomeu Dias … nannte es wegen der Gefahren und Unwetter, denen sie ausgesetzt waren, das „Kap der Stürme". Aber König Johannes II. gab ihm nach ihrer Rückkehr nach Portugal den … Namen „Kap der guten Hoffnung" …

Die Reise dauerte 16 Monate und 17 Tage. Neun Jahre später fuhren andere portugiesische Schiffe unter der Leitung von Vasco da Gama auf der nun bekannten Route um Afrika herum und erreichten im Jahr 1498 Indien. Die Hinreise hatte 317 Tage gedauert.

7 *Sucht auf einer Afrikakarte im Atlas die in der Quelle genannten geographischen Punkte.*

8 *Nennt die im Text aufgeführten Schwierigkeiten, die Bartholomeu Dias und seine Matrosen auf ihrer Reise hatten.*

9 *Erklärt die Raumaufteilung der Karavelle.*

Christoph Kolumbus

Kolumbus wurde 1451 in Genua geboren. In seiner Jugend war er als Seemann auf allen damals bekannten Meeren gefahren. Dabei erwarb er sich gründliche Kenntnisse der Schiffsführung. Um 1480 lebte er in Lissabon. Dort beschäftigte er sich mit Plänen für die Westfahrt nach Indien.

Ein Brief des Gelehrten Paolo Toscanelli bestärkte ihn in seinen Planungen. Toscanelli hatte ihm 1480 geschrieben:

Q1 Deinen Brief ... habe ich erhalten. Von deinem mutigen und großartigen Plan, auf dem Westweg ... zu den Ostländern zu segeln, nahm ich Kenntnis. Es freut mich, dass du mich recht verstanden hast. Der geschilderte Weg ist nicht nur möglich, sondern wahr und sicher. Unzweifelhaft ist die Reise ehrenvoll und vermag unberechenbaren Gewinn und höchsten Ruhm in der ganzen Christenheit zu bringen ... Eine derartige Reise führt zu mächtigen Königreichen ..., die alles im Überfluss besitzen, was wir benötigen, auch alle Arten von Gewürzen in reicher Fülle sowie Edelsteine in großer Menge ...

1 *Gebt den Inhalt des Briefes mit euren Worten wieder.*

Planung und Vorbereitung der Reise

Kolumbus hatte die Entfernung von den Kanarischen Inseln bis nach Japan mit 2400 Seemeilen berechnet (1 sm = 1,853km). Das war eine Entfernung, die mit den damaligen Schiffen durchaus zurückzulegen war. Kolumbus bat den portugiesischen König 1483 um Schiffe und Geld für seine Entdeckungsreise nach Westen. Der ließ zunächst die Pläne des Kolumbus von den portugiesischen Gelehrten prüfen. Die aber errechneten, nach ihrem Stand des Wissens von der Erde, eine Entfernung von mehr als 11 000 Seemeilen (und kamen damit der Wirklichkeit schon näher). So ließ der portugiesische König 1484 den Plan von Kolumbus wegen seiner Rechenfehler ablehnen.

Enttäuscht verließ Kolumbus Portugal und versuchte sein Glück in Spanien. Wieder gingen Jahre hin, in denen seine Unterlagen geprüft wurden. Die königlichen Räte lehnten auch hier ab. Die Berechnungen waren ihnen zu unsicher. Aber die spanische Königin ließ Kolumbus nicht ohne Hoffnung.

1492 endlich sagten König und Königin in der Hoffnung auf große Gewinne und auf Verbreitung des Christentums in den zu entdeckenden Ländern Kolumbus Schiffe und Geld für seine Fahrt zu. Sie schlossen mit Kolumbus einen Vertrag, dessen Hauptpunkte waren:

– Kolumbus wird zum Vizekönig, Admiral und Generalgouverneur aller entdeckten Festländer und Inseln ernannt.

– Von allen Waren, die in den Ländern erworben oder gefunden werden, kann Kolumbus den zehnten Teil für sich einnehmen, die übrigen bleiben für den König von Spanien.

2 *Führt ein Streitgespräch zwischen zwei Gruppen, die die Reise des Kolumbus befürworten bzw. ablehnen.*

3 *Beurteilt die Ablehnung der Pläne des Kolumbus durch die königlichen Räte in Portugal und Spanien.*

Schwierigkeiten unterwegs

Am 3. August 1492 verließ Kolumbus mit drei Schiffen den spanischen Hafen Palos. Schon am 6. August brach an einem Schiff das Steuerruder. Die kleine Flotte lief zur Reparatur die Kanarischen Inseln an. Erst am 6. September konnte man weiterfahren. Die Fahrt ging ständig nach Westen. Aber die Matrosen wurden unruhig. Im Tagebuch des Kolumbus heißt es:

Q2 26. Sept. 1492: Die Lage wird immer bedrohlicher.... Die Bedenken der Mannschaft: Die Vorräte würden bald zu Ende gehen, die Schiffe seien zu schwach ... und ich sollte bedenken, dass wir den schon zurückgelegten Weg ein zweites Mal – auf der Rückfahrt – zurücklegen müssten. Das Land, das wir suchten, gebe es gar nicht....

28. Sept. 1492: Das ist offene Meuterei. ... Ein Matrose forderte den königlichen Aufsichtsbeamten auf mich abzusetzen und den Befehl zur Rückkehr zu geben. ... Auf Schritt und Tritt ... folgen mir Matrosen. In ihren Augen steht der Hass und ... die Messer {sitzen} schon locker....

Aber Kolumbus konnte die Mannschaft noch einmal beruhigen. Im Wasser treibende Pflanzen und vorbeifliegende Vögel ließen Land erhoffen. Am 12. Oktober 1492 wurde endlich um 2 Uhr morgens Land gesichtet. Es war die Insel Guanahani, die zu der Bahama-Inselgruppe gehört.

4 *Begründet das Verhalten der Matrosen.*

Die Landung des Kolumbus

Die wichtigste Quelle über die große Reise des Kolumbus ist dessen Bordbuch. Er hatte darin Tag für Tag die Ereignisse vom 3. August 1492 bis zum 25. März 1493, dem Tag seiner Rückkehr nach Spanien, eingetragen. Aber das Original des Bordbuches ist verloren gegangen. Erhalten sind nur zwei Fassungen, die seinerzeit nach Kenntnis des Originals aufgeschrieben worden sind. Von Fernando, dem Sohn des Kolumbus, stammt die eine, die andere von dem späteren Bischof von Mexiko, Bartolome de Las Casas. In der Fassung des Las Casas heißt es über die Landung auf Guanahani:

Q3 ... Der Admiral ging mit dem bewaffneten Boot an Land ... (mit ihm die beiden Kapitäne). Der Admiral nahm das königliche Banner mit und die Kapitäne zwei Fahnen ... Der Admiral rief ... die an Land gegangenen zu sich ... und sagte, sie sollten bestätigen und rechtlich bezeugen, dass er vor aller Augen von der Insel Besitz ergriff, wie er es denn auch im Namen des Königs und der Königin, ..., tat. ... Er gab die dazu erforderlichen Erklärungen ab ... Schon versammelten sich um sie herum zahlreiche Bewohner der Insel ...

Über die Bewohner der Insel heißt es im Tagebuch:

Q4 ... Da ich ihre Freundschaft gewinnen wollte und bemerkte, dass es Leute waren, die sich eher durch Liebe für unseren heiligen Glauben gewinnen ließen, gab ich einigen von ihnen ein paar bunte Mützen und einige Ketten aus Glasperlen ..., an denen sie großes

Landung des Kolumbus auf der Insel Guanahani. Kolorierter Kupferstich 1594.

Vergnügen fanden ... Hiernach kamen sie zu den Booten geschwommen ... und brachten uns Papageien und Knäuel von Baumwollfäden. Wurfspieße und viele andere Dinge tauschten sie gegen Dinge ein, die wir ihnen gaben, Glasperlen und Glöckchen. Kurz, sie nahmen einfach alles und gaben bereitwillig von allem was sie besaßen. Aber mir schien es, als seien sie in jeder Hinsicht außerordentlich arme Leute. Sie gehen allesamt nackt herum ... Sie tragen keine Waffen und kennen sie auch nicht, denn ich zeigte ihnen Schwerter, und sie fassten sie an der Schneide an und schnitten sich aus Unwissenheit. Sie haben überhaupt kein Eisen ... Ich glaube, dass man sie leicht zum Christentum bekehren könnte. Ich werde bei meiner Abfahrt sechs Leute von ihnen mitnehmen, damit sie spanisch sprechen lernen ...

5 *Berichtet, wie sich Kolumbus und die Inselbewohner bei der Begegnung verhielten. Wie beurteilt Kolumbus die Inselbewohner?*
6 *Schreibt als Inselbewohner einen Bericht über den 12. Oktober.*

Weitere Entdeckungsfahrten

Bis zu seinem Tode glaubte Kolumbus einen Weg nach Indien gefunden zu haben. Die Berichte von seinen Entdeckungen wurden sofort gedruckt und in ganz Europa gelesen. In der Folgezeit wurden viele Erkundungsfahrten in die neu entdeckten Gebiete unternommen. Der Drang nach Gold und Gewürzen ließ andere europäische Staaten nicht ruhen. Sie schickten ihre Schiffe auf Erkundungsfahrt und versuchten, wie Kolumbus auf Guanahani, die entdeckten Länder in Besitz zu nehmen.

269

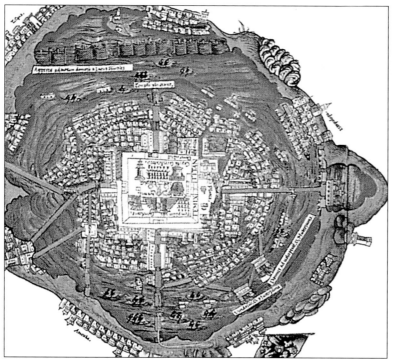

1 Plan der Stadt Tenochtitlan zur Zeit der Entdeckung. Holzschnitt von 1524.

Am Beispiel der Azteken könnt ihr die Folgen der Entdeckung durch die Europäer für die Ureinwohner erarbeiten.

Die Hauptstadt der Azteken

Es gab und gibt in Amerika sehr unterschiedliche Indianerkulturen. So lebten im Gebiet des heutigen Mexiko zur Zeit der Entdeckungen die Azteken. Über ihre Hauptstadt Tenochtitlan schrieb Hernan Cortez am 30. Oktober 1520:

Q1 Die Hauptstadt Tenochtitlan liegt in einem salzigen See. Sie hat vier Zugänge, alle über Steindämme führend, die von Menschenhand erbaut sind. Sie sind etwa zwei Lanzen breit. An einem der Dämme laufen zwei Röhren aus Mörtelwerk entlang, jede etwa zwei Schritte breit und eine Mannslänge hoch. Durch eine Röhre kommt ein Strom süßen Wassers bis in die Mitte der Stadt. Alle Menschen nehmen davon und trinken es. Die andere Röhre wird benutzt, wenn die erste gereinigt wird …

Die Stadt hat viele öffentliche Plätze, auf denen ständig Markt gehalten wird. Dann hat sie noch einen anderen Platz …, der rundum mit Säulenhallen umgeben ist, wo sich täglich mehr als 60 000 Einwohner treffen: Käufer und Verkäufer von Lebensmitteln, Kleinodien aus Gold, Silber, Blech, Messing, Knochen, Muscheln, Hummerschalen und Federn. Außerdem verkauft man Steine, Bauholz, Kalk und Ziegelsteine …

… Es gibt Apotheken …, es gibt Häuser, wo man für Geld essen und trinken kann. Es gibt Leute zum Lasttragen …

Es gibt in dieser Stadt viele sehr gute und sehr große Häuser, weil alle großen Herren des Landes … ihre Häuser in der Stadt haben, sie wohnen dort eine gewisse Zeit des Jahres. Aber auch sonst gibt es viele reiche Bürger, die gleichfalls sehr schöne Häuser besitzen. Sie alle hoben außer sehr schönen, großen Gemächern auch sehr hübsche Blumengärten …

An allen Eingängen der Stadt, wo die Kähne ausgeladen werden, also an den Stellen, durch die der größte Teil der Lebensmittel in die Stadt gelangt, sind Hütten gebaut. In ihnen halten sich Wachtposten auf, die eine Abgabe von allem erheben, was in die Stadt gebracht wird. Ich weiß aber nicht, ob diese Beträge für den Herrscher oder für die Stadt erhoben werden …

Ein anderer Schreiber jener Zeit, Peter Martyr, berichtete 1523 über Tenochtitlan:

Q2 Auf dem weiten großen Platz … steht ein gewaltiges Rathaus. Dort sitzen ständig zehn oder zwölf angesehene ältere Männer, die als Rechtskundige alle aufretenden Streitigkeiten entscheiden. Neben ihnen stehen Polizeidiener, die deren Befehle ausführen. Auch Beamte, die Rechnungen und Maße überwachen, sind zur Stelle.

1 *Erläutert das Bild mithilfe des Textes.*

2 *Überlegt euch, was nötig ist eine solche Stadt zu versorgen.*

3 *Vergleicht Tenochtitlan mit einer europäischen mittelalterlichen und einer modernen Stadt.*

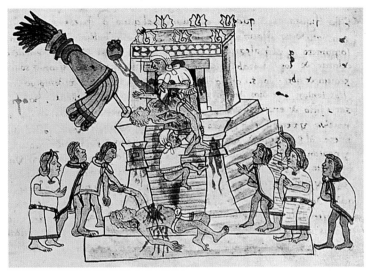

2 Menschenopfer (aus einer zeitgenössischen aztekischen Handschrift).

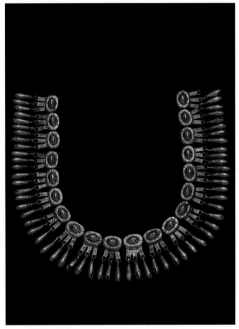

3 Ein aztekisches Schmuckstück, um 1480.

Die Religion der Azteken

Tenochtitlan war die Hauptstadt eines großen Staates. Mithilfe von Beamten und Priestern regierte der König Montezuma das Land.

Die Religion spielte im Leben dieser Menschen eine sehr große Rolle. Die Azteken glaubten an viele Götter, von denen sie meinten, dass sie auf verschiedene Weise in das Leben der Menschen eingriffen. Besonders wichtig war der Sonnengott Huizilipochtli; denn die Sonne galt als Voraussetzung für alles Leben.

Dieser Sonnengott, so glaubten die Azteken, verbrauchte für seinen Tageslauf seine ganze Energie. Deshalb brauchte er um jeden Tag wieder neu aufzustehen Nahrung – Menschenblut. Menschenopfer waren das einzige Mittel das Überleben der Menschheit zu sichern. Ohne immer neue Menschenopfer käme die Sonne zum Stillstand und die Welt müsste sterben. Durch die geopferten Menschen könnten alle Menschen die Sonne weiter genießen, weiterleben. Deshalb wurden jährlich Tausende von Menschen geopfert.

Vom Alltag bei den Azteken

Auch der Kalender wurde durch die Religion bestimmt. Das Jahr war in 18 Monate mit je 20 Tagen und fünf Schalttagen eingeteilt. Jeder Monat war einer Göttin oder einem Gott geweiht. Wie die Christen glaubten auch die Azteken an ein Leben nach dem Tode.

Wie im Europa des 16. Jahrhunderts lebten die meisten Menschen als Bauern und Bäuerinnen. Daneben gab es die Gruppen der Handwerker, Kaufleute, Krieger, Beamten und Priester.

Ähnlich wie in Europa spielten die Frauen im öffentlichen Leben eine untergeordnete Rolle. Ihre Haupttätigkeit war auf den häuslichen Rahmen eingeengt. Bis zum 15. Lebensjahr war die Familie die Welt der Kinder. Die Mütter erzogen die Mädchen und die Väter die Jungen. Von klein auf nahmen die Kinder an den Arbeiten der Eltern teil. So lernten sie alle Tätigkeiten der Erwachsenen und wuchsen in ihre Berufe hinein. Die Jugendlichen konnten auch in öffentliche Schulen gehen um sich weiterzubilden.

4 *Beschreibt, warum die Azteken Menschen opferten.*

5 *Überlegt zusammen, wie diese Handlungsweise beurteilt werden kann.*

6 *Sucht aus dem Text heraus, was den Spaniern auffiel. Was mögen sie gut, was schlecht gefunden haben?*

Tenochtitlan.

1 Begegnung zwischen dem Spanier Cortez und dem Azteken Montezuma in Tenochtitlan.
Hinter Cortez steht die indianische Dolmetscherin. Mexikanische Darstellung auf einem Teppich, 1590.

Der Zug der Spanier nach Mexiko

1519 landete der spanische Adlige Hernan Cortez mit 550 Männern, 16 Pferden und 11 Kanonen auf dem Festland Amerikas. Er wollte die sagenhaften Goldschätze, von denen er gehört hatte, erbeuten. Die Spanier zogen von der Küste aus in das Binnenland von Mexiko.

Dort herrschte seit 1503 Montezuma als König der Azteken. Die Azteken lebten in ständiger Furcht vor Göttern und Dämonen. In ihren Sagen hieß es, eines Tages würde der Gott Quetzalcoatl von Osten her ins Land kommen. Weiße Boten würden seine Ankunft melden. Das Eindringen der Spanier wurde Montezuma mit den Worten gemeldet: „Weiße Männer sind an der Küste gelandet." Montezuma erschrak. Waren das die Boten des Gottes?

Montezuma sandte den Fremden eine Gesandtschaft mit reichen Geschenken. Die Gesandten baten Cortez nicht weiter ins Land einzudringen. Der aber ließ sich durch die Bitten und Geschenke nicht aufhalten. Er marschierte mit seinen Männern nach Tenochtitlan, der Hauptstadt des Aztekenreiches.

Montezuma hatte von seinen zurückgekehrten Gesandten gehört, dass die Spanier sich ganz in Eisen kleideten und von Hirschen auf dem Rücken getragen würden. Nur ihre Gesichter seien nicht bedeckt und die Haut weiß wie Kalk. Weiß wie das Gesicht Quetzalcoatls.

Montezuma begrüßte die Fremden. Die Begrüßungsrede hat Bernal Diaz del Castillo, ein spanischer Krieger, der dabei war, aufgeschrieben:

Q1 ... O, unser Herr, mit Mühsal hast du es erreicht, ... dass du in deiner Stadt angekommen bist, dass du auf deinem Stuhl Platz nehmen kannst, den ich für dich eine Weile gehütet habe. Das haben uns die Häuptlinge überliefert, dass du kommen wirst deine Stadt aufzusuchen ... Und jetzt ist es wahr geworden. Du bist zurückgekehrt. Mit Ermüdung hast du es erreicht. Sei nun wohl angekommen! Ruhe dich aus. ...

Montezuma führte die Spanier in einen Palast und ließ ihnen wieder reiche Geschenke übergeben. Sie aber ließen sich das königliche Schatzhaus zeigen. In dem aztekischen Bericht heißt es dann:

Q2 ... Alles Gold rafften die Spanier zu einem Haufen. An die anderen Kostbarkeiten legten sie Feuer und alles verbrannte. Das Gold schmolzen sie zu Barren, von den wertvollsten grünen Edelsteinen nahmen sie nur die besten ... Das ganze Schatzhaus durchwühlten die Spanier, die drängten und fragten und griffen nach allem, was ihnen gefiel ...

1 *Überlegt, was Montezuma meinte, wenn er sagte: „Du bist in deiner Stadt angekommen".*

2 *Benennt das Ziel der Spanier.*

Der Aufstand der Azteken

Als dann noch der aztekische Tempeldienst durch die Spanier gestört wurde, als ihre Götterbilder aus den Tempeln geworfen wurden, erhoben sich die Azteken. Nach blutigen Kämpfen mussten die Spanier fliehen. Sie verloren fast die gesamte Beute. Bei den Kämpfen wurde Montezuma getötet.

3 *Beschreibt die Spanier aus der Sicht der Azteken. Beschreibt die Azteken aus der Sicht der Spanier.*
4 *Überlegt, wodurch sich die Stimmung der Azteken änderte.*

Cortez sammelte seine Leute nach der Flucht, zog Verstärkungen heran und bereitete einen neuen Angriff auf Tenochtitlan vor. Nachdem er sich mit anderen Indianerfürsten verbündet hatte, ließ er Tenochtitlan einschließen. Die Bewohner wurden ausgehungert. 93 Tage dauerte der Kampf. Die ehemals glänzende Stadt wurde völlig vernichtet. Man schätzt, dass 300 000 Azteken im Kampf starben. Über das Ende der Stadt berichtet eine aztekische Chronik:

> **Q3** … Noch einmal fingen die Spanier an zu morden. Und viele Azteken starben. Die Flucht aus der Stadt begann … Viele flohen über den See, andere auf den großen Dammstraßen. Auch da wurden viele getötet … (Die Spanier) suchten einige Männer aus. Man trennte sie von den anderen. Das wurden die stärksten und tapfersten Krieger, die männliche Herzen hatten . Aber auch Jüngere, die ihnen als Diener nützlich waren, suchten sie aus. Die Spanier zeichneten sie sofort. Mit heißen Eisen drückten sie ihnen Brandmale auf die Wangen …

2 **Aztekischer Angriff auf die in einem Palast eingeschlossenen Spanier.** (Oben links spricht Montezuma beruhigende Worte zu den Azteken.) Mexikanische Darstellung aus dem 16. Jahrhundert.

3 **Spanischer Überfall auf Indianer.** Kupferstich von Theodor de Bry, 1596.

5 *Beurteilt die Handlungsweise der beiden Gruppen.*
6 *Vergleicht die Bilder 2 und 3. Achtet besonders darauf, wie die Menschen dargestellt sind.*
7 *Versucht herauszufinden, ob und wodurch die Bilder parteiisch sind.*

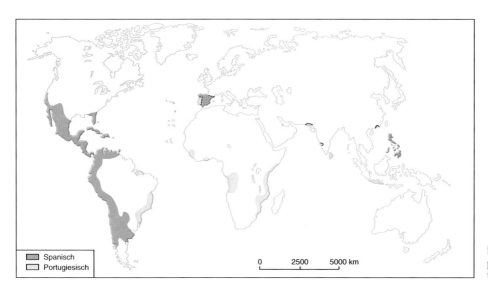

0   2500   5000 km

1 Spanische und portugiesische Kolonien um 1550.

Religion und Kolonialherrschaft

1 *Nennt nach der Karte die Gebiete, die von Spaniern und Portugiesen bis 1550 erobert worden waren.*

2 *Begründet, warum die Gebiete erobert wurden. Lest dazu auf den Seiten 269 und 272 nach.*

Die Eroberung Mexikos ist nur ein Beispiel aus der langen Reihe der Eroberungen. Die unterworfenen Gebiete wurden Kolonien genannt und unterstanden direkt dem spanischen König. Dessen Vorgänger hatten durch Jahrhunderte in Spanien Kriege geführt um das ganze Land zu christianisieren. So nahm auch der spanische König Karl I. (1516–1555) den Missionsauftrag Christi sehr ernst: „Gehet hin und lehret alle Völker und taufet sie …" (Matthäus 28, 19 und 20). Karl I. befahl daher seinen Conquistadores* alle neu gewonnenen Untertanen zum christlichen Glauben zu bekehren. So heißt es in einem Protokoll über die Besitzergreifung der Provinz Paque im Süden des heutigen Panama:

Q1 … In der Provinz Paque … am 27. des Monats Januar, im Jahre der Geburt unseres Erlösers Jesus Christus 1519, befand sich der sehr erhabene Herr Pedrarias Davila, Statthalter Ihrer Hoheit … an der Mündung eines Flusses ebenso wie die Hauptleute Andres Garairte und Franzisco Pizarro …

Besagter Herr Statthalter … sprach … auf dem Boden kniend unter dem Schall der Trompeten sehr feierlich und mit lauter Stimme: „O, Mutter Gottes, zähme das Meer und mache uns würdig unter deinem Schutz zu wandeln. Wir bitten dich, hilf uns unter deinem Schutz diese Wasser und Lande des Meeres des Südens zu entdecken und ihre Menschen zu unserem heiligen katholischen Glauben zu bekehren."

Und sofort danach sprach besagter Statthalter in Anwesenheit der … Hauptleute, … Soldaten und … Notare: „Ich, Pedrarias Davila … Statthalter, … verlange von Euch … Zeuge zu sein, wie ich … Besitz ergreife von diesem Land" …

3 *Prüft die Quelle und sucht heraus, welches Ziel für die Besitzergreifung genannt wird.*

Der spanische König schrieb an den neu ernannten Vizekönig von Neu-Spanien (Mexiko) 1535:

Q2 1. Sofort nach Ankunft in jenem Land … sollt Ihr Euch vor allem anderen unterrichten darüber, welche Beiträge für die geistlichen und kirchlichen Angelegenheiten gezahlt wurden und werden, besonders für die Errichtung der für den Gottesdienst notwendigen Kirchen und die Bekehrung und Unterweisung der indianischen Einwohner jenes Landes … Dann sollt Ihr mir Bericht darüber erstatten.

4 *Sucht die Textstellen heraus, an denen deutlich wird, dass dem König die Mission sehr viel bedeutet.*

Zwei unterschiedliche Ziele

Mit den spanischen Eroberern kamen auch Mönche und Priester. Sie führten in allen Gebieten den christlichen Glauben ein und bekämpften den Glauben der Indios* als Götzendienst.

Der Mönch Peter von Gent schrieb 1529:

> **Q3** In dieser Provinz Mexiko haben ich und ein anderer Mitbruder … mehr als zweihunderttausend Menschen getauft … Jede Provinz, Ortschaft und Pfarrei hat ihre Kirche … Meine Aufgabe und Beschäftigung ist es, … zu predigen und zu lehren. Während des Tages lehre ich Schreiben, Lesen und Singen.…

Die spanischen Beamten förderten auch die Missionierung. Sie verfolgten damit aber andere Ziele. Durch den christlichen Glauben sollten die „wilden Indios" an spanische Lebensweise gewöhnt und zu gehorsamen Untertanen erzogen werden.

5 *Beurteilt die unterschiedlichen Missionsziele aus der Sicht der Indios und der Spanier.*

Der spätere Bischof in Mexiko, Bartolome de Las Casas, erlebte, wie die Indianer wirklich behandelt wurden. Er schrieb Berichte nach Spanien, fuhr auch selbst hin um dem König zu berichten und Abhilfe zu schaffen. In einem seiner Schreiben heißt es:

> **Q4** … (Der) Erziehung, Belehrung und Bekehrung der Indianer wurde nicht mehr Aufmerksamkeit … zugewendet …, als wenn die Indianer … Katzen oder Hunde gewesen wären. Der Gouverneur übergab jedem Spanier, der den Wunsch dazu äußerte, … dem einen 50, dem anderen 100 Indianer, … darunter Kinder und Greise, schwangere Frauen und Wöchnerinnen.…
> Er ließ es geschehen, obwohl zu Unrecht, dass die Spanier die verheirateten Männer 10, 20, 30, 40 oder 80 Leguas (1 Legua = ca. 6 km) zum Goldgraben fortschleppten … und dass die Frauen … auf den Farmen zurückblieben um dort Feldarbeit zu verrichten … Sie mussten die Erde … mit Pfählen …, die im Feuer gehärtet waren, aufbrechen … So kam es, dass die Männer und Frauen kaum mehr zusammenkamen … und die Geburten fast aufhörten. Weil die Mütter vor Anstrengungen und Hunger erschöpft keine Nahrung für die Säuglinge hatten, starben z. B. auf der Insel Kuba, als ich dort war, 7000 Kinder im Lauf von drei Monaten. …

> So starben die Männer in den Goldminen, die Frauen auf den Farmen vor Erschöpfungen und die neugeborenen Kinder, weil sie keine Muttermilch bekamen …

6 *Beschreibt und besprecht anhand des Berichtes das Verhalten der Spanier gegenüber den Indios.*

7 *Schreibt ein Streitgespräch zwischen spanischen Kolonisten und einem Verteidiger der Indios.*

Indianerschutzgesetze

Die Bemühungen des Bartolome de Las Casas und anderer hatten den Erfolg, dass neue Gesetze in Spanien erlassen wurden. Sie sollten die Indios schützen. Aus den „Neuen Gesetzen" von 1542:

> **Q5** … Wir ordnen an und befehlen, dass künftig aus keinem Grunde irgendein Indianer zum Sklaven gemacht werde. Wir wollen, dass sie als unsere Untertanen behandelt werden. Wir ordnen an, dass die, die als Sklaven gehalten werden, in Freiheit zu setzen sind. Wer dem zuwiderhandelt soll scharf und ohne Ansehen der Person bestraft werden. …

Aber die „Neuen Gesetze" konnten sich in den Kolonien nicht durchsetzen. Die spanischen Siedler in Mexiko und Peru lehnten sich gegen die Gesetze auf. Es kam zu einem regelrechten Aufstand. Die Siedler wollten die eroberte Macht über die Indios nicht verlieren. Dagegen wollte der König seine indianischen Untertanen schützen. Aber die königliche Verwaltung dachte nicht daran, auf die Edelmetalllieferungen zu verzichten. In diesem Streit zwischen Las Casas und dem König einerseits und den Siedlern mit der Verwaltung andererseits siegten die Letzteren.

Die „Neuen Gesetze" scheiterten. Als Bartolome de Las Casas einsehen musste, dass auf diesem Wege den Indios nicht zu helfen war, machte er den Vorschlag schwarze Sklaven aus Afrika zu holen. Das sollte das Los der Indios erleichtern. Dieser Vorschlag führte aber nur zu neuem unermesslichen Elend.

8 *Gebt die Anordnung des Gesetzes mit eigenen Worten wieder.*

9 *Überlegt, aus welchen Gründen die „Neuen Gesetze" erlassen wurden.*

10 *Listet spanische und indianische Interessen auf, die im Widerspruch zueinander standen.*

11 *Sprecht über den Vorschlag des Bartolome de Las Casas.*

Urteile über die Indios

Der spanische König forderte 1512 von Gregorio, 1463–1512, seinem Beichtvater, ein Gutachten über die Frage, ob die Indios als freie Menschen zu betrachten seien. Darin hieß es:

Q1 Aristoteles (sagt), eine Tyrannenherrschaft sei dann gerechtfertigt, wenn sie sich auf solche erstreckt, die von Natur aus Sklaven oder Barbaren sind, das heißt, denen Urteil und Einsicht fehlen, wie es bei diesen Indianern der Fall ist, die nach allgemeiner Aussage sprechenden Tieren gleichen: Da die Indianer … ein träges Volk … ohne Veranlagung zum Guten (sind), kann man sie rechtmäßig in Dienstbarkeit versetzen …
Man verfügt über die, weil die völlige Freiheit ihnen schadet, vor allem aber, weil das beste Mittel, wodurch sie den Glauben empfangen … der Umgang und die Gemeinschaft mit Christen ist …

Francisco de Vitoria, 1483–1546, Mönch, bedeutender Rechtsgelehrter und Professor, nahm zu vielen Problemen seiner Zeit Stellung. In der Nachschrift einer 1538 in Salamanca gehaltenen Vorlesung heißt es:

Q2 Wenn die Eingeborenen also Sklaven waren, durften die Spanier auch die Herrschaft über sie beanspruchen. Dagegen wird nun aber geltend gemacht, dass sie doch (vorher) im ungestörten Besitz ihrer Güter waren … Also muss man sie auch bis zum Beweis des Gegenteils als Eigentümer betrachten und darf sie nicht aus ihrem Besitz vertreiben … Ich behaupte, dass nichts die Eingeborenen hindert, rechtmäßige Herren zu sein. Es steht nämlich fest, dass sie tatsächlich nicht der geistigen Fähigkeiten ermangeln, sondern in ihrer Weise vernünftig handeln …
Aus dem Gesagten wird klar, dass die Spanier bei ihrer ersten Fahrt in die Länder der Eingeborenen keinerlei Rechte besaßen, deren Gebiet in Besitz zu nehmen.

Eduardo Galeano, geb. 1940, Journalist, hat zu den Problemen Lateinamerikas viele Bücher veröffentlicht. In dem Buch „Die offenen Adern Lateinamerikas" schrieb er 1980:

M1 … (1957) ließ der Oberste Gerichtshof von Paraguay … allen Richtern des Landes ein Rundschreiben zugehen, in dem erklärt wurde, dass die Indianer genauso als menschliche Wesen zu betrachten seien wie alle anderen Einwohner dieses Landes. Und das Anthropologische Studienzentrum der katholischen Universität von Asuncion ermittelte wenig später durch eine Umfrage …, dass von zehn Paraguayanern acht glauben, dass „die Indios wie Tiere" seien. Im Caaguazu … und im Chacogebiet werden die Indios tatsächlich wie Tiere gejagt um später zu billigen Preisen verkauft und als Sklaven ausgebeutet zu werden.

Alvin M. Josephy, ein Historiker indianischer Herkunft, schrieb in einem Buch von 1992:

M2 … Zum Anlass des fünfhundertsten Jahrestages der Reise des Kolumbus richtet sich die allgemeine Aufmerksamkeit plötzlich auf Fragen, die in der Vergangenheit höchst selten gestellt wurden. Wie sah das Leben in den beiden Amerikas im Jahre 1492 wirklich aus? In welcher Hinsicht ähnelten die (amerikanischen) Kulturen und Zivilisationen denen, die es im 15. Jahrhundert in … Europa gab, und in welcher unterschieden sie sich? …
In der … modernen Zeit gewinnen die Informationen, die von Indianern und Nichtindianern gesammelt werden, einen neuen Wert. Es wäre denkbar, dass die Erkundung der beiden Amerikas des Jahres 1492 wichtige und wertvolle Informationen über so grundlegende Themen wie die Beziehung zu seinen Mitmenschen, zur Natur und zum Übernatürlichen an den Tag bringen wird. Es wäre denkbar, dass die Indianer, die vor 500 Jahren die beiden Kontinente bewohnten, … der Menschheit von heute, die sich bemüht, eine Welt von morgen zu schaffen, viel zu geben haben …

Diese vier grundsätzlich unterschiedlichen Aussagen über die Indios zeigen, wie verschieden die Menschen vor rund 500 Jahren gedacht haben und wie heute über sie geschrieben wird.

1 *Listet die Grundaussagen den vier Texte mit euren Worten auf.*
2 *Sucht Ähnlichkeiten und Unterschiede heraus.*
3 *Beschreibt die Positionen der Autoren. Vertreten sie bestimmte Interessen?*
4 *Versucht ein Urteil über die Indio-Politik der Spanier aus damaliger und aus heutiger Sicht. Begründet euer Urteil.*

Wie man mit Quellen arbeitet

Alles Wissen über die Vergangenheit ist an Zeugnisse aus früheren Zeiten gebunden. Diese Zeugnisse nennt man Quellen, weil aus ihnen die Kenntnis über frühere Ereignisse, über die Lebensweise, das Denken und Handeln der Menschen fließt. Aber die Quellen müssen gründlich untersucht werden, damit wir erkennen können, was sie aussagen. An jede müssen deshalb bestimmte Fragen gestellt werden. Die hier aufgeführten Fragen helfen zu einer ersten Bearbeitung. Je nach Interesse können noch viele andere Fragen gestellt werden.

Frage 1: Welche Wörter, Namen oder Begriffe sind unbekannt?
Wo kann ich nachschlagen?

Frage 2: Lässt sich die Art der Quelle beschreiben? Ist es z. B. ein Bericht, ein Vertrag, eine Urkunde, ein Brief?

Frage 3: Wer ist die Autorin oder der Autor? Wann hat er oder sie gelebt?
Konnte er oder sie das, worüber berichtet wird, aus eigener Anschauung kennen?

Frage 4: An wen ist das Schreiben gerichtet?

Frage 5: Wovon handelt die Quelle?
Was wird ausgesagt?
Wie lässt sie sich gliedern?

Frage 6: Wie schreibt die Autorin/der Autor?
Hat er oder sie eine besondere Art zu schreiben?

Frage 7: Verfolgt die Autorin oder der Autor eine Absicht?
Welche Wertungen sind zu erkennen?
Ergreift der Autor/die Autorin Partei?

Frage 8: Was schreibt die Autorin oder der Autor nicht ?

Wir stellen einige dieser Fragen an Q2, der Vorseite:

Zu Frage 1: Unbekannte Wörter, Namen oder Begriffe könnt ihr in Lexika nachschlagen.
In einem großen Lexikon, der Encyclopädia Britannica, steht zu Francisco de Vitoria (1483–1546) unter anderem:

M … Vitoria bezweifelte das Recht der Spanier zu Eroberungen in der Neuen Welt. Als Mönch lehnte er es ab, dass ein Krieg gegen Heiden geführt werde, nur weil sie die Bekehrung ablehnten, denn der Glaube wäre ein Akt des eigenen Willens und dürfe nicht erzwungen werden. …
Der Papst habe kein Recht, europäischen Herrschern die Gewalt über eingeborene Völker zu verleihen … Die Indios hatten das Recht auf ihren eigenen Besitz und ihre eigene Regierung; sie handelten nicht unvernünftig. Man könne auch nicht von Besitzergreifung des Landes sprechen, als wenn es vorher unbewohnt gewesen wäre. … Wenn ein christlicher König sich anmaßt, über eine Kolonie zu herrschen, sei es seine Pflicht, den (Menschen dort) gleiche Rechte zu geben, wie sie seinen Untertanen im Mutterland zustehen … .

Zu Frage 2: Wie ihr aus der Einleitung ersehen könnt, ist die Quelle ein Ausschnitt aus der Nachschrift einer Vorlesung von 1538. Es ist also nicht sicher, dass sie jedes Wort genau wiedergibt. Der Sinn ist aber wahrscheinlich richtig erfasst.

Zu Frage 3: Aus der Einleitung geht hervor, dass der Autor Mönch, Rechtsgelehrter und Professor war. Er lebte zwar zur Zeit der Ereignisse, mit denen er sich beschäftigt, hielt seine Vorlesung aber in Spanien, so dass er von den Ereignissen wahrscheinlich aus Berichten anderer erfahren hatte. Auf eigene Kenntnis beruft er sich jedenfalls nicht.

Zu Frage 4: Die Vorlesung richtete sich in erster Linie an die Studenten von 1538.

Zu Frage 5: Der Autor untersucht das Recht der Spanier auf Besitznahme und Herrschaft in den entdeckten Ländern. Er stellt fest, dass die Eingeborenen keine Sklaven waren, sondern rechtmäßige Besitzer von Grund und Boden. Außerdem handeln sie vernünftig und sind im Vollbesitz ihrer geistigen Kräfte. Der Autor folgert daraus, dass die Spanier bei der ersten Reise des Kolumbus kein Recht hatten, diese Gebiete in Besitz zu nehmen. Sie handelten nach seiner Meinung deshalb unrecht.

Zu Frage 7: Die Absicht des Autors ist eindeutig. Er wertet das Handeln der Spanier den Indios gegenüber als unrechtmäßig und ergreift Partei für die Indios. Er will die Argumente widerlegen, die zu dieser Zeit für eine Unterwerfung der Indios geltend gemacht wurden (vgl. z. B. Q1, der Vorseite)

Zu Frage 8: Aus dem Quellenabschnitt ist nicht zu ersehen, wie die darin enthaltene Anklage aufgenommen wurde.

1 *Wendet das Schema der Fragen auf die Erarbeitung weiterer Quellen in diesem Buch an.*

1 Indianische Kämpferinnen vor dem Rathaus in San Christobal. Foto 1994.

Am 1. Januar 1994 besetzten bewaffnete Indianer verschiedener Stämme, alle Nachkommen der Mayas, vier Städte in der Provinz Chiapas*, der südlichsten Provinz Mexikos. In Ocosingo, Altamirano, Santa Margarita und in San Christobal de Las Casas stürmten sie Gemeindeverwaltungen und Geschäfte. Sie lieferten sich mit mexikanischen Regierungssoldaten erbitterte Kämpfe, bevor sie sich wieder in die Berge zurückzogen. In San Christobal verbrannten die Indios* die Grundbücher, in denen die Besitzverteilung zwischen Indianern und Großgrundbesitzern festgeschrieben war. Auch Jahre später ist der Konflikt um die gerechte Behandlung der Indianer und die gerechte Verteilung des Bodens in der mexikanischen Provinz Chiapas noch nicht beigelegt. Im Dezember 1997 wurden 45 Indianer im Hochland von Chiapas ermordet, obwohl es zwischem dem mexikanischen Militär und den aufständischen Indianern ein Friedensabkommen gibt.
Am Beispiel der Indianer in Chiapas könnt ihr untersuchen, wie aktuell auch heute noch die Forderung nach Gerechtigkeit und gleichen Rechten für viele Menschen in zahlreichen Staaten der Erde ist.

20000 Indios fordern Gerechtigkeit
Gegenüber einem deutschen Journalisten beschrieb ein Sprecher der Indianer ihre Lage im Frühjahr 1994:

M1 ... Wir sind die Nachkommen von Pancho Villa* und Emiliano Zapata*, die nichts haben, absolut nichts, kein Haus, kein Land, keine Arbeit, keine Gesundheit, keine ausreichende Ernährung, weder Bildung noch das Recht, frei und demokratisch unsere Repräsentanten zu wählen ...

Über ihre Lebensumstände sagte er weiter:

M2 ... Chiapas ist nicht wie Mexiko. In Mexiko gab es Anfang des Jahrhunderts eine Revolution, eine Landreform, Fortschritt und auch Reichtum in den Städten. Hier leben wir in Armut und viele von uns buchstäblich in der Sklaverei der Großgrundbesitzer ... Viel haben sie uns versprochen, nichts gehalten. Wir zahlen seit fünf Jahren Steuern für Trinkwasser, Strom und Straßen. Nichts davon haben wir gesehen ...
Die Farmer und Viehzüchter von Chiapas haben uns nie das Land gegeben, das uns laut Gesetz zusteht ... Sie verpachten Parzellen* von ihrem schlechtesten Land und verlangen dafür zehn bis fünfzehn Scheffel* Tribut. Das ist ungefähr die Hälfte von dem, was so ein Stück Land überhaupt hergibt. Damit wir uns die nötigsten Dinge, wie Salz, Macheten* oder Kleider leisten können, müssen wir uns als Tagelöhner auf den Fincas* verdingen. Dafür bezahlen sie uns fünftausend Pesos (ca. 3 DM) am Tag ...

Nach dem Überraschungserfolg der Indianer versuchte die mexikanische Armee, die Indianer mit Panzern und Flugzeugen aus den besetzten Städten zu vertreiben. Nach 14 Tagen erfolglosen Kampfes bat die Armee den Bischof von San Christobal de Las Casas um Vermittlung. Der Kampf zwischen den Indianern und der Armee forderte 1994 über 400 Tote. In langwierigen Gesprächen wurde ein Friedensabkommen in der Kathedrale von San Christobal de Las Casas zwischen den Indianern und den Vertretern der mexikanischen Regierung ausgehandelt.
Der vereinbarte Waffenstillstand zwischen der Armee und den Indianern wurde nicht immer eingehalten. Chiapas wurde von der mexikanischen Armee besetzt. Im Dezember 1997 kam es zu einem größeren Massaker. Im Frühjahr 1998 waren die Vereinbarungen immer noch nicht von der mexikanischen Regierung in gesetzliche Bestimmungen umgesetzt worden.

1 *Bescheibt mithilfe von M1, M2 und dem Text die Situation der Indianer in Chiapas.*

Ungleiche Verteilung des Bodens

In einer großen deutschen Tageszeitung berichtete ein Journalist am 16. Dezember 1994 nach einer Reise durch Chiapas:

M3 … seit dem Aufstand … im vergangenen Jahr haben die Landnahmen durch die indianischen Campesinos* zugenommen … Einige Grundbesitzer, denen die Regierung kaum verstärkten Polizeischutz geben will, haben bewaffnete private Schutztruppen gebildet, die sich „weiße Garden" nennen. Sie vertreiben die Indios wieder von den besetzten Feldern und Äckern; dabei hat es schon Tote und Verletzte gegeben. Kaum jemand bestreitet, dass die meisten Ländereien und Kaffeeplantagen in der Vergangenheit auf unrechte Weise zusammen gebracht wurden: durch Ausnutzung der Unwissenheit bei den Indios, Bestechung von Gemeindeältesten (das Land gehörte den indianischen Gemeinden) oder durch Urkundenfälschung mithilfe korrupter* Justizbeamter …

Chiapas – reich an Bodenschätzen

Ein anderer deutscher Journalist beschrieb die Situation der Provinz Chiapas im April 1994 so:

M4 … Eigentlich keine arme Gegend. Ein Viertel der mexikanischen Ölvorkommen sind hier zu finden, fast die Hälfte aller Erdgasquellen. Chiapas erzeugt fünfzig Prozent der elektrischen Energie für Mexiko, doch gut ein Drittel der Wohnstätten haben keinen Stromanschluss, über die Hälfte keine Kanalisation oder kein Trinkwasser.. 19 Prozent der arbeitenden Bevölkerung bekommen keinen Lohn für ihre Tätigkeit, 40 Prozent bekommen weniger als den gesetzlichen Mindestlohn … ein Drittel der Bevölkerung; leidet deswegen an schwerer Unterernährung … Die Großgrundbesitzer und ihre bewaffneten Kleinarmeen, die Guardias Blancas, sind es, die den Indianern besonders zusetzen …

Die „Neue Zürcher Zeitung" schrieb im Februar 1998:

M5 … Die Zapatisten* wurden zu Vorkämpfern für die Rechte der mexikanischen Indianer, die je nach Definition landesweit zwischen 10 und 20 Prozent der Bevölkerung ausmachen – im Süden des Landes gar über 30 Prozent – und bezüglich Einkommen, Bildung und Gesundheitsversorgung

2 Subcommandante Marcos, der Führer der Aufständischen Maya-Indianer in der mexikanischen Provinz Chiapas. Foto 1994.

wesentlich schlechter gestellt sind als der nationale Durchschnitt.

Der EZLN (Zapatistisches Befreiungsheer) verlangt nicht Almosen von der Regierung, sondern kämpft für ein verfassungsmässiges Recht auf Autonomie*, damit die Indianer ihre lokalen Angelegenheiten entsprechend ihren Traditionen regeln können. Dies würde etwa heissen, dass sie ihre Gemeindebehörden in offenen Dorfversammlungen statt an der Urne wählen können, dass bei weniger schweren Delikten die traditionelle indianische Rechtsprechung angewendet würde und dass die indianischen Gemeinden Kontrolle über die Nutzung von Grund and Boden und insbesondere der Bodenschätze erhalten würden. Die Regierung hat zwar im Februar 1996 in San Andres ein dahingehendes Abkommen mit dem EZLN unterzeichnet, aber bisher nicht in die Verfassung integriert…

2 *Stellt aus M3 und M4 in einer Übersicht wichtige Ursachen des Aufstandes der Indianer gegen die Regierung Mexikos zusammen.*

3 *Schreibt aus M5 die Ziele der Indianer in Provinz Chiapas heraus.*

4 *Orientiert euch mithilfe der Karte auf S. 280 über die Provinz Chiapas.*

5 *Informiert euch in einem Atlas und in einem Lexikon über Mexiko und verfolgt in den Medien Berichte über Mexiko oder die Provinz Chiapas. Fertigt dazu eine Wandzeitung an.*

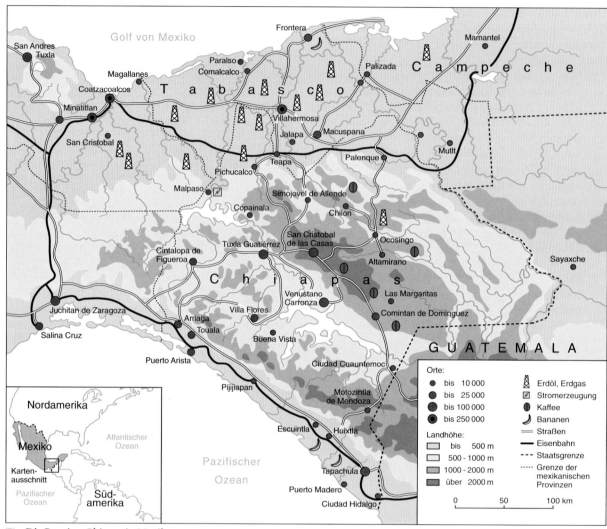

1 Die Provinz Chiapas in Mexiko.

Provinz Chiapas

Von den 3,2 Millionen Einwohnern der Provinz Chiapas sprechen 716 000 (22,3 %) eine indianische Sprache. Ein Drittel der Indianer versteht kein Spanisch. Diese Indianer leben in extremer Armut. Viele Häuser in Chiapas haben einen Erdfußboden.

Chiapas ist der ärmste Bundesstaat Mexikos. 60 Prozent der Bevölkerung sind in der Landwirtschaft beschäftigt, nur 10 Prozent im industriellen Bereich.

30 Prozent der Einwohner Chiapas können nicht lesen und schreiben, 30 Prozent der Kinder zwischen sechs und 14 Jahren besuchen keine Schule.

Auf 1500 Einwohner kommt ein Arzt.

Mexiko in Zahlen:	
Fläche:	1 958 000 km^2
Einwohner (Stand 1996):	95,5 Mio.
davon:	
Mestizen	75 %
Weiße	10 %
Indianer	10 %
Städte (Einw. in Mio., Stand 1995):	
Mexiko-Stadt	19,0
Guadalajara	3,25
Religion (römisch-katholisch):	90 %

2   Landloser Campesino, der ein Stück Land besetzt hat. Foto 1994.

3   Samuel Ruiz, Bischof von San Christobal und Anwalt der Indianer Mexikos. Foto 1994.

Die Menschenwürde ist unteilbar

Im April 1994 gab der Bischof von San Christobal de Las Casas, Samuel Ruiz, einer Journalistin einer deutschen Zeitung ein Interview. Der 70-jährige Bischof streitet seit 35 Jahren für die Indianer und tritt für ihre Rechte gegenüber dem mexikanischen Staat ein:

M … Wenn wir von Gerechtigkeit für die Indianer sprechen, bezieht sich das nicht nur auf diese Ecke von Mexiko … die Forderung nach sauberen und glaubwürdigen Wahlen betrifft nicht nur Chiapas, sondern das ganze Land …

Natürlich ist es ein Frieden, der nicht nur aus der Abwesenheit von Krieg entsteht. Er setzt voraus, dass Gerechtigkeit geschaffen wird. Mehr noch als die Forderungen nach mehr Schulen, mehr Krankenhäusern, mehr Land verlangen sie ja ein Mehr an Würde, mehr Respekt. Gefordert wird eine juristische* Basis für eine veränderte Beziehung zwischen den Völkern und dem Staat. Aber natürlich bedeutet eine Veränderung des Gesetzes nicht automatisch eine Veränderung des Herzens. Und das ist ein langer und schwieriger Prozess für unsere Stadt und für diesen Teil des Landes, der bis jetzt an eine ungleiche Beziehung gewöhnt war.

Frage: Ist es nach 500 Jahren ungleicher Beziehung denn noch möglich, diese so verschiedenen Welten miteinander zu versöhnen?

Antwort: Die selbe Frage kann man zur Beziehung zwischen Erster und Dritter Welt stellen. Hältst du es denn nicht für möglich, dass die Erste Welt* die Dritte Welt* einmal als gleichwertig in der Beziehung ansehen wird? Ich denke schon. Die Würde ist schließlich kein Privileg*, das erst von dem anderen akzeptiert werden muss, sondern sie existiert einfach. Es ist das Fundament: Du, die du deutsch sprichst, bist genau so ein Mensch wie ich, der ich spanisch spreche oder ein Indianer, der nicht spanisch, sondern seine eigene Sprache spricht. Es ist dieselbe Menschenwürde. Wir alle müssen das lernen, denn in gewisser Hinsicht sind wir alle noch Rassisten*…

1   Beschreibt die Abbildung 1.

2   Lest das Interview (M) genau durch und schreibt in Stichworten absatzweise die Hauptaussagen auf

3   Überlegt, ob die Aussage des Bischofs über die Würde der Menschen auch auf das Verhältnis von Ausländern, Asyl Suchenden und Deutschen bei uns zutreffen kann.

Göttinger Schüler beim Schuheputzen. Eine Aktion für Lateinamerika.

Die „Dritte Welt" beginnt bei uns

„Spenden allein reicht nicht!" – aufgrund dieser Überzeugung engagieren sich vielerorts Schülerinnen und Schüler für die Menschen in den Entwicklungsländern.

Eine Schülerin der „Dritte-Welt-AG" an der Gesamtschule Wulfen, die eine Patenschaft für Kinder in Chile übernommen hatte, schrieb über die Gründe:

> **M** Manchmal, wenn ich für die Schule lernen muss, überlege ich, wofür ich das alles brauchen werde. Dann denke ich an die Millionen von Kindern, die keine Schule besuchen, … Vielleicht sollten wir uns einmal in so eine Lage versetzen um zu verstehen, wie nötig hier unsere Hilfe ist.
>
> … Mich macht es sehr traurig, wenn ich Leute sagen höre, was sie das anginge. Wir sind für das Elend in der Dritten Welt mitverantwortlich. Darum müssen wir etwas ändern. … Spenden allein genügen nicht … Wir haben das Ziel, als Multiplikatoren* nach außen zu wirken und nicht blind oder abgestumpft für die Not der Dritten Welt zu werden. … Man braucht Mut zum Weitermachen…

1 *Diskutiert über die Ansichten der Schülerin.*
2 *Überlegt, ob ihr in eurer Klasse ähnliche Aktionen für die „Dritte Welt" machen wollt.*

Göttinger Schüler unterstützen Peru

Eine Schule in Göttingen unterstützt schon länger elternlose Kinder in Peru, die ihren Lebensunterhalt durch Arbeit mühsam selbst bestreiten müssen.

Die Göttinger Schülerinnen und Schüler haben sich in einer Projektwoche über das Leben der Kinder informiert und dabei gleichzeitig Geld gesammelt. Es fanden Arbeitsgruppen wie Peruanisches Kochen, Weben in Peru, Postkarten herstellen und Schuheputzen statt.

Die hergestellten Produkte wurden an einem „Tag der offenen Tür" in der Schule verkauft. Die Schuhputz AG zog auf den Göttinger Marktplatz und putzte dort ähnlich wie die peruanischen Kinder die Schuhe von Passanten und Passantinnen. Das eingenommene Geld wurde dann nach Peru überwiesen. Wenn ihr eine solche Aktion machen wollt, könnt ihr euch Informationen z.B. bei „terres des hommes" Ruppenkampstr. 11a, 49084 Osnabrück einholen oder bei „Dritte Welt"-Gruppen in eurer Stadt oder der nächstgrößeren Stadt.

Um 1500 konnten nur wenige Menschen lesen. Durch Bilder in den Kirchenfenstern und auf den Flugschriften erfuhren die Menschen wichtige Botschaften. Heute werden wir oft von der Bilderflut im Fernsehen und den Zeitschriften überwältigt. Um so wichtiger ist es aus ihnen die Botschaften zu entschlüsseln.

1 *Versucht mit den Bildern dieser Seite einen zusammenfassenden Bericht über die Veränderungen um 1500 und die Folgen der Europäisierung der Welt bis heute zu schreiben.*

„Ganz einfach: Rosa bedeutet Mädchen, und Blau gilt für Jungen!"
Habt ihr euch schon einmal Fotos aus eurer Kindheit angeschaut, ob ihr damals in diesem Sinne typisch erzogen worden seid? Und heute? Gebt ihr euch an eurer Kleidung, an eurem Benehmen und Verhalten gleich als „typisch Mädchen" oder „typisch Jungen" zu erkennen?
Das Kapitel will euch hellhörig machen für Erwartungen, die an euch als Mädchen oder als Junge ge-

stellt werden. Ihr könnt dann prüfen, ob ihr diese Erwartungen der anderen auch wirklich annehmen könnt und wollt.
Untersucht, wie in Familie, Schule, Beruf, Politik und jeden Tag in vielen Situationen diese Vorstellungen von der Rolle als Mädchen/Frau und Junge/Mann wichtig oder gar entscheidend sind.
Deshalb prüft schließlich aufmerksam, welche Wünsche ihr selbst an die Andere oder den Anderen stellt.

„Die braucht nur zu heulen, dann bekommt sie recht."

„Hausarbeit ist Frauensache!"

„Du bist wie ein Junge!"

„Zieh dich anständig an!"

„Du brauchst keine Ausbildung, du heiratest ja sowieso."

„Du wirst nie eine richtige Frau!"

„Lass das die Jungen machen! Die verstehen mehr von Technik."

„Früher warst du viel hilfsbereiter."

„Dazu bist du viel zu schwach."

„Werde bloß keine Emanze!"

„Zuviel Selbstbewusstsein schreckt die Jungen eher ab!"

„Frauen müssen auf ihre Figur achten."

1 Typisch weiblich?

Rollen

Im Leben nehmen wir häufig ganz unterschiedliche Rollen an, z.B. in der Schule, bei den Eltern, im Jugendzentrum, im Freundeskreis, bei Verwandten. Die Vorstellungen über „typisch weibliches" und „typisch männliches" Verhalten sind heute nicht mehr so festgeschrieben und eindeutig wie früher. Dennoch wird uns immer wieder vorgeschrieben, wie wir uns als Junge/Mann und Mädchen/Frau verhalten sollen.

Bestimmte Rollenerwartungen, Ratschläge und Ansprüche wollen wir vielleicht erfüllen, andere empfinden wir aber als Vorurteile, nervig, einschränkend und ungerecht.

1 *Bearbeitet folgende Aufgaben schriftlich für Mädchen und Jungen getrennt:*
Lest euch die Aussagen zu den beiden Bildern durch. Schreibt in Gruppen zu 4–6 Personen auf ein großes Blatt Papier die Aussagen, die euch schon einmal als Mädchen bzw. Junge gesagt wurden. Ihr könnt sie verändern und ergänzen.

2 *Nennt Beispiele, die ihr als berechtigte und hilfreiche Aussagen einordnen würdet.*

3 *Begründet, welche Aussagen eher unnötige Vorschriften sind, die ihr ungerecht, einschränkend, bevormundend oder abwertend empfindet.*

4 *Beschreibt die Körperhaltungen der beiden Personen. Welchen Eindruck machen sie? Wie würdet ihr reagieren, wenn euch so etwas gesagt würde?*

5 *Untersucht, welche Ratschläge, Ansprüche, Verbote und Erwartungshaltungen an euch gestellt werden, weil ihr ein Mädchen bzw. Junge seid. Welche gelten für Jungen und Mädchen gleichermaßen?*

6 *Kennzeichnet die Aussagen auf eurem Blatt mit den Symbolen ♀ (Mädchen) und/oder ♂ Jungen).*

2 Typisch männlich?

7 Vergleicht in der Gesamtgruppe eure Ergebnisse. Stellt euch vor, euch würden als Mädchen die „Ratschläge" der Jungen gesagt werden und als Jungen die der Mädchen. Wie würdet ihr dann reagieren?

8 Überlegt, welche Gründe Erwachsene gegenüber Mädchen und Jungen bzw. Jugendlichen für ihre „gut gemeinten Ratschläge" angeben und bezieht Stellung dazu.

Ich bin ich!
Bildet Kleingruppen zu 4–6 Personen. Jede Person schreibt auf ein Blatt ihren Namen in Großbuchstaben. Ergänzt kreuzworträtselartig die Buchstaben mit euren Interessen, Eigenschaften, Fähigkeiten, Wünschen usw. (s. Beispiel). Bildet in der Kleingruppe einen Sitzkreis. Eine Person beginnt und liest ihren Namen mit den Ergänzungen vor, die sie der Gruppe mitteilen möchte. Sie kann zu den einzelnen Stichworten Weiteres erzählen und die anderen können genauer nachfragen.

Beispiel

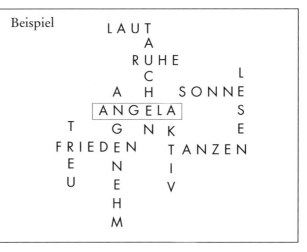

FsF122 Wenn Du nachdenklich, romantisch, künstlerisch interessiert u. solo bist, kann es sein, daß wir uns prima verstehen und vielleicht verlieben. Mann, 45/179, schlank, mit Bart (Typ 68er), sucht Frau, die zu Gefühlen und zu einer ehrlichen, schönen Beziehung fähig ist, und auch Abstand zulassen kann. Ich freue mich auf Deinen Brief mit Telf. Chiffre 1193166

FsF227 Frau (33/160/55 kg), zickig, anlehnungsbedürfig + interessant, sucht gutaussehenden - richtigen - Mann... Chiffre 1193272

FsF127 Die Frau zum Leben, Streiten und Lieben, deren Intelligenz mich beeindruckt, deren Wärme mir wohltut, deren Selbstbewußtsein mich herausfordert, deren erotische Ausstrahlung mich reizt, diese Frau suche ich, 31, groß, noch immer. Chiffre 1193171

Bin traurig, so allein... Suche: Starke Schulter, Vertrauen, Liebe! Brauche: Verständnis; jemanden, der fähig ist, unvoreingenommen, treu, HÖREN kann! 32jährige "Hexe" mit grünen Augen wartet auf Brief mit Bild + Porto = Antwortgarantie. Chiffre 1093337

FsF335 WIR FRAUEN WISSEN SCHON, WAS WIR WOLLEN!!! Gesucht werden zwei knuffige Typen ab Mitte der Sixties, die Treue, Zärtlichkeit, Spontanität und einen starken Arm bieten, aufgeschlossen und immer gut drauf sind. Wir bieten: zwei sportliche Traumfrauen, beide 22, 1.70 m und 1.83 m, braun und rot-gelockt und unternehmungslustig. Wo sind UNSERE TRAUMMÄNNER??? Foto = Antwortgarantie. Chiffre 993389

Den Frosch überspringen wir mal! Du Prinz bist mindestens humorvoll, ehrgeizig und erfolgreich, sowohl psychisch als auch physisch attraktiv, sportlich, spontan, hast Niveau und Manieren (ohne steif zu wirken). Vor allem hast Du Sinn für (Selbst-)Ironie und gute Fotos, die Du an mich, 27 J., 175/58 (humorvoll, ehrgeizig und erfolgreich, sowohl psychisch als auch physisch attraktiv, sportlich, spontan, mit Niveau und Manieren) schickst. Chiffre 1093338

FsF234 Zur Zeit im Angebot! Ich, temperamentvoll, geradeaus u. sensibel, aus zweiter Hand (mit Anh., 10 u. 12 J.). Ich mag das Leben in Bewegung - möchte tanzen lernen. Langhaarig u. schlank. Unsportlich! Suche einen Mann mit starken Schultern u. großem Herz. Offen soll er sein und sinnlich. Ich habe noch Träume! Du auch? Dann melde Dich! Chiffre 993273

FsF292 Idealfrau gesucht! Möchte Herzklopfen spüren und mich in Deine kl. und gr. Fehler verlieben. Ich suche Dich, eine gutaussehend, weiblich, sehr attraktive Frau, Du solltest kein nettes, sympathische, braves Mädel sein, sondern eine spontan, frech, leidenschaftlich, lebenslustige Pendantin. Ich bin 31/178/NR, gutaussehend, sportliche Erscheinung, treu, verschmust und manchmal dickköpfig. Ich wünsche mir Vertrauen, Partnerschaft, Streit, Versöhnung, Zweisamkeit, Trubel und Liebe. Zuviel verlangt? Dann mal los, es wäre schade... Chiffre 1293335

FsF068 Welche aufgeweckte, sportliche, unbedingt treue, attraktive, junge Frau will mit charmentem-coolen, jobgebundenem, jungem Mann (33/188, schlank, Dickkopf) über eine lockere Beziehung alles — nur nichts Eingefahrenes beginnen? Bild wäre nett. Chiffre 1193112

Frau sucht Mann – Mann sucht Frau. Auswahl von Kontaktanzeigen in Zeitungen.

Klassefrau und Traummann

In vielen Zeitungen versuchen Männer und Frauen über private Kleinanzeigen ihre Traumfrau bzw. ihren Klassemann zu finden.

1 *Bildet möglichst Kleingruppen (4–6 Personen) mit Mädchen und Jungen zusammen. Lest euch die Kontaktanzeigen durch. Erstellt Tabellen für Frauen und Männer getrennt.*
a) Schreibt alle genannten Eigenschaften der Frauen über sich selbst und die Erwartungshaltungen und Wünsche der Männer an die Frauen in eine Tabelle.
b) Erstellt ebenso eine zweite Liste über die Männer.
2 *Vergleicht beide Listen in der Gesamtgruppe.*
a) Kennzeichnet die Beschreibungen, die häufiger in den Kontaktanzeigen vorkommen.
b) Findet die Unterschiede und Gemeinsamkeiten in den Beschreibungen von Frauen und Männern heraus.

3 *Erörtert an Beispielen, welche Aussagen für die Person aufwertend bzw. abwertend sind.*
4 *Beschreibt euren „ersten Eindruck", den ihr von den Personen aus den Anzeigen habt. Welche „Form" der Beziehung suchen sie?*
5 *Gebt Beispiele, welche Vorstellungen und Illusionen von „Weiblichkeit" und „Männlichkeit" mit dem Wunsch nach der Idealpartnerin und dem Idealpartner verbunden werden.*
6 *Prüft, ob sich in Kontaktanzeigen, die eine gleichgeschlechtliche Beziehung suchen, ähnliche Erwartungen wiederfinden.*

Stummes Schreibgespräch

Für ein stummes Schreibgespräch benötigt ihr folgende Materialien:
Schere, Kreppband, Filz- oder Wachsmalstifte, Wandtapeten (von großen Papierrollen, Resttapeten oder Kartonpapier).

Je nach Gruppengröße werden auf mindestens zwei zusammengestellten Tischen zwei Wandtapeten in der Breite eines Tisches aneinander gelegt und mit Kreppband befestigt. Die Stühle werden beiseite gestellt (vgl. die Abbildung). Nun wird in großer Schrift auf jede Tapete eine Aufgabe oder eine Frage geschrieben.

Auf ein vereinbartes Zeichen wird für etwa 10 Minuten nicht mehr gesprochen. Ihr könnt euch während dieser Zeit nur noch schriftlich mitteilen.

Bis zu 15 Personen verteilen sich gleichmäßig um die Tischgruppe. Während der ganzen Zeit geht ihr langsam um die Tische und entscheidet selbst, wann, wie viel und wo ihr etwas hinschreiben wollt. Wie in einem normalen Gespräch wird es möglich sein, viel zu schreiben oder erst einmal zu sehen, was die anderen schreiben. Ihr könnt Meinungen und Argumente hinschreiben, Beiträge von anderen kommentieren, sie bestärken oder ihnen widersprechen. Die Meinungsäußerungen der anderen dürfen aber nicht durchgestrichen oder verändert werden.

Ein Beispiel für ein stummes Schreibgespräch

1 *Bereitet jeweils für die Mädchen und die Jungen ein*

Klassenraum bei einem stummen Schreibgespräch.

„stummes Schreibgespräch" vor. Jede Gruppe benötigt jeweils zwei Tischgruppen.

2 *Die Jungen schreiben auf jede der vier Wandtapeten einen der vier Satzanfänge:*
Ich bin gerne ein Junge, weil... Manchmal bin ich nicht gerne ein Junge, weil ... Wenn ich ein Mädchen wäre, dürfte ich ... Wenn ich ein Mädchen wäre, müsste ich ... Das Gleiche entsprechend für die Mädchen: Ich bin gerne ein Mädchen, weil ...

3 *Führt ein stummes Schreibgespräch durch.*

4 *Befestigt eure Wandtapeten an den Wänden und lest abwechselnd die Anmerkungen zu den einzelnen Punkten der Mädchen und Jungen in der Gesamtgruppe vor.*

5 *Wertet die Aussagen aus:*
– Warum ist es schön ein Mädchen, ein Junge zu sein?
– Beschreibt die Vorteile und Nachteile, die mit dem „Frausein und Mannsein« verbunden werden.
– Nennt Beispiele, die geschlechtstypisches Verhalten als Einschränkung oder als Bereicherung darstellen.
– Welche Fähigkeiten, Möglichkeiten, Eigenschaften werden an die Geschlechterrolle gebunden? Welche könnten und sollten für Jungen/Männer und Mädchen/Frauen gleichermaßen gelten?

Eine Anzeige für mich selbst

Denkt euch einen Grund aus, warum und wozu ihr jemanden sucht (Urlaub, Fahrgemeinschaft, Sport und andere Hobbys, Partnerschaft, Freundschaft …). Jede und jeder schreibt eine Anzeige für sich selbst. Die Aufgabe besteht darin, für die eigene Person zu werben, positive Eigenschaften herauszustellen.

Die Anzeigen werden eingesammelt, gemischt und dann von einer Person nacheinander vorgelesen. Die Gruppe versucht herauszufinden, wer die Anzeige geschrieben hat.

289

1 Körpersprache von Mann und Frau.

Mehr als Worte …

> „Nein heißt Nein!"
> „Aber wie du das gesagt hast, …"
> „Das meinst du doch gar nicht wirklich …"

Die Körpersprache spielt bei der Verständigung unter Menschen eine bedeutende Rolle. An den Körperhaltungen, Bewegungen, Gesten, Berührungen, dem Gesichtsausdruck, Augenkontakt, Verhalten im Raum können wir die wahren Absichten einer Person erkennen. Durch unsere Körpersprache drücken wir unsere Gefühle aus. Sie sagt oft viel mehr als das gesprochene Wort aus und ist entscheidend, ob wir z.B. die gezeigten Grenzen oder das Gesagte einer Person ernst nehmen oder nicht. Die durch die Körpersprache ausgedrückten Gefühle stimmen oftmals nicht mit unseren Worten überein.

1 *Spielt ohne Worte, allein durch Körpersprache und mit Tönen, verschiedene Ausdrucksformen in übertriebener Weise:*

- Schreibt dazu auf kleine Zettel viele unterschiedliche Ausdrucksformen und Gefühle von Menschen auf, z.B. traurig, gutgelaunt, selbstsicher, ängstlich, schüchtern, wütend, arrogant, bedrohlich, verletzbar, beleidigt, cool, aggressiv …
- Teilt euch in zwei Gruppen auf. Während die eine Gruppe beobachtet, spielt die andere und umgekehrt.
- Der Leiter oder die Leiterin mischt die Zettel und liest nacheinander jeweils eine Ausdrucksform vor.
- Jede Person entscheidet sich für eine bestimmte Körperhaltung, einen bestimmten Gesichtsausdruck, eine bestimmte Gestik und stellt diese mit einer sich wiederholenden Bewegung dar. Führt jede Übung mindestens 20 Sekunden durch.
- Auf ein vereinbartes Zeichen „versteinern" sich alle und verharren in ihrer Position fünf Sekunden.
- Die beobachtende Gruppe nennt auffallende Merkmale, mit denen die vorgegebene Ausdrucksform dargestellt wurde. Benutzt zur Auswertung die Begriffe von Aufgabe 6 auf der nächsten Seite.
- Ihr könnt diese Übungen auch als Ratespiel durchführen.

2 Körpersprache von Jugendlichen.

2 *Führt folgende Aufgaben zu zweit durch:*
– Vergleicht die Merkmale der Körperhaltungen beider Personen auf dem Foto oben. Deckt dazu zunächst das linke Foto mit einem Blatt Papier ab.
– Beschreibt genau die Haltung der einzelnen Körperteile wie Beine, Hüfte, Füße, Arme, Schulter, Hände und Kopf
– Benutzt zur Erläuterung passende Wörter wie z. B. weit, eng, geneigt, hängende Schulter, auseinander gestellt, nach unten, oben, aufrecht, gebeugt, verschränkt, abgewandt usw.
– Beschreibt den Blick, den Gesichtsausdruck und die Ausstrahlung der Person.

3 *Gebt euren Eindruck von den Jugendlichen wieder. Was meint ihr, wie sie sich fühlen?*

4 *Denkt euch eine Situation aus, die zu den Bildern passt. Schreibt eine kurze Geschichte dazu.*

5 *Geht genauso wie bei dem entsprechenden Foto der beiden Jugendlichen auf der linken Seite vor.*

6 *Vergleicht beide Abbildungen miteinander. Fasst zusammen, welche Auswirkungen die unterschiedlichen Körperhaltungen der Personen auf eure Beschreibungen und die erdachten Geschichten von Aufgabe 3 und 4 gehabt haben.*

7 *Stellt die Körpersprache von Frauen und Männern bildlich dar:*
– Erstellt eine Collage (DIN-A4) mit Körperhaltungen und Ausdrucksformen von Männern und Frauen auf Werbefotos, Plakaten, in Illustrierten, Modejournalen und Katalogen.
– Listet in einer Tabelle geschlechtstypische Körperhaltungen und Ausdrucksformen auf.
– Kopiert diese Collage und verändert sie so, dass die Köpfe von Frauen und Männern vertauscht werden.

8 *Beschreibt die Körpersprache der Mitschüler und Mitschülerinnen auf Gruppen- und Einzelfotos (z. B. von Klassenfahrten).*

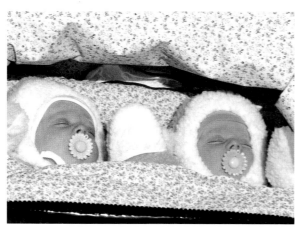

1 Rosa bedeutet Mädchen – blau bedeutet Junge? Foto 1990.

Als Mädchen und Jungen erzogen

In einem Heft von 1992/93 zur Frage der Gleichberechtigung hieß es:

M1 … Niemand weiß genau, wo es herkommt. Und doch ist es für die meisten gar keine Frage: Rosa bedeutet Mädchen und blau bedeutet Junge. Bereits im Krankenhaus wird vielen Babys unmittelbar nach der Geburt ein Bändchen mit der entsprechenden Farbe angehängt.

Und dann kann es losgehen: „Ein kräftiger Junge, und so unternehmungslustig. Und wie laut er schon brüllen kann! Ganz der Papa!" Oder anders herum: „Eine richtige kleine Schönheit! Und diese zierliche Nase! Der Mama wie aus dem Gesicht geschnitten."

Alles klar? Mit der Farbe wird der kleine Unterschied dokumentiert, die Geschlechterrolle wird festgelegt …

Gerrit im Kinderwagen
Juli 1982

1 Bringt Fotos aus eurer Kindheit mit.
2 Erzählt euch Geschichten aus dieser Zeit.

Heidrun Hoppe, die über Frauenleben 1993 ein Buch geschrieben hat, meinte dazu:

M2 … Die heutigen Mütter behandeln Mädchen und Jungen nicht mehr so ausgeprägt geschlechtsspezifisch, sondern immer mehr ihren individuellen Neigungen, Fähigkeiten, Wünschen und Problemen entsprechend …

Und dennoch: Obwohl Jungen am Puppen- und Mädchen am Fußballspiel teilnehmen könnten, tun das die meisten von ihnen nur selten oder gar nicht …

Diejenigen, die sich untypisch verhalten, erregen das besondere Interesse ihrer Umgebung. Dabei gibt es auffallende Unterschiede: Ein Mädchen darf – oder soll – sich eher „jungenhaft" verhalten als umgekehrt. Viele Mädchen handhaben heute z. B. gern und geschickt Werkzeug und Eisenbahn, sind sportlich und wagemutig. Eher anerkennend als tadelnd bemerken Eltern und Bekannte, an ihr sei „ja ein richtiger Junge verloren gegangen".

Spielt ein Junge dagegen bis ins Schulalter am liebsten mit Puppen, … so gilt er als auffällig. Wer sieht schon gerne, dass ein fünfjähriger Junge einen Puppenwagen schiebt? Allenfalls ein Schmusetier ist erlaubt. …

Beispiele zeigen, dass die Fähigkeiten und Eigenschaften von Mädchen sich zunehmend um die der Jungen erweitern. Sie orientieren sich auf Familie und Beruf. Die meisten Jungen dagegen … werden nicht darauf vorbereitet, als Vater neben der Berufstätigkeit die Hausarbeit und Kinderbetreuung als ihr Arbeitsgebiet wahrzunehmen …

3 Schaut euch Bild 1 an. Nennt typische Kleidung und Spielsachen für kleine Mädchen und Jungen.
4 Lest M1 und M2 durch und klärt schwierige Begriffe und Fragen zum Verständnis.
5 Beschreibt mithilfe von M1 und M2, wie Kinder zu Mädchen und Jungen erzogen werden.
6 Erläutert, worauf in der Erziehung geachtet werden sollte, damit Mädchen und Jungen selbstbestimmter und ohne Rollenzwänge aufwachsen können.
7 Befragt Eltern und Alleinerziehende von Söhnen oder/und Töchtern. Was ist ihnen wichtig bei der Erziehung ihrer Töchter und Söhne? Wie wurden sie von ihren eigenen Eltern erzogen? Stellt diese Fragen auch älteren Personen.

Im Unterricht

Sirah, eine Schülerin in der 9. Klasse, erlebte ihren Unterricht so:

M3 Mathematik

Sie muss heute endlich ihre Kurswahl treffen. Die Mathematiklehrerin hat sie gefragt, ob sie nicht Mathematik als Wahlpflichtfach machen will, sie ist doch so gut in diesem Fach. Aber eigentlich will sie nicht. Schließlich wird sie dieses Fach später auch in der Oberstufe nicht als Leistungskurs wählen, weil die Anforderungen da viel zu hoch sind.

Außerdem sind auch immer so viele Jungen in solchen Kursen und nur wenige Mädchen ...

Nein, sie wählt lieber Biologie, in dem Kurs ist auch Julia, ihre beste Freundin.

M4 Deutsch

Sie sprechen über den letzten Test. Jan hat ihn total verhauen, „glänzend verhauen", wie er sagt. „Für dich müsste man die Notenskala nach unten erweitern", hat die Lehrerin zu ihm gesagt, als sie ihm die Arbeit zurückgab. „Das wäre mir eine Ehre und eine Freude", hat Jan geantwortet. Die ganze Klasse hat gebrüllt vor Lachen und die Lehrerin konnte sich das Lächeln auch nicht verkneifen ...

Jan ist überhaupt ein irrer Typ. Stinkfaul und ziemlich frech, aber alle mögen ihn, auch die Lehrer und Lehrerinnen. „Wenn du dich ein bisschen anstrengen würdest, könntest du es wirklich zu was bringen", sagen sie immer zu ihm, „intelligent genug wärst du, bloß leider zu faul."

M5 Kunst

Der Kunstlehrer ist ein älterer Typ, ziemlich steif und redet immer so altmodisch daher. „Meine Herren, ich muss doch bitten", sagt er zu den Jungen, weil die reichlich laut sind.

„Und nun zeigt mal, was ihr könnt", sagt er und gibt eine ziemlich schwierige Zeichenaufgabe. Sie sollen ein Gebäude räumlich darstellen. Sirah liegt das, es ist so ähnlich wie Geometrie, so was macht ihr Spaß. Sie vertieft sich darin, zeichnet schön sauber und sorgfältig, wie sie es gerne hat. „Lass doch mal sehen", flüstert Jan neben ihr. Sie schiebt das Blatt in seine Richtung, sodass er rüberschielen kann.

2 **In einer 9. Schulklasse.** Foto 1994.

M6 Physik

Sirah döst vor sich hin ... Den letzten Test hat sie ganz gut erreicht, also was soll sie sich groß anstrengen. Auch die anderen Mädchen sagen nicht viel, dafür sind die Jungen um so aktiver. Der Physiklehrer redet auch nicht viel mit ihnen und fragt die Mädchen sowieso nicht so oft. Vielleicht ist es eben mehr ein Fach für Jungen. Die ganzen Experimente, diese ganze Aktion, um irgendwas Theoretisches zu erklären, was praktisch sowieso kein Mensch braucht ...

8 *Lest euch M3–M6 durch und beschreibt die Erfahrungen, die Sirah in den einzelnen Unterrichtsstunden macht.*

9 *Wie verhält sich Sirah im Unterricht?*

10 *Beschreibt ihre fachlichen Stärken und Interessen.*

11 *Wie verhalten sich die Lehrer und Lehrerinnen? Stellt euch vor, Sirah wäre ein Junge und Jan ein Mädchen? Was wäre dann vermutlich anders?*

12 *Listet die Lieblingsfächer der Mädchen und Jungen in eurer Lerngruppe auf.*

13 *Nennt Gründe, warum ihr einige Fächer besonders gerne habt bzw. ablehnt.*

14 *Erkundigt euch nach besonderen Angeboten nur für Jungen bzw. Mädchen an eurer Schule.*

1 Prügelei auf dem Schulhof. Foto 1991.

Oft fängt es ganz harmlos an …

Ab und zu gibt es mal ein paar Prügeleien auf dem Schulhof, es wird gerauft, gehänselt und geärgert. „Das war doch bloß Spaß." „Es war doch gar nicht so gemeint." Viele haben sich schon daran gewöhnt, an die Zerstörungen im Schulgebäude, die beschmierten Wände, den Müll, das Gerangel und Geschubse während der Pausen, auf den Fluren, die Anmache und Beschimpfungen. Gewalt in der Schule wird oft verschwiegen, verharmlost. Die meisten sind froh, wenn sie nichts damit zu tun haben und schauen und hören hilflos weg.

Gewalt in der Schule hat viele Gesichter.

1 *Wähle dir eine Person aus Abb. 1 und 2 aus. Schreibe einen Aufsatz aus der Sicht dieser Person in „Ich"-Form. Beschreibe die dargestellte Situation.*

2 *In welcher Weise sind auf den Abbildungen die Mädchen und Jungen beteiligt?*

3 *Wie könnte die dargestellte Situation weitergehen? Wie würden/könnten die dabeistehenden Personen reagieren?*

4 *Wo würdest du die Grenze zwischen Spaß/ Herumalbern und Ernst/Gewalt ziehen?*

5 *Welche Möglichkeiten gibt es den Konflikt zu beenden? Beschreibe, wie sich die betroffenen Personen dabei anschließend fühlen würden.*

6 *Hast du schon ähnliche Situationen erlebt oder beobachtet? Berichte darüber.*

2 **Rangelei in der Umklei-**
dekabine. Foto 1993.

Gewalt hat viele Formen

Viele Schülerinnen und Schüler haben selbst Situationen erlebt, in denen sie schlecht behandelt wurden und Gewalt erfahren haben. Gewalt ist nicht immer „Brachialgewalt".

Die Schülerinnen und Schüler einer 8. Klasse haben sich dazu so geäußert:

Geboxt werden, treten, schlagen, Drohungen, in einen Raum gesperrt werden, beschimpfen, Anmache, Küsse aufzwingen, geärgert werden, beschmierte Wände, unter Druck setzen, auf den Hintern klopfen, Sachen wegnehmen, begrabschen, schubsen, provozieren, Gerüchte in die Welt setzen, abwertende Blicke, …

7 *Schreibe auf ein Blatt Papier alle im Text genannten Verhaltensweisen, die du persönlich erlebt oder an anderen beobachtet hast. Nenne weitere Beispiele.*

8 *Unterstreiche mit einem roten Farbstift alle Begriffe, die für dich Formen der Gewalt darstellen. Überlege dir die Gründe für deine Wahl.*

9 *Welche Beschreibungen würdest du eher als gegenseitiges Ärgern und nicht eindeutig als Gewalt bezeichnen? Kennzeichne sie mit einem grünen Stift.*

In welchen Zusammenhängen würdest du auch bei diesen Beispielen von Gewalt sprechen?

10 *Welche Handlungen gehen häufiger von Jungen aus, welche erlebst du häufiger von den Mädchen? Kennzeichne sie mit ♀ oder ♂.*

11 *Vergleiche deine Ergebnisse mit denen der anderen Mitschülerinnen bzw. Mitschüler deines Geschlechts.*

12 *Ergänze deine Liste mit Beispielen der anderen, wenn du meinst, dass sie für dich wichtig sind. Höre dir die Argumente der anderen an und entscheide, ob du noch weitere Begriffe als Gewalt kennzeichnen willst.*

13 *Definiere, was für dich Gewalt bedeutet. Beginne mit folgendem Satzanfang: Gewalt (in der Schule) ist für mich …*

14 *Tragt eure Ergebnisse der Gesamtgruppe vor.*

15 *Erkundigt euch, ob es in Jugendzentren, bei Beratungsstellen (z. B. Kinderschutzbund) und an Schulen Angebote und Gruppen gibt, die sich mit dem Thema „Gewalt" auseinander setzen. Auf Seite 297 könnt ihr an diesem Thema weiterarbeiten.*

Sprüche, die weh tun können

Führt die folgende Übung zunächst in Gruppen, nach Mädchen und Jungen getrennt, durch:
– Zeichnet auf große Wandzeitungen die Ganzkörperumrisse von zwei Personen, die stellvertretend für einen Frauen- und Männerkörper stehen.
– Schreibt um diesen Umriss herum innerhalb von etwa zehn Minuten alle Schimpfworte und abwertenden Sprüche auf, die ihr als Jungen und Mädchen jemals gesagt bekommen oder gehört habt.
Während des Schreibens solltet ihr möglichst nicht miteinander reden.

1 Wertet die Aussagen (s. Kasten oben) in der Gesamtgruppe aus. Überprüft, welche Begriffe:
a) den sexuellen, körperlichen Bereich angreifen,
b) Verhalten aufgrund der Geschlechtszugehörigkeit bewerten,
c) die Person auf andere Weise abwerten.
Untersucht, welche Begriffe mehreren Bereichen zuzuordnen sind oder besonders häufig vorkommen.
2 Begründet, warum die Begriffe verletzen können und herabwürdigend sind.
– Welche Reaktionen können sie bei der betroffenen Person auslösen?
– Gebt Beispiele von Äußerungen, die Macht und Überlegenheit demonstrieren sollen.
3 Nennt Bereiche, die gezielt gegen Mädchen/Frauen bzw. Jungen/Männer gerichtet sind.
– Welche Vorurteile und Bewertungen von „Männlichkeit" bzw. „Weiblichkeit" verbergen sich eurer Meinung nach dahinter?
– Gibt es Beschimpfungen, die ihr häufiger vom jeweils anderen Geschlecht erfahrt?
4 Diskutiert verschiedene Formen der Gegenwehr für diese verbalen Angriffe. Ihr könnt sie auch als kleine Szenen spielen.
5 Vereinbart für eure Gruppe verbindliche Gesprächsregeln und Umgangsformen. Nennt Rechte und Pflichten, die für alle gelten. Diskutiert mögliche Maßnahmen bei Regelverstößen.
6 Sammelt Wünsche und Ideen, die das gemeinsame Lernen und das Schulleben verbessern können.

Konflikte ansprechen und lösen

Im Folgenden lernt ihr eine Methode kennen, wie ihr Konflikte zwischen Jungen und Mädchen ansprechen könnt. Auf diese Weise könnt ihr auch eure Beschwerden loswerden, wenn ihr als Mädchen und Jungen untereinander Konflikte oder Probleme mit einer anderen Gruppe habt.

„Jetzt reicht's!"

Nehmt euch ein Blatt Papier.
1. Schreibt einen anonymen Brief über alle Verhaltensweisen, welche ihr bei Gruppenmitgliedern des anderen Geschlechts nicht gut findet.
2. Faltet eure Briefe. Die Lehrerin oder der Lehrer sammelt sie – nach Geschlecht getrennt – ein, mischt beide Stapel gut und liest dann vor.
3. Während die Briefe der Mädchen vorgelesen werden, können die Jungen gegen die Vorwürfe protestieren. Dann wird das Vorlesen unterbrochen, die Kritik und der Einwand diskutiert, bis der Zeitpunkt für das Weiterlesen gekommen ist.
4. Jetzt werden die Briefe der Jungen vorgelesen und die Mädchen können protestieren.

1 Wertet euer Vorgehen aus:
– Wie war die Kritik an euch: sachlich, unberechtigt, abwertend, verständnisvoll … ?
– Wie habt ihr auf die Kritik der Anderen reagiert: beleidigt, verständnisvoll, aggressiv, einsichtig …?
2 Wurde eine Verhaltensweise besonders häufig und stark kritisiert? Gegen welche Kritik wurde nicht protestiert?
3 Welche Kritik ist berechtigt?
4 Welche Alternativen sind denkbar? Wie lassen sie sich umsetzen?

1 **Mädchen sind stark!** Foto 1991.

2 **Gewalt gegen Mädchen.** Wandbild von Schülerinnen einer 9. Klasse. Foto 1991.

Zur Weiterarbeit für die Mädchen

Gewalt von Männern gegen Frauen und Mädchen ist keine Privatsache, sondern Ausdruck der bestehenden Unterdrückung und Geringschätzung der Frau in unserer Gesellschaft. Frauen und Mädchen sind Betroffene sexueller, körperlicher und seelischer Gewalt, von Vergewaltigung, Belästigungen, Anmache bis hin zu verdeckten Formen der Herabsetzung und Benachteiligung. Immer mehr Frauen und Mädchen schließen sich in Gruppen zusammen um zu lernen sich offensiv gegen jede Form der Gewalt zur Wehr zu setzen.

— *Erkundigt euch bei der kommunalen Gleichstellungsbeauftragten der Stadt oder der Gemeinde nach Angeboten für Mädchen und Frauen, wie z.B. Wen Do (Selbstbehauptung und Selbstverteidigung von Frauen für Frauen und Mädchen).*

— *Erstellt eine Adressenliste mit Telefonnummern und Sprechzeiten von Beratungsstellen für Frauen und Mädchen, z.B. Frauenzentren, dem Frauenhaus, der Frauenbeauftragten, pro familia. Fragt nach möglichen Ansprechpartnerinnen für Mädchen beim Jugendamt in eurer Umgebung.*

— *Richtet an eurer Schule ein Informationsbrett für Mädchen ein.*

— *Klärt ab, ob einige interessierte Mädchen an einem Wen Do-Kurs teilnehmen wollen.*

Zur Weiterarbeit für die Jungen

Eine Befragung an Hamburger Schulen im Jahre 1992 hat ergeben, dass Gewalt überwiegend von Jungen – meist der eigenen Schule – ausgeübt wird.

Aber auch Jungen und Männer sind Betroffene körperlicher und auch sexueller Gewalt. Die Täter sind meistens männlich.

Viele Täter haben Gewalterfahrungen gemacht. Auch Männer wehren sich gegen Männergewalt.

Erst in einigen Städten gibt es Männerbüros und -gruppen; wo von Gewalt betroffene Männer, aber auch z.B. Männer, die Gewalt gegen Frauen ausgeübt haben, Hilfe finden.

— *Erkundigt euch vor Ort, z.B. in Freizeitheimen, Kirchengemeinden, Jugendzentren, bei Beratungsstellen und der Gleichstellungsbeauftragten der Stadt oder des Landkreises, ob es spezielle Angebote oder Gruppen zur Jungenarbeit bzw. Männergruppen zu diesem oder vergleichbaren Themen gibt.*

— *Fragt beim Kinderschutzbund, Jugendamt und anderen Beratungsstellen nach Ansprechpartnern.*

— *Besucht mit eurem Lehrer oder eurer Lehrerin eine Gerichtsverhandlung zum Thema „Gewalt gegen Frauen".*

 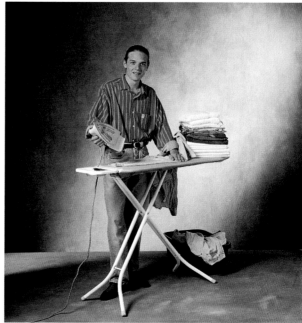

1 **Bei der Hausarbeit.** Fotos 1991.

Hausarbeit – (k)ein Thema für mich!

Hausarbeit umfasst praktische Arbeiten wie einkaufen, kochen, abwaschen, aufräumen, putzen allgemein, Wäsche waschen, bügeln, nähen, usw., aber auch Arbeiten wie tapezieren, die Einrichtung und Gestaltung der Wohnräume, Blumenpflege, kleinere Reparaturen durchführen, Verwaltung der Haushaltskasse, Rechnungen bezahlen usw.

Darüber hinaus zählen zur Hausarbeit auch Tätigkeiten, die zum Zusammenleben und Wohlbefinden aller Personen im Haushalt gehören, wie z.B. Kindererziehung, Krankenpflege, Vorbereitung und Durchführung von Geburtstagen und Festen, Urlaubsplanungen und vieles mehr.

1 *Nennt reihum unterschiedliche Tätigkeiten, die zur Hausarbeit gehören.*

2 *Beschreibt an Beispielen den genauen Arbeitsablauf der im Text genannten Tätigkeiten, indem ihr ihnen einzelne, konkrete Arbeitsvorgänge zuordnet, z.B.: Putzen allgemein: saugen, fegen, reinigen, Staub wischen, Fenster putzen, Betten machen, Müll raustragen ...*

Kindererziehung: zum Kindergarten begleiten, Freizeitgestaltung, Hausaufgabenhilfe, Elternabende, Arztbesuche ...

3 *Erstellt jeweils eine Strichliste für Mädchen und Jungen getrennt.*

– *Schreibt in die linke Spalte auf zwei große Wandtapeten die unterschiedlichen Tätigkeiten der Haus- und Erziehungsarbeit aus dem Text untereinander.*

– *Zeichnet rechts daneben sechs weitere Spalten für folgenden Personenkreis: Mutter/weibl. Bezugsperson, Schwester, ich, Vater/männl. Bezugsperson, Bruder, andere.*

– *Markiert in diesen Spalten jeweils mit einem Strich, wer bei euch zu Hause die verschiedenen Arbeiten überwiegend erledigt.*

– *Klärt vor der Befragung das genaue Verfahren. Beteiligt euch auch an der Befragung, wenn bei euch zu Hause nicht alle genannten Personen leben. Ordnet andere im Haushalt lebende Personen nach Möglichkeit einer der Spalten zu.*

4 *Markiert die Tätigkeiten mit unterschiedlichen Farben danach, wie oft sie im Haushalt durchschnittlich anfallen (z. B.: rot: sehr oft, täglich, mindestens einmal in der Woche; grün: etwa einmal im Monat; blau: selten bzw. unregelmäßig, in größeren Zeitabständen ...).*

M Teilzeitarbeit 1998
Im März 1999 teilte das Statistische Bundesamt mit, dass 18,5 % der Arbeitnehmerinnen und Arbeitnehmer 1998 Teilzeitarbeit leisteten. 1991 betrug der Anteil noch 14 %. Von 5,884 Millionen Teilzeitbeschäftigten waren 1998 87 % Frauen, 1991 betrug der Frauenanteil an der Teilzeitbeschäftugung sogar 92 %.
Von allen abhängig beschäftigten Frauen waren 1998 36 % teilzeitbeschäftigt (5,1 Millionen), 1991 waren es 30 %.
Von allen abhängig beschäftigten Männern hatten nur 4 Prozent 1998 einen Teilzeitarbeitsplatz (765000), 1991 betrug der Anteil 2 %.

5 *Vergleicht die Ergebnisse der Mädchen und Jungen miteinander und wertet sie aus.*
– Zählt Beispiele auf, in welchen Bereichen eine festgelegte Arbeitsteilung in der Hausarbeit vorliegt und nennt mögliche Gründe dafür.
6 *Beschreibt die Kreisdiagramme (Abb. 2).*
7 *Erläutert, wie eine gleichberechtigte Arbeitsteilung zwischen Frauen und Männern aussehen könnte.*
– Nennt die Hausarbeiten, für die sich alle Personen im Haushalt zu gleichen Teilen verantwortlich fühlen sollten.
– Welche Absprachen könnten für Tätigkeiten im Haushalt getroffen werden, die alle als besonders belastend, unangenehm, langweilig oder anstrengend, aber als notwendig empfinden ?
8 *Fasst die Mitteilung des Statistischen Bundesamtes (M) mit euren Worten zusammen und sucht eine treffende Überschrift für den Sachverhalt.*

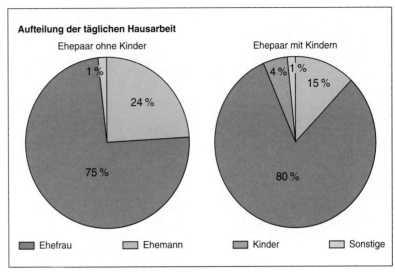

2 Die Aufteilung der täglichen Hausarbeit (Stand 1988).

– Überlegt euch mögliche Gründe für die großen Unterschiede in der Teilzeitbeschäftigung zwischen Frauen und Männern.
– Informiert euch über die Beweggründe für eine Teilzeitbeschäftigung und deren Vor- und Nachteile.

Teilzeitarbeit – aber nicht nur für Frauen
Eine große Zahl besonders jüngerer Frauen und Männer finden eine gleichberechtigte Beziehung wichtig. Das traditionelle Rollenbild für Männer und Frauen in der Berufswelt hat sich in den letzten Jahren entscheidend gewandelt. Über 70 % aller Männer und Frauen in der Bundesrepublik Deutschland sind jedenfalls der Meinung, dass beide, Ehemann und Ehefrau, zum Haushaltseinkommen beitragen sollten.
Vor allem viele junge Menschen wünschen sich eine bessere Vereinbarkeit ihrer beruflichen und privaten Interessen. In der Bundesrepublik waren 1998 18,5 % der Erwerbstätigen teilzeitbeschäftigt. Die Nachfrage nach Teilzeitarbeitsmöglichkeiten übertrifft bei weitem das Angebot: Fast die Hälfte der berufstätigen Bevölkerung interessiert sich für Teilzeitarbeit.
10 *Gebt die im Text beschriebenen Einstellungen und Meinungen besonders junger Leute mit eigenen Worten wieder.*
Findet mögliche Widersprüche und Übereinstimmungen zwischen den im Text genannten Aussagen und dem Zahlenmaterial der Kreisdiagramme und der Übersichten heraus.
11 *Welche Absprachen sollten eurer Meinung nach Paare treffen, wenn sie gleichberechtigt Verantwortung für alle gemeinsamen Lebensbereiche übernehmen wollen?*

1 Baumeisterin und Bauarbeiterinnen beim Bau eines Nonnenklosters. Zeichnung aus dem 10. Jahrhundert.

2 Frau in einem gewerblich-technischen Beruf. Foto 1991.

Das war schon immer so!?

Einseitige und festgefügte Rollenvorstellungen beeinflussen auch die Berufswelt von Männern und Frauen. Auch heute sprechen wir noch von typischen „Frauen- und Männerberufen".

Zunehmend mehr erfahren wir aber aus historischen Quellen über die Vielfalt der Arbeits- und Lebensformen insbesondere von Frauen in früheren Jahrhunderten, die uns bisher in vielen Büchern vorenthalten oder falsch und einseitig gedeutet wurden. So gab es zu jeder Zeit Frauen, die trotz weniger Rechte und offensichtlicher allgemeiner Unterdrückung in wichtigen Bereichen mit- und selbstverantwortlich gearbeitet haben, z.B. im Handwerk (vgl. Bild 1). Es gab auch immer wieder berühmte Frauen, die Außergewöhnliches geleistet haben.

Wenn Frauen sich heute also für so genannte Männerberufe interessieren oder Führungspositionen übernehmen wollen, so ist dies nicht als ein bloßer Rollentausch zu werten, sondern unter Umständen die berechtigte Einforderung ihrer „alten" Rechte. Berufstätigkeit gehört heute jedenfalls zum normalen Leben von Frauen und Männern.

1 *Gebt die im Text beschriebenen Positionen und Argumente zum Thema »Frauen- und Männerberufe" mit eigenen Worten wieder.*
Diskutiert diese Positionen und nehmt Stellung dazu.

2 *Sucht in diesem Buch nach Abbildungen und Hinweisen über die Arbeit, Lebensformen und Leistungen von Frauen in der Geschichte. Erstellt eine Liste, in die ihr jeweils das Jahrhundert, die Tätigkeiten, Berufe, Namen und Bedeutung der Frauen eintragt.*

3 *Bildet Kleingruppen. Wählt aus der Liste jeweils eine berühmte Frau aus, über die ihr euch genauer informiert.*

4 *Versucht Kontakte zu Personen herzustellen die sich nach herkömmlichen Vorstellungen in einer „rollenuntypischen" Arbeitssituation befinden.*
Beispiele für Interviews mit Frauen:
Polizistin, Tischlerin, Richterin, Busfahrerin, Direktorin einer großen Firma, Elektromechanikerin ...
Beispiele für Interviews mit Männern:
Kindergärtner, Arzthelfer, (Chef-)sekretär, Steward, Balletttänzer, Florist ...
Das Arbeitsamt, Berufsschulen und größere Betriebe, Berufsverbände u. ä. können euch dabei weiterhelfen.
– Befragt die Erwerbstätigen nach ihren Erfahrungen am Arbeitsplatz und Beweggründen für ihre Berufswahlentscheidung bzw. Arbeitstätigkeit. Welche Vor- und Nachteile nennen sie für ihren Beruf?
– Tauscht eure Erfahrungen und neuen Informationen untereinander aus.

In einem Buch über „Die verborgene Geschichte der Frauenarbeit" schreibt Anke Wolf-Graaf 1983:

M Bis zum Ende des Mittelalters (und in bestimmten Bereichen auch weit darüber hinaus) ist es eine Selbstverständlichkeit, dass Frauen an der Entwicklung der ländlichen Arbeit und des städtischen Handwerks und Handels ebenso teilnehmen wie die Männer.

In einigen Städten setzt die Ausübung eines Handwerks ... den Besitz der Bürger(-innen)rechte voraus. Grundsätzlich ist es den Frauen im Mittelalter möglich, Bürgerrechte zu erwerben, sofern sie die Voraussetzungen dafür erfüllen. Dazu gehört beispielsweise der Besitz an Grund und Boden und die Zahlung von Steuern ...

Die beste rechtliche Stellung erwirbt die Frau im Verlauf des Mittelalters (jedenfalls in den meisten Regionen), wenn sie alleinstehend ist. Sie kann dann nämlich ohne Vormund ihre Geschäfte betreiben und vor Gericht auftreten. Früher brauchte jede Frau einen männlichen Vormund für Geschäfte, Vermögensfragen und vor Gericht.

...

Die praktische rechtliche Bewegungsfreiheit der Frauen war zwischen dem 13. und 15. Jahrhundert sehr groß. Es bleibt jedoch festzustellen, dass Frauen nicht vollständig gleichberechtigt waren. Deutlich ist auch hervorzuheben, dass Frauen im Mittelalter (und lange danach) keine politischen Rechte besitzen. Diese Tatsache wird bei der Verdrängung der Frauen aus qualifizierten Berufen noch eine verhängnisvolle Rolle spielen. ...

5 *Beschreibt die Tätigkeiten der Frauen und Männer auf den Bildern.*
– Vergleicht das Bild mit der Bildunterschrift.
– Findet aktuelle Bildunterschriften, die euch passender und verständlicher erscheinen.
6 *Bewertet die Frauen- und Männerarbeit nach körperlicher Belastung und notwendigen Qualifikationen.*
7 *Lest euch den Text M durch. Stellt fest, welche rechtliche Stellung und Handlungsspielräume die Frauen im Mittelalter hatten. Lest hierzu auch die Seiten 102/103 in diesem Buch.*
8 *Informiert euch beim Arbeitsamt über die Ausbildungsberufe, die junge Männer und Frauen heute am häufigsten wählen. Fragt nach, welche Zukunftsperspektiven die jeweiligen Berufe haben.*

3 „Der Olmacher" (Ölmacher). Holzschnitt von 1568.

4 Der „Steinschneider" (Edelsteinschneider bzw. -schleifer). Stich von 1698.

5 „Der Schneider". Stich von 1698.

1 I Marte Olympe de Gouges (1748–1793)
II Louise Otto 1819–1895
III Clara Zetkin 1857–1933
IV Die „Mütter des Grundgesetzes" (von links):
Friedericke Nadig, Dr Elisabeth Selbert,
Dr. Helene Weber, Helene Wessel.
V Lida Gustava Heymann 1868–1943
VI Helene Lange 1848–1930
VII Anita Augspurg 1857–1943

1 Bildet Arbeitsgruppen. Geht in eine größere Bücherei und findet heraus, welchen Beitrag die Frauen für die Gleichberechtigung leisteten (siehe auch Buchempfehlungen im Anhang dieses Buches). Erstellt Wandtapeten:
– Kopiert dazu die Bilder als Vergrößerungen und schreibt dazu den Lebensweg, wichtige Daten und die Leistungen dieser Frauen für die Gesellschaft auf.
2 Bestellt euch die Broschüre des Bundesministeriums für Frauen und Jugend „Frauen und Männer sind gleichberechtigt".
Adresse: BMFSFJ, Postfach 20 15 41, 53145 Bonn.
– Lest nach wie der lange Weg zur Gleichberechtigung weiterging.

2 Wahlplakat zum Internationalen Frauentag am 8. März 1914.

Frauen kämpfen um ihre Rechte

In einer Broschüre zur Geschichte der Frauenbewegung des Bundesministeriums für Frauen und Jugend aus dem Jahr 1993 heißt es:

M1 Die Gleichstellung von Mann und Frau, wie sie in unserer Verfassung verankert ist, ist das Ergebnis eines mehr als hundert Jahre dauernden Kampfes vieler Frauen und weniger Männer gegen herrschende Vorurteile und vor allem geltendes Recht. Blättern wir einmal im Geschichtsbuch bis zur Französischen Revolution im Jahre 1789 zurück: Am 26. August 1789 verkündete die französische Nationalversammlung die Menschen- und Bürgerrechte, so wie es

kurz zuvor in Amerika geschehen war. Das Motto lautete: „Freiheit, Gleichheit, Brüderlichkeit".

Am Ende dieser Revolution stand die Verabschiedung einer demokratischen Verfassung. Nun zeigte sich aber, dass der Begriff Brüderlichkeit tatsächlich wörtlich zu nehmen war. Denn die Frauen tauchten in der Verfassung nicht auf. Und es sollte noch weitere 153 Jahre dauern, bis die Französinnen zum ersten Mal an demokratischen Wahlen teilnehmen durften.

… Die Anfänge der deutschen Frauenbewegung im 19. Jahrhundert lagen in einer Zeit tiefgreifenden gesellschaftlichen Wandels. … Der Wandel vom Agrarland zum modernen Industriestaat hatte begonnen. Die einschneidenden Veränderungen der Lebens- und Arbeitsbedingungen betrafen auch die Frauen. … Der Kampf um Gleichberechtigung wurde überwiegend von Frauen geführt: Im Jahre 1848 traten die Frauen erstmals an die Öffentlichkeit. Gleichberechtigung im Staat, Bürgerrechte für die Frauen, Zugang zu allgemeiner Bildung, Verbesserung der Lebensverhältnisse von Frauen aus unteren Schichten, das waren die wesentlichen Ziele der Pionierinnen* der Frauenbewegung.

Frauenbildungs- und Frauenerwerbsvereine wurden gegründet, die aufklärend, bildend, informierend wirken wollten und die zugleich Hilfsangebote für Not leidende Frauen bereitstellten. In den letzten Jahrzehnten des 19. Jahrhunderts wurde die Frauenbewegung ein politischer Faktor, der aus der Öffentlichkeit nicht mehr wegzudenken war. Sie gewann an Mitgliederzahl und Organisationsstärke. Neue Forderungen wurden gestellt, wie die nach dem aktiven und passiven Wahlrecht. …

In einem Zeitungsartikel zum 8. März – dem Internationaler Frauentag – schreibt Antje Dertinger 1994:

M2 Der Tag diente in erste Linie für die Durchsetzung des Frauenwahlrechts. Die 45 000 Frauen, die am 8. März 1911 allein in Berlin zu Kundgebungen kamen, wirkten wie eine einzige Provokation. Es gab Verhaftungen. … Das berühmt gewordene und heute noch verwendete Plakat vom 8. 3. 1914 … durfte damals nur in geschlossenen Räumen, nicht auf Straßen, angeschlagen werden. Die Begründung der Polizeibehörde: „Beleidigung für die Obrigkeit." Ab 1914 standen die Frauentage, international, immer stärker im Zeichen von Antikriegsdemonstrationen. Erst das Ende des Ersten Weltkrieges brachte den deutschen Frauen ihr Wahlrecht. …

3 *Lest euch die Texte M1 und M2 durch.*
– *Welche Rechte forderten die Frauen im 19. und zu Beginn des 20. Jahrhundert?*
4 *Nennt mögliche Gründe, warum die Männer den Frauen das aktive und passive Wahlrecht verweigern wollten.*
5 *Erkundigt euch hei der Frauenbeauftragten der Stadt bzw. Gemeinde über Aktionen zum Internationalen Frauentag am 8. März.*

303

Weltweit werden Mädchen und Frauen am stärksten ausgebeutet,
sie leiden besonders unter dem
Mangel an Nahrung,
Mangel an Gesundheitsfürsorge,
Mangel an Bildung,
Mangel an Würde,
sie sind
Opfer sexueller Gewalt.

1 Terre des hommes, 1995.

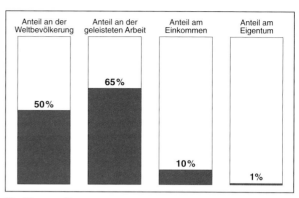

2 Frauen-Quoten.

Auf den folgenden Seiten könnt ihr euch anhand der Texte und Daten einen Überblick über Formen und Auswirkungen der Ungleichbehandlung der Geschlechter verschaffen. An einem Beispiel könnt ihr euch über die Lebenssituation von Mädchen und Frauen in der so genannten Dritten Welt informieren.

In einem Atlas von 1998 hat Joni Seager Daten und Fakten aus vielen Ländern dieser Erde zusammen getragen (M1–M3). Sie stellt zur Situation der Frauen und Mädchen in der Welt fest:

Die Stellung der Frau in der Gesellschaft

M1 Die meisten Regierungen auf dieser Welt haben sich auf dem Papier der Gleichberechtigung von Frauen und Männern verpflichtet. ... Nirgendwo in der Welt sind Frauen den Männern völlig gleichgestellt. ... In fast allen Gesellschaften und Kulturen werden Jungen Mädchen vorgezogen und sind ihnen gegenüber privilegiert*. Die Bevorzugung von Söhnen hat ihre Wurzeln in Wirtschaft, Kultur und Religion. Oft werden Mädchen für wirtschaftlich weniger wertvoll als Jungen erachtet, eine Ansicht, die durch Heirats-, Aussteuer- und Erbschaftspraktiken noch gefördert wird.

Frauen und Arbeit

M2 ... Frauen arbeiten mehr als Männer, sie haben weniger Pausen und vielfältigere Aufgaben. ... Immer mehr Frauen sind in der entlohnten Erwerbsarbeit tätig, aber meistens für weniger Geld als Männer. So genannte typische Frauenarbeit ist normalerweise schlechter bezahlt und hat ein niedrigeres Ansehen. ... In besser bezahlten ... Berufen und Führungspositionen sind Frauen immer noch deutlich unterrepräsentiert*. Nirgendwo in der Welt sind Frauen proportional* zu ihrem Anteil an der Bevölkerung in der Regierung vertreten ...

Die Armut ist weiblich

M3 Das weltweite Missverhältnis zwischen Arm und Reich hat sich vergrößert, Frauen bilden den größten ... Anteil der armen Weltbevölkerung. Frauen ... gehören zu den Ärmsten der Armen. Arme Männer in armen Ländern haben noch ärmere Frauen und Kinder. Anders als den Männern gehören Frauen ihr Einkommen, Besitz und ihre Kredite nur bedingt. Für ältere Frauen besteht weltweit die größte Gefahr, in Armut zu geraten. ...

Erstellt in Kleingruppen ein Schaubild:
1 *Tragt stichpunktartig zusammen, in welchen Bereichen Menschen in der Welt benachteiligt werden, weil sie Frauen und Mädchen sind.*
– Lest euch die Texte M1–M3 durch.
– Schreibt eure Stichpunkte auf einzelne kleine Zettel.
2 *Lest den Text aus Übersicht 1 und wertet Übersicht 2 aus. Ergänzt eure Stichpunkte.*
3 *Versucht, mögliche Zusammenhänge zwischen den einzelnen Bereichen herzustellen.*
– Entscheidet euch für eine sinnvolle Anordnung der Stichpunkte. Klebt die Zettel geordnet auf ein DIN-A3-Blatt. Markiert mögliche Verbindungen zwischen den Bereichen durch Pfeile.
– Vergleicht eure Ergebnisse.

Ein Mann ging mit einem Korb voller Kürbisse zum Markt um sie dort zu verkaufen.

Auf dem Weg fragte ihn jemand: „Wessen Früchte verkaufst du da?"

„Meine natürlich", antwortete der Bauer.

„Wer hat sie ausgesät?"

„Meine Frau."

„Wer hat sie gegossen und das Unkraut gejätet?"

„Sie, wer sonst?"

„Und wer hat die Früchte geerntet?"

„Nun, sie macht all diese Arbeiten!"

„Ja, aber warum sind dies dann aber all deine Kürbisse?"

„Nun, sie ist meine Frau!"

3　Eine Geschichte aus Bangladesh.

4　Die klassische Rollenaufteilung.

In einem Buch über Mädchen in der Dritten Welt von Renate Giesler u. a. aus dem Jahre 199I wird über ein Mädchen in Indien berichtet:

> **M4**　„Ich heiße Nakosi", antwortet ein etwa siebenjähriges Mädchen. In Lumpen gehüllt, von Fieber und Erschöpfung gekennzeichnet, hütet sie Kühe. … Ins Deutsche übersetzt, heißt Nakosi unerwünscht! … Die Eltern der kleinen Viehhirtin hatten sich voll und ganz auf einen Sohn eingestellt – und als dann die Tochter zur Welt kam, waren sie enttäuscht.

In der Broschüre zum Thema „Mädchen in der Dritten Welt" von der Kinderhilfsorganisation „terre des hommes" aus dem Jahr 1995 heißt es:

> **M5**　In Indien zum Beispiel sind Söhne willkommen, weil sie für die Eltern im Alter sorgen. Eine staatliche Rente gibt es nicht. Jungen garantieren für das Fortbestehen des Familiennamens. Durch sie erhalten die Mütter gesellschaftliche Anerkennung und Wertschätzung. Söhne stellen einen Wert dar. Wegen den immer höher werdenden Mitgiftkosten* bei der Verheiratung der Töchter … werden Mädchen … vielfach nur als Last empfunden. …

In einem Zeitungsartikel von 1995 heißt es:

> **M6**　Die indische Verfassung garantiert Männern und Frauen völlige Gleichheit, doch die Realität ist weit davon entfernt. … Die Regierung in Neu- Delhi hat das Problem wohl erkannt, dafür hat schon die immer größer werdende Frauenbewegung gesorgt. Aber eine Fülle von Gesetzen zur Verbesserung der Lage der Frauen hat nur wenig Veränderungen gebracht, denn sie werden nur halbherzig oder gar nicht befolgt. Es fehlt einfach der politische Wille. …

4　*Lest euch die Texte M4–M6 und die Geschichte auf dieser Seite zur Situation der Frauen und Mädchen in Indien durch.*

5　*Beschreibt mit eigenen Worten die Stellung der Mädchen und Frauen in der indischen Gesellschaft.*

6　*Vergleicht die Lebenssituation indischer Frauen mit den Ergebnissen von Aufgabe 2.*

7　*Stellt gemeinsam Forderungen für notwendige Maßnahmen und Einstellungsveränderungen auf, die eurer Meinung nach helfen könnten die Situation der Frauen in der Welt zu verbessern.*
– Bestellt euch die Broschüre „Mädchen".
Adresse: TERRE DES HOMMES-Hilfe für Kinder in Not, Postfach 41 26, 49031 Osnabrück.

Grundgesetz der Bundesrepublik Deutschland:

Artikel 3

(1) Alle Menschen sind vor dem Gesetz gleich

(2) Männer und Frauen sind gleichberechtigt. Der Staat fördert die tatsächliche Durchsetzung der Gleichberechtigung von Frauen und Männern und wirkt auf die Beseitigung bestehender Nachteile hin.

(3) Niemand darf wegen seines Geschlechts … benachteiligt oder bevorzugt werden.

Auf dieser Doppelseite könnt ihr euch zum Thema „Gleichstellung von Mann und Frau" informieren.

Anspruch und Wirklichkeit

Eine Befragung des Bundesministeriums zu den Einstellungen in der Bevölkerung ergab 1996:

M1 *Frage:* Glauben Sie, dass für die Gleichberechtigung von Frau und Mann bisher zuviel, zu wenig, genug getan wurde?

Antworten in Prozent:

Für Gleichberechtigung	gesamt	Frauen	Männer
zu viel getan	2	2	2
zu wenig getan	69	72	65
genug getan	27	24	30
keine Angabe	2	2	3

Frage: Die Gleichberechtigung zu verwirklichen, ist das hauptsächlich Aufgabe des Staates oder hauptsächlich Aufgabe jedes Einzelnen?

1 **Auf gleicher Startlinie.** Karikatur 1995.

Antworten in Prozent:	gesamt	Frauen	Männer
Haupsächlich Aufgabe			
des Staates	35	34	36
jedes einzelnen	60	60	60
weiß nicht	5	6	4

1 *Erklärt mit eigenen Worten, welchen Anspruch das Grundgesetz an den Staat und die Gesellschaft stellt.*

2 *Überlegt euch Aussagen zu den Einstellungen in der Gesellschaft.*

– Bewertet die Meinungsumfrage M1.

– Deutet die Karikatur (Abb. 1).

3 *Wertet Zahlen der Säulendiagramme (Abb. 2) aus. Bezieht auch das Datenmaterial von S. 300 mit ein.*

– Stellt fest, in welchen Bereichen Frauen und Männer in der Realität benachteiligt bzw. bevorzugt sind.

– Nennt mögliche Gründe für diese Unterschiede.

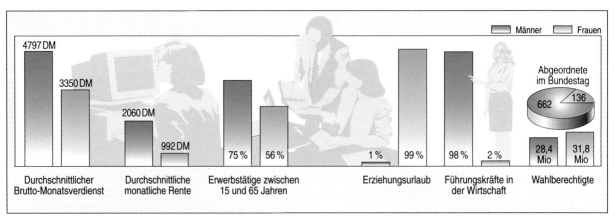

2 **Frauen und Männer im Vergleich.** Daten 1995.

4 *Vergleicht die Ergebnisse von Aufgabe 1–3. Formuliert Schlussfolgerungen:*
– Diskutiert notwendige Veränderungen im Verhalten und in den Einstellungen von Männern und Frauen, damit die Gleichberechtigung Wirklichkeit wird.
– Bestellt euch beim Bundesministerium die Broschüre „Frauen und Männer sind gleichberechtigt".
Adresse: BMFSFJ, Postfach 201541, 53145 Bonn.
– Tragt zusammen, durch welche Maßnahmen der Staat versucht, eine tatsächliche Durchsetzung der Gleichberechtigung zu erreichen.

Die Situation in Europa

Die Gleichberechtigung von Frauen und Männern ist in den Ländern der Europäischen Union unterschiedlich weit vorangeschritten. Die europäische Union hat sich deshalb mit dem Vertrag von Amsterdam 1997 ausdrücklich dazu verpflichtet, die „Gleichstellung von Frauen und Männern zu fördern" und Ungleichheiten zu beseitgen.

Wohlfahrtsstaat als „Frauenfreund"

Im internationalen Vergleich gilt Skandinavien als Vorbild für die Verwirklichung der Gleichstellung von Mann und Frau.
Die Tageszeitung „Frankfurter Rundschau" berichtete am 18. August 1995 dazu:

M2 … Nirgends sonst sitzen so viele Frauen im Parlament wie in Schweden: Sie halten 41 % der Reichstagsplätze. Nirgends sonst stellen Frauen die halbe Regierung. Nirgends sonst ist ihre Erwerbszahl oder ihr Ausbildungsniveau höher als in Skandinavien, wo mehr Studentinnen als Studenten die Universitäten bevölkern und mehr junge Frauen als Männer Arbeit haben. 63 % der Jobs, die eine Berufsausbildung erfordern, werden in Schweden und Dänemark von Frauen besetzt. … Das soziale Sicherheitsnetz, das der Staat von der Kinderkrippe bis zur Altenbetreuung knüpft, entlastet die Frauen von traditionell ihnen aufgebürdeten Aufgaben und macht ihnen den Rücken für den Einstieg ins Berufsleben frei.

Soziale Verantwortung für die Männer

Von einem europäischen Kongress wurde in der selben Tageszeitung am 30. Mai 1998 berichtet:

M3 Eine Ursache der Familienfeindlichkeit ist, wenn Betriebe den vollzeitarbeitenden Mann ohne familiäre Verpflichtungen als ideale Arbeitskraft ansehen … Deshalb müssen Anreize für verstärkte häusliche Tätigkeit von Männern … eingerichtet werden.
Abgesicherte Rückkehrchancen in den Beruf, verbürgter Vaterschaftsurlaub und ein breites Kinderbetreuungsangebot haben die Geburtenrate in skandinavischen Ländern gesteigert.
Familie und Erwerbstätigkeit dürfen sich nicht ausschließen. Wichtig ist nicht eine Wahlfreiheit zwischen Familie und Beruf, sondern die Chance beides zu verbinden.

Politische Verantwortung für die Frauen

Antonella Schulte-Baucks, vom Büro für Chancengleichheit der Europäischen Kommission, sagte 1994:

M4 Ich glaube, die Europäische Union ist eine Chance für Frauen, vermehrt ihre Rechte wahrnehmen zu können. … Die Frauen sollten sich wirklich engagieren. … solange die Frauen abseits von der Politik stehen, überlassen sich den Männern das Feld der Macht. Und wenn man nicht an den Machthebeln sitzt, kann man weniger bewirken. Wenn es darum geht, Entscheidungen zu treffen, Gelder zu verteilen, muss man da sein, muss man präsent sein!

Gerechtigkeit schaffen

Die Polikwissenschaftlerin Beate Hoecker schreibt 1997:

M5 Wenn wir etwas von den nordischen Ländern lernen können, dann ist es der hohe Stellenwert der Gleichberechtigung von Mann und Frau … Die Verantwortlichen in Politik, Wirtschaft und Gesellschaft … sind aufgefordert größere Aufgeschlossenheit für soziale Gerechtigkeit und politische Gleichheit zu entwickeln. …

5 *Lest euch den Text M2 durch. Stellt fest, in welchen Bereichen in skandinavischen Ländern die Gleichstellung von Frau und Mann verwirklicht ist. Vergleicht eure Ergebnisse mit Aufgabe 4.*
6 *Lest die Texte M3–M5 und nehmt Stellung.*
– Diskutiert notwendige Veränderungen im Geschlechterverhältnis um das Europa der Frauen und Männer im 21. Jahrhundert zu verwirklichen.
– Bestellt euch dazu die Informationsbroschüren der Europäische Kommission, z. B. „Frauen in Europa". Bestelladresse: Presse- und Informationsamt der Bundesregierung, Welckerstr. 11, 53113 Bonn.

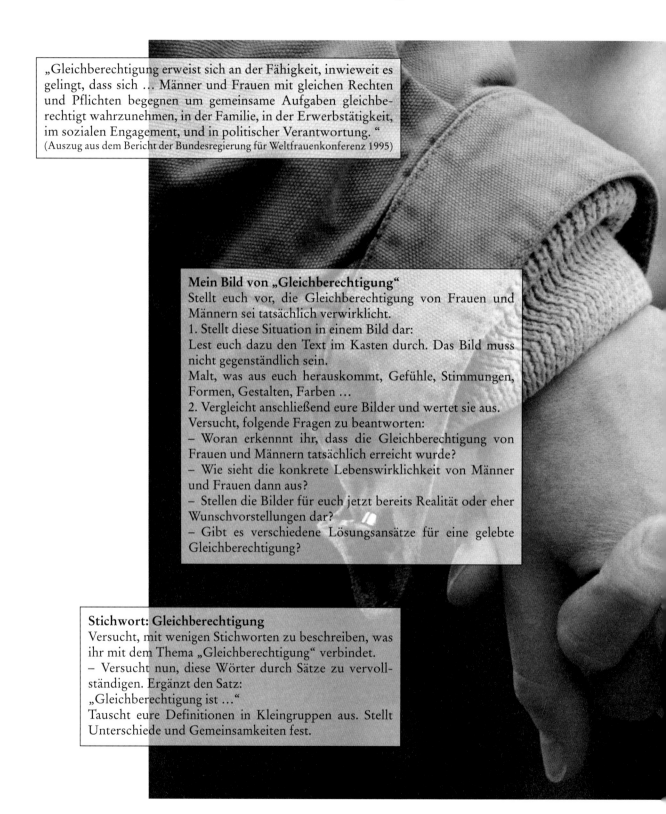

„Gleichberechtigung erweist sich an der Fähigkeit, inwieweit es gelingt, dass sich ... Männer und Frauen mit gleichen Rechten und Pflichten begegnen um gemeinsame Aufgaben gleichberechtigt wahrzunehmen, in der Familie, in der Erwerbstätigkeit, im sozialen Engagement, und in politischer Verantwortung. "
(Auszug aus dem Bericht der Bundesregierung für Weltfrauenkonferenz 1995)

Mein Bild von „Gleichberechtigung"
Stellt euch vor, die Gleichberechtigung von Frauen und Männern sei tatsächlich verwirklicht.
1. Stellt diese Situation in einem Bild dar:
Lest euch dazu den Text im Kasten durch. Das Bild muss nicht gegenständlich sein.
Malt, was aus euch herauskommt, Gefühle, Stimmungen, Formen, Gestalten, Farben ...
2. Vergleicht anschließend eure Bilder und wertet sie aus.
Versucht, folgende Fragen zu beantworten:
– Woran erkennt ihr, dass die Gleichberechtigung von Frauen und Männern tatsächlich erreicht wurde?
– Wie sieht die konkrete Lebenswirklichkeit von Männer und Frauen dann aus?
– Stellen die Bilder für euch jetzt bereits Realität oder eher Wunschvorstellungen dar?
– Gibt es verschiedene Lösungsansätze für eine gelebte Gleichberechtigung?

Stichwort: Gleichberechtigung
Versucht, mit wenigen Stichworten zu beschreiben, was ihr mit dem Thema „Gleichberechtigung" verbindet.
– Versucht nun, diese Wörter durch Sätze zu vervollständigen. Ergänzt den Satz:
„Gleichberechtigung ist ..."
Tauscht eure Definitionen in Kleingruppen aus. Stellt Unterschiede und Gemeinsamkeiten fest.

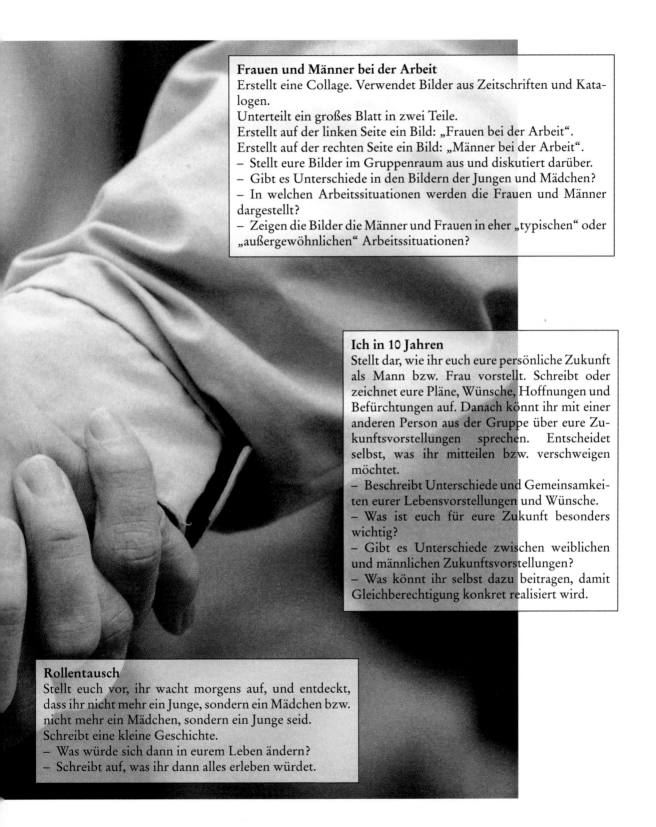

Frauen und Männer bei der Arbeit
Erstellt eine Collage. Verwendet Bilder aus Zeitschriften und Katalogen.
Unterteilt ein großes Blatt in zwei Teile.
Erstellt auf der linken Seite ein Bild: „Frauen bei der Arbeit".
Erstellt auf der rechten Seite ein Bild: „Männer bei der Arbeit".
– Stellt eure Bilder im Gruppenraum aus und diskutiert darüber.
– Gibt es Unterschiede in den Bildern der Jungen und Mädchen?
– In welchen Arbeitssituationen werden die Frauen und Männer dargestellt?
– Zeigen die Bilder die Männer und Frauen in eher „typischen" oder „außergewöhnlichen" Arbeitssituationen?

Ich in 10 Jahren
Stellt dar, wie ihr euch eure persönliche Zukunft als Mann bzw. Frau vorstellt. Schreibt oder zeichnet eure Pläne, Wünsche, Hoffnungen und Befürchtungen auf. Danach könnt ihr mit einer anderen Person aus der Gruppe über eure Zukunftsvorstellungen sprechen. Entscheidet selbst, was ihr mitteilen bzw. verschweigen möchtet.
– Beschreibt Unterschiede und Gemeinsamkeiten eurer Lebensvorstellungen und Wünsche.
– Was ist euch für eure Zukunft besonders wichtig?
– Gibt es Unterschiede zwischen weiblichen und männlichen Zukunftsvorstellungen?
– Was könnt ihr selbst dazu beitragen, damit Gleichberechtigung konkret realisiert wird.

Rollentausch
Stellt euch vor, ihr wacht morgens auf, und entdeckt, dass ihr nicht mehr ein Junge, sondern ein Mädchen bzw. nicht mehr ein Mädchen, sondern ein Junge seid.
Schreibt eine kleine Geschichte.
– Was würde sich dann in eurem Leben ändern?
– Schreibt auf, was ihr dann alles erleben würdet.

Aus dem Grundgesetz der Bundesrepublik Deutschland

in der Fassung vom 3. November 1995

Artikel 1

(1) Die Würde des Menschen ist unantastbar. Sie zu achten und zu schützen ist Verpflichtung aller staatlichen Gewalt.
(2) Das deutsche Volk bekennt sich darum zu unverletzlichen und unveräußerlichen Menschenrechten als Grundlage jeder menschlichen Gemeinschaft, des Friedens und der Gerechtigkeit in der Welt.

Artikel 2

(1) Jeder hat das Recht auf die freie Entfaltung seiner Persönlichkeit, soweit er nicht die Rechte anderer verletzt und nicht gegen die verfassungsmäßige Ordnung oder das Sittengesetz verstößt.
(2) Jeder hat das Recht auf Leben und körperliche Unversehrtheit. Die Freiheit der Person ist unverletzlich. In diese Rechte darf nur auf Grund eines Gesetzes eingegriffen werden.

Artikel 3

(1) Alle Menschen sind vor dem Gesetz gleich.
(2) Männer und Frauen sind gleichberechtigt. Der Staat fördert die tatsächliche Durchsetzung der Gleichberechtigung von Männern und Frauen und wirkt auf die Beseitigung bestehender Nachteile hin.
(3) Niemand darf wegen seines Geschlechts, seiner Abstammung, seiner Rasse, seiner Sprache, seiner Heimat und Herkunft, seines Glaubens, seiner religiösen oder politischen Anschauungen benachteiligt oder bevorzugt werden. Niemand darf wegen seiner Behinderung benachteiligt werden.

Artikel 4

(1) Die Freiheit des Glaubens, des Gewissens und die Freiheit des religiösen und weltanschaulichen Bekenntnisses sind unverletzlich.
(3) Niemand darf gegen sein Gewissen zum Kriegsdienst mit der Waffe gezwungen werden ...

Artikel 5

(1) Jeder hat das Recht, seine Meinung in Wort, Schrift und Bild frei zu äußern und zu verbreiten und sich aus allgemein zugänglichen Quellen ungehindert zu unterrichten. Die Pressefreiheit und die Freiheit der Berichterstattung ... werden gewährleistet ... Eine Zensur findet nicht statt.

Artikel 8

(1) Alle Deutschen haben das Recht, sich ohne Anmeldung und Erlaubnis friedlich und ohne Waffen zu versammeln.
2) Für Versammlungen unter freiem Himmel kann dieses Recht durch Gesetz ... beschränkt werden.

Artikel 9

(1) Alle Deutschen haben das Recht, Vereine und Gesellschaften zu bilden.

(2) Vereinigungen, deren ... Tätigkeiten den Strafgesetzen zuwiderlaufen oder die sich gegen die verfassungsmäßige Ordnung oder gegen den Gedanken der Völkerverständigung richten, sind verboten.

Artikel 10

(1) Das Briefgeheimnis sowie das Post- und Fernmeldegeheimnis sind unverletzlich.

Artikel 12

(1) Alle Deutschen haben das Recht, Beruf, Arbeitsplatz und Ausbildungsplatz frei zu wählen ...

Artikel 12a

(1) Männer können vom vollendeten achtzehnten Lebensjahr an zum Dienst in den Streitkräften ... verpflichtet werden.
(2) Wer aus Gewissensgründen den Kriegsdienst mit der Waffe verweigert, kann zu einem Ersatzdienst verpflichtet werden. Die Dauer des Ersatzdienstes darf die Dauer des Wehrdienstes nicht übersteigen ...

Artikel 16

(1) Die deutsche Staatsangehörigkeit darf nicht entzogen werden ...
(2) Kein Deutscher darf an das Ausland ausgeliefert werden.

Artikel 16a

(1) Politisch Verfolgte genießen Asylrecht.
(2) Auf Absatz 1 kann sich nicht berufen, wer aus einem Mitgliedstaat der Europäischen Gemeinschaft oder aus einem anderen Drittstaat einreist, in dem die ... Rechtsstellung der Flüchtlinge ... sichergestellt ist.

Artikel 17

Jedermann hat das Recht, sich einzeln oder in Gemeinschaft mit anderen schriftlich mit Bitten oder Beschwerden an die zuständigen Stellen und an die Volksvertretung zu wenden.

Artikel 19

(2) In keinem Falle darf ein Grundrecht in seinem Wesensgehalt angetastet werden.

Artikel 20

(1) Die Bundesrepublik Deutschland ist ein demokratischer und sozialer Bundesstaat.
(2) Alle Staatsgewalt geht vom Volke aus. Sie wird vom Volke in Wahlen und Abstimmungen und durch besondere Organe der Gesetzgebung, der vollziehenden Gewalt und der Rechtsprechung ausgeübt.

(4) Gegen jeden, der es unternimmt, diese Ordnung zu beseitigen, haben alle Deutschen das Recht zum Widerstand, wenn andere Abhilfe nicht möglich ist.

Artikel 21
(1) Die Parteien wirken bei der politischen Willensbildung des Volkes mit. Ihre Gründung ist frei. Ihre innere Ordnung muss demokratischen Grundsätzen entsprechen …

Artikel 38
(1) Die Abgeordneten des Deutschen Bundestages werden in allgemeiner, unmittelbarer, freier, gleicher und geheimer Wahl gewählt. Sie sind Vertreter des ganzen Volkes, an Aufträge und Weisungen nicht gebunden und nur ihrem Gewissen unterworfen.
(2) Wahlberechtigt ist, wer das achtzehnte Lebensjahr vollendet hat; wählbar ist, wer das Alter erreicht hat, mit dem die Volljährigkeit eintritt.

Artikel 62
Die Bundesregierung besteht aus dem Bundeskanzler und den Bundesministern.

Artikel 63
(1) Der Bundeskanzler wird auf Vorschlag des Bundespräsidenten vom Bundestage … gewählt.
(2) Gewählt ist, wer die Stimmen der Mehrheit der Mitglieder des Bundestages auf sich vereint …

Artikel 64
(1) Die Bundesminister werden auf Vorschlag des Bundeskanzlers vom Bundespräsidenten ernannt und entlassen.

Artikel 65
Der Bundeskanzler bestimmt die Richtlinien der Politik und trägt dafür die Verantworung …

Artikel 67
(1) Der Bundestag kann dem Bundeskanzler das Misstrauen nur dadurch aussprechen, dass er mit der Mehrheit seiner Mitglieder einen Nachfolger wählt und den Bundespräsidenten entsprechend ersucht, den Bundeskanzler zu entlassen. Der Bundespräsident muss dem Ersuchen entsprechen …

Adressen der Bundesministerien

Erster Dienstsitz: Bundeshauptstadt Berlin

Presse- und Informationsamt der Bundesregierung
Reichstaguferr 12–14
10117 Berlin

Auswärtiges Amt
Werderscher Markt
10117 Berlin

Bundesministerium des Innern
Alt Moabit 101
10559 Berlin

Bundesministerium der Justiz
Jerusalemer Straße 24–28
10117 Berlin

Bundesministerium der Finanzen
Leipziger Straße 5–7
10117 Berlin

Bundesministerium für Wirtschaft
Scharnhorststraße 34–37
10115 Berlin

Bundesministerium für Arbeit und Sozialordnung
Mauerstraße 45–52, 53
10117 Berlin

Bundesministerium für Familie, Senioren, Frauen und Jugend
Jägerstraße 9
10117 Berlin

Bundesministerium für Verkehr
Invalidenstraße 44
10115 Berlin

Erster Dienstsitz: Bundesstadt Bonn

Bundesministerium für Ernährung, Landwirtschaft und Forsten
Rochusstraße 1
53123 Bonn

Bundesministerium der Verteidigung
Rochusstraße 8–110
53123 Bonn

Bundesministerium für Gesundheit
Heinrich-von-Stephan-Straße 1
53175 Bonn

Bundesministerium für Umwelt, Naturschutz und Reaktorsicherheit
Heinrich-von-Stephan-Straße 1
53175 Bonn

Bundesministerium für wirtschaftliche Zusammenarbeit und Entwicklung
Adenauerallee 141
53113 Bonn

Bundesministerium für Bildung, Wissenschaft, Forschung und Technologie
Heinemannstraße 2
53175 Bonn

(aus: Bundeshauptstadt Berlin. Parlament und Regierung ziehen um. Hrsg.: Presse- und Informationsamt der Bundesregierung, Dezember 1997)

Ablass Erlass kirchlicher Strafen aufgrund frommer Werke oder finanzieller spenden.

Al Andalus arabische Bezeichnung für das muslimische Spanien. Der Name soll angeblich an den Stamm der dort vorübergehend ansässigen Vandalen erinnern. Im Namen Andalusien hat er sich bis heute erhalten.

Alhambra Festung der maurischen Herrscher auf einem Bergrücken oberhalb von Granada. Eines der bedeutendenst Bauwerke der arabischen Architektur.

Almosen Spenden für Bedürftige.

Apostel (griechisch) der Gesandte, Bote. Die christlichen Apostel, z.B. Paulus, reisten in viele Städte des Römischen Reiches um den Glauben an Jesus zu verbreiten.

Arena (Mehrzahl: Arenen) Bezeichnung für Wettkampfstätten.

Autonomie Selbstbestimmung.

Bann Ausschluss aus der kirchlichen Gemeinschaft.

Bataten stärkereiche Knollen („Süßkartoffeln"). Grundnahrungsmittel der Regenwaldbewohner.

Bibel die Heilige Schrift der Christen. Sie besteht aus dem Alten und dem → Neuen Testament. Testament bedeutet „Bund", gemeint ist nach dem christlichen Glauben der Bund Gottes mit dem jüdischen Volk (Altes Testament) und mit allen Menschen durch Jesus Christus im Neuen Testament. Welche Schriften in die Bibel aufgenommen wurden, entschied sich in den frühen christlichen Gemeinden.

Biomasse Tierische und pflanzliche Rohstoffe, die als Brennstoffe zur Erzeugung von Strom und Wasser sowie als Treibstoffe (z. B. Rapsöl) für den Antrieb von Motoren verwendet werden.

Böttchermeister Handwerker der höhere Gefäße (Bottiche, Kübel, Fässer) herstellt.

Brandrodungs-Wanderfeldbau Gewinnung von landwirtschaftlichen Flächen durch Rodung und Verbrennen der Bäume. Ließ die Fruchtbarkeit der Böden nach, musste weitergezogen und nach einer neuen Rodungsfläche gesucht werden.

Campesinos Landarbeiter und Bauern in Spanien und Lateinamerika.

Christogramm Namenszeichen für Christus, zusammengefügt aus den großen griechischen Anfangsbuchstaben von Christus „X und P"

Conquistador (spanisch = Eroberer). Bezeichnung vor allem für die spanischen Eroberer in Mittel- und Südamerika.

Demokratie (griechisch = Herrschaft des Volkes) Eine demokratische Staatsform findet sich zum ersten Mal in Athen. In der Volksversammlung der athenischen Bürger (nur Männer; Frauen hatten keine politischen Rechte) werden alle politischen Entscheidungen durch Mehrheitsbeschluß getroffen (unmittelbare oder direkte Demokratie). – Keine politischen Rechte hatten neben den Frauen auch Ausländer und Sklaven. Deshalb herrschte in der attischen Demokratie immer eine Minderheit über eine Mehrheit. Bei einer Gesamtbevölkerung von etwa 300 000 Menschen zur Zeit des Perikles konnten sich nur etwa 40 000 politisch betätigen.

Devisen Bezeichnung für ausländische Währungen.

Dorfschützer von den türkischen Behörden beauftragte bewaffnete Wächter.

Dritte Welt Sammelbegriff für alle Staaten, die nicht dem Block der westlichen Industrieländer oder dem ehemaligen Ostblock angehörten.

Dschihad (arabisch) wörtlich: Anstrengung, Abmühen, sich einsetzen. Der Begriff wird für besondere Bemühungen um den Islam gebraucht, auch für kriegerische Aktionen.

Elle altes deutsches Längenmaß zwischen 57 cm (Hamburger Elle) und 111 cm (Bayreuther Elle).

Erste Welt Bezeichnung für die westlichen Industrieländer.

Europäische Union Bezeichnung für den Zusammenschluss der Europäischen Staaten nach dem Vertrag von Maastricht (1992).

Evangelium (griechisch = gute Botschaft) Zunächst wurde die Lehre Christi, die Frieden und Heil verheißt, als „Gute Botschaft" bezeichnet. Seit dem 2. Jahrhundert wurde der Begriff „Evangelium" auch auf die Schriften bezogen, die vom Leben und Wirken Jesu berichten. Es gibt vier Evangelien. Ihre Verfasser Matthäus, Markus, Lukas und Johannes werden als die vier Evangelisten bezeichnet.

Export, exportieren Ausfuhr von Wirtschaftsgütern in andere Länder.

Fincas Grundstück, Landgut.

Fraktion Zusammenschluss von Abgeordneten einer Partei in Parlamenten.

Fraktionszwang Zwang zur einheitlichen Stimmabgabe innerhalb einer Franktion.

Frondienste (althochdeutsch: fron = Herr) Dienste, die Bauern ihrem Grundherrn unentgeltlich leisten mussten, wie z. B. säen, ernten, pflügen.

Fronhof Herrenhof; Mittelpunkt einer Grundherrschaft.

Fugger Name einer Augsburger Kaufmannsfamilie, die im 16. Jahrhundert aufgrund ihres Reichtums und ihrer politischen Verbindung eine besondere Machtstellung inne hatte.

Germanen Sammelname für Völker und Stämme in Nord- und Mitteleuropa, die sprachverwandt sind. Ursprünglich war es die keltische Bezeichnung für nichtkeltische Stämme, die seit Cäsar von den Römern übernommen wurden.

Gibraltar Meerenge zwischen Afrika und Europa.

Goldschläger Handwerker, die Gold verarbeiten.

Goldspinnerinnen Handwerkerinnen, die Goldfäden spinnen.

Gregorianischer Kalender Heute gültige Zeitrechnung von Papst Gregor XIII. 1582 eingeführt.

Grundherr(en) Der Eigentümer des Bodens übte zugleich die Herrschaft über jene Bauern aus, die auf seinem Grund wohnten und ihn bearbeiteten.

Guerilla(kämpfer) (span.: kleiner Krieg) Der Begriff entstand in der nationalen Erhebung der Spanier gegen Napoleon (1808). Die spanischen Bauern widersetzten sich aus eigener Initiative und operierten in kleinen Gruppen mit überraschenden Überfällen gegen die napoleonischen Besatzungstruppen. Auf diese Weise konnten trotz militärischer Unterlegenheit (Ausrüstung, Zahl) eine bedeutende Wirkung erzielt werden. Die Taktik des Guerillakrieges wurde seitdem immer wieder in Kriegen gegen Besatzerarmeen angewandt (z. B. in Vietnam).

Gulden Goldmünze mit wechselndem Goldgehalt. Entwickelte sich zur wichtigsten Münze in Deutschland. Wurde im Handel je nach seinem jeweiligen Goldgehalt bewertet.

Heiliges Grab das Grab von Jesus Christus. Nach biblischen Berichten ein Felsengrab außerhalb Jerusalems. Die Höhle, über der Kaiser Konstantin eine Grabeskirche errichten ließ, lässt sich aber wissenschaftlich nicht als der tatsächliche Bestattungsplatz nachweisen.

Hinterbänklertum Bezeichnung für weniger bedeutenden Parlamentarier, die in der Sitzordnung die hinteren „Bände" einnahmen.

Hodscha islamischer geistlicher Lehrer.

Hörige(r) Ein von seinem Grundherrn abhängiger Bauer. Er erhält vom Grundherrn Land zur Bewirtschaftung und muss dafür Abgaben und Dienste leisten. Hörige waren an das ihnen übergebene Land gebunden und konnten zusammen damit verkauft oder verschenkt werden.

Humanismus geistige Bewegung am Ende des Mittelalters und am Beginn der Neuzeit, die versuchte griechische und römische Überlieferungen für die Entwicklung der Wissenschaften fruchtbar zu machen.

Ignoranz Missachtung.

Imam Vorbeter in der Moschee, Titel für Gelehrte des Islams.

Import, importieren Einfuhr von ausländischen Wirtschaftsgütern.

Indios Spanisches und portugiesisches Wort für die Ureinwohner Lateinamerikas.

Integration Eingliederung.

investieren Geld in einem Geschäft anlegen, z. B. eine neue Produktionsanlage (Fabrik) errichten.

juristisch rechtlich.

Kadaver Tierleichnam.

Kalif Bezeichnung für die Nachfolger des Propheten Mohammed als Oberhaupt der muslimischen Gemeinschaft.

Kolonie Bezeichnung für Gebiete in Afrika, Lateinamerika und Asien, die von europäischen Staaten in Besitz genommen und durch Bürger dieser Staaten verwaltet bzw. ausgebeutet wurden.

Kommunalwahlen Wahlen auf Gemeindeebene.

Kondensation Verdichtung (auch Verflüssigung bei Gasen).

korrupt bestechlich.

Kurfürst Wahlfürst; von küren, wählen. Im Deutschen Reich waren bei der Königswahl wahlberechtigt die Erzbischöfe von Mainz, Köln, Trier, der Pfalzgraf bei Rhein, der Herzog von Sachsen, der Markgraf von Brandenburg und der König von Böhmen. Die Kurfürsten betimmten entscheidend die Politik des Reiches.

Laien Bezeichnung der Gläubigen zur Unterscheidung von Priestern der Kirche. Heute Bezeichnung für „Nichtfachleute".

Pfalz (lateinisch = Palast) prachtvoller Königshof mit Königshalle und Kapelle, Unterkunftsräumen, Ställen usw. Pfalzen dienten den deutschen Königen des Mittelalters als wechselnde Wohnsitze und waren über das ganze Reich verteilt.

Macheten Buschmesser.

Malaria von Stechmücken übertragene Infektionskrankheit, die weltweit in tropischen und subtropischen Gegenden verbreitet ist. Malaria löst Fieberanfälle, Schüttelfrost, Schweißausbrüche und Organschäden aus, die unbehandelt häufig zum Tod führen. Jährlich gibt es ca. 100 Millionen Erkrankte und 1 Million Todesfälle.

Maniok Gewächs mit stärkehaltigen Knollen. Diese werden gemahlen. Das Mehl heißt Cassave und wird zu Brei oder Tee verarbeitet.

Märtyrer (griechisch = Zeuge) Ein Christ, der für seine religiöse Überzeugung sein Leben opfert.

manifestieren sich zeigen.

maurisch zu den Mauren gehörend. Die Mauren waren eine Bevölkerungsgruppe in Nordwestafrika, die zum Islam übertrat und auch im muslimischen Spanien zur herrschenden Schicht wurde.

Minarett (schlanker) Turm einer Moschee zum Ausrufen der vom Koran vorgeschriebenen Gebete.

Mitgiftkosten/Mitgift Bezeichnung für die Ausstattung mit Geld, Land und Gegenständen, die der Tochter vor der Hochzeit von den Brauteltern gewährt wird. Ursprünglich diente die Mitgift dem Schutz der Frauen, um deren Lebensunterhalt zu sichern.

Molke bei der Käseherstellung übrig bleibende Milchflüssigkeit.

Muezzin Gebetsrufer im Islam.

Multiplikatoren Verstärker, Vervielfacher einer Meinung.

Nationalismus Weltanschauung, in der das eigene Volk und der eigene Staat zu höchsten Werten erklärt werden.

Neues Testament zweiter Teil der christlichen Bibel. Während das Alte Testament die Schriften umfasst, die das Christentum von den Juden übernommen hat, enthält das Neue Testament die vier Evangelien – die Berichte über das Leben Jesu und Briefe und Schriften, die von den frühesten Christen stammen. Das Wort Testament bedeutet nach christlicher Auffassung mit den Christen geschlossen hat – im Gegensatz zum „alten Bund" mit den Juden.

Olmyp Höchster Berg Griechenlands (2 917 m). Galt in der Antike als Sitz der Götter.

Olympische Spiele religiös begründete Sportwettkämpfe im alten Griechenland.

Orakelstätten Heilige Stätten der Griechen, an denen ihre Götter befragt werden konnten.

Palisaden (lateinisch = Pfahl) Schutzwall aus eng nebeneinander stehenden und meist angespitzten Pfählen.

§ 218 Paragraph der Strafgesetzgebung, der Abtreibung unter Strafe stellt.

Parzellen vermessenes Grundstück, Baustelle.

Patrizier (von lateinisch patres, d. h. Väter) In der römischen Republik hießen so die Mitglieder des römischen Adels. Sie verfügten über Reichtum und Macht und bestimmten zunächst allein das politische Leben Roms.

Pionierinnen hier: Vorkämpferinnen

Plebejer (lateinisch: plebs = das Volk) Zu den Plebejern gehörten alle Römer soweit sie nicht Patrizier (Adlige) waren.

Privileg Vorrecht, Sonderrecht.

privilegiert durch Sonderrecht begünstigt.

proportional verhältnismäßig, in gleichem Verhältnis stehend

Ramadan Fastenmonat der Muslime.

Rassisten Anhänger einer Weltanschauung, die sich selbst als überlegen ansehen und Angehörige anderer Rassen als minderwertig ansehen.

Reichsacht Bei schweren Verbrechen (z. B. Mord) können der König oder ein von ihm beauftragter Richter den Täter ächten. Dieser ist damit aus der Gemeinschaft ausgestoßen und im gesamten Reich „vogelfrei", d. h., jeder hat das Recht, ihn zu töten. Er verliert seinen Besitz, seine Kinder werden als Waisen, seine Frau als Witwe angesehen: Wer einen Geächteten aufnimmt, verfällt selbst der Reichsacht.

Restauration Gegenbewegung zu Reformen (wörtlich: Wiederherstellung).

Romanen Bezeichnung für die Latein sprechende Bevölkerung der ehemaligen röischen Provinzen, die nach der Völkerwanderung zumeist unter germanische Herrschaft geriet.

Rosenkranz Perlenschnur oder -kette zum Zählen von Gebeten in der katholischen Kirche.

Santiage de la Compostela bedeutender Wallfahrtsort der europäischen Christen in Nordwestspanien.

Scharia Sammlung des islamischen Rechts.

Scheffel altes deutsches Hohlmaß insbesondere für Getreide (nach Ländern unterschiedlich). Ein preußischer Scheffel entsprach 54,96 Litern, ein sächsischer 103,83 Litern und ein bayerischer 222,36 Litern.

Schultheiß (der, der die Schulden einfordert), auch Schulze genannt. Dorfvorsteher und Richter im Dorfgericht. Es gab aber auch den Stadtschultheißen.

Sklave ein Mensch, der als Sache gilt und über den sein Besitzer nach Belieben verfügen kann

souverän überlegen, (auf Herrschaft bezogen) unabhängig.

Stand eine in sich fest gefügte gesellschaftliche Gruppe mit gemeinsamen Lebensformen. Man spricht vom Stand des Adels, des Bürgertums und der Bauern.

Steuern Abgaben.

Sultan (arabisch) Wörtlich: Autorität, Herrscher. Herrschertitel, vom Kalifen vergeben.

unterrepräsentiert nicht der Zahl oder Bedeutung angemessen vertreten.

Unzen hier: Gewichtseinheit in den ehemaligen spanischen Kolonien: Onza (meist 28,7 g)

Villa Landhaus, vornehmes Einfamilienhaus

Volksversammlung hier: Einrichtung der Demokratie in Athen: die Versammlung der stimmberechtigten athenischen Bürger, die die Gesetze beschloss, über Krieg und Frieden entschied und die wichtigsten Staatsämter durch Wahlen besetzte.

Wanderfeldbau Wirtschaftsform, bei der die Bauern weiterwandern, wenn die Felder „erschöpft" sind, d. h. nicht mehr über genügend Nährstoffe verfügen.

Wechsel (Geld) ein Schuldschein, auf dem festgehalten ist, wann der Schuldner seine Schuld zu bezahlen hat. Die Form des Wechsels ist gesetzlich vorgeschrieben.

Zapata, Emiliano ca. 1789–1919, mexikanischer Revolutionär, der für eine weitreichende Landreform kämpfte und von seinen Gegnern ermordet wurde.

Zapatisten Anhänger Zapatas

Zyanidschlamm Schlamm, der giftige Kaliumchloridverbindungen enthält.

1. Leben im antiken Griechenland

S. 10: (Q) Herodot, Historien IV, Übersetzung nach J. Feix. München 1977, S. 150 ff.
S. 12: (M) H. G. Oomen, in: Entdecken und Verstehen, Sachsen 6. Cornelsen Verlag. Berlin 1996, S. 14
S. 14: (Q1) Nach: „Curriculum Geschichte", Altertum 1, S. 64–68
S. 16: (M) Nach: Drees, Olympia. Stuttgart 1967, S. 67
(Q1) Kleinknecht/Krieger. Materialien für den Geschichtsunterricht, Bd. II, Altertum. Frankfurt/M. 1978, S. 72
S. 17: (Q2) Nach: Geschichte und Geschehen, Baden-Württemberg. Bd. 7. Klett Verlag. Stuttgart 1984, S. 59
S. 21: (Q1) GiQ I, S. 221
(Q2) M. Kleinknecht/Krieger, a.a.O., S. 96
S. 26: (Q) GiQ 7, S. 221
S. 27: (M) Nach: Tarn/Griffith, Die Kultur der Hellenistischen Welt. Darmstadt 1966, S. 302 ff.

2. Das Römische Reich

S. 36: (Q1) M. Pohlenz, Stoa und Stoiker, S. 265
(Q2) Sachsen 6, o. A.
S. 38: (Q) Nach: J. Carpocino, Rom – Leben und Kultur in der Kaiserzeit. Reclam Verlag 1977, S. 247
S. 40: (Q1) Tacitus, Annalen II, S. 52–53
S. 41: (Q2) GiQ I, S. 667
S. 43: (M) Jérôme Carpopino, Rom – Leben und Kultur in der Kaiserzeit, a.a.O., S. 155
S. 44: (Q1) Gutschera/Thierfelder, Brennpunkte der Kirchengeschichte. Schöningh. Paderborn 1976, S. 24
S. 45: (Q2+3) ebenda
S. 46: (Q1) Kleinknecht/Krieger, a.a.O., S. 408
S. 47: (Q2) Nach: Rinn/Jüngst. Kirchengeschichtliches Lesebuch. Tübingen/Leipzig 1904, S. 42
(Q3) GiQ I, S. 763
S. 49: (Q) Charles Maria Ternes, Die Römer an Rhein und Mosel. Stuttgart 1975, S. 100
S. 51: (M) Klaus Grewe, Der Römerkanal-Wanderweg. Verlag des Eifelvereins. Düren 1988, S. 196 f.
S. 51: (Q) GiQ I, S. 598

3. Wir in der Welt – Die Welt bei uns

S. 77: (M) Frankfurter Allgemeine Zeitung vom 10. 9. 1998
S. 80: (M1) TransFair e.V., Köln
S. 81: (M2) TransFair e.V., Köln: Jahresbericht 1997
(M3) TransFair e.V., Köln

4. Mittelalterliche Lebenswelten

S. 85: (Q) Nach: J. Bühler, Das Frankenreich. Leipzig 1923, S. 393 ff.
S. 86: (Q1) GiQ II, S. 68
(Q2) Siegfried Epperlein, Karl der Große. VEB Deutscher Verlag der Wissenschaften, Berlin 1971, S. 128

S. 87: (Q3) Reinhold Rau, Quellen zur Karolingischen Reichsgeschichte. Wissenschaftliche Buchgemeinschaft, Darmstadt 1968, S. 197 f.
S. 88: (Q1) Übersetzung des Verfassers nach: Sigmund Riezler, Fürstenbergisches Urkundenbuch. Bd. 1. Tübingen 1877, Nr. 584
(Q2) a.a.O., Nr. 628
S. 87: (Q3) GiQ II, S. 76 f.
S. 90: (Q1) Nach: Helmut Castritius/Friedrich Lotter/ Hermann Meyer/Helmut Neuhas. Herrschaft-Gesellschaft-Wirtschaft. Quellenbd 1. Auer Verl., Donauwörth 1973, S. 101
(Q2) Kleinknecht/Krieger, a.a.O., Bd. 3, S. 141
(Q3) Nach: G. Franz, Quellen zur Geschichte des deutschen Bauernstandes im Mittelalter. Wissenschaftliche Buchgesellschaft, Darmstadt 1967, S. 135 f.
S. 91: (Q4) G. Franz, a.a.O., S. 82 ff.
S. 92: (Q) G. Franz, a.a.O., S. 161
S. 93: (Q) Hans Christian Kirsch, England aus erster Hand, Aelfries Colloquy. Arena Verlag, Würzburg, S. 183
S. 94: (Q1) Hans-Werner Goetz, Leben im Mittelalter vom 7.–13. Jh. Beck Verlag, München 1986, S. 157 (M) Werner Rösener, Bauern im Mittelalter. Verlag C. H. Beck, München 1985, S. 193 f.
(Q2) Nach: H. Ott, Studien zur spätmittelalterlichen Agrargeschichte im Oberrheingebiet. Stuttgart 1974, S. 180
S. 97: (Q) Kleinknecht/Krieger: Materialien für den Geschichtsunterricht. Bd. 3, 1978, S. 149 f.
S. 98: (Q1) Nach: H. Pleticha (Hg.), Deutsche Geschichte. Bd. 2. Bertelsmann Verlag, Gütersloh 1982, S. 213
S. 99: (Q2) Castritius/Lotter u. a., Herrschaft, Wirtschaft, Gesellschaft. Quellenband I, Auer Verlag, Donauwörth 1973, S. 129 f.
(Q3) Heinz Günther Borck (Hg.), Quellen zur Stadt Hildesheim im Mittelalter, Gerstenberg Verlag, Hildesheim 1986, S. 43
(Q4) Die Chroniken der dt. Städte. Bd. VI: Braunschweig, unv. Nachdruck, Vandenhoeck & Ruprecht, Göttingen 1968, S. 345–348
S. 100: (Q1) Heinz Günther Borck, a.a.O., S. 118 f.
S. 101: (Q2) Zit. nach: Stadt im Wandel, Landesausstellung Niedersachsen 1985, Ausstellungskatalog. Bd. 2. Braunschweig 1985, S. 793
S. 102: (Q1) Heinz Günther Borck, a.a.O., S. 108
S. 103: (Q2) Ingeborg Seltmann, Frauenleben – Frauenarbeit, in: Praxis Geschichte 2/1994. Westermann Verlag, Braunschweig 1994, S. 40
(Q3) G. Schneider, Die mittelalterliche Stadt; in: A. Kuhn/G. Schneider, GU 5–10, München/Wien/Baltimore 1981, S. 50 (zit. nach: H. Heumann/O. Rainhardt (Hrsg.), Bürger und Bauern im Mittelalter. Hirschgraben Lesereihe für die Schule, Reihe IV. 1, Frankfurt/M. 1975, S. 25 f.
S. 105: (Q1) Zit. nach: Chronik des Burkhard Zink; in: Die Chroniken der dt. Städte. Bd. 5. Leipzig 1866 (unv. Neudruck, Verlag Vendenhoek & Ruprecht, Göttingen 1965), S. 283 f.
(Q2) Regensburger Urkundenbuch, bearb. v. J. Widemann, Monmenta Roica. Bd. 53. N. F. Bd. 7. München 1912. Bd. II, S. 365 (zit. nach: Fragen an die Geschichte. Bd. 2. Hirschgraben Verlag, Frankfurt/M. 1980, S. 115

S. 108: (Q) Eva Maria und Wilhelm Linert, Wohin mit Meister Laubenhard? in: Praxis Geschichte 2/1994, Westermann Verlag, Braunschweig 1994, S. 29

5. Einfluss nehmen in der Gemeinde

Wenn nicht anders angegeben, handelt es sich um Materialien bzw. Texten der „Bürgerinitiative Kompostwerk Langes Feld e. V., die vom Autor zusammengestellt wurden
(M2) Abfallentsorgungsplan Hessen, Teilplan 1, Siedlungsabfälle
S. 121: (M2) Interview von Matthias Rohde, Kassel
S. 125: (M5) Interview von Matthias Rohde, Kassel
S. 127: (M3) Interview von Matthias Rohde, Kassel

6. Menschen verändern die Umwelt

S. 130: (Q) Platon, zit. nach: Karl Wilhelm Weber, Smog über Attika – Umweltverhalten im Altertum. Artemis, Zürich/München 1990, S. 20 f. Zitat in Arbeitsauftrag 4: Karl-Wilhelm Weeber, a.a.O., S. 37 f.
(M)
S. 142: (M1) El Comercio, Quito, 31.7.1992
S. 145: (M) Hannoversche Allgemeine Zeitung, v. 4.8.1995

7. Wird das Klima sich verändern?

S. 150: (M1) Deutscher Wetterdienst, Offenbach, 24.2.1997
(M2) tz vom 24.2.1997
S. 162: (M) Erzählung des Autors
S. 165: (M) Erwin Lausch in: Geo, Nr. 7/Juli 1993, S. 104
S. 167: (M1) Zit. nach: Erdkundeunterricht Nr. 4, S. 177, Pädagogischer Zeitschriftenverlag 1996
(M2) Hartmut Graßl in: Die Zeit vom 12.1.1996
(M3) Der Spiegel, Nr. 12/1995, S. 118 ff.
(M4) Süddeutsche Zeitung vom 13.9.1995
S. 168: (M1) Presse- und Informationsdienst der Bundesregierung, Bulletin Nr. 30, 12.4.1995, S. 249 ff.
(M2) Karsten Krebs in: Land unter. Die Klimazeitung. Eine taz-Verlagsbeilage, 1.4.1995, S. 3
(M3) Bundesministerium für Umwelt, Naturschutz und Reaktorsicherheit (Hrsg.), Umwelt, Nr. 5/1995, S. 182 f.
S. 169: (M4) taz vom 11.2.1999

8. Jugend und Recht
S. 175: (Q) Nach: Propyläen-Weltgeschichte. Bd. 1: Frühe Hochkulturen. Frankfurt/M. 1961, S. 590 f.
S. 183: (M) Aus: Menschen-Zeiten-Räume. Ausgabe Hauptschule Bayern. Bd. 7. Cornelsen Verlag, Berlin 1997
S. 189: (M1) Nach: Wolfgang W. Mickel (Hrsg.): Politik 2. Cornelsen Verlag, Berlin 1995, S. 325
(M2) ebenda, S. 328

9. Der Islam und Europa

S. 198: (M1+2) Interviews des Autors, 1994
S. 199: (M3–5) Interviews des Autors, 1994
(M6) Ebru S., Aus meinem Leben, in: Ulrike Holler/Anne Teuter (Hg.), Wir leben hier! Ausländische Jugendliche berichten. Alibaba Verlag, Frankfurt/M. 1992, S. 45 ff.
S. 202: (M) Ibu Ishak: Das Leben des Propheten. Tübingen und Basel 1976, S. 44
S. 204: (M) Reutlinger Generalanzeiger vom 1.2.1995
S. 206: (Q1) Adel Theodor Koury, a.a.O., S. 62 f.
(Q2) Neues Testament, Deutsche Bibelgesellschaft. Stuttgart 1985, S. 232
(Q3) Adel Theodor Koury, a.a.O., S. 539 (Q4) derselbe, S. 540
S. 207: (Q1) Adel Th. Koury, a.a.O., S. 68
(Q2) derselbe, S. 204 f.
(M1) Ali Schariati, Fatima ist Fatima (Reihe „Islamische Renaissance", Nr. 6/1981; übersetzt und herausgegeben von der Botschaft der Islamischen Republik Iran. Bonn 1981, S. 92
(M2) GEO, Heft 9/1991: Der Aufstand der Gebeugten, S. 171 f.
S. 212: (Q1) Robert von Reims, Historien, Übers. nach Arno Borst: Lebensformen im Mittelalter. Beck, München 1979, S. 318 ff.
(Q2) Peter Milger: Die Kreuzzüge. Bertelsmann München 1988, S. 117
(Q3) Peter Milger, a.a.O., S. 119
S. 213: (Q4) Peter Milger, a.a.O., S. 223
S. 216: (M) Praxis Geographie 11/89, Westermann Verlag, Braunschweig 1989, S. 21
S. 218: (M1+2) Feride Acar, Was die islamische Bewegung für Frauen so anziehend macht, in: Aufstand im Haus der Frauen: Frauenforschung aus der Türkei, hg. v. Ayla Neusel u. a., Orlanda Frauenverlag, Berlin 1991, S. 83
S. 219: (Q1+2) E. Franz, Kurden und Kurdentum, Hamburg 1986, vor Inhaltsverzeichnis
S. 220: (M1) Ursula Spuler-Stegemann: Muslime in Deutschland. Herder, Freiburg 1998, S. 71 f.
(M2) zusammengef. nach: Ursula Spuler-Stegemann, a.a.O., S. 94–97
S. 223: Studien des Islam-Archiv-Deutschland i. A. des Rats der Türkischen Staatsbürger in Deutschland; in: Moslemische Revue 4 (1993); zit. nach: Ursula Spuler-Stegemann, a.a.O., S. 229
(M2) Renan Demirkan: Die Brücke im Januskopf. Vom Altwerden in einem ungastlichen Land; in: ebenda, S. 83
(M3) Zafer Senocak: Deutsche werden – Türken bleiben; in: ebenda, S. 15
(M4) zit. nach: Frank Rothe: Bloß nicht so leben wie die Väter, in: taz vom 29.4.1998, S. 13

10. Wie funktioniert unsere Demokratie?

S. 228–229: (M1–M10) Jugend 97, Zukunftsperspektiven …, hrsg. v. Jugendwerk der Deutschen Shell AG. Verlag Leske & Budrich, Opladen 1997, S. 46 ff.

S. 231: (M) Der Spiegel, Heft 38/1994, S. 70 f.
S. 232: (Q1) Weltgeschichte im Aufriss, Arbeits- und Qeullenbuch. Bd. III, 18. Aufl. Frankfurt/M. 1972, S. 50–52
(Q2) Nach: Johann Jakob Siebenpfeiffer, Der deutsche Mai, Neustadt 1882, S. 10
S. 235: (M) Der Spiegel vom 23.10.1995
S. 236: (M1) Wichard Woyke, Stichwort Wahlen. Verlag Leske & Budrich, Opladen 1994, S. 15
S. 237: (M2) Frankfurter Rundschau, vom 12.3.1988, S. M11
(M3) Politische Zeitung, Nr. 70, 11/1992, S. 12
S. 238: (M1) Friedemann Bedürftig u. a., Das Politikbuch. Ravensburger Verlag, Ravensburg 1994, S. 25 f.
S. 241: (M1) Frankfurter Rundschau vom 29.5.1998 (M2) Der Spiegel 30/1995, S. 17
S. 242: (M1) Politische Zeitung, Nr. 70, 11/1992, S. 5
(M2) Politische Zeitung, Nr. 70, 11/1992, S. 14 f.
S. 243: (M4) F. Bedürftig, a.a.O.,
S. 253: (M1) F. Bedürftig, a.a.O., S. 136 f.
(M2) Beate Lakotta, in: Spiegel Special, 11/1995

11. Die Entwicklung des modernen Weltbildes und die Europäisierung der Welt

S. 256: (1) Zit. nach: Hale, Fürsten, Künstler, Humanisten. Rowohlt-Life 35, Reinbek 1973, S. 26
(2) Zit. nach: Der Mensch und seine Welt. Bd. 2. Dümmler, Bonn 1974, S. 105
S. 258: (Q1) Guggenbühl-Weiß, Quellen zur allgemeinen Geschichte, Bd. 2. Schulthess, Zürich 1954, S. 265
(Q2) Zit. nach: I. Küstner, Johannes Gutenberg, Stuttgart 1978, S. 81
S. 259: (Q3) GiQ III, S. 40
S. 260: (Q) Übers. nach: Denis Hoy, The Renaissance Debate. New York 1965, S. 9 f.
S. 262: (Q1) J. Hunghans, Die Reformation in Augenzeugenberichten. dtv. München 1973, S. 58
(Q2) H. Junghans, a.a.O., S. 59 f.
S. 263: (Q3) Martin Luther, Ausgewählte Werke, hrsg. v. K. Bornkamm u. J. Ebeling, Bd. 1, Frankfurt/M. 1982, S. 269
S. 264: (Q) Johannes Cochlaeus, Brevis Germaniae Description (1512). Hrsg. von Karl. Langosch. Wissenschaftliche Buchgesellschaft, Darmstadt 1976, S. 91
S. 266: (Q1) Zit. nach: Otto Zierer, Bidl der Jahrhunderte, Doppelband 25/26. Bertelsmann, München 1953, S. 218
S. 267: Q2) Eberhard Schmitt (Hg.), Dokumente zur Geschichte der europäischen Expansion. Bd. 2. C. H. Beck, München 1984, S. 85
S. 268: (Q1) Eberhard Schmitt (Hg. a.a.O., S. 99
(Q2) Christoph Kolumbus, Das Bordbuch 1492, Hg. v. Robert Grün. Erdmann, Tübingen/Basel 1970, S. 86
S. 269: (Q3) Eberhard Schmitt (Hg.) a.a.O., S. 113
(Q4) ders.
S. 270: (Q1) Hernan Cortez, Die Eroberung Mexikos. Tübingen/Basel 1975, S. 911 ff.
(Q2) Peter Martyr von Anghiera, Acht Dekaden über die Neue Welt. Bd. 2. Wissenschaftliche Buchgesellschaft, Darmstadt 1976, S. 50

S. 272: (Q1) Bernal Diaz del Castillo. Wahrhafte Geschichte der Entdeckung und Eroberung Mexikos. Stuttgart 1965, S. 240
(Q2) Codex florentinus, in: Rückkehr der Götter. Hg. u. bearb. von Georg A. Narciß. Steingrüber, München 1965, S. 46
S. 273: (Q3) Kolonialismus. Die Entstehung der Unterentwicklung am Beispiel Lateinamerikas. Beltz, Weinheim 1978, S. 65
S. 274: (Q1) Dokumente zur Geschichte der euroäischen Expansion, hrsg. von E. Schmitt, Bd. 3. Der Aufbau der Kolonialreiche, Beck Verlag, München 1986, S. 134
(Q2) Dokumente zur Gesichte der europäischen Expansionl a.a.O., S. 151
S. 275: (Q3) E. Schmitt (Hg.), a.a.O., S. 503
(Q4) GiQ III, S. 69 ff.
(Q5) Urs Bitterli, Entdeckung und Eroberung, a.a.O:, Bd. 1, S. 59
S. 276: (Q1) GiQ III, S. 786
(Q2) dito, S. 81 ff.
(M1) Eduardo Galeano. Die offenen Adern Lateinamerikas. Hammer, Wuppertal 1980, S. 54
(M2) Alvin M. Josephy (Hg.), Amerika 1492. Die Indianervölker vor der Entdeckung. Fischer, Frankfurt/M. 1992, S. 144 ff.
S. 277: (M) Encyclopedia Britannica (Macropaldia). Bd. 4 [15]1982, S. 937
S. 278: (M1) Zit. nach: Andrian Kreye, Mit Latten und Flaschen gegen Panzer und Raketen; in: FAZ Magazin 738 vom 22.4.1994, S. 36
(M2) Andrian Kreye, a.a.O:, S. 37
S. 279: (M3) Zit. nach: taz vom 24.1.1994, S. 10
(M4) Walter Haubrich, Auch ohne erklärten Krieg nimmt die Gewalt zu; in: FAZ vom 16.12.1994, Nr. 292, S. 3
(M5) Zit. nach: Andrian Kreye, a.a.O., S. 37
S. 281: (M) taz vom 6.4.1994, S. 10
S. 282: (M) Die Dritte Welt beginnt bei uns. Peter Hammer Verlag, Wuppertal 1982, S. 24 ff.

12. Herr-liche Zeiten – heute vorbei?

S. 292: (M1) A. Kirsche u. a. (Hr.), Gleichberechtigung. Verlag Dr. Neufang KG, Bonn 1992/1993, S. 14;
(M2) Heidrun Hoppe, Frauenleben. Kleine Verlag, Bielefeld 1993, S. 18–21
S. 293: (M3–6): zit. nach: Franziska Stalmann, Die Schule macht die Männer dumm. Piper Verlag, München 1991, S. 13–17
S. 301: (M) Anke Wolf-Graaf, Die verborgene Geschichte der Frauenarbeit. Beltz Verlag, Weinheim und Basel 1983
S. 304: (M1–3) Joni Seager, Der Fischer Frauen-Atlas. Fischer TB, Frankfurt/M. 1998
S. 305: (M5) terre des hommes, Mädchen in der Dritten Welt. 1995
S. 306: (M1) „Frauen und Männer sind gleichberechtigt". Hrsg. vom Bundesministerium für Familie, Senioren, Frauen und Jugend.
S. 307: (M2) Frankfurter Rundschau v. 30. 5. 1998
(M3) ebenda

AP, (Emilio Morenatti) Frankfurt/M 29 (2), 126, 144 (1, 2), 222 (1)

Archäologisches Landesmuseum der Christian-Albrechts-Universität Schleswig 54 (3)

Archiv für Kunst und Geschichte, Berlin 59 (1, 3), 86 (1, 2, 3), 93 (3), 102 (1), 257 (3), 260 (2), 262, 269, 188 (1)

argus, Hamburg 126/127

Artemis Verlag, Zürich 41 (3)

Ashmoleanmuseum, Oxford 25 (5), 26 (2)

Bavaria, Gauting 128 (1), 146, 207 (2), 208 (1),225 (4)

B & B Werbeagentur, Hannover 298 (1)

Becker, Klaus, Frankfurt/M. 43 (5), 51 (3), 99 (2), 103 (3, 4), 224 (1), 245 (1), 245 (2), 174, 180

Beltz Verlag, Weinheim/Basel 1992 192

Benermann, Bernd, Göttingen 282

Bernert, C., Kaisheim 181 (2)

Bibliothéque Nationale, Paris 85 (3)

Bielefelder Fotobüro, Veit Mette 294 (2)

British Library, London 89 (2)

British Museum, London 16 (1)

Buch: Miriam Pressler: „Kratzer im Lack" 192, 300 (1), 301 (3, 4, 5)

Bundesbildstelle, Bonn 226/227, 302 (VII)

Burckhardthans-Laetare Verlag, Offenbach 199 (2)

CCC, München 169 (2) (Haitzinger) 169 (3), ©Felix Mussil 240 (2), 242 (1), © Felix Mussil 242 (2), © Tomicek 306 /2)

Cornelsen Archiv 258 (1)

Das Fotoarchiv, Essen 162 (1)

Deutscher Wetterdienst, Offenbach 148 (alle)

Deutsches Archiologisches Institut, Athen 13

„Die Zeit", Foto: Michael Lüders 205 (2)

dpa, Frankfurt/M. 17 (3), 29 (4), 105 (3), 150 (2), 166 (1, 2), 194/195, 196 (1, 2), 197 (4), 234 (2), 236 (1), 172/173, 177 (2, 3), 188 (2), 190, 300 (2), 302 (III)

Drescher, Angela, Hannover 284/285, 297 (1, 2)

Europa-Farbbildarchiv, Waltraut Klammet, Ohlstadt 203 (3)

Evangelischer Pressedienst epd, Frankfurt 281 /3)

FOCUS, Hamburg (Nick Nichols Magnum) 161 (4, 6), 202 (2), © Abbas Magnum 215, © 1992 Walter Mayr 217 (1)

Foto: Constantin Beyer, Weimar 233 (3)

Foto Marburg 43 (4), 175

Foto-Pohl, Berlin 237 (2)

Friedrich-Ebert-Stiftung, Bonn 248 (2)

Fürstliche Hauptverwaltung, Schloss Wolfegg 80/81

Gerstenberg, Wietze 232 (1)

Germanisches Nationalmuseum, Nürnberg 264 (1, 2)

Girandon, Vanves 302 (1)

Globus Kartendienst 223, 229 (2)

Gouvousis N. Athen 23 (2)

Grabl, W., Hutthurm 149 (5), 169 (2)

Greenpeace/ Köln/Berlin 253 (1)

Grohmann, G., München 54 (2)

Hagen, Hans-Günter, Wedemark 130 (1), 133 (2, 3), 141 (2), 143 (4)

Herzog August-Bibliothek, Wolfenbüttel 105 (2)

Hirmer Verlag, München 27 (4)

I.P.P.A Tel Aviv 203 (2)

Istanbul Universitesi 209 (2)

Kooperationsgemeinschaft, Luzern 90 (1)

Keystone, Hamburg 221 (4)

Klemm, Barbara, Frankfureter Allgemeine Zeitung 228 (1)

KNA, Frankfurt/M. 284 (o.)

Konrad-Adenauer-Stiftung, St. Augustin 248 (1), 245 (3)

Kurowski, W., Okerhausen 179 (3–5)

Landesmuseum, Luxemburg 47 (2, 3)

Limes-Museum, Aalen 50 (1)

Mantell, Leroy, Trier 29 (3)

Marcks, Marie, Heidelberg 195 (3)

Mauritius, Frankfurt/M. 6/7, 9 (2), 30/31, 110 (1), 138 (1), 139 (5), 142 (1, 2), 147 (alle), 156 (1, 2, 3, 4), 158 (1, 2, 3, 4), 159 (6, 7, 8, 9), 160 (1, 2), 161 (3, 5), 227 (Einklinker), 254/255, 173 (o., m.), 176, 292 (1), 305 (4)

Metropolitan museum of arts, New York 24 (2)

Müller, Jörg, Biel © Sauerländer Verlag 98 (1), 107 (2)

Museum of fine arts, Boston 16 (2)

Neifeind, Harald, Göttingen 101 (2, 3, 4)

Niedersächsische Staat- und Universitätsbibliothek, Göttingen 104 (1)

Österr. Nationalbibliothek, Wien 91 (2)

Patrimonia Nacional, Madrid 211 (2)

Print, Hannover 253 (2)

Pflügner, Annette, Mörfelden-Walldorf 110 (3), 178 (2)

Pohl, H., Berlin 181 (3, 4), 193

Preußischer Kulturbesitz, Berlin 99 (4), 129 (2), 271 (2), 273 (2, 3)

Reuters Picture Service, Bonn 17 (4)

Rheinisches Bilderarchiv, Köln 260 (1)

Rheinisches Landesmuseum, Karlsruhe 45 (2)

Rheinisches Landesmuseum, Trier 43 (3),

Rohde, Matthias, Kassel 116/117, 116 (kl. Bild), 118

Saalburgmuseum, Bad Homburg 60 (1)

Scala, Antella, Firenze 42 (1, 2), 46 (1)

Schulze, Hagen 308/309

Seuring, G., Petersberg 29 (1)

Sierigk, Peter, Braunschweig 107 (2, 3, 4)

Staatliche Antikensammlung, München 16 (3), 27 (3)

Staatliche Münzsammlung, München 84 (1, 2)

Süddeutscher Verlag, Bilderdienst, München 224 (2)

Tessloff, Hamburg 18 (1), 19 (o., 1, m, u), 25 (3), 37 (2)

Tetzner, Karsten 241 (4, 5, 6)

Transparent/Herby Sachs. Köln 255 (Einklinker), 278 (1, 2), 281 (2)

Tükapi Saray Museum, Istanbul 200 (1)

Ullstein Bilderdienst, Berlin 302 (2), 302 (IV, V, VI)

Version Maro, Berlin 221 (5), 222 (2), 225 (3)

Wagner Museum, Würzburg 25 (4)

Werth, Inge, Frankfurt 294 (1)

Worst, Günther, Kassel 122 (2), 124

Zahlenbilder 239 (2)

Zwölfer, Freiburg 32 (1)

Zeichnungen und Karten: Artbox; Bremen; Klaus Becker, Frankfurt/M.; Carlos Borrell, Berlin; Skip Langkafel, Berlin

Nicht in allen Fällen war es uns möglich den Rechteinhaber der Abbildungen ausfindig zu machen. Berechtigte Ansprüche werden selbstverständlich im Rahmen der üblichen Vereinbarungen abgegolten.

Register